BÖHLAU-STUDIENBÜCHER
GRUNDLAGEN DES STUDIUMS

GERMANISTIK

W0170929

CHRISTA DÜRSCHEID
HARTMUT KIRCHER
BERNHARD SOWINSKI

GERMANISTIK

EINE EINFÜHRUNG

1995

BÖHLAU VERLAG KÖLN WEIMAR WIEN

Die Deutsche Bibliothek – CIP-Einheitsaufnahme

Dürscheid, Christa:
Germanistik : eine Einführung /
Christa Dürscheid ; Hartmut Kircher ; Bernhard Sowinski. -
2., durchges. Aufl. - Köln ; Weimar ; Wien : Böhlau, 1995
(Böhlau-Studienbücher : Grundlagen des Studiums)
ISBN 3-412-09093-X
NE: Kircher, Hartmut: ; Sowinski, Bernhard:

Druck und buchbinderische Verarbeitung:
Koninklijke Wöhrmann B.V., NL - Zutphen
Printed in the Netherlands
ISBN 3-412-09093-X

VORWORT

Dieses Buch will vor allem Studienanfängern der Germanistik ihr Fach vorstellen und die wichtigsten Kenntnisse des Grundstudiums vermitteln. Ein solcher Versuch ist bereits 1970 mit Bernhard Sowinskis Buch *Grundlagen des Studiums: Germanistik. Teil I. Sprachwissenschaft* (2.Aufl. 1974) unternommen worden; es blieb allerdings wegen des Ausfalls des Bearbeiters des zweiten Teils unvollständig.

Nachdem es jetzt gelungen ist, für alle Teile des Buches Bearbeiter zu finden, die in Lehre und Forschung der jeweiligen Fachgebiete erfahren sind, wird hier erstmals eine Studieneinführung vorgelegt, die nahezu alle Bereiche des Faches Germanistik umfaßt. Die Studenten (der Begriff wird hier und im folgenden stets geschlechtsneutral verwendet) brauchen so nicht mehr auf zahlreiche Einzeleinführungen zurückzugreifen, sie finden nun die notwendigen Kenntnisse in einem Band vereinigt.

Die Bearbeiter hoffen, daß den Germanistikstudenten dadurch der Zugang zu ihrem Fach erleichtert und ihnen in den Lehrveranstaltungen sowie beim Selbststudium geholfen wird. Sie wünschen den Lesern ihres Buches in diesem Sinne guten Erfolg.

INHALTSÜBERSICHT

Germanistik
Eine Einführung

1 DAS STUDIUM DER GERMANISTIK

Ziel jeder Wissenschaft ist die Erforschung eines bestimmten Bereichs des menschlichen und außermenschlichen Daseins und seiner Lebens- und Umweltbedingungen aufgrund vorgegebener Materialien mit möglichst objektiven, kritisch überprüfbaren Methoden, wobei die Gegenstände der jeweiligen Wissenschaft häufig erst durch die zugrundeliegenden Blickweisen und Methoden bestimmt werden.

Die Germanistik sucht als Wissenschaft von der deutschen Sprache und Literatur deren Existenzformen und Erscheinungsweisen in Vergangenheit und Gegenwart zu erfassen, zu beschreiben, zu interpretieren und zu systematisieren und in ihren Ursachen, Zusammenhängen und Wirkungen zu deuten.

Wie in anderen Philologien so ist auch in der Germanistik die Verbindung von Literatur- und Sprachwissenschaft, die im einzelnen mit verschiedenen Blickweisen und Methoden getrennt arbeiten, sinnvoll und konstitutiv, vor allem weil die deutsche Sprache in ästhetisch wirksamer Geformtheit oder in nur kommunikativer und pragmatischer Verwendung die Grundlage aller germanistischen Disziplinen bildet und stets Wechselwirkungen zwischen ihnen bestehen.

Darüberhinaus wirken sich in Sprache und Literatur auch Einflüsse aus Bereichen aus, die von anderen, zumeist historisch oder gesellschaftlich orientierten Wissenschaften erforscht werden, so daß die Germanistik mitunter auch auf Erkenntnisse aus diesen Disziplinen angewiesen ist.

1.1 Forschungs- und Lehrstätten

Die wissenschaftliche Erforschung der deutschen Sprache und Literatur wird in Deutschland größtenteils an den Universitätsinstituten für deutsche Sprache und Literatur (Germanistischen Instituten, (Deutschen) Seminaren o.ä.) durchgeführt. In bestimmter Weise sind auch Institute und Seminare für die Didaktik der deutschen Sprache und Literatur an Erziehungswissenschaftlichen (Pädagogischen) Fakultäten und Hochschulen mit in diese Aufgabe einbezogen. Neben diesen für Studenten zugänglichen Einrichtungen gibt es einzelne Institutionen, an denen in begrenztem Maße durch ausgebildete Fachkräfte Literatur- und Sprachforschung betrieben wird, so etwa an den Akademien der Wissenschaften in Berlin, Göttingen, Leipzig, Mainz, Düsseldorf und München, am Institut für deutsche Sprache in Mannheim, am Goethe-Institut in München und seinen Zweigstellen, am Literaturarchiv in Marbach und ähnlichen Einrichtungen.

Die Lehre der germanistischen Literatur- und Sprachwissenschaft erfolgt durch die Lehrkräfte der wissenschaftlichen Hochschulen, die aufgrund wissenschaftlicher Publikationen und Prüfungen (Promotion, oft auch Habilitation) dazu berufen wurden und hauptamtlich als Professoren, Dozenten, akademische Räte, Assistenten oder wissenschaftliche Mitarbeiter tätig sind, oder durch nebenamtlich tätige Lehrbeauftragte, die zumeist aus bestimmten Praxisbereichen kommen (z.B. Schulen, Verlagen, Redaktionen von Fernsehen, Funk und Presse o.ä.).

1.2 Zur Methodik des Germanistikstudiums

Nach der seit langem üblichen Praxis, der die Bildungskonzeption Wilhelm von Humboldts zugrundeliegt, gilt für jedes Universitätsstudium das Prinzip einer ständigen Verbindung von Lehre und Forschung, die durch die Hochschullehrer realisiert wird, an der aber auch die Studenten in zunehmenden Maße teilhaben sollen.

Jeder Student soll in seinem Fachstudium einen möglichst genauen Einblick in die exemplarisch ausgewählten Fragestellungen, Methoden und Ergebnisse der jeweiligen Wissenschaftsdisziplin gewinnen und an Einzelaufgaben die erlangte Fähigkeit zu sach- und methodengerechter Mitarbeit beweisen. Ein derartiges Studium soll den Studenten befähigen,später selbständig den auftretenden Fachproblemen im Berufsleben kritisch zu begegnen und sie unter Anwendung wissenschaftlicher Fragestellungen und Methoden zu lösen. Diese Forderung wird nicht nur an den künftigen Wissenschaftler gestellt, sondern gilt auch für den Großteil der Germanistikstudenten, die ihr Studium betreiben, um später einmal als Lehrer, Bibliothekare, Lektoren, Redakteure oder Journalisten tätig zu sein, weil jede fachbezogene Problemlösung, will sie sachgerecht und objektiv überprüfbar und somit der Wahrheitserkenntnis verbunden bleiben, nach wissenschaftlichen Methoden erfolgen muß.

Diese Form des 'forschenden Lernens' sollte nicht ohne Reflexion auf die spätere Berufspraxis der einzelnen Studienrichtungen erfolgen. Die stärker forschungsorientierten Lehrveranstaltungen sollten daher durch praxisorientierte ergänzt werden.

1.3 Die Lehrveranstaltungen

Die Lehrveranstaltungen des germanistischen Studiums gliedern sich wie in den meisten Wissenschaften traditionellerweise in Vorlesungen und Seminare. Die Seminare sind zumeist nach dem Schwierigkeitsgrad unterteilt in Übungen, Proseminare, Mittel- oder Aufbauseminare, Hauptseminare. Stufungen und Bezeichnungen sind an den einzelnen Hochschulen verschieden. Übungen gelten oft als Voraussetzungen oder als Ergänzungen für Proseminare. Der erfolgreiche (durch Seminarscheine bestätigte) Besuch bestimmter Proseminare ist in der Regel notwendige Voraussetzung für Hauptseminare, die von habilitierten Lehrkräften durchgeführt werden und als Abschlußseminare des Studiums gelten. Darüberhinaus gibt es vielerorts Oberseminare, Doktorandenseminare und Kolloquien, die bestimmten Forschungsaufgaben gewidmet sind.

Meistens bestehen für die ersten vier Semester (das sog. **Grundstudium**) bestimmte obligatorische Seminare, deren Besuch mit Leistungsnachweisen (Referaten, Klausuren u.ä.) und einer evtl. **Zwischenprüfung** verbunden ist.

Die Form des **Seminars** (der Begriff wurde von der metaphorischen Bezeichnung pädagogischer Einrichtungen als 'Pflanzstätten' auf die Lehrveranstaltungen ausgedehnt) erweist sich durch die Erarbeitung bestimmter Fakten und Probleme im diskursiven Dialog zwischen dem Dozenten und den Studenten als besonders geeignet, um das Humboldtsche Prinzip der Verbindung von Forschung und Lehre zu realisieren. In den meisten Fällen wird es sich dabei um kritisches Rezipieren und Reproduzieren des von Dozenten, Studenten und anderen Autoren Erforschten sowie um Wiederholungen ihres methodischen Vorgehens handeln, wobei jedoch durch die Wiederholung von Fragestellungen, Voraussetzungen und Methoden der Erforschung eines Sachbereichs oder Gegenstandes Einsichten in die fachwissenschaftliche Arbeitsweise vermittelt werden.

Seminare, die sich auf Vorträge (Referate) einzelner beschränken und die übrigen Teilnehmer zu einer passiven Haltung zwingen, sollten vermieden werden, da sowohl der Forschungsprozeß als auch der Aneignungsprozeß der gegenseitigen

Ergänzung und Korrektur wie der engagierten und sich artikulierenden Teilnahme aller Mitdenkenden bedürfen.

Die **Vorlesungen** wollen zumeist über bestimmte Teilgebiete der Germanistik oder ihrer Einzeldisziplinen vom jeweiligen Forschungsstand aus informieren. Da die Themen und Inhalte der Vorlesungen, oft Ergebnisse der Forschung des jeweiligen Dozenten, für den Studenten meist neu sind, empfiehlt es sich für ihn, die wichtigsten Ergebnisse, besonders auch die Literaturverweise, festzuhalten und die Vorlesung durch eigene Lektüre der angegebenen oder empfohlenen Literatur zu vertiefen. Eine Vorlesung ist in der Regel nur dann für den Studenten fruchtbar, wenn er das Vermittelte auch durch wiederholten Nachvollzug der Gedankengänge sowie durch die kritische Lektüre der angegebenen Standardliteratur und exemplarischer Einzeluntersuchungen vertiefen kann. Man sollte deshalb die Zahl der Vorlesungen in einem Semester auf wenige beschränken, diese allerdings sorgfältig vorbereiten und nacharbeiten.

Die Vorlesung ist eine besonders prägnante Form der Wissensvermittlung, die gegenüber der privaten Lektüre der Studenten (durch die auch bestimmte Themen erarbeitet werden können) zeitsparender und wissenschaftlich akzentuierter und somit konzentrierter ist. Auf Vorlesungen zu größeren Themenbereichen sollte daher nicht verzichtet werden, auch wenn mitunter gegen diese monologisierende Form der Wissensvermittlung Einwände erhoben werden.

Folgende germanistischen Themenbereiche (soweit sie in Vorlesungen angeboten werden) sollten nach Möglichkeit gehört werden:
Überblicke zur Literatur- und Sprachwissenschaft, zur Literatur einzelner Epochen und Gattungen, zur Sprachgeschichte sowie zu Methoden der Literatur- und Sprachwissenschaft und zu bestimmten Einzeldisziplinen (z.B. Literatur- bzw. Sprachsoziologie, Wortbildungslehre, Syntax, Dialektologie u.a.m.).

1.4 Leistungsnachweise, Seminar- und Abschlußarbeiten

Seminare (Pro- u. Hauptseminare) erfordern zumeist bestimmte Leistungsnachweise. Die diesen zugrundeliegenden Leistungen können je nach Art des Seminars in verschiedener Form erbracht werden: z.B. aufgrund von Protokollen, Klausuren, Referaten oder Hausarbeiten. Die jeweils verlangte Form wird zumeist am Semesteranfang mitgeteilt. Auch wenn der Leistungsnachweis in der Regel erst am

Semesterende erbracht werden muß, sollte man frühzeitig mit der Arbeit dafür beginnen.

Während die erarbeiteten Kenntnisse für sprachwissenschaftliche Seminare üblicherweise in **Klausuren** mit Übersetzungs- und Analyseaufgaben nachgewiesen werden, sind in literaturwissenschaftlichen Seminaren meistens **Referate** oder **Hausarbeiten** über gelesene Texte der **Primärliteratur bzw. Quellen** (Dichtungen u.a.) oder **Sekundärliteratur bzw. Darstellungen** (Forschungen) oder über beides üblich (z.B. zur Analyse bestimmter literarischer Texte).

Bei der Anfertigung von Referaten und Hausarbeiten sollte man sich zunächst über die Erfordernisse des Themas orientieren, am besten durch ein klärendes Gespräch mit dem Dozenten. So ist es z.b. wichtig zu entscheiden, ob in der Arbeit mehr referiert oder mehr analysiert werden soll. Es empfiehlt sich, die Auffassung des Themas zu Beginn einer Arbeit kurz zu kennzeichnen, um Mißverständnissen vorzubeugen.

Inhaltsverzeichnis (Gliederung) sowie eine Zusammenfassung am Schluß und ein alphabetisch geordnetes Literaturverzeichnis über die gesamte benutzte Primär- und Sekundärliteratur bzw. Quellen und Darstellungen, die getrennt nach Autornamen, Vornamen, Texttitel, Erscheinungsort und -jahr und evtl. Zeitschriftenangabe (m. üblicher Abkürzung) sowie Seitenangaben (bei Zeitschriften- oder Handbuchauszügen) aufzuführen sind, gehören zu den unerläßlichen Erfordernissen einer solchen schriftlichen Arbeit.

Grundsätzlich müssen alle Einzelheiten, Zitate, inhaltlich-gedanklichen Übernahmen aus der Literatur und die Ergebnisse der Arbeit nachprüfbar sein; Angaben aus dem Text, aus Büchern, Zeitschriften etc. müssen in fortlaufend numerierten Fußnoten (unter der Seite oder am Textende) als Übernahmen durch Angabe verkürzter Literaturhinweise gekennzeichnet sein. Auf Abweichungen der eigenen Auffassung von der Sekundärliteratur, die man ohne Scheu mit guten Argumenten einbringen kann, sollte im Text oder in Fußnoten hingewiesen werden.

Linguistik und Literaturwissenschaft haben meistens unterschiedliche Formen des Zitierens und der Literaturangaben. Dieser Tatsache wird im vorliegenden Buch auf exemplarische Weise entsprochen. Im linguistischen Teil sind die Literaturzitierungen in Klammern und gekürzt in den laufenden Text eingefügt (Autorname, Erscheinungsjahr und - nach Doppelpunkt - Seitenzahl). Im literaturwissenschaftlichen Teil werden Fußnoten verwandt, die den Autornamen, das wichtigste Titelwort und die Seitenzahl enthalten. Die vollständigen Titelangaben sind dann jeweils in den Literaturverzeichnissen (wiederum unterschiedlich) am Ende der einzelnen Teile des Buches aufgeführt.

Über den Umfang derartiger Arbeiten bestehen bei den einzelnen Dozenten je nach Thema und Seminarart verschiedene Vorstellungen, über die man sich vergewissern sollte. Proseminararbeiten sollten etwa 10 - 20 Seiten, Hauptseminararbeiten 15 - 30 Seiten, Magister- oder Staatsexamensarbeiten 60 - 120 Seiten umfassen.

1.5 Studium und Berufspraxis für Germanisten

Am Ende eines Germanistikstudiums sollten die Absolventen über ein hinreichendes Maß an exemplarischen Kenntnissen über die deutsche Literatur und die deutsche Sprache, ihre historischen Erscheinungsformen und ihre Strukturen sowie über entsprechende Fähigkeiten zur selbständigen Literatur- und Sprachkritik, - wertung und -interpretation verfügen und dies in den jeweiligen Abschlußprüfungen beweisen können.

Das Germanistikstudium bietet aber noch keine Garantie für eine sachgerechte Vorbildung für eine dem Fach entsprechende Berufstätigkeit. Ganz abgesehen davon, daß heute einer relativ geringen Zahl von derartigen Arbeitsstellen in Schulen, Verlagen, Redaktionen und kulturellen Institutionen eine recht große Zahl von Germanisten mit abgeschlossenem Studium gegenübersteht, was eine möglichst frühe Berufsorientierung (durch Praktika, Nebentätigkeiten u.ä.) sinnvoll erscheinen läßt, erfordert eine Berufstätigkeit als Germanist oft noch weitere berufsqualifizierende Studien. So setzt eine mögliche Tätigkeit als Deutschlehrer in der Regel eine zweijährige Ausbildung und Tätigkeit als Studienreferendar und ein weiteres Staatsexamen voraus, ein Redakteur hat nach Absolvierung eines Volontariats bessere Berufschancen, und von einem Verlagslektor erwartet man häufig, daß er auch über Kenntnisse zu Drucktechniken, Marketing und Verkaufsstrategien verfügt oder sie sich bald aneignet.

2.1 Vorbemerkungen

Untersuchungsgegenstand der Sprachwissenschaft ist das Sprachsystem. In diesem System werden die Beziehungen der einzelnen Elemente untereinander auf verschiedenen Komplexitätsebenen analysiert. Die Bildung und Funktion von Lauten ist Gegenstand der Phonologie, die Analyse der internen Struktur von Wörtern ist Gegenstand der Morphologie und die Kombination von Wörtern zu Phrasen und Sätzen Gegenstand der Syntax. Weitere Kerngebiete der Sprachwissenschaft sind Semantik und Pragmatik. In der Semantik geht es um die Bedeutung sprachlicher Ausdrücke, in der Pragmatik um ihre Funktion im situativen Kontext.

Neben diesen linguistischen Kerngebieten, die im folgenden sukzessive vorgestellt werden sollen, gibt es zahlreiche interdisziplinäre Forschungsgebiete. Zu diesen zählen beispielsweise die Textlinguistik, die Psycholinguistik und die Soziolinguistik. In der Textlinguistik werden satzübergreifende sprachliche Regularitäten untersucht. Die Psycholinguistik beschäftigt sich mit Fragen der Sprachproduktion, des Sprachverstehens und des Spracherwerbs. Gegenstand der Soziolinguistik ist der Einfluß soziologischer Faktoren auf das Sprachverhalten (z.b. Geschlechtszugehörigkeit, Beruf, Alter, soziale Schicht). Auf diese und andere interdisziplinäre Forschungsgebiete kann ich im Rahmen dieser Einführung nicht eingehen; ich verweise hier auf die Überblicksdarstellung in dem *Studienbuch Linguistik* von LINKE et al. (1991).

Noch eine Bemerkung zu den Termini 'Sprachwissenschaft' und Linguistik'. Ich gebrauche hier die beiden Begriffe synonym, doch findet man dazu bei Linguisten/Sprachwissenschaftlern unterschiedlicher Provenienz unterschiedliche Auffassungen. In dem Aufsatz von LENERZ (1985), *Über das Erkenntnisinteresse der Linguistik*, wird z.B. dafür argumentiert, daß Sprachwissenschaft der umfassendere Begriff ist, der jede wissenschaftliche Beschäftigung mit Sprache einschließt, wohingegen es in der Linguistik speziell um die Aufdeckung sprachlicher Gesetzmäßigkeiten geht. Andere argumentieren dafür, daß der Terminus 'Linguistik' den gesamten Wissenschaftsbereich abdeckt, da er nichts anderes ist als eine Anlehnung an den englischen und französischen Sprachgebrauch (*linguistics, la linguistique*), der sich in den 60er Jahren auch bei uns eingebürgert hat. Ich schließe mich dieser Auffassung an und werde daher im folgenden je nach Usus von Linguistik bzw. Sprachwissenschaft sprechen.

Zum Schluß der Vorbemerkungen möchte ich gerne noch folgenden Kollegen und Kolleginnen danken, die mich mit wertvollen Hinweisen bei der Ausarbeitung der folgenden Kapitel unterstützt haben: Rolf Bachem, Martin Neef, Karl Heinz Ramers und Jeannette Chur. Christa Bhatt gilt mein Dank für die Endformatierung des Textes.

2.2 Ferdinand de Saussure als Begründer der modernen Sprachwissenschaft

2.2.1 Sprache als Zeichensystem

Wie oben schon erwähnt, legt die moderne Sprachwissenschaft den Schwerpunkt auf die Analyse des Sprachsystems. Der Gedanke, daß Sprache ein **System** von Zeichen ist, die in wissenschaftlich analysierbaren Beziehungen zueinander stehen, geht zurück auf den Genfer Sprachwissenschaftler Ferdinand DE SAUSSURE, der in den Jahren 1906-1911 an der Universität Genf lehrte. DE SAUSSURE selbst hat seine Thesen nicht veröffentlicht; es waren Kollegen, die aus Vorlesungsmitschriften der Studenten ein Buch zusammenstellten, das 1916, nach DE SAUSSURES Tod, in Paris erschien: der berühmte *Cours de linguistique générale*.

Eine wichtige und für den damaligen Stand der Wissenschaft neue Unterscheidung im *Cours* ist die Trennung der Sprache in **langue** (Sprachsystem) und **parole** (Sprachgebrauch), die zusammen die **langage**, die menschliche Sprachfähigkeit überhaupt ausmachen. Das Studium der *langue,* nicht das der *parole*, ist der zentrale Gegenstand der Sprachwissenschaft, denn das Vorhandensein der *langue* ist Voraussetzung für die konkrete Sprechtätigkeit, die sich in der *parole* manifestiert. Die *langue* besteht aus einzelnen Zeichen, *signes,* wobei jedes Zeichen einen eigenen Wert, *valeur,* hat und bei DE SAUSSURE ex negativo definiert wird als das, was alle anderen Zeichen nicht sind. Um dies am konkreten Beispiel zu verdeutlichen: Die Bedeutung eines Farbadjektivs wie *blau* läßt sich erst bestimmen, wenn man diesen Begriff abgrenzt von anderen Begriffen wie *rot, gelb, grün* etc., d.h. für sich genommen sagt uns ein Wort wie *blau* nichts, erst in der Opposition zu anderen Wörtern, die sich auf die Farbe, aber auch auf andere

Eigenschaften eines Gegenstandes (*weich, kalt* etc.) beziehen können, gewinnt das Wort an 'Wert'.

DE SAUSSURE erläutert diese Abhängigkeit einzelner Sprachelemente vom Vorkommen anderer Elemente am Schachspiel: Der Wert einer einzelnen Figur ist hier nicht abhängig vom Material, aus dem sie hergestellt wurde, auch nicht von der Größe oder der Farbe, sondern von den in den Spielregeln festgeschriebenen Beziehungen, in denen diese Figur zu den anderen Figuren steht.

Den Vergleich mit dem Schachspiel wählt DE SAUSSURE auch, um zu begründen, warum die Beschreibung des Sprachzustands wichtiger ist als die Frage, welche Entwicklung die Sprache zur Erreichung dieses Zustands genommen hat: Um den jeweiligen Spielstand im Schach beschreiben zu können, ist es irrelevant zu wissen, was zu diesem Stand geführt hat. Wichtig dagegen ist, in welcher **momentanen** Beziehung die Figuren zueinander stehen. Ebenso läßt sich der Wert jedes einzelnen Sprachelements in Relation zu anderen Sprachelementen nur bestimmen, wenn man das Augenmerk auf einen bestimmten fixierten Zeitraum richtet. Diese **synchronische** Analyse von Sprache, d.h. die wissenschaftliche Betrachtung von Sprache auf der "Achse der Gleichzeitigkeit, welche Beziehungen nachweist, die zwischen gleichzeitig bestehenden Dingen obwalten" (DE SAUSSURE 1916, 1967[2]:94), hat Vorrang gegenüber der **diachronischen** Analyse, die das Aufeinanderfolgen einzelner Sprachzustände untersucht. Doch es muß betont werden, daß DE SAUSSURE die diachronische Analyse nicht gänzlich ablehnt, da die Sprache, wie er selbst sagt, immer auch ein "Produkt der Vergangenheit" darstellt (DE SAUSSURE 1916, 1967[2]:10) und nur als solche verstehbar ist. Sein Verdienst ist es, beide Betrachtungsweisen mit ihren unterschiedlichen Untersuchungsmethoden klar voneinander zu trennen und gegenüber der historisch-vergleichenden Sprachwissenschaft des 19. Jahrhunderts die synchronische Analyse in den Vordergrund zu stellen.[1]

---

1 Gerade daran ist aber auch Kritik geübt worden. So meint HELBIG (1973[2]:37), daß DE SAUSSURE mit seiner Trennung in Synchronie und Diachronie "die Einheit eines Forschungsgegenstandes [zerriß], an dem ihm so sehr gelegen ist."

2.2.2 Syntagmatische und paradigmatische Beziehungen

Welche Beziehungen können zwischen den einzelnen Elementen des Systems Sprache bestehen, wie läßt sich ihre Struktur beschreiben? DE SAUSSURE unterscheidet syntagmatische und assoziative Beziehungen, wobei letztere im *Cours* recht vage beschrieben werden: sie bezeichnen die Relation zwischen einem Element und einer potentiellen Menge anderer Elemente, die der Sprecher mit diesem Element 'assoziiert'.[2] In der neueren Forschung wird diese Relation als **paradigmatisch** bezeichnet und folgendermaßen definiert: paradigmatische Relationen sind Beziehungen zwischen Elementen, die an gleicher Stelle füreinander einsetzbar sind. Diese Elemente bilden ein Paradigma, d.h. eine Klasse von Elementen derselben Kategorie. Betrachten wir z.B. den Satz *Die Kinder gehen in die Schule*, so kann anstelle von *die* auch *diese* oder *unsere* eingesetzt werden, ohne daß der Satz ungrammatisch würde. *Die, diese* und *unsere*, d.h. Artikel, Demonstrativ- und Possessivpronomen bilden somit eine Austauschklasse, sie gehören alle zur Klasse der Determinantien.

Man kann sich andererseits auch fragen, mit welchen anderen Elementen ein Determinans wie *die* auftreten kann. Im eben genannten Beispielsatz sehen wir, daß ein Nomen folgt. Zwischen den beiden Wörtern besteht ebenfalls eine Beziehung, die aber nicht durch potentielle Austauschbarkeit charakterisiert ist, sondern durch die Tatsache, daß diese Elemente in einer Sequenz miteinander vorkommen können. Diese Kombinierbarkeit von Elementen, die auf bestimmten, noch zu beschreibenden Regularitäten beruht, bezeichnet DE SAUSSURE als **syntagmatische Beziehung**. Der komplexe sprachliche Ausdruck *Die Kinder* bildet also ein Syntagma (wörtl.: *Zusammengestelltes*), aber auch der ganze Satz *Die Kinder gehen in die Schule*.

Die Verknüpfung von Elementen einerseits und der Austausch von Elementen andererseits ist auf allen Ebenen des Sprachsystems möglich. Aufgabe einer strukturalistischen Sprachwissenschaft ist es also zu beschreiben, nach welchen Regeln Elemente (d.h. Phoneme, Morpheme oder Wörter) miteinander verknüpft bzw. füreinander ersetzt werden können. Interessanterweise hat DE SAUSSURE selbst

---

2   Vgl. das folgende Zitat aus dem *Cours*:
    Andererseits aber assoziieren sich außerhalb des gesprochenen Satzes die Wörter, die irgend etwas unter sich gemein haben, im Gedächtnis [...]   DE SAUSSURE (1916, 1967²:147)

den Terminus 'Struktur' nie gebraucht. Er spricht stets von "système", doch zeigen seine Ausführungen, daß er Sprache als ein strukturiertes Gebilde ansieht. DE SAUSSURE gilt denn auch als der Wegbereiter des **Strukturalismus**. Mit diesem Begriff werden verschiedene, teilweise recht divergierende sprachwissenschaftliche Richtungen bezeichnet, denen gemeinsam ist, daß sie Sprache als geordnetes Ganzes betrachten, deren interne Struktur es zu beschreiben gilt. Zu den verschiedenen Richtungen zählen in Europa die sog. 'Prager Schule' (vgl. Kap.2.3), die sich Ende der 20er Jahre etabliert hat, und der Kopenhagener Linguistenkreis. In Amerika war es vor allem der sog. Distributionalismus (vgl. Kap.2.5), der die systemimmanenten Beziehungen in der Sprache zu beschreiben versuchte. Das Buch, das zum Standardwerk des amerikanischen Strukturalismus wurde, erschien 1933: *Language* von L. BLOOMFIELD. Fortgeführt wurde dieser Ansatz von Z.S. Harris in seiner Arbeit *Structural Linguistics* (1951).

2.2.3 Das sprachliche Zeichen

Bisher haben wir das System als Ganzes, als Beziehungsgefüge betrachtet. Wenden wir uns nun den einzelnen Elementen des Systems, den sprachlichen Zeichen zu. Auch jedes Zeichen für sich ist strukturiert, bestehend aus zwei Teilen, der Ausdrucks- und der Inhaltsseite, die DE SAUSSURE *signifiant* und *signifié*, Bezeichnendes und Bezeichnetes, nennt. So ist das Wort *Tisch* ein Zeichen, dem auf der Ausdrucksseite die Lautkette (DE SAUSSURE spricht von Lautbild, *image acoustique*) [tıš] entspricht, auf der Inhaltsseite die Vorstellung (*concept*), die man von einem Tisch hat. Bezeichnendes und Bezeichnetes sind unauflösbar miteinander verbunden - wie bei einem Blatt Papier, bei dem man zwar auch Vorder- und Rückseite getrennt betrachten kann, die eine Seite ohne die andere aber nicht existiert.

Wichtig ist, daß erst die Verbindung zwischen Lautbild und Vorstellung, Bezeichnendem und Bezeichnetem, das Zeichen als Ganzes konstituiert. Für DE SAUSSURE sind beide Seiten des sprachlichen Zeichens immateriell. Was die Inhaltsseite betrifft, ist dies unmittelbar einsichtig, für die Ausdrucksseite, die sich ja auf das physikalische Ereignis bezieht, erscheint dies wenig plausibel. DE SAUSSURE rechtfertigt seine psychologisierende Auffassung damit, daß er nicht das konkrete Schallereignis meint, sondern den "psychischen Eindruck", den die Lautkette in uns hinterläßt.[3]

DE SAUSSURE nennt nun zwei wesentliche Eigenschaften, die charakteristisch sind für die Verbindung von Lautbild und Vorstellung: Die Verbindung ist arbiträr und konventionalisiert zugleich. Unter Arbitrarität versteht DE SAUSSURE die Tatsache, daß die Verbindung in der Regel in keiner Weise motiviert, sondern rein willkürlicher Natur ist. An unserer Vorstellung von einem Tisch z.B. ist nichts, was uns dazu veranlassen würde, dieses Gebilde [tɪš] zu nennen - und in anderen Sprachen wird es ja auch anders benannt. Allerdings kann man einwenden, daß es eine Reihe von Wörtern gibt, die durchaus motiviert sind, wie z.B. *Kuckuck, miauen* oder *quiecken*. Diese onomatopoetischen, d.h. lautmalerischen Ausdrücke bilden aber zum einen nur eine kleine Klasse von Wörtern, zum andern variieren auch sie von Sprache zu Sprache. Ein anderer Einwand bezieht sich auf die Beobachtung, daß bei zusammengesetzten Wörtern wie *Haustür, Gartenschlauch* etc. die Bedeutung des Ganzen durch die Bedeutung seiner Teile erschlossen werden kann, hier also eine relative Motiviertheit vorliegt. Was die einzelnen Bestandteile des Wortes betrifft, ist aber wiederum festzustellen, daß hier die Bedeutung für denjenigen, der sie nicht kennt, nicht erschließbar ist - eben weil eine willkürliche Zuordnung vorliegt.

Aber auch (oder gerade) in Anbetracht der Tatsache, daß die Beziehung zwischen Ausdrucks- und Inhaltsseite arbiträr ist, liegt dieser Verbindung doch eine Konvention zugrunde, an die sich jeder einzelne zu halten hat. Tut man es nicht, wird man nicht verstanden und gerät in die sprachliche Isolation (vgl. hierzu die schöne Kurzgeschichte von Peter Bichsel, *Ein Tisch ist ein Tisch*). Was diese Konvention betrifft, so gibt es natürlich keine Abmachung expliziter Natur, sondern es liegt in der Natur der Sache selbst, daß die Zuordnung, einmal etabliert, fest bleiben muß, damit Kommunikation glücken kann. Damit ist natürlich nicht gesagt, daß Zeichenbenutzer diese Konvention nicht bewußt sprengen können, was ja z.B. gerade den Reiz poetischer Texte ausmacht.

---

3   DE SAUSSURE (1916, 1967²: 77) erläutert den psychischen Charakter folgendermaßen:
    Der psychische Charakter unserer Lautbilder wird ganz klar, wenn wir uns selbst beob-
    achten. Ohne die Lippen oder die Zunge zu bewegen, können wir mit uns selbst spre-
    chen oder uns im Geist ein Gedicht vorsagen.

Diese beiden Eigenschaften, Arbitrarität und Konventionalität, sind nun nicht nur charakteristisch für sprachliche Zeichen, sondern für eine größere Klasse von Zeichen, die in PEIRCES Zeichentheorie **Symbole** genannt werden. Dazu zählen auch bildliche Darstellungen (Herz für Liebe) oder bestimmte Gesten (Händedruck für Begrüßung), die man nur versteht, wenn man die entsprechende Konvention kennt. Vom Symbol unterscheidet PEIRCE das Ikon, das in einer Ähnlichkeitsbeziehung zum Objekt steht (so die meisten Piktogramme), und den Index, bei dem eine Kausalitätsbeziehung vorliegt (Fieber als Index für eine Krankheit z.B.). Theorien, die sich mit der Struktur sprachlicher und nicht-sprachlicher Zeichensysteme beschäftigen, sind Subdisziplinen der Semiotik, der allgemeinen Zeichenlehre. DE SAUSSURE bezeichnete diese Wissenschaft, die "das Leben der Zeichen im Rahmen des sozialen Lebens untersucht" (1916, 1967[2]:19), als **Semeologie**.

DE SAUSSUREs Zeichenmodell, wie wir es hier kennengelernt haben, ist ein dyadisches, zweiseitiges Modell. Daneben gibt es triadische Zeichenmodelle, die nicht zwei, sondern drei Bezugsgrößen zugrundelegen. Einen solchen Ansatz vertreten z.B. ODGEN/RICHARDS (1923) mit ihrem semiotischen Dreieck. Die 'Eckpunkte' des Dreiecks bezeichnen sie als Symbol, Gedanke und Referent. Symbol und Gedanke entsprechen in DE SAUSSUREs Modell Bezeichnendem und Bezeichnetem. Der Referent ist das außersprachliche Objekt, auf das Bezug genommen wird. Dieser Bezug auf Außersprachliches wird bei DE SAUSSURE ausgeklammert, da ihn nur die sprachimmanente Seite des Zeichens interessiert.

2.3 Phonetik und Phonologie

2.3.1 Zur Unterscheidung von Phonetik und Phonologie

Die Phonetik und die Phonologie wurden in der traditionellen, vorstrukturalistischen Sprachwissenschaft unter dem Begriff 'Lautlehre' zusammengefaßt. Erst seit den 30er Jahren dieses Jahrhunderts unter dem Einfluß des Strukturalismus wird eine Trennung in zwei Disziplinen vorgenommen. Diese wird von TRUBETZKOY (1939:7), einem führenden Vertreter der Prager Schule, in seinem für die strukturelle Phonologie zentralen Werk *Grundzüge der Phonologie* folgendermaßen motiviert:

[...] die Sprechaktlautlehre, die mit konkreten physikalischen Erscheinungen zu tun hat, muß naturwissenschaftliche, die Sprachgebildelautlehre dagegen rein sprach- (bzw. geistes- oder sozial-) wissenschaftliche Methoden gebrauchen. Wir bezeichnen die Sprechaktlautlehre mit dem Namen *Phonetik*, die Sprachgebildelautlehre mit dem Namen *Phonologie*.

Nicht nur die unterschiedlichen Methoden sprechen nach TRUBETZKOY für eine solche Unterscheidung, auch die Untersuchungsgegenstände beider Disziplinen sind verschieden: Die Phonetik bezieht sich auf die *parole*-Seite der Sprache, sie ist die "Wissenschaft von der materiellen Seite der (Laute der) menschlichen Rede" (TRUBETZKOY 1939, 1967⁴:14), die Phonetik auf die *langue*, da sie an den Lauten nur das betrachtet, "was eine bestimmte Funktion im Sprachgebilde erfüllt" (TRUBETZKOY 1939, 1967⁴:14).[4]

Wie sieht nun die materielle Seite der Laute aus, d.h. womit genau beschäftigt sich die Phonetik? Und welche Funktion erfüllen die Laute im System, was ist also Gegenstand der Phonologie? Zunächst zur ersten Frage:

Laute begegnen uns in der gesprochenen Sprache nicht als isolierte Einheiten, sondern als ein Kontinuum. Ein Wort wie *Tisch* z.B. nehmen wir als eine komplexe Einheit wahr, nicht als eine Folge von drei diskreten Lauten [t], [ɪ] und [š].[5] Dies läßt sich in phonetischen Untersuchungen mit Hilfe naturwissenschaftlicher Methoden nachweisen: In einem **Sonagramm** werden die akustischen Eigenschaften von Lauten graphisch dargestellt, und dabei zeigt sich, daß zwar zwischen Wörtern, aber nicht innerhalb von Wörtern meßbare Grenzen zwischen den einzelnen Lauteinheiten bestehen. Aufgabe der Phonetik ist es nun, die physikalisch-materiellen Eigenschaften dieser Laute zu beschreiben, so z.B. anzugeben, wie ein [t], ein [ɪ] oder ein [š] gebildet werden. Insofern beschäftigt sich die Phonetik auch mit einzelnen Lautsegmenten, aber nicht mit der Frage, in welcher Beziehung diese Segmente zu anderen Segmenten stehen. Das ist Gegenstand der Phonologie, die - um bei dem Wort *Tisch* zu bleiben - z.B. untersuchen würde, welche Laute an gleicher Stelle für [t], [ɪ] und [š] einsetzbar sind. So läßt sich feststellen, daß

---

4 TRUBETZKOYS Bezeichnungen *Sprachgebilde* und *Sprechakt* sind Übersetzungen von DE SAUSSURES Dichotomie *langue* und *parole*. *Sprechakt* ist also nicht zu verwechseln mit dem gleichnamigen Terminus aus der Sprechakttheorie.

5 Phonetische Zeichen werden hier und im folgenden - der allgemeinen Konvention folgend - in eckige Klammern gesetzt.

nur eine bestimmte Klasse von Lauten für [ɪ] in Frage kommt. Diese so ermittelte paradigmatische Austauschklasse umfaßt hier alle Vokale, deren artikulatorischen Eigenschaften wiederum in der Phonetik untersucht werden. Indem ich [ɪ] beispielsweise durch [ʊ] ersetze, erhalte ich ein anderes Wort (*Tusch* statt *Tisch*). Anders ist es, wenn ich - wie in den meisten Regionen Deutschlands üblich - statt [tɪš] [tʰɪš] artikuliere, d.h. den Anfangslaut aspiriere. Dann erhalte ich keine Bedeutungsveränderung. [t] und [tʰ] sind somit im Deutschen nicht distinktiv.[6]

Am Beispiel der Phonologie sehen wir deutlich, was DE SAUSSURE mit dem Systemcharakter der Sprache und dem Wert einzelner Elemente meinte: Ein Laut für sich betrachtet hat keinen 'Wert', erst im Austausch zweier Laute gegeneinander läßt sich seine Funktion ermitteln. Ob Laute eine Bedeutungsveränderung bewirken oder nicht, ist nämlich nur feststellbar, wenn wir die Laute in Opposition zu anderen Lauten des Systems betrachten. Festzuhalten ist, daß die 'Werte', die in einer strukturalistisch-orientierten Sprachbeschreibung für einzelne Laute ermittelt werden, immer nur für das jeweils betrachtete Sprach- bzw. Lautsystem gelten. In anderen Sprachen können ganz andere Oppositionen zwischen den einzelnen Lauten bestehen, so daß Laute bedeutungsverändernd sind, die es im Deutschen nicht sind.

Aber nicht nur die eben geschilderten 'Austauschproben' sind Gegenstand einer systembezogenen, strukturalistischen Betrachtungsweise. Auch die Frage, welchen Einfluß einzelne Laute in einer Sequenz aufeinander ausüben, ist hier relevant. Dabei geht es nicht um die paradigmatische, sondern um die von DE SAUSSURE so benannte syntagmatische Relation zwischen den Elementen: In einem Wort wie *Magd* z.B. wird das auslautende [d] stimmlos, d.h. als [t] gesprochen, was zur Folge hat, daß auch das dem [t] vorangehende [g] stimmlos, also zu [k] wird. Diese phonetisch beschreibbare Artikulationsänderung läßt sich nur erklären, wenn man die Laute nicht isoliert betrachtet, sondern in ihrer Relation zu Nachbarlauten sieht.

Im folgenden wird zunächst die Phonetik im Mittelpunkt der Einführung stehen. Dabei werde ich nur auf die artikulatorische Phonetik eingehen, denn diese ist es, die mit ihren Lautbeschreibungen das nötige Instrumentarium für die struk-

---

6 In anderen Sprachen, wie z.B. im Thailändischen, ist dies anders: *tam* mit aspiriertem [tʰ] im Anlaut bedeutet *tun*, *tam* ohne Behauchung heißt *zerstampfen* (vgl. GREWENDORF/-HAMM/STERNEFELD 1989³:43)

turalistische Phonologie bereitstellt. Daneben gibt es noch zwei phonetische Ar-
beitsgebiete, die sich ebenfalls mit der materiellen Seite der Laute beschäftigen:
die akustische und die auditive Phonetik. Gegenstand der akustischen Phonetik ist
die Frage, wie Sprachlaute übertragen werden, d.h. welche physikalischen Beobachtungen man während dieses Prozesses machen kann.[7] Die auditive Phonetik
dagegen untersucht die neurologischen Vorgänge bei der Wahrnehmung von Lauten. Hier geht es um die Frage, wie Laute im Gehör aufgenommen und identi-
fiziert werden.

2.3.2   Artikulatorische Phonetik

2.3.2.1 Die Lautbildung

Wie vollzieht sich nun die Bildung von Sprachlauten, welche Organe sind daran
beteiligt? Betrachten wir dazu die folgende Abbildung (vgl. LADEFOGED 1975:4):

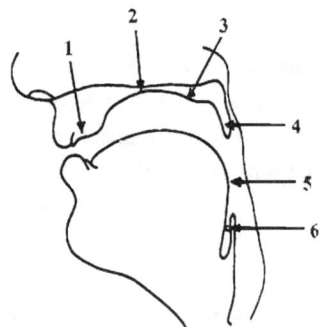

Erläuterung:
1 Alveolen - Zahndamm
2 Palatum - harter Gaumen
3 Velum - weicher Gaumen
4 Uvula - Zäpfchen
5 Pharynx - Rachen
6 Glottis - Stimmritze

Abbildung 1

Die Lautproduktion hängt im Deutschen eng zusammen mit der Atmung, genauer
mit dem Ausatmen der Luft (= egressive Lautproduktion). Die Luft kommt aus
der Lunge, wandert durch die Luftröhre und passiert als erste Engstelle die Glottis, d.h. die Stimmritze zwischen den Stimmbändern. Nach der Stellung der
Stimmbänder läßt sich bereits eine erste Klassifikation der Laute vornehmen in

---

7 Physikalisch betrachtet handelt es sich bei Sprachlauten um Schallwellen, die sich mit einer
   bestimmten Geschwindigkeit fortpflanzen.

stimmhafte und **stimmlose** Laute. Sind die Stimmbänder weit geöffnet, entstehen stimmlose Laute (wie [k] und [t]); schwingen die Stimmbänder, d.h. öffnen und schließen sie sich in kurzen Abständen, so werden die Laute stimmhaft. Stimmhaft sind alle Vokale und eine Gruppe von Konsonanten, zu denen z.B. [g] und [d] zählen.

Betrachten wir nun den Weg des Luftstroms oberhalb der Glottis, so kommen wir zur zweiten wichtigen Klassifikation: Wird der Luftstrom nicht mehr behindert, so entstehen **Vokale**, stößt der Luftstrom dagegen noch auf ein Hindernis, entstehen **Konsonanten**. Dieses Hindernis kann eine Verengung sein, die duch die Annäherung zweier Sprechorgane zustande kommt, es kann aber auch ein totaler Verschluß sein, der die Luft zunächst blockiert und dann erst weiterströmen läßt. Im ersten Falle entstehen **Frikative** (dt. *Reibelaute*), im zweiten Fall **Plosive** (dt. *Verschlußlaute*). Ein Frikativ ist z.B. [f], da hier die Zähne mit der Unterlippe die Verengung bilden und dadurch das typische Reibegeräusch entsteht, ein Plosiv ist [p]. Hier sind die Lippen zunächst fest verschlossen und öffnen sich dann.

Eine weitere Behinderung des Luftstroms stellt das Gaumensegel dar. Damit ist der hintere, bewegliche Teil des Gaumens gemeint, der auch als Velum bezeichnet wird. Ist das Gaumensegel gesenkt, kann ein Teil der Luft in die Nasenhöhle strömen und durch die Nase entweichen. Wenn im Mund dabei gleichzeitig eine Blockade stattfindet - wie etwa bei dem bilabialen [m] -, entstehen Nasalkonsonanten. Kann die Luft bei gesenktem Gaumensegel aber gleichzeitig ungehindert aus der Mundhöhle entweichen, entstehen Nasalvokale. Diese kommen im Standarddeutschen nur in Fremdwörtern vorkommen (*Balkon, Bassin*). Von den **nasalen Lauten** sind die **oralen Laute** zu unterscheiden, bei denen das Gaumensegel angehoben und dadurch die Nasenhöhle verschlossen ist. Sie bilden im Deutschen die größte Klasse der Konsonanten.[8] Neben den Frikativen und den Plosiven sind hier noch die **Laterale** (dt. *Seitenlaute*) und die **Vibranten** (dt. *Schwinglaute*) zu nennen, die jeweils eine eigene Klasse bilden, da auch hier die Behinderung des Luftstroms von ganz spezifischer Art ist: Bei den Lateralen, zu denen im Deutschen nur [l] zählt, wird die Luft in der Mitte des Mundes blockiert und entweicht an den Seiten, bei den Vibranten kommt es zu einem kurzen, wiederholten Kontakt zweier Sprechorgane. Im Deutschen ist dies bei den [r]-Lauten der Fall, wobei man wiederum zwischen Zäpfchen- und Zungen-r unterscheiden muß: Beim Zäpf-

---

8   Zu den nasalen Konsonanten zählen nur [m], [n] und [ŋ].

chen-r vibriert das Zäpfchen gegen die Hinterzunge, beim Zungenspitzen-r die Zungenspitze gegen den Zahndamm. [l]- und [r]-Laute werden in der älteren Literatur auch als **Liquide** zusammengefaßt, da es artikulatorische und akustische Ähnlichkeiten zwischen den beiden Klassen gibt. Gemeinsam ist ihnen z.b., daß der Luftstrom zwar behindert wird, aber nicht das typische Reibegeräusch entsteht. Zusammenfassend läßt sich festhalten: Nach der Artikulationsart, d.h. der Art der Behinderung der Luft, unterscheidet man bei den Konsonanten fünf verschiedene Klassen: Plosive, Frikative, Nasalkonsonanten, Laterale und Vibranten.

Betrachten wir nun die Plosive [p], [t] und [k] näher. Worin unterscheiden sich diese Laute? **Wie** die ausströmende Luft behindert wird, ist gleich; der Unterschied liegt hier darin, **wo** der Luftstrom jeweils behindert wird. Bei [p] sind es die Lippen, die den Verschluß bilden, bei [t] ist es die Zunge, die gegen den Zahndamm stößt, und bei [k] haben wir einen Verschluß im hinteren Mundraum, im velaren Bereich. [p] ist folglich ein labialer Plosiv, [t] ist ein alveolarer, [k] ein velarer Plosiv. Damit kommen wir zu einem weiteren Kriterium, das wichtig für die Differenzierung der Konsonanten ist: der jeweilige Artikulationsort, d.h. der Ort, an dem die Behinderung der Luft stattfindet. Betrachten wir hierzu nochmals Abbildung 1. Es lassen sich folgende Artikulationsstellen unterscheiden:

an den Lippen:	**labial**
an den Zähnen:	**dental**
am Zahndamm:	**alveolar**
am vorderen Teil des harten Gaumens:	**palato-alveolar**
am harten Gaumen:	**palatal**
am weichen Gaumen:	**velar**
am Zäpfchen:	**uvular**
im Rachen:	**pharyngal**
an den Stimmbändern:	**glottal**

Was die Lippenlaute betrifft, so unterscheidet man genauer zwischen bilabialen und labiodentalen Lauten. Zu den ersteren zählt im Deutschen [m], zu den letzteren [f].

Ein 'echter' dentaler Laut ist das [θ][9], bei dem die Zungenspitze zwischen die Zähne geschoben wird. Davon zu unterscheiden sind die alveolar-dentalen Laute.

---

9 [θ] ist das Transkriptionszeichen für den anlautenden stimmlosen Frikativ wie im englischen *thin*.

Hier stößt die Zunge gegen die Zähne bzw. den Zahndamm, den Bereich unmittelbar hinter den Zähnen. Dazu zählen im Deutschen z.B. [t] und [n]. Zu den Palato-Alveolaren gehören [š] und [ž] (z.B. anlautend in *Schatz* und *Journal*)[10], zu den Palatalen [ç] und [j] (z.B. anlautend in *China* und *Jahr*), zu den Velaren [k] und [g] wie in *Karten* und *Garten*. Das unterscheidende Kriterium ist also jeweils, welchen Teil des Gaumens die Zunge berührt.

Zu den Uvularen zählt im Deutschen das bereits erwähnte Zäpfchen-r, das als [R] transkribiert wird. Pharyngale Laute gibt es im Deutschen und in den meisten anderen Sprachen nicht; im Arabischen kommen sie allerdings vor (vgl. BUSSMANN 1990²:574).

Als glottale Laute gelten im Deutschen [h] und [ʔ]. [ʔ] ist das Transkriptionszeichen für den sog. Knacklaut. Dieser Laut ist ein Glottisverschlußlaut (engl. *glottal stop*), der im Standarddeutschen vor Vokalen am Silbenanfang artikuliert wird und dessen Artikulation uns meist gar nicht bewußt ist. Er ist charakteristisch für den im Deutschen typischen "harten Einsatz"; im Französischen z.B., aber auch im süddeutschen Sprachraum gibt es einen solchen Knacklaut nicht.

2.3.2.2 Das deutsche Konsonantensystem

Die Klassifikation der Konsonanten läßt sich nun in einer Übersicht darstellen, die angelehnt ist an die sehr instruktive Darstellung in RAMERS/VATER (1991²:18).

Artikulations-arten:		**Artikulationsorte:**					
	labial	dental/ alveolar	palatoal-veolar	palatal	velar	uvular	glottal
Plosive	p b	t d			k g		ʔ
Frikative	f v	s z	š ž	ç j	x		h
Nasale	m	n			ŋ		
Laterale		l					
Vibranten		r				R	

Tabelle (1)

---

10 Ich benutze hier aus notationstechnischen Gründen die Transkriptionszeichen [š] und [ž] statt der auch üblichen Transkriptionsweise [ʃ] und [ʒ].

Bei Konsonanten, die einen stimmlosen und einen stimmhaften Partner haben ([p] und [b] z.B.), wird jeweils der stimmlose Konsonant zuerst genannt. Konsonanten, die paarweise stimmlos/stimmhaft sind, heißen auch **Obstruenten**; sie sind zu unterscheiden von den **Sonoranten**, die nur stimmhaft auftreten (alle Vokale, Liquide und Nasalkonsonanten). Daneben gibt es im Deutschen zwei stimmlose Konsonanten ohne stimmhaften Gegenpart: der Knacklaut [?] und der glottale Frikativ [h]. Ihre Einordnung als Konsonanten ist allerdings problematisch, denn bei der Bildung dieser Laute wird der Luftstrom oberhalb der Glottis nicht mehr behindert. Damit fehlt ihnen das entscheidende konsonantische Merkmal.

Ich lege in Tabelle (1) die Transkription nach IPA (= International Phonetic Alphabet) zugrunde, das als international verbindliches Transkriptionssystem gilt.[11] Die Transkriptionszeichen sind nicht mit den Schriftzeichen zu verwechseln: [v] ist das Transkriptionszeichen für den stimmhaften Frikativ (anlautend in *Wasser*), [x] enspricht dem sog. *ach*-**Laut**, der nach Hinter- und Zentralvokalen auftritt (z.B. in *ach* und *Koch*) und zu unterscheiden ist von dem palatalen *ich*-**Laut** [ç] (z.B. in *ich* oder *Köche*). [ŋ] steht für die Buchstabenkombination -*ng*- (wie in *lange*), aber auch nur für -*n*- (wie in *tanken*).

An den Beispielen sieht man, daß es keine Eins-zu-Eins-Entsprechung zwischen Laut und Buchstabe gibt: Einem Laut wie [f] entsprechen mehrere Schreibweisen (vgl. *Fahrt, Vater, Pharao*), und einem Schriftzeichen können mehrere Lautwerte zugeordnet werden (vgl. die Aussprache von *v* in *Vase* vs. *Vater*). Außerdem kommt es vor, daß eine Buchstabenkombination nur durch einen Laut repräsentiert wird (*sch* = [š]) oder daß für eine Lautkombination nur ein einziger Buchstabe steht ([ts] = *z* wie in *Zeit* z.B.). Solche Konsonantenkombinationen bezeichnet man auch als **Affrikaten** (von lat. '*affricare*', anreiben). Zur genauen Definition: Eine Affrikate ist eine Kombination aus Plosiv und folgendem Frikativ, d.h. einem Verschluß folgt unmittelbar darauf ein Reibegeräusch. Plosiv und Frikativ werden dabei annähernd an gleicher Stelle artikuliert, sind also homorgan. Dies ist bei [ts] der Fall (dental-alveolarer Plosiv + dentalalveolarer Frikativ) oder bei [pf] (labialer Plosiv + labiodentaler Frikativ). Auch [tš] wie in *Matsch* zählt zu den typisch deutschen Affrikaten; die stimmhafte Kombination [dž] kommt dagegen als Affrikate nur in Fremdwörtern vor (in *Gin* z.B.).

---

11 Die neueste IPA-Version stammt von 1989. Sie findet sich in der 3. Auflage des DUDEN-Aussprachewörterbuchs von 1990.

2.3.2.3 Das deutsche Vokalsystem

Wie wir schon weiter oben gesehen haben, wird bei Vokalen der Luftstrom nur in der Glottis durch die schwingenden Stimmbänder behindert. Oberhalb der Glottis gibt es keine Behinderung des Luftstroms mehr. Wodurch werden dann die Vokale im Deutschen differenziert?

Auch bei Vokalen unterscheidet man verschiedene Artikulationsstellen, und zwar in Abhängigkeit von der Position der Zunge. Sowohl die Zungenstellung als auch die Zungenhöhe ist hier relevant: Wird die Zunge nach vorne gewölbt, entstehen **Vordervokale** ([i] z.b.); wird sie in der Mitte gewölbt, entstehen Zentralvokale ([ɑ] z.b.); und bei nach hinten gezogener Zunge erhalten wir **Hintervokale** ([o] z.B.). Nach der Zungenhöhe, d.h. je nachdem, ob die Zunge insgesamt angehoben oder gesenkt wird bzw. in Normalstellung verbleibt, unterscheidet man hohe, tiefe und mittlere Vokale. [i] ist beispielsweise ein hoher Vordervokal, [o] ein mittlerer Hintervokal. Die folgende Tabelle gibt eine Übersicht über die Klassifikation der Vokale nach Zungenstellung und Zungenhöhe:

Zungenhöhe:	Zungenstellung:		
	Vordervokale	Zentralvokale	Hintervokale
hohe Vokale	i, y		u
mittlere Vokale	e ɸ	ə ɐ	o
tiefe Vokale		ɑ	

Tabelle (2)

Nach der Art der Lippenstellung unterscheidet man gerundete bzw. ungerundete Vokale: [i], [e] und [ɑ] sind ungerundet, [y], [ɸ], [u] und [o] sind gerundet. Ein weiteres wichtiges Merkmal zur Klassifikation der Vokale erkennt man, wenn man ein Wortpaar wie *Miete* und *Mitte* betrachtet. In beiden Wörtern tritt ein hoher Vordervokal auf, die Artikulation ist dennoch verschieden: Im einen Fall, in *Miete*, wird der Vordervokal gespannt, d.h. mit größerer Anspannung der Zungenmuskeln gesprochen, im andern Fall nicht. Nur der gespannte i-Laut wird als [i] transkribiert, der ungespannte als [ɪ]. Jeder Vokal im obigen Schema hat einen solchen ungespannten Partner:

gespannter Vokal	ungespannter Vokal	Beispiel
i	ɪ	Miete - Mitte
y	Y	Hüte - Hütte
e	ɛ	den - denn
ɸ	œ	Höhle - Hölle
α	a	kam - Kamm
u	ʊ	Mus - muß
o	ɔ	Ofen - offen

Tabelle (3)

Betrachtet man die hier genannten Beispiele, so könnte man zu dem Schluß kommen, daß die gespannten Vokale immer lang, die ungespannten Vokale immer kurz sind. Es läßt sich aber feststellen, daß zwischen den Vokal-Paaren nicht nur ein quantitativer, sondern auch ein qualitativer Unterschied besteht: Ungespannte Vokale werden - wie oben schon gesagt - mit geringerer Muskelanspannung und mehr im Mundinneren artikuliert. Zwar korreliert Gespanntheit sehr oft mit Länge, doch nicht immer, denn wenn ein gespannter Vokal **nicht** betont ist, so wird er auch nicht gelängt. Dies ist z.B. in Entlehnungen wie *Idee, Vokal* oder *oval* der Fall: Bei *Idee* z.B. ist das [i] gespannt, die Betonung liegt aber auf der zweiten Silbe; *Idee* wird daher mit ungelängtem, aber gespanntem [i] transkribiert: [i'de:][12]. Ist ein Vokal ungespannt, so ist er dagegen immer auch kurz - mit einer Ausnahme: das ungespannte ɛ kann auch gelängt werden, so z.B. in *Däne*: ['dɛ:nə].

In Tabelle (2) taucht noch ein weiterer Vokal auf, den wir noch nicht besprochen haben: das [ə], das **Schwa** [dt. *Murmelvokal*, engl. *neutral vowel*), das mit neutraler Zungenstellung gesprochen wird, also ein mittlerer Zentralvokal ist. Dieses Schwa wird nie betont und oft ausgelassen: vgl. umgangssprachlich [ɪç 'kɔm] statt [ɪç 'kɔmə].

Noch auf einen anderen Vokal aus Tabelle (2) möchte ich eingehen, auf [ɐ]. Betrachten wir hierzu das Wort *bitter*. Es wäre falsch anzunehmen, daß in der Standardaussprache hier auslautend ein [R] gesprochen wird, also ['bɪtɐR]. Statt-

---

12 Die Betonung wird hier durch einen Strich **vor** der betonten Silbe graphisch kenntlich gemacht.

dessen ist zu beobachten, daß das auslautende [ʀ] vokalisiert wird, d.h. fast wie ein ungespanntes [a] gesprochen wird. Dieser **r-Vokal** wird als ein auf dem Kopf stehendes [ɐ] transkribiert. In *bitter* kommt es zu einer Verschmelzung von Schwa und [ʀ], also [ˈbɪtɐ].

Zum Schluß des Vokalismus-Kapitels noch ein Wort zu den **Diphthongen** (von griech. 'zweifach tönend'). Im Deutschen unterscheidet man drei Diphthonge:

(1) [aʊ̯]: *Haus*

  [ɔɪ̯]: *neu, Häute*

  [aɪ̯]: *Mai, mein*

Ein vierter Diphthong [ʊɪ̯] kommt nur marginal vor (in *Pfui* z.B.).

Bei Diphthongen handelt es sich immer um zwei Vokale innerhalb **einer** Silbe, wobei nur der erste Bestandteil des Diphthongs Träger der Silbe ist. Da dem zweiten Teil diese für Vokale konstitutive Eigenschaft nicht zukommt, wird er auch als Halbvokal oder - vice versa - als Halbkonsonant bezeichnet. In der Literatur findet sich außerdem die Bezeichnung Gleitlaut (engl. 'glide'). Dieser Begriff leitet sich von der Artikulationsweise her: die Zunge 'gleitet' bei der Artikulation eines Diphthongs von einer Vokalposition zur anderen. Als Transkriptionszeichen für die Halbvokale benutze ich hier das ungespannte [ʊ] und das ungespannte [ɪ]; man findet in der Literatur aber auch [w] und [j]. Benutzt man zur Transkription des Halbvokals ein Vokalzeichen, so muß man mit einem diakritischen Zeichen [̯] kenntlich machen, daß der Vokal nicht silbisch ist. Daher ist die korrekte Tanskription von *Haus* [haʊ̯s], von *neu* [nɔɪ̯] und von *Mai* [maɪ̯].

2.3.3 Strukturalistisch-generative Phonologie

2.3.3.1 Die strukturalistische Phonologie

Wie wir weiter oben schon sahen, beschäftigt sich die strukturalistische Phonologie mit der Frage, welche Funktion Laute im Sprachsystem haben und in welcher Relation sie zu anderen Lautsegmenten stehen. Haben Laute eine potentiell bedeutungsunterscheidende Funktion, so werden sie auch als **Phoneme** bezeichnet. Zu diesem Begriff, der bereits Ende des 19. Jahrhunderts verwendet wurde, gibt es zahlreiche Definitionen (vgl. RAMERS/VATER 1991[2]:26ff.); ich werde hier den klassischen Phonembegrifff zugrunde legen, nach dem Phoneme die kleinsten bedeutungsunterscheidenden, aber **nicht** bedeutungstragenden Einheiten im Sprachsystem sind. Ein Phonem wie /k/ z.b. hat keine Bedeutung, bewirkt aber einen Bedeutungsunterschied, wenn es in *Garten* für den anlautenden Konsonanten /g/ eingesetzt wird. *Garten* und *Karten* stehen somit - um wieder mit DE SAUSSURE zu sprechen - in Opposition zueinander. Sie bilden ein Wortpaar, das sich nur in einem Laut unterscheidet, genauer nur in einem Merkmal, da der artikulatorische Unterschied zwischen /g/ und /k/ lediglich darin besteht, daß /g/ stimmhaft ist, /k/ nicht. Wortpaare, die nur an einer Stelle in einem Laut kontrastieren, nennt man **Minimalpaare**. Solche Minimalpaare sind z.B. *Miete - Mitte, Kind - Wind, Pein - Bein, Mutter - Butter.*

Noch etwas zur Notation: Phoneme werden in Schrägstriche gesetzt, konkrete phonetische Realisierungen in eckige Klammern. Dadurch wird notationell kenntlich gemacht, daß es sich bei Phonemen um abstrakte Einheiten des Lautsystems, der *langue*, handelt. Phoneme liegen der jeweiligen Artikulation, der *parole*, zugrunde, und diese kann von Sprecher zu Sprecher, ja sogar in bezug auf einen Sprecher variieren, denn jedes Phonem läßt eine gewisse Bandbreite an Realisierungsmöglichkeiten zu.

Betrachten wir nun das Wort *Pein* näher. Auch hier gibt es mehrere Varianten. Doch ob ich *Pein* [paɪn] oder [pʰaɪn] ausspreche, ändert nichts an der Bedeutung des Wortes, d.h. [p] und [pʰ] sind im Deutschen - im Unterschied zu anderen Sprachen (vgl. Anm. 6) - keine Phoneme. Es sind nur zwei Varianten ein und desselben Phonems, deren unterschiedliche Artikulation in diesem Fall regional bedingt ist. Erhalten wir beim Austausch zweier Laute gegeneinander keine Bedeutungsveränderung, können wir davon ausgehen, daß es sich bei diesen Lauten nicht um zwei verschiedene Phoneme handelt, sondern um zwei verschiedene Realisierungen eines Phonems. Diese werden auch als **Allophone** bezeichnet. Bei der Allophonie unterscheidet man hinsichtlich der Distribution, d.h. der Umgebung, in der der betreffende Laut vorkommt, zwischen freien und komplementär verteilten Varianten. Freie Varianten eines Phonems kommen in derselben lautlichen Umgebung vor und können - wie der Name schon sagt - frei gegeneinander ausgetauscht werden. Dies ist beim obigen Beispiel der Fall, aber auch beim /r/-Phonem, das, wie wir bereits gesehen haben, als Zungenspitzen- oder als Zäpfchen-r realisiert werden kann.[13] Hier kann der Sprecher prinzipiell frei wählen, auch wenn er aufgrund seiner regionalen Herkunft in der Regel nur eine Variante benutzen wird.

Bei den komplementären Allophonen liegt die Sache anders. Hier hat der Sprecher keine Wahl, d.h. je nach Distribution wird er die eine oder andere Variante des Phonems realisieren müssen. Das setzt voraus, daß komplementär verteilte Allophone immer in verschiedenen lautlichen Umgebungen vorkommen, denn eben diese sind es, die ihre lautliche Realisierung beeinflussen. Ein häufig genanntes Beispiel für diese Art von Allophonie sind der *ich*- und der *ach*-Laut, d.h. [ç] und [x], denn [ç] kommt nur nach Vordervokalen, nach Konsonanten und im Morphemanlaut vor (vgl. *Pech, Milch, China, Kindchen*), [x] nur nach Hinter- und Zentralvokalen (vgl. *doch, Dach*). Da das Vorkommen dieser Allophone an bestimmte lautliche Bedingungen geknüpft ist, können sie normalerweise - im Unterschied zu den freien Allophonen - nicht gegeneinander ausgetauscht werden. Geschieht dies doch (etwa wenn ein Ausländer *Kindchen* mit [x] artikuliert), so erhält das Wort dadurch nicht eine andere Bedeutung, denn [ç] und [x] sind im Deutschen - im Unterschied zu den slawischen Sprachen z.B. - nicht phonematisiert.

Fassen wir zusammen: Ziel der strukturalistischen Phonologie ist, die Lautsysteme der Einzelsprachen zu beschreiben und miteinander zu vergleichen. Was die Methodik betrifft, so zeigen sich auch hier die Grundprinzipien strukturalistischer Sprachanalyse. Die Lautkette wird zunächst segmentiert, d.h. über das Erstellen von Minimalpaaren werden diskrete Lauteinheiten ermittelt. Es folgt der zweite Analyseschritt, die Klassifikation: Die Lauteinheiten werden daraufhin untersucht, ob es sich um Phoneme oder um Allophone handelt, d.h. ob sie in Opposition zu-

---

13 Daneben gibt es übrigens noch weitere r-Varianten. So kann /r/ nicht nur als Vibrant, sondern z.B. auch als Frikativ artikuliert werden.

einander stehen oder nicht. Lauteinheiten, die gemeinsame artikulatorische Merkmale aufweisen, werden schließlich einer gemeinsamen Klasse zugeordnet. Phoneme werden also über ihre artikulatorischen Merkmale voneinander unterschieden. /k/ und /g/ z.B. unterscheiden sich nur in einem Merkmal, in der Stimmhaftigkeit: /k/ ist [- stimmhaft], /g/ ist [+ stimmhaft].[14] JAKOBSON/HALLE (1956) haben insgesamt zwölf solcher distinktiver Merkmale vorgeschlagen, von denen sie annehmen, daß alle in den Sprachen dieser Welt vorkommenden Phoneme damit beschreibbar sind. In dem phonologischen Standardwerk von CHOMSKY/HALLE (1968), *The Sound Pattern of English* (abgekürzt *SPE*), wird diese Annahme aufgegriffen, und die Merkmale werden genauer bestimmt. Zu den relevanten distinktiven Merkmalen zählen in *SPE* neben [+/- stimmhaft] auch [+/- nasal], [+/- konsonantisch], [+/- sonorant], [+/- silbisch], [+/- dauernd], [+/- tief], [+/- hinten], [+/- rund], [+/- gespannt]. Ich werde hier nicht auf alle Merkmalkennzeichnungen eingehen, sondern nur die eben genannten - sofern sie weiter oben noch nicht erklärt wurden - erläutern:

- Laute sind [+ sonorant], wenn sie nur mit spontaner Stimmhaftigkeit artikuliert werden können, d.h. nicht stimmlos artikulierbar sind. Dies ist bei allen Vokalen der Fall, aber auch bei den Nasalen und den Liquiden /l/ und /r/. Auf den 'Gegenbegriff' habe ich schon hingewiesen: Laute, die stimmlos **und** stimmhaft realisiert werden können, heißen Obstruenten.

- [+/- silbisch] nimmt nicht Bezug auf die Artikulationsweise, sondern auf die Funktion des Lautes in der Sequenz: Wenn der Laut Träger einer Silbe sein kann - wie dies üblicherweise bei Vokalen der Fall ist -, hat er das Merkmal [+ silbisch].

- Ein Laut ist [+ dauernd], wenn der Luftstrom nicht vollständig blockiert wird. Dies trifft natürlich für die Vokale zu, aber auch für die Frikative und die Liquide. Strenggenommen sind auch die Nasalkonsonanten [+ dauernd], da bei ihnen die Luft zwar im Mundraum blockiert wird, sie aber gleichzeitig durch die Nase entweichen kann. Die Einordnung als [+ dauernd] ist jedoch umstritten (vgl. RAMERS/VATER 1991[2]:44).

---

14 Phonologische Merkmale werden seit JAKOBSON/HALLE in eckigen Klammern mit [+/-] für [trifft zu/trifft nicht zu] notiert. Diese binäre Opposition wurde später auch in anderen linguistischen Disziplinen übernommen, so z.B. in der Semantik.

Phoneme können also aufgefaßt werden als Mengen von distinktiven artikulatorischen Merkmalen, denn jedes Phonem ist weiter zerlegbar in einzelne Merkmale: [f] z.B. ist [- stimmhaft], [- nasal], [+ konsonantisch], [- sonorant], [- silbisch], [+ dauernd] etc. Einige dieser Merkmale sind redundant, da sie bereits aus anderen folgen: Aus [- stimmhaft] ergibt sich bereits, daß der Laut nicht nasal sein kann, [+ konsonantisch] macht z.B. die Merkmalkennnzeichnung [+/- rund] überflüssig, da diese nur auf Vokale zutrifft. Mit Hilfe der Merkmale können einzelne Phoneme zu Klassen zusammengefaßt werden: Vokale, Nasale und Liquide tragen z.B. das Merkmal [+ sonorant], alle anderen sind [- sonorant]. Bei [+/- sonorant] handelt es sich ebenso wie bei [+/- konsonantisch] und [+/- silbisch] um sog. Oberklassenmerkmale: Alle Phoneme können einer dieser Klassen zugeordnet werden.

2.3.3.2 Generative Phonologie

Während sich die strukturalistische Phonologie weitgehend darauf beschränkte, das Phoneminventar einer Sprache zu erstellen, geht die generative Phonologie weiter (vgl. als Standardwerk für das Englische CHOMSKY/HALLE 1968, für das Deutsche WURZEL 1970). Sie versucht, die phonologischen Prozesse zu beschreiben, die zu bestimmten lautlichen Realisierungen führen. Bereits daran sieht man, daß die generative Phonologie - im Gegensatz zur strukturalistischen Phonologie - auf zwei Ebenen arbeitet: dies ist zum einen die Ebene der phonetischen Repräsentation, die der konkreten lautlichen Realisierung entspricht, und zum anderen die Ebene der zugrundeliegenden Form, aus der die phonetische Repräsentation über **phonologische Regeln** abgeleitet wird.

Hierzu ein Beispiel: Die phonetische Repräsentation von *Lied* ist [li:t]. Im Auslaut wird also nicht der stimmhafte alveolare Plosiv [d] gesprochen, sondern ein stimmloses [t]. Dieses Phänomen, das charakteristisch ist für das Deutsche, wird auch als **Auslautverhärtung** bezeichnet. In der generativen Phonologie bleibt man nun bei dieser Beobachtung nicht stehen, sondern man postuliert (mit guten

Gründen, s.u.), daß die tatsächliche, zugrundeliegende Lautgestalt von *Lied* /li:d/[15] mit stimmhaftem Plosiv ist und daß es eine vorhersagbare Eigenschaft ist, wann dieses /d/ entstimmlicht wird. Diese zugrundeliegende phonologische Repräsentation ist eine abstrakte Ebene, die - wie das Beispiel *Lied* zeigt - nicht mit der konkreten phonetischen Realisierung übereinstimmen muß. Unter welchen Bedingungen wird nun das das Phonem /d/ entstimmlicht? Offensichtlich ist dies nicht immer der Fall, wie wir am Plural *Lieder* ['li:dɐ] sehen. Die hier zu beobachtende Alternation läßt sich für das Deutsche allgemein mit folgender Regularität beschreiben:

> Im (Silben-)Auslaut und vor stimmlosem Obstruent wird ein stimmhafter Obstruent stimmlos.

In *Lieder* findet keine Entstimmlichung statt, da /d/ hier nicht im Auslaut steht. In *Lieds* dagegen wird /d/ entstimmlicht, da es vor dem ebenfalls stimmlos gewordenen Obstruenten [s] steht. Die zugrundeliegende Form von [li:ts] ist also /li:dz/.

Es wurde schon erwähnt, daß es sich bei dem Prozeß der Auslautverhärtung um eine vorhersagbare Eigenschaft handelt. Nur vorhersagbare Eigenschaften können in Form von Regeln notiert werden. Eine solche Regel hat in der generativen Phonologie die Form $A \rightarrow B / X\_Y$. Diese Regel ist zu lesen als: A wird als B realisiert, wenn es in der Umgebung X_Y vorkommt, d.h. wenn ein X-Segment vorausgeht und ein Y-Segment folgt. Für die Variablen A, B, X und Y werden jeweils die für die Beschreibung des phonologischen Prozesses relevanten phonologischen Merkmale eingesetzt.

An der Auslautverhärtung soll nun exemplarisch gezeigt werden, wie eine phonologische Regel notiert wird (zur Darstellung phonologischer Regeln s. ausführlich HYMAN 1975):

---

15 Solche phonologische Repräsentationen werden analog zur Darstellung von Phonemen in Schrägstriche gesetzt, um kenntlich zu machen, daß es sich **nicht** um die konkreten Realisierungen handelt.

(2)

$$\begin{bmatrix} +\text{kons} \\ -\text{son} \end{bmatrix} \rightarrow [\ -\text{sth}\ ] \ / \ \underline{\quad} \left\{ \begin{array}{c} \# \\ \begin{bmatrix} +\text{kons} \\ -\text{son} \end{bmatrix} \end{array} \right\}$$

vgl. RAMERS/VATER (1991[2]:67)

Links vom Pfeil stehen die relevanten Merkmale zur Beschreibung stimmhafter Obstruenten, rechts vom Pfeil ist mit [-sth] nur noch das Merkmal notiert, das sich ändert, nach dem Schrägstrich folgt die Angabe der Umgebung, in der sich diese Änderung vollzieht. Da die vorangehende Umgebung irrelevant ist, wird X nicht näher spezifiziert. Wichtig ist hier nur, was folgt: Die geschweifte Klammer zeigt zwei Möglichkeiten an, von denen entweder die eine oder die andere zutreffen kann (Prinzip der Disjunktion): # markiert die Morphemgrenze und damit die erste Option (Entstimmlichung im Auslaut), die Merkmale in der eckigen Klammer stehen für stimmlose Obstruenten und damit für die zweite Option (Entstimmlichung vor stimmlosem Obstruenten).[16]

Mit phonologischen Regeln der eben geschilderten Art lassen sich nicht nur vorhersagbare Veränderungen von Merkmalen formal beschreiben, sondern auch andere phonologische Prozesse. So haben wir bereits darüber gesprochen, daß stimmlose Plosive im absoluten Anlaut behaucht werden können. Auch dies läßt sich mit einer Regel beschreiben, wobei hier rechts vom Pfeil kein Merkmal ausgetauscht, sondern ein neues Merkmal, [+aspiriert], hinzugefügt wird. Umgekehrt können auch Segmente getilgt werden, wie dies beim Schwa oft der Fall ist. Wichtig ist auch festzuhalten, daß phonologische Repräsentationen mehrere Regeln hintereinander durchlaufen können und so der 'Output', die phonetische Repräsentation, artikulatorisch vom Input erheblich abweichen kann. Dies sehen wir z.B. an der Nasal**assimilation**, an der Angleichung eines Nasals an seine unmittelbare Umgebung. Bei der Artikulation von *haben* z.B. fällt das Schwa weg (= **Schwa-Elision**), und anschließend wird das auslautende alveolare /n/ an das nun unmittelbar vorangehende bilabiale /b/ im Artikulationsort angeglichen, d.h. /n/ wird zu

---

16 Zu dieser Regel gibt es alternative Darstellungen (vgl. WURZEL 1970:260). Da für die Auslautverhärtung nicht die Morphem-, sondern die Silbengrenze relevant ist, ist beispielsweise die Notation # nicht korrekt.

bilabialem [m]. Die zugrundeliegende Form ist also /'hɑːbən/, die phonetische Realisierung dagegen ['hɑːbm]. Da in diesem Fall das konsonantische [m] zum Silbengipfel[17] wird - eine Eigenschaft, die normalerweise nur Vokalen zukommt -, setzen wir einen kleinen Strich unter den silbischen Konsonanten: ['hɑbm̩].

Die hier nur kurz und weitgehend informell beschriebenen phonologischen Regeln sind wichtiger Bestandteil der generativen Phonologie - und darin unterscheidet sich diese Richtung auch grundlegend von der strukturalistischen Theoriebildung, die beim Segmentieren der Lautsequenzen und Klassifizieren der Lauteinheiten stehenblieb. Die Grundannahme jeder generativen Analyse ist, daß es einen Regelmechanismus gibt, der gewissermaßen unsere Fähigkeit, sprachliche Ausdrücke zu bilden (= generieren) und korrekt auszusprechen, modelliert. Diese seit CHOMSKY (1965) als **sprachliche Kompetenz** bezeichnete Fähigkeit zeigt sich nicht nur darin, daß der Sprecher in der Lage ist, Sätze hervorzubringen, die er noch nie vorher gehört hat (= syntaktische Kompetenz), sondern eben auch darin, unbekannte Lautsequenzen korrekt zu artikulieren (= phonologische Kompetenz). So 'weiß' jeder Sprecher des Deutschen, wie das Wort *knieb* ausgesprochen wird und daß es ein mögliches Wort des Deutschen sein kann, selbst wenn er mit diesem Lautbild, um mit DE SAUSSURE zu sprechen, kein Konzept verbindet und es noch nie zuvor gehört hat. Daß *knbie* dagegen aufgrund einer unzulässigen Konsonantenhäufung im Anlaut kein mögliches Wort des Deutschen ist, 'weiß' ein 'native speaker' auch. Da dieses phonologische Wissen nur ein Teil des sprachlichen Wissens ist, über das der Sprecher verfügt, ist die Phonologie nicht unabhängig von den anderen linguistischen Disziplinen zu sehen. Auch dies ist ein Unterschied zur strukturalistischen Phonologie, für die die Phonologie eine von den anderen linguistischen Disziplinen unabhängige Beschreibungsebene darstellt.

---

17 Kurz zum Begriff 'Silbengipfel': Wenn man eine Silbe artikulatorisch als eine Folge von Öffnungs- und Verschlußphasen definiert, so entspricht dem auf akustischer Seite eine Zu- und Abnahme der Schallintensität. Der Silbengipfel ist dann dasjenige Element, das die größte Schallintensität (= **Sonorität**) aufweist. Da die Vokale am sonorsten sind, stellen sie normalerweise den Silbengipfel dar.

2.3.4 Neuere Entwicklungen: Autosegmentale und metrische Phonologie

Bislang haben wir zwei Richtungen der Phonologie kennengelernt, deren Gemeinsamkeit darin besteht, daß sie in ihrer Analyse gewissermaßen von Segment zu Segment vorgehen. Nun gibt es aber auch Regularitäten, die nicht einzelne Laute, sondern Kombinationen von Lauten betreffen, also **suprasegmental** sind. Zu diesen suprasegmentalen Phänomenen, die in einem segmentalen Modell nicht adäquat beschrieben werden können, zählen die Silben- und die Akzentstruktur und die Intonation. Die neuere Entwicklung der Phonologie, in der nicht mehr die lineare Aufeinanderfolge der Segmente im Mittelpunkt steht, wird als **nicht-lineare Phonologie** bezeichnet. In Deutschland ist sie seit Beginn der achtziger Jahre Gegenstand wissenschaftlicher Diskussion (vgl. VENNEMANN 1982, *Silben, Segmente, Akzente*). Eine neuere, ebenfalls auf das Deutsche bezogene Arbeit zu diesem Thema ist der Sammelband von EISENBERG/RAMERS/VATER (1992).

Innerhalb der nicht-linearen Phonologie unterscheidet man im wesentlichen zwei Richtungen, die sich unabhängig voneinander entwickelt haben: **die autosegmentale Phonologie** und **die metrische Phonologie**. In der Arbeit von GOLDSMITH 1990, *Autosegmental & metrical phonology*, werden beide Disziplinen vorgestellt. Ich gehe im folgenden nur auf die Kerngedanken ein.

2.3.4.1 Die autosegmentale Phonologie

In der autosegmentalen Phonologie, die auf die Arbeiten von GOLDSMITH (1976) und McCARTHY (1979) zurückgeht, unterscheidet man zwei Schichten, (engl. 'tiers'), die aufeinander bezogen werden. Auf der Segmentschicht sind die Lautsegmente mit ihren artikulatorischen Merkmalen angeordnet. Dies kennen wir bereits aus der linearen Phonologie. Die andere phonologische Repräsentationsebene ist die sog. Skelettschicht oder CV-Schicht. Auf der Skelettschicht stehen die phonotaktischen, d.h. für die Silbenstruktur relevanten Merkmale, die mit "C" bzw. "V" notiert werden. "C" und "V" sind vom Englischen 'consonant' und 'vowel' abgeleitet, haben aber nur teilweise etwas mit Konsonanten bzw. Vokalen gemein. C ist ein nicht-silbisches Element, V dagegen ist eine Einheit, die einen Silbengipfel repräsentiert - aber eine quantitative Einheit, was daran zu sehen ist, daß Kurzvokale und Kurzkonsonanten auf der CV-Schicht durch eine, Langvokale

und Langkonsonanten durch zwei Einheiten repräsentiert werden.[18] Ein langer
Vokal wird also auf der Skelettschicht mit zwei Positionen assoziiert, wobei diese
beiden Positionen in der einschlägigen Literatur entweder mit VC oder VV notiert
werden. Ich wähle die Darstellungsweise VC, da ansonsten Silben mit Langvoka-
len unzulässigerweise zwei Silbengipfel hätten. Für das Wort *Liebe* sieht die Darstellung im CV-Modell demnach folgendermaßen aus:

(3)   CV-Schicht   C   V C   C   V

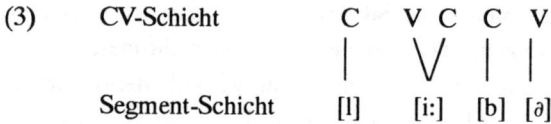

         Segment-Schicht   [l]   [iː]   [b] [ə]

Mit diesem Modell lassen sich die Kombinationsmöglichkeiten von Phonemen an
verschiedenen Positionen im Wort beschreiben: Nach einer V-Einheit sind innerhalb einer Silbe maximal vier C-Positionen besetzbar, wie z.B. in *melkst*
[mǝlkst]), aber auch in *schläfst* [šlɛːfst], da der Langvokal in *schläfst* auf der CV-
Schicht als Kombination aus V und C dargestellt wird.[19] Diese Regularität trifft
auch auf Wörter wie *matschst* [matšst] zu, wenn man mit WIESE (1988) davon
ausgeht, daß Affrikaten phonotaktisch eine Einheit darstellen, also nur eine C-
Position besetzen, auch wenn es sich um zwei Segmente mit unterschiedlichen
Merkmalen ([- dauernd] vs. [+ dauernd]) handelt. Das im Deutschen am häufigsten vorkommende Schema ist der Wechsel von C und V, wie z.B. in den von
Kindern bereits früh erworbenen Wörtern *Mama* und *Papa*.

---

18 Langkonsonanten, die auch als **Geminaten** bezeichnet werden, gibt es z.B. im Italienischen,
   wo man Minimalpaare findet, die sich nur in der Artikulationsdauer des Konsonanten unterscheiden: *fato* ('Schicksal') vs. *fatto* ('getan'). Im Neuhochdeutschen haben wir diese Di-
   stinktion nicht; Doppelschreibung des Konsonanten indiziert hier lediglich eine Kürzung des
   vorangehenden Vokals, nicht aber die Längung des betreffenden Konsonanten: *Hüte* vs.
   Hütte.

19 WIESE (1988) argumentiert allerdings dafür, daß /š/ und /s/ "extrasilbisch" sind, d.h. nicht
   bei der Bestimmung der maximal möglichen Positionen mitzählen (vgl. dazu auch RA-
   MERS/VATER 1991²:133f.). Ist diese Annahme korrekt, so reduziert sich die Zahl der möglichen Positionen nach dem Silbengipfel auf drei.

2.3.4.2 Die metrische Phonologie

Gegenstand der metrischen Phonologie ist die Frage, wie die Akzentverhältnisse innerhalb eines Wortes beschrieben werden können. Das Standardwerk hierzu ist der Aufsatz von LIBERMAN/PRINCE 1977, *On stress and linguistic rhythm*. In der metrischen Phonologie wird mit abstrakten Einheiten gearbeitet, die anzeigen, welcher strukturelle Teil des Wortes stärker akzentuiert ist (= *s* von engl. 'strong') und welcher schwächer ist (= *w* von engl. 'weak'). Da es sich hier nicht um absolute, sondern um relative Größen handelt, spricht man auch von Prominenzrelationen. Prominenzrelationen innerhalb von Wörtern werden in Form von **metrischen Bäumen** dargestellt; die prosodischen Einheiten *s* und *w* werden dabei hierarchisch den einzelnen Bestandteilen der Wortstruktur zugeordnet. Das komplexe Wort *Rotweinpunsch* hat beispielsweise die folgende Repräsentation (Beispiel aus WIESE 1988:8):

(4)

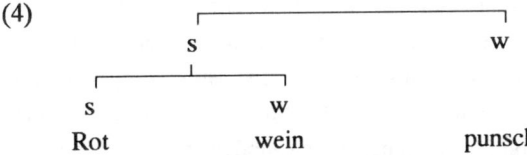

Rot   wein   punsch

Betrachten wir nun diesen Baum von oben nach unten: Das erste komplexe Glied der Kompositums, *Rotwein*, ist stärker akzentuiert als das zweite, daher ist auf der obersten Hierarchie-Ebene die Abfolge 's w'. Innerhalb von *Rotwein* ist wiederum das erste Glied akzentierter als das zweite, so daß *rot* insgesamt nur von s-Knoten dominiert wird. Anders ist es bei *Stadtbauamt*, bei dem der zweite Teil des Kompositums komplex ist, also weiter verzweigt und stärker akzentuiert ist. Der metrische Baum sieht folgendermaßen aus (vgl. WIESE 1988:8):

(5)

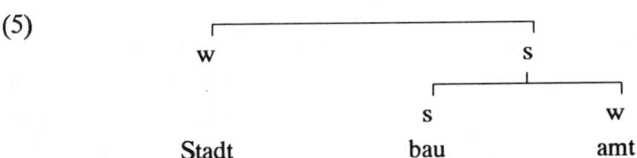

Stadt   bau   amt

Es ist also nicht so, daß in einem Kompositum der Hauptakzent immer auf dem ersten Glied liegt. Bei dreiteiligen Komposita muß hier weiter differenziert werden: Wenn der zweite Teil des Kompositums weiter verzweigt, so liegt der Akzent auf dem Erstglied des zweiten Teils. Als weiterführende Literatur zu diesem Thema kann die Arbeit von GIEGERICH (1985), *Metrical Phonology and Phonological Structure* genannt werden. Einen knappen Überblick zur metrischen Phonologie geben GREWENDORF/HAMM/STERNEFELD 1989[3].

2.4 Morphologie

2.4.1 Grundbegriffe

In diesem Abschnitt sollen die folgenden Fragen geklärt werden: Was ist Gegenstand der Morphologie? Was ist ein Wort, was ist ein Morphem? Was versteht man unter Allomorph, und was ist eine Morphemanalyse?

Zunächst zur ersten Frage: Untersuchungsgegenstand der Morphologie ist das Wort, genauer: seine interne Struktur. Um uns klar zu machen, daß Wörter auf ganz bestimmte Art und Weise strukturiert sind, betrachten wir das Wort *unfreundlich*: Dieses Wort ist nicht das Ergebnis einer linearen Anordnung von *un-*, *freund* und *-lich*, sondern es hat eine hierarchische Struktur, da offensichtlich zunächst *freund* und *-lich* eine komplexe Einheit bilden und diese erst durch *un-* modifiziert wird. Wörter sind also hierarchisch strukturiert, und diese Strukturierung folgt bestimmten Regeln. Das Aufdecken der Regeln, nach denen Wörter gebildet werden, stellt einen Aufgabenbereich der Morphologie dar: die **Wortbildung**. Ein weiterer Bereich ist die Formenlehre, die **Flexion**. Hier geht es nicht um die Bildung neuer Wörter, sondern um die Frage, in welchen verschiedenen grammatischen Formen ein Wort auftreten kann (z.B. *komme, kommst, kommen*). Auf Wortbildung und Flexion werde ich in den Abschnitten 2.4.2 und 2.4.3 genauer eingehen.

Nun zu den Begriffen 'Wort' und 'Morphem'. Was ein Wort ist, scheint intuitiv klar zu sein. Fragen wir uns aber, wieviele Wörter z.B. der Satz *Paul las am Abend eine Geschichte vor* enthält, stoßen wir bereits auf die ersten Probleme. Müssen *las ... vor* als zwei Wörter gezählt werden, weil sie an verschiedenen Positionen im Satz auftreten? Oder handelt es sich um ein (zugrundeliegendes) Wort? Und wie es mit dem Wort *am*, das offensichtlich aus zwei Wörtern, *an* und *dem*, besteht? Hier müssen verschiedene Arten von 'Wort' unterschieden

werden (vgl. VATER 1994): *am* ist ein sog. phonologisches Wort, d.h. eine phonologisch-phonetische Einheit, die das Resultat der Verschmelzung von zwei lexikalischen Wörtern ist. Auch *vorlesen* ist ein lexikalisches Wort, d.h. als solches im
Lexikon notiert; tritt dieses Wort diskontinuierlich (= getrennt) auf, so werden die
selbständig vorkommenden Einheiten als syntaktische Wörter bezeichnet. *las* und
vor sind also zwei syntaktische Wörter. Da *las* nicht die - im Lexikon zu finden-
de - Grundform ist, sondern flektiert auftritt, wird es auch als flexivisches Wort
bezeichnet.

Betrachten wir nun die lexikalischen Wörter näher. Auch hier kann man zwei
Klassen unterscheiden: die Inhalts- und die Funktionswörter. Die Inhaltswörter
haben eine "kontextunabhängige, selbständige lexikalische Bedeutung" (BUSS-
MANN 1990²:118), die Funktionswörter dagegen, zu denen Artikel, Pronomina,
Präpositionen und Konjunktionen zählen, tragen primär eine grammatische Bedeutung, d.h. sie regeln die syntaktisch-semantischen Beziehungen zwischen den
lexikalischen Wörtern im Satz. Zu den Inhaltswörtern gehören alle Nomina, Verben und Adjektive. Sie stellen über 99% aller Wörter dar und bilden eine offene
Klasse, d.h. ständig können neue Wörter hinzukommen. Dies ist bedingt durch
den Einfluß der Fremdsprachen (z.B. *recyceln* oder *computern*), aber auch durch
die Tatsache, daß jeder Sprecher zu jeder Zeit spontan neue Wörter bilden kann.
Funktionswörter dagegen stellen eine geschlossene Klasse dar, da nicht beliebig
neue Elemente hinzufügbar sind; ihre Zahl ist im Deutschen auf ca. 200 begrenzt.

Eben wurde gesagt, daß ständig neue Wörter gebildet werden können. Hier
einige Beispiele: *Ampelkoalition, Fünffingerberg, unkaputt, beinig*. Bei diesen
Wörtern handelt es sich nicht um usuelle Bildungen, die fester Bestandteil unseres
Wortschatzes sind und im Wörterbuch nachgeschlagen werden können, sondern
um potentielle Bildungen, die aufgrund bestimmter, weiter unten noch näher zu
erläuternden Regeln vorkommen können und gelegentlich auch vorkommen (zumindest was die ersten beiden Beispiele betrifft). In der Literatur wird noch genauer zwischen okkasionellen und potentiellen Bildungen unterschieden (vgl.
HOLST 1978), wobei erstere Wörter bezeichnen, die bereits gebildet wurden, aber
noch nicht usualisiert sind, letztere dagegen noch nicht gebildete, aber jederzeit
bildbare Wörter sind. Diese Unterscheidung ist allerdings nicht gut festmachbar,
denn es läßt sich im Einzelfall schwerlich beurteilen, welches Wort bereits einmal
von einem Sprecher gebildet wurde und welches nicht. Auch die Unterscheidung
zwischen usuellen und okkasionellen Bildungen ist nicht einfach, denn Gelegen-

heits-Wortbildungen können, wenn sie häufig genug gebraucht werden, usuell werden (dies trifft evtl. für *Ampelkoalition* zu).

In welchem Verhältnis steht nun das Morphem zum Wort? Morpheme werden in der strukturalistischen Sprachwissenschaft oft definiert als die kleinsten bedeutungs**tragenden Einheiten** der Sprache - im Unterschied zu den Phonemen, die bedeutungs**unterscheidende** Einheiten sind. Ein Wort kann aus 1-n Morphemen bestehen: *Haus* z.B. ist monomorphematisch, hier fallen Wort und Morphem zusammen; *Haustür* dagegen besteht aus zwei Morphemen, *Haustürschlüssel* aus drei. Nach oben ist hier theoretisch keine Grenze gesetzt, wie das schöne Wortungetüm *Donaudampfschiffahrtsgesellschaftskapitänswitwe* zeigt. Bei der Zerlegung der Wörter in Morpheme treten allerdings Probleme mit der oben genannten Morphemdefinition auf: Es gibt Bestandteile von Wörtern, die - synchron betrachtet - keine Bedeutung mehr tragen, aber doch als Morpheme klassifiziert werden müssen. Betrachten wir hierzu die drei Wörter *Blaubeere, Waldbeere* und *Brombeere*. *Blau-* und *Wald-* sind eindeutig bedeutungstragende Einheiten, also Morpheme; wie ist es aber mit *Brom-*? Schon aus Analogiegründen möchte man annehmen, daß in diesem Paradigma auch *Brom-* als Morphem klassifiziert werden sollte, doch läßt sich diesem Morphem synchron keine Bedeutung zuordnen.[20] Es gibt noch andere Beispiele, in denen die klassische Morphemdefinition zu Problemen führt (vgl. GREWENDORF/HAMM/STERNEFELD 1989[3]:254ff.), so daß es sinnvoller scheint, das Morphem nicht über den Bedeutungsaspekt zu definieren. In neueren morphologischen Arbeiten wird sogar der Nachweis zu erbringen versucht, daß das Morphem gar keine relevante Struktureinheit ist (vgl. ANDERSON 1992).

Nun zur weiteren Klassifikation der Morpheme. Zunächst werden die Morpheme nach ihrem Vorkommen in zwei große Klassen geteilt: **freie und gebundene Morpheme.** Freie Morpheme können auch selbständig vorkommen.[21] In *Haustürschlüssel* treten beispielsweise drei freie Morpheme auf. Gebundene Morpheme

---

20 Schlägt man dagegen in einem etymologischen Wörterbuch nach, stellt man fest, daß *brom* auf mhd. *brame* zurückgeht, was soviel wie 'Dornstrauch' heißt.

21 Freie Morpheme werden auch als **Wurzeln** bezeichnet werden, ein Ausdruck, der insofern treffender ist, als nicht alle zu dieser Klasse gehörenden Morpheme auch tatsächlich frei vorkommen: In *Eßbesteck* z.B. tritt das erste Morphem, die Verbwurzel *ess-*, nicht frei auf. Dies ist bei Verben nur der Fall, wenn die Imperativform mit der Wurzel zusammenfällt (vgl. *schreib!, trink!* etc., aber *iß!*).

können dagegen nie selbst als Wörter auftreten, sondern immer nur Teile von Wörtern sein (vgl. *un-, be-, -heit, -ung, -er, -st* usw.). Auch gebundene Morpheme tragen Bedeutung, die allerdings nicht immer transparent ist: Bei *un-* und *-lich* z.b. ist die Bedeutung in den meisten Fällen die, daß *un-* eine Negation ausdrückt (*Unglück, unschön*), *-lich* eine Eigenschaft (*freundlich, menschlich*). Bei anderen Morphemen dagegen ist die Eigenbedeutung weitgehend verblaßt, aber diachron rekonstruierbar (*-heit* z.B.).

Gebundene Morpheme werden noch weiter unterschieden nach ihrer Funktion in Flexions- und Wortbildungsmorpheme: Erstere dienen nicht der Bildung neuer Wörter, sondern der Bildung verschiedener Formen eines Wortes. *kommst* besteht also aus einem freien Morphem, *komm-*, und einem gebundenen Morphem, dem Flexiv *-st*, wobei natürlich auch dieses Bedeutung trägt (2.Pers. Sg.), wenn auch keine lexikalische, sondern grammatische. Eine andere Klassifikation der gebundenen Morpheme orientiert sich an der Distribution, d.h. an der Umgebung, in der sie vorkommen: **Präfixe** sind der Wurzel vorangestellt (*un-, be-, ver-, ent-*), **Suffixe** sind nachgestellt (*-heit, -keit, -ung, -nis, -bar, -lich*). Im Deutschen gibt es außerdem Verbindungen aus Präfix und Suffix, sog. **Zirkumfixe**, die gemeinsam die Wurzel umschließen, so z.B. *ge-* und *-t* im Partizip Perfekt *gelacht* oder *Ge-* und *-e* in *Geheule, Gelände* etc. Am Beispiel von *gelacht* sieht man außerdem, daß Morpheme entweder nach ihrer Funktion oder ihrer Distribution klassifizierbar sind: Wenn die Morpheme *ge-* und *-t* unter funktionalem Aspekt analysiert werden, so bezeichnet man sie als Flexive; legt man den Schwerpunkt dagegen auf ihre Stellung innerhalb des Wortes, bezeichnet man sie als Prä- bzw. Suffix oder zusammenfassend als Zirkumfix. Der Oberbegriff für Präfix, Suffix und Zirkumfix ist **Affix**.[22]

Zu den gebundenen Morphemen zählen auch die sog. **Fugenmorpheme**, die weder der Flexion noch der Wortbildung dienen. Diese Fugen werden zwischen zwei Morphemen eingefügt (z.B. *-s-, -n-, -er-, -es-* in *Arbeitsamt, Wochenende, Kinderheim, Freundeskreis*), was oft der Ausspracheerleichterung dient (in *Wochenende* z.B.), aber auch historische Gründe haben kann: Fugenmorpheme haben sich z.T. aus Flexionsmorphemen entwickelt, wie z.B. in *Kinderheim* un-

---

22 Zu den Affixen zählen auch die **Infixe**, die allerdings im Deutschen nicht vorkommen. Sie werden in die Wurzel eingeschoben (vgl. lat. *rupo* vs. *rumpo*).

mittelbar einsichtig, da -er hier den Plural anzeigt (= Heim für Kinder). Oft haben sie diese Funktion aber verloren: In *Kinderstuhl* z.B. kann es kein Pluralflexiv sein, denn *Kinderstuhl* bezeichnet nicht einen Stuhl für Kinder, sondern einen Stuhl für ein Kind. Daß diese Morpheme tatsächlich nichts anderes (mehr) als Fugen sind, sieht man auch an dem Wort *Arbeitsamt*, wo -s- weder den Plural noch den Genitiv anzeigen kann. Fugen können bei manchen Wörtern fakultativ auftreten (vgl. *Adventkranz* vs. *Adventskranz*), bei anderen sind sie obligatorisch, so z.B. bei allen Substantiven, die auf -heit, -keit oder -ung enden (vgl. **vorlesungfreie Zeit*).

Oben war schon ein Beipiel für die Morphemanalyse eines Wortes gegeben worden, bei dem ein Bestandteil nicht weiter analysierbar ist: *Brombeere*. Daß es sich bei *Brom-* auch um ein gebundenes Morphem handelt, ist klar, denn es kommt ja nicht frei vor; weiteres läßt sich aber über *Brom-* synchron nicht aussagen. Es hat zwar distinktive Funktion (vgl. *Brom-* vs. *Erdbeere*), kommt aber im Unterschied zu *Erd-*, das z.B. in *Erdbeben, Erdwall, Erdapfel* etc. auftritt, nur in dieser einen Verbindung vor. Morpheme wie *Brom-*, aber auch *Him-* (*Himbeere*), *Sint-* (*Sintflut*) oder *klob-* (*klobig*), die an ein bestimmtes Stammorphem gebunden sind, werden als **unikale Morpheme** bezeichnet.

Zum Schluß dieser Begriffsklärungen noch ein Wort zu dem Terminus 'Allomorph': Aus der Phonologie ist uns schon das Allophon bekannt, womit verschiedene lautliche Varianten eines Phonems bezeichnet werden. In der Morphologie ist die Definition nun analog: Allomorphe sind verschiedene lautliche Varianten eines zugrundeliegenden Morphems. Es gibt im Deutschen z.B. phonetisch bedingte Allomorphe, wie man am Wechsel von -t- und -et- beim Präteritum sehen kann: Endet die Wurzel auf einen alveolar-dentalen Plosiv (*rett-* oder *bad-* z.B.), wird das Flexiv -et angefügt (*rettete, badete*); ist dies nicht der Fall, folgt nur ein -t (*lachte, hoffte*). Anders ist es bei der Pluralflexion: die verschiedenen Pluralflexive im Deutschen (nur eine Auswahl: -s (*Autos*), -er (-*Kinder*), -e (-*Winde*), -en (-*Frauen*)) tragen alle dieselbe grammatische Bedeutung, es handelt sich also um verschiedene Allomorphe, die aber nicht phonetisch motiviert sind, sondern von der Deklinationsklasse abhängen.[23]

---

23 Eine weitere Möglichkeit der Pluralkennzeichnung stellt das sog. **Nullallomorph** dar, bei dem der Plural nicht lautlich realisiert ist, vgl. *Wagen - Wagen∅*.

Ein anderer Fall von Allomorphie liegt vor, wenn ein Wortstamm umgelautet wird wie in *Baum* vs. *Bäume* oder in *groß* vs. *größer.* [baʏm] und [bɔɪm] sowie [gʀoːs] und [gʀɸːs] sind verschiedene lautliche Varianten eines Morphems, die etymologisch auf eine folgende i-Silbe zurückführbar ist. Diese i-Silbe, die beim Übergang vom Althochdeutschen zum Mittelhochdeutschen verschwand, löste eine Umlautung in der vorangehenden Silbe aus (vgl. ahd. *gast - gesti*), so daß wir heute beide Varianten nebeneinander haben. Die Frage, die sich bei der Allomorphie - wie auch bei der Allophonie - grundsätzlich stellt, ist, welche der vorkommenden Realisierungsformen die zugrundeliegende ist bzw. ob es eine solche überhaupt gibt.

Nachdem wir nun die wichtigsten Termini aus der Morphologie kennengelernt haben, möchte ich an einem konkreten Beispiel vorführen, wie eine strukturalistisch orientierte Morphemanalyse aussieht. Wörter werden, sofern sie komplex sind, zunächst segmentiert, d.h. in einzelne Morpheme zerlegt; diese Morpheme wiederum werden klassifiziert, also den oben genannten Morphemklassen zugeordnet. Das Wort *Schnellreinigung* besteht z.B. aus vier Segmenten: *schnell, rein, -ig* und *-ung.* Diese vier Segmente gehören zu folgenden Paradigmen: *schnell* und *rein* sind freie Morpheme (= Adjektive), *-ig* und *-ung* sind gebundene Morpheme, die der Wortbildung dienen und nachgestellt sind (= Suffixe). Um den inneren Aufbau des Wortes adäquat darzustellen, arbeitet man am besten mit einer graphischen Darstellung, wobei zur Kategorisierung der Morpheme die folgenden Symbole benutzt werden: N=Nomen, A=Adjektiv, V=Verb, P=Präposition, Sx=Suffix. Die Strukturanalyse von *Schnellreinigung* sieht demnach folgendermaßen aus:

(6)

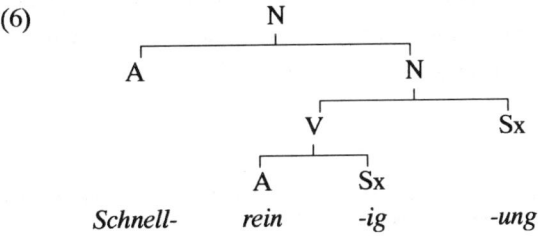

Daß Wörter hierarchisch strukturiert sind, sieht man hier sehr deutlich: allein vier Hierarchie-Ebenen werden unterschieden. Strukturdarstellungen dieser Art müssen in Abschnitt 2.4.3 noch etwas modifiziert werden, wenn wir uns der lexikalistischen Wortbildungstheorie zuwenden. Zunächst genügt es, folgendes festzuhalten: Mit Hilfe von Baumdiagrammen kann man darstellen, wie komplexe Wörter aufgebaut sind. Welche Strukturanalyse bei komplexen Wörtern jeweils plausibel ist, läßt sich nicht immer eindeutig bestimmen. Semantische Faktoren spielen hier eine Rolle; wichtig ist aber auch die Frage, ob ein auf einer Zwischenstufe angenommenes Wort überhaupt als solches existiert. Dies führt bei *Schnellreinigung* dazu, nicht ein Adjektiv *schnellrein* anzunehmen, das theoretisch ja auch als komplexe Basis für die Ableitung hätte dienen können.[24]

2.4.2 Flexion

Unter der Flexion (engl. *inflection*), d.h. der Beugung eines Wortes, versteht man die Bildung verschiedener grammatischer Formen. Durch die Flexion wird weder die Wortart geändert, noch tritt eine lexikalische Bedeutungveränderung ein. Verschiedene Formen eines Wortes erhält man durch äußere oder - seltener - innere Flexion: Bei der äußeren Flexion werden die Flexive an die Wurzel angefügt (vgl. *Kind - Kinder*), bei der inneren findet ein Lautwechsel innerhalb der Wurzel statt: *Vater - Väter*). In Abhängigkeit von der Wortart, die flektiert wird, unterscheidet man im Deutschen drei Arten von Flexion: **Konjugation** (von Verben), **Deklination** (von Substantiven, Adjektiven, Pronomina und Numeralia) und **Komparation** (von Adjektiven).[25]

Zunächst zur Konjugation, durch die die Verben hinsichtlich Person, Numerus und Tempus spezifiziert werden. Hier wird wiederum unterschieden zwischen starker, schwacher und gemischter Konjugation (vgl. die folgende Tabelle). Stark konjugierte Verben bilden das Präteritum sozusagen aus eigener Kraft durch die Änderung des Wurzelvokals: *singen, sang, gesungen; helfen, half, geholfen.*[26]

---

24 Außerdem ist bei *Schnellreinigung* zu beachten, daß die Suffixe einzeln abgetrennt werden müssen, d.h. nicht als eine komplexe Einheit (*-igung*) zu analysieren sind, da sie unterschiedliche Wörter ableiten: *-ung* ein Nomen, *-ig* dagegen ein Verb.

25 Einige ältere Grammatiken fassen die deklinierbaren Wortarten unter dem Begriff 'Nomen' zusammen. In neueren Arbeiten dagegen wird der Begriff 'Nomen' mit 'Substantiv' gleichgesetzt. Dies ist auch in der vorliegenden Arbeit der Fall.

26 Diese Lautveränderung in der Wurzel wird auch als **Ablaut** bezeichnet. Die verschiedenen Vokal-Ablautreihen, die man bei der Konjugation unterscheidet, hängen zusammen mit den unterschiedlichen Konsonanten, die jeweils in der Umgebung des ablautenden Vokals auftreten.

Schwache Verben benötigen dafür ein Morphem, das Präteritalflexiv *-t* (bzw. *-et*): *wir lachen* vs. *wir lach-t-en* oder *wir baden* vs. *wir bad-et-en*. Im Partizip Perfekt wird *ge-* der Wurzel vorangestellt, *-t* folgt. Daneben gibt es Verben mit gemischter Flexion, i.e. Verben, die sowohl einen Vokalwechsel als auch ein Präteritalflexiv aufweisen: *wir rennen* vs. *wir rannten*.

Verbflexion			
	starke Konjugation	**schwache Konjugation**	**gemischte Konjugation**
Präsens	*helfen*	*lachen*	*rennen*
Präteritum	*half*	*lachte*	*rannte*
Partizip Perf.	*geholfen*	*gelacht*	*gerannt*

Tabelle (4)

In *wir rannten* tritt neben dem Tempusflexiv *-t-* noch ein weiteres Flexiv auf, das Person und Numerus indiziert: *-en*. *rannten* besteht also aus drei Morphemen. Das läßt sich graphisch folgendermaßen darstellen:

(7)

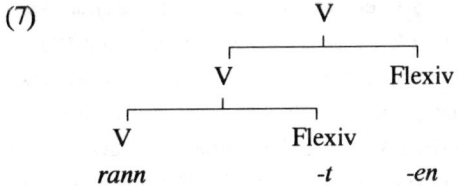

rann- ist ein Allomorph zu *renn-*. Der Vokalwechsel läßt sich in dieser Darstellung allerdings nicht erfassen - und hier sind auch die Grenzen einer strukturalistischen Segment-für-Segment-Analyse.

Soviel ganz kurz zur Verbflexion. Was die Nominalflexion betrifft, so unterscheidet man seit Jakob GRIMM auch hier zwischen starker, schwacher und gemischter Deklination, doch diese Einteilung ist nicht unumstritten.[27]

---

27 Der DUDEN (1984⁴:234) legt z.B. eine andere Klassifikation zugrunde. Diese richtet sich nach der Kennzeichnung des Genitivs: mit *-(e)s* (*Tag*), mit *-(e)n* (*Mensch*) oder ohne Genitivmarkierung (*Frau*).

Es folgt eine Übersicht zur Substantivflexion im Singular:

Substantivflexion		
starke Deklination mit -(e)s-Endung im Genitiv Singular	**schwache Deklination** mit -(e)n-Endung (außer im Nominativ Singular)	**gemischte Deklination** mit -(e)s-Endung im Genitiv Singular und -(e)n-Endung im Plural
Nom.	*das Buch*	*der Junge*	*der Staat*
Gen.	*des Buches*	*des Jungen*	*des Staates*
Dat.	*dem Buch(e)*[28]	*dem Jungen*	*dem Staat(e)*
Akk.	*das Buch*	*den Jungen*	*den Staat*

Tabelle (5)

In morphologischer Hinsicht unterscheiden sich alle Substantive hinsichtlich Person, Genus, Numerus und Kasus. Allerdings wäre es falsch anzunehmen, daß im Deutschen jedem grammatischen Merkmal ein Flexiv entspricht, wie dies in agglutinierenden Sprachen (im Ungarischen z.B.) der Fall ist. Person und Genus werden im Deutschen nicht durch ein eigenes Flexiv ausgedrückt: Substantive tragen in der Regel immer das Merkmal [3.Pers.] und haben ein inhärentes Genus-Merkmal (vgl. BHATT 1991[2]:22). Nur das natürliche Geschlecht wird morphologisch gekennzeichnet (*der Lehrer - die Lehrerin*). Was das Kasusmerkmal betrifft, so kann nur noch von "Deklinationsresten" gesprochen werden: Im Singular wird bei stark deklinierten Substantiven nur der Genitiv markiert: mit *-(e)s*. Schwach deklinierte Substantive markieren den Genitiv nicht, unterscheiden aber Nominativ und die übrigen Kasus voneinander durch Hinzufügen von *-(e)n*. Feminina weisen gar keine Kasusdifferenzierung im Singular auf. Was das Numerus-Merkmal betrifft, so läßt sich für das Deutsche feststellen, daß der Plural - sieht man einmal von

---

28 Die Dativendung *-e* ist in der Gegenwartssprache kaum noch gebräuchlich. In einigen festen Verbindungen tritt das *-e* allerdings noch obligatorisch auf: *im Grunde genommen, im Bilde sein*, etc. Zum Dativ-*e* vgl. DUDEN (1984[4]:235).

dem Ø-Allomorph ab - noch weitgehend morphologisch markiert wird, der Singular dagegen nicht.

Die **Komparation** bezieht sich auf Veränderungen am Adjektiv, das in verschiedenen Steigerungsstufen auftreten kann: in der Grundstufe (= Positiv), in der Vergleichsstufe (= Komparativ) und in der Höchststufe (= Superlativ), vgl. *klein, kleiner, (am) kleinsten.* Diese Stufen werden morphologisch durch Flexive gekennzeichnet: Ø , *-er* und *-sten.* Daß es sich hier tatsächlich um Flexive handelt und nicht vielmehr um Wortbildungsmorpheme, wird allerdings in der neueren Literatur bestritten.

2.4.3 Wortbildung

In diesem Kapitel werden die folgenden Wortbildungsmuster vorgestellt: Komposition, Derivation, Konversion, Akronymie, Kontamination und Entlehnung. Komposition und Derivation sind die wichtigsten Verfahren zur Bildung neuer Wörter und werden daher im folgenden etwas ausführlicher behandelt; die übrigen Wortbildungsverfahren stellen - abgesehen von der Konversion - eher Randerscheinungen dar, so daß sie nur kurz erwähnt werden.

a) **Komposition** ist die Zusammensetzung von 2-n Morphemen zu einem komplexen Wort, wobei die Morpheme - im Unterschied zur Derivation - auch selbständig vorkommen können. *lustvoll* ist also ein Kompositum, *lustig* dagegen ein Derivat, das mit dem adjektivableitenden Suffix *-ig* gebildet wurde. Die freien Morpheme, die Bestandteil des Kompositums sind, können ihrerseits das Ergebnis einer Derivation sein, wie z.B. in dem Kompositum *Vorlesungsende,* das aus fünf Morphemen besteht: der Präposition *vor* und der Verbwurzel *les-,* dem Suffix *-ung,* dem Fugenmorphem *-s-* und dem Nomen *Ende. Vorlesungsende* ist ein sog. N+N-Kompositum, d.h. eine Verbindung aus zwei Nomen. Daneben gibt es A+N-Komposita (*Rotwein*), V+N-Komposita (*Schreibmaschine*), N+V-Komposita (*radfahren*), A+V-Komposita (*fremdgehen*), N+A-Komposita (*hoffnungsvoll*), A+A-Komposita (*taubstumm*) usw. Die verschiedensten Wortartkombinationen sind hier denkbar, da Komposition im Deutschen ein sehr produktiver Prozeß ist. Bei allen Beispielen fällt auf, daß das jeweils letzte Kompositionsglied die Wortart des

Ganzen vorgibt. Von diesem Faktum wird im nächsten Abschnitt, in dem Theorien zur Wortbildung behandelt werden, noch die Rede sein.

Betrachten wir nun die beiden Wörter *taubstumm* und *Rotwein* näher. Im ersten Fall sind die beiden Glieder gleichrangig, im zweiten Fall ist das Erstglied dem Zweitglied untergeordnet, spezifiziert dieses näher ("Was für ein Wein?"). Nach der semantischen Beziehung, die die einzelnen Kompositionsglieder miteinander eingehen (i.e. Nebenordnung vs. Unterordnung), unterscheidet man somit zwei Klassen von Komposita: **Kopulativ- und Determinativkomposita.** Letztere lassen sich noch weiter untergliedern in **Rektions- und Nichtrektionskomposita.**[29]

Bei den Rektionskomposita dient ein Glied des Wortes als logisch-semantisches Argument des anderen. Machen wir uns dies an den beiden Wörtern *Zeitungsleser* und *Fischfrau* klar: *Zeitungsleser* ist ein Rektionskompositum, d.h. hier gibt es zwischen den beiden Kompositionsgliedern eine genau definierbare, festgelegte Beziehung logisch-semantischer und grammatischer Art: *Leser* ist aus dem Verb *lesen* abgeleitet, *lesen* nimmt zwei Argumente zu sich, wovon eines als Subjekt, das andere als Akkusativobjekt realisiert wird. Diese Argumentstruktur wird an das Nomen *Leser* weitergegeben, doch erscheint das Subjekt-Argument nicht mehr explizit; es wird durch *-er* absorbiert. Was das Objekt des zugrundeliegenden Verbs betrifft, so kann dies in der Wortstruktur als Erstglied wieder explizit auftreten. Man spricht in diesem Zusammenhang von **Argumentvererbung** (vgl. OLSEN 1986:78-88). Zu beachten ist, daß nicht jedes Kompositum, dessen Endglied ein transitives Verb als Basis enthält, auch ein Rektionskompositum ist: *Mathematiklehrer* z.B. ist ein solches, *Hochschullehrer* dagegen nicht, da hier das Erstglied nicht auf ein zugrundeliegendes, vom Verb regiertes Objekt zurückführbar ist. Analoges gilt für *Autofahrer* vs. *Geisterfahrer*. Im übrigen gibt es auch Rektionskomposita, bei denen nicht ein deverbales Nomen zugrundeliegt wie z.B. *Professorensohn* oder *königstreu*.

In *Fischfrau* nun ist die Beziehung zwischen den beiden Gliedern nicht eindeutig. Hier gibt es eine Vielfalt möglicher Relationen, die vom Sprecher je nach

---

29 Der Begriff 'Rektion' kommt aus dem Lateinischen (*regere* - regieren) und bezeichnet insbesondere bei Verben ihre Eigenschaft, andere Elemente an sich zu binden und deren Kasus zu bestimmen. So regiert *beglückwünschen* z.B. ein Akkusativobjekt, *gratulieren* ein Dativobjekt.

Kontext erschlossen werden müsssen (vgl. HERINGER 1984): eine Frau, die Fische verkauft; eine Frau, die wie ein Fisch aussieht; eine Frau, die im Sternbild der Fische geboren ist, usw. Auch eine Kopulativrelation ist denkbar: Frau und Fisch. Diese Vielfalt erklärt sich dadurch, daß zwischen den Gliedern eben nicht - wie zwischen *Leser* und *Zeitung* - eine festgelegte, sondern eine prinzipiell offene Beziehung besteht. *Fischfrau* ist also ein Nichtrektionskompositum. Zwischen den einzelnen Gliedern eines solchen Kompositums gibt es allerdings bestimmte semantische Relationen, von denen bei der Interpretation zunächst ausgegangen wird. Diese Relationen werden aus "Eigenschaften erschlossen, die wir in unserem Denken und konzeptuellen Sprachverarbeiten mit den Dingen assoziieren" (FANSELOW 1981:161). Diese Eigenschaften bezeichnet FANSELOW in Anlehnung an PUTNAM als **Stereotypen.** Er gibt als Beispiel das Kompositum *Rheinbrücke*, bei dem die Relation aus dem Endglied erschlossen wird: Ein Stereotyp von *Brücke* ist, daß sie über einen Fluß führt; dieser Fluß wird im Erstglied genannt.

b) Unter **Derivation** wird die Bildung neuer Wörter mit Hilfe von Prä- oder Suffixen verstanden: *gießen - begießen, krank - Krankheit.* Nicht alle Derivationsmorpheme sind heute noch produktiv. So wird z.B. *-de (Gelübde, Beschwerde)* nicht mehr zur Wortneubildung herangezogen. Aber auch die Derivation mit einem reihenbildenden Suffix wie *-er (Prüfer, Lehrer, Bohrer* etc.) ist nicht immer möglich: vgl. **Lieber* vs. *Liebhaber, *Stehler* vs. *Dieb.* Hier kann ein ansonsten produktives Wortbildungsmuster nicht angewendet werden, weil das Produkt bedeutungsgleich mit einem bereits existierenden Wort wäre. In diesem Fall spricht man von **Blockierung** (vgl. ARONOFF 1976).

Eine Bemerkung zur Präfigierung: Interessant ist hier die Beobachtung, daß Präfixe - im Unterschied zu Suffixen - in der Regel nicht die Wortart des Ganzen bestimmen. So kann sich z.B. das Präfix *un-* sowohl mit Adjektiven als auch mit Nomen verbinden, und das Ergebnis ist entweder ein Adjektiv oder ein Nomen; eine Wortartveränderung findet nicht statt (vgl. *unschön* und *Unmensch*). Bei der Suffigierung ist das anders: ein Suffix wie *-heit* gibt immer die Wortart vor: das Derivat ist ein Nomen, und zwar unabhängig davon, ob z.B ein Adjektiv oder ein Nomen die Basis der Ableitung bildet (vgl. *Klug$_A$-heit* vs. *Kind$_N$-heit*). Es gilt: Suffixe sind **immer** wortartspezifisch: *-bar, -lich* und *-sam* sind z.B. Adjektivsuffixe *(lesbar, freundlich, kleidsam), -er, -ung* und *-heit* Nominalsuffixe *(Prüfer, Hoffnung, Freiheit)*; Präfixe dagegen markieren die Wortart nicht (zu Ausnahmen

s. u.). Welche Konsequenzen diese Beobachtung für die lexikalistische Wortbildungstheorie hat, wird Abschnitt 2.4.4 zeigen.

c) **Konversion** ist die Übertragung eines Wortes in eine andere Wortart, ohne daß dazu ein explizites Affix benutzt würde. *schlaf-* und *spiel-* sind solche Beispiele: bei beiden Verben ist ein Wortartwechsel zum Substantiv möglich: *der Schlaf, das Spiel.* Das trifft natürlich nicht auf alle Verbwurzeln zu: *les-* z.B. benötigt dazu ein Suffix (*die Lesung, das Lesen*)[30]. Zu beobachten sind im Deutschen v.a. folgenden Konversionstypen (vgl. BHATT 1991[2]:30):

N → V : *frühstücken, schulen, filtern* (= **desubstantivische Verben**)

A → V : *süßen, weiten, lockern* (=**deadjektivische Verben**)

V → N : *Spiel, Schlaf, Tanz* (= **deverbale Substantive**)

Einige Linguisten sehen die Konversion nicht als eigenen Wortbildungsprozeß an, sondern als Sonderform der Derivation, genauer als **implizite Derivation.** So argumentiert MARCHAND (1969[2]), daß sich der Bedeutungs- und Kategorienunterschied durch das Hinzufügen eines Nullmorphems ergibt (also z.B. über *spiel-* + Ø das Substantiv *Spiel* abgeleitet wird) und daher ein Fall von Derivation vorliegt.

d) **Akronymie** (griech. *ákron,* 'Spitze') ist ein Mittel der Wortneubildung, bei dem das neue Wort aus den Anfangsbuchstaben bereits bestehender Wörter gebildet wird (daher ist auch die Bezeichnung 'Initialwort' gebräuchlich). Die Anfangsbuchstaben formieren sich entweder zu einer phonetischen Einheit (*NATO, UNO*) oder werden als Einzelbuchstaben genannt (*SPD, UKW, BMW*). In Einzelfällen ist auch beides möglich (vgl. *FAZ*). Von den Akronymen zu unterscheiden sind Kurzwörter wie *Reli(gion), Prof(essor), Uni(versität)*, bei denen nur ein Wort die Basis bildet.

e) Die **Kontamination** (lat. *contaminare,* 'in Berührung bringen') ist eine Art der Komposition; allerdings bleiben die so zusammengesetzten Glieder nicht vollständig erhalten, sondern geben einen Teil ihrer Wortform auf. Das Resultat dieses Ineinanderschachtelns mehrerer Wörter zu einem neuen Begriff wird im Deut-

---

30 *-en* ist hier als Nominalsuffix einzuordnen, da es nicht mehr eine Verbform kennzeichnet. Alle Verben können auf diese Art und Weise mit *-en* substantiviert werden, ja sogar ganze Phrasen: vgl. *die Kinder lachen - das Kinderlachen, das Gesetz tritt in Kraft - das Inkrafttreten des Gesetzes.*

schen auch als **Kofferwort** bezeichnet. Solche Kofferwörter sind z.b. *Brunch (breakfast + lunch)*, *Kurlaub (Kur + Urlaub)*, *Tomoffel (Tomate + Kartoffel)*, *franglais (français + anglais)*. Einige dieser Wortverschmelzungen sind usualisiert (z.b. *Smog*), einige sind Spontanbildungen und nicht fester Bestandteil unseres Wortschatzes (z.B. *Stautobahn*). Produktiv ist dieser Wortbildungsprozeß im Gegensatz zur regulären Komposition nicht.

f) Schließlich noch ein Wort zu den **Entlehnungen**. Damit ist die Übernahme eines Wortes aus einer Fremdsprache in die Muttersprache gemeint. Je nach Grad der Assimilation unterscheidet man **Fremdwörter** und **Lehnwörter**, wobei allerdings eine scharfe Trennung nicht immer möglich ist. Als Faustregel gilt: Fremdwörter sind nicht dem deutschen Schrift- und Lautsystem angepaßt (z.b. *Flirt, Interview*), Lehnwörter dagegen sind assimiliert, so daß ihre nicht-native Herkunft oft nicht mehr erkennbar ist: *Fenster* aus lat. *fenestra*, *Wein* aus lat. *vinum*.

2.4.4 Transformationalistische und lexikalistische Wortbildungstheorie

In den vorangehenden Abschnitten wurde in strukturalistischer Manier die innere Struktur von Wörtern betrachtet, die Wörter wurden in Morpheme zerlegt, die Morpheme wiederum klassifiziert, verschiedene Wortbildungstypen vorgestellt. Es wurde aber nicht weiter gefragt, ob und wie die hierbei gemachten Beobachtungen möglicherweise auf allgemeine Prinzipien zurückführbar sind. So fällt z.b. bei der Komposition auf, daß viele der zusammengesetzten Wörter in enger Beziehung zu syntaktischen Fügungen stehen, wie die folgenden Beispiele zeigen: *Nichtraucher - einer, der nicht raucht*; *Eisentür - Tür aus Eisen, pechschwarz - schwarz wie Pech*. Auch bei Derivaten lassen sich solche Parallelen aufzeigen: *freundlich - wie ein Freund, kindlich - wie ein Kind, königlich - wie ein König*.

Daß ein Zusammenhang zwischen morphologischen und syntaktischen Prozessen besteht, sieht man auch an folgendem: Charakteristisch für die Bildung von Wort- **und** Satzstrukturen ist ihre **Rekursivität**. Mit diesem aus der Mathematik übernommenen Begriff wird in der Linguistik die Eigenschaft natürlicher Sprachen bezeichnet, mit einer begrenzten Menge von Regeln unendlich viele Strukturen aufbauen zu können. Eine Regel wie - informell gesprochen - "Ergänze ein Nomen durch ein Adjektiv" kann z.b. immer wieder durchlaufen werden, so daß

Syntagmen wie *kleines$_A$*, *liebes$_A$*, *blauäugiges$_A$*, *müdes$_A$* *Kindchen$_N$* entstehen, d.h. Syntagmen, die prinzipiell beliebig erweiterbar sind. Auch in der Morphologie können mit einer Regel "N → N + N" beliebig komplexe Nominalkomposita gebildet werden, deren Gemeinsamkeit laut Regel nur darin bestehen muß, daß ihre einzelnen Glieder nominal sind (z.B. (*Haus$_N$-tür$_N$-schlüssel$_N$-mäppchen$_N$)$_N$). Natürlich unterliegen solche rekursiven Regeln semantischen Restriktionen, denn nicht alle möglichen Strukturen sind auch akzeptabel (***Gedichttürschlüsselmäppchen*). Worum es hier aber geht, ist die Tatsache, daß Rekursivität als formales Prinzip in der Syntax und in der Morphologie konstitutiv ist.

Diese enge Verflechtung beider Bereiche hat einige Linguisten dazu veranlaßt, morphologische Prozesse mit Hilfe einer syntaktischen Theorie erklären zu wollen (vgl. die Arbeiten von LEES 1960 fürs Englische und KÜRSCHNER 1974 fürs Deutsche). Die syntaktische Theorie, die hierzu herangezogen wurde, ist die von Noam CHOMSKY entwickelte generative Transformationsgrammatik, auf die im Syntaxkapitel ausführlich eingegangen wird. In der **transformationalistischen Wortbildungstheorie** wird angenommen, daß komplexe Wörter und die ihnen entsprechenden syntaktischen Fügungen zwei alternative Realisierungsformen ein und derselben zugrundeliegenden Struktur sind. Die beiden Ausdrücke *Eisentür* und *Tür aus Eisen* lassen sich beispielsweise auf eine gemeinsame **Tiefenstruktur (= TS)** zurückführen, die man paraphrasieren kann als *Tür, die aus Eisen ist*. Aus dieser TS wird die konkrete Realisierung, d.h. die **Oberflächenstruktur (= OS)**, über sog. **Transformationen** abgeleitet. Diese Transformationen sind syntaktische Regeln; sie betreffen Veränderungen in der Struktur, denn es müssen Elemente getilgt und Elemente umgestellt werden: Um die OS *Tür aus Eisen* zu erhalten, werden Relativpronomen und finites Verb getilgt, um *Eisentür* abzuleiten, findet eine weitere Tilgung und zusätzlich die Umstellung (= **Permutation**) der beiden Nomina statt.[31] Es wird in dieser Theorie weiterhin angenommen, daß komplexe Wörter nicht eigens im Lexikon[32] gespeichert werden müssen, da sie ja mit dem eben beschriebenen Verfahren syntaktisch herleitbar sind. Das

---

31 Zur formalen Beschreibung der einzelnen transformationellen Schritte vgl. HOLST (1978:7-10).

32 Das "Lexikon" ist hier natürlich nicht als Wörterbuch im herkömmlichen Sinne zu verstehen, sondern im Modell der generativen Transformationsgrammatik als eine der Basiskomponenten, mit Hilfe derer Sätze aufgebaut werden können (näheres s.u.).

Lexikon enthält somit nur **Simplizia** (= nicht-komplexe Wörter) und irreguläre komplexe Formen, die nicht auf eine entsprechende TS zurückgeführt werden können (z.B. *höflich* - **wie ein Hof*). Dieser Auffassung widersprechen die Vertreter der **lexikalistischen Wortbildungstheorie** (vgl. die Arbeit von CHOMSKY 1970 fürs Englische und MOTSCH 1977 fürs Deutsche). Sie gehen davon aus, daß komplexe Wörter nicht mit syntaktischen Fügungen gleichgesetzt werden dürfen, daß also komplexe Wörter wie Simplizia als feste, abrufbare Einheiten im Lexikon gespeichert sind. Im einzelnen werden folgende Argumente gegen die Transformationalisten angeführt:

1. Syntagmen werden über die Regeln der Syntax immer wieder neu gebildet, okkasionelle Wörter dagegen nicht. Einzige Ausnahme dazu bilden phrasale Wendungen wie *das Handtuch werfen, jdn. auf die Palme bringen*, die auch feste, abrufbare Einheiten im Lexikon darstellen.

2. Nicht alle Syntagmen lassen sich in Wortstrukturen überführen. So ist z.B. aus der TS *einer, der (gewohnheitsmäßig) raucht* die OS *Raucher* abzuleiten; *einer, der stiehlt* kann dagegen nicht an der OS als *Stehler* erscheinen. Dem kann nur Rechnung getragen werden, wenn angenommen wird, daß das Lexikon zwar für *Raucher*, aber nicht für *Stehler* einen Lexikoneintrag vorsieht. Würde man diese Wortbildungen transformationalistisch beschreiben, so stünden beide nicht im Lexikon, wären aber beide potentiell ableitbar.

3. Semantische Restriktionen werden im transformationalistischen Ansatz nicht berücksichtigt: Ableitungen mit *-isch* z.B. haben oft einen pejorativen Charakter (*neidisch, kindisch, zänkisch*), weswegen bei positiv besetzten Nomen wie *Freund, Gott, Liebe* keine Ableitungen auf *-isch* möglich sind: **freundisch*, **göttisch*, **liebisch*. Dies läßt sich nur erklären, wenn man annimmt, daß im Lexikon solche Wortformen nicht abgespeichert sind. Nach der transformationalistischen Hypothese wären auch diese Wortbildungen ableitbar.

4. Es gibt eine Vielzahl von **Idiomatisierungen**, d.h. von komplexen Wörtern, deren Gesamtbedeutung sich nicht (mehr) herleiten läßt aus der Bedeutung der einzelnen Glieder (vgl. *Frühstück = frühes Stück, Bahnhof = Hof für Bahnen*). Hier liegt also der umgekehrte Fall vor: Komplexe Wörter lassen sich nicht auf syntaktische Strukturen zurückführen. Wenn man dagegen annimmt, daß diese Komposita - wie alle anderen auch - bereits als komplexe Einheiten abgespeichert sind, entfällt das Problem.

Damit stellt sich allerdings ein anderes Problem: Welche komplexen Wörter enthält das Lexikon, welche nicht? Ist z.b. ein Kompositum wie *dinosaurieralt* auch Bestandteil des Lexikons? Wenn ja, wo zieht man dann die Grenze? Wir haben ja gesehen, daß das Prinzip der Komposition rekursiv ist, also immer wieder neue Komposita gebildet werden können. Es ist somit unökonomisch anzunehmen, daß **alle** potentiellen Wörter im Lexikon aufgelistet sind. In der lexikalistischen Theorie geht man daher davon aus, daß nur die usuellen Bildungen im Lexikon enthalten sind und alle anderen erst über sog. **Wortbildungsregeln** hergeleitet werden. Diese Wortbildungsregeln sind ebenfalls Teil des Lexikons; es sind Regeln, die dazu dienen, bereits gebildete, usuelle Wörter zu analysieren, mit denen man aber auch neue, potentielle Wörter generieren kann. Die Wortbildungsregel für Komposita hat z.b. das folgende Format:[33]

(8) $X^\circ \rightarrow Y^\circ X^\circ$

Diese Regel besagt, daß die Verkettung einer Kategorie Y° mit einer Kategorie X° wieder eine Kategorie X° ergibt. X und Y stehen als Variable für Morpheme, die Indizes deuten an, daß es sich bei diesen Morphemen um freie Morpheme handelt.[34] Das Kompositum *dinosaurieralt*, ein potentielles Wort des Deutschen, wird somit hergeleitet über die Regel $A^\circ \rightarrow N^\circ A^\circ$. Aus Regel (8) geht auch hervor, daß die Kategorie des Ganzen abhängt von der Kategorie des am weitesten rechts stehenden Gliedes - ein Phänomen, auf das schon in Abschnitt 2.4.3 hingewiesen wurde. Steht also ganz rechts ein Adjektiv, ist das Kompositum insgesamt ein Adjektiv. Doch nicht nur die Wortart wird auf diese Weise festgelegt: Bei N+N-Komposita richtet sich das Kompositum auch in Genus und Numerus nach dem am weitesten rechts stehenden Glied. Was das Genus betrifft, sieht man das sehr schön an den Beispielen *die Schrankwand* und *der Wandschrank*. Bei *Schrankwand* trägt das Endglied das Merkmal [+ femininum], und dieses grammatische Merkmal wird auf das Ganze übertragen (im Fachjargon heißt das: das Merkmal [+ femininum] **perkoliert**), bei *Wandschrank* perkoliert dagegen das Merkmal [+ maskulinum]. Setzen wir diese Beispielwörter in den Plural, so ist es jeweils nur das Endglied, das das Pluralkennzeichen trägt (*Schrankwände*, nicht

---

33 Die in den folgenden Ausführungen notierten Wortbildungsregeln stammen von OLSEN (1986).

34 Ein Suffix z.B. würde nicht als X°, sondern als X^{af} notiert.

Schränkewände). Graphisch läßt sich die Struktur von *Schrankwände* folgendermaßen darstellen:

(9)

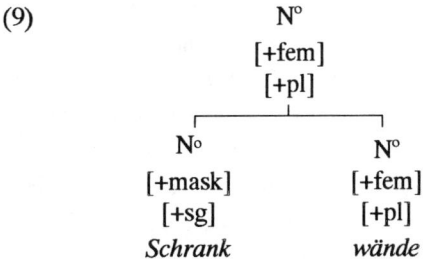

N°
[+fem]
[+pl]

N°   N°
[+mask]   [+fem]
[+sg]   [+pl]
Schrank   *wände*

Das Element, das die morpho-syntaktischen Merkmale des Ganzen trägt, wird auch als **Kopf** (engl. 'head') bezeichnet. Jedes Wort hat einen solchen Kopf, d.h. ein Element, dessen Merkmale die Kategorie des Wortes bestimmen. Dieses Prinzip gilt analog auch für syntaktische Strukturen (vgl. Kap.2.5). In der Syntax lautet das **Kopfprinzip**: Jede Phrase hat einen Kopf. Dies ist eine der Kernaussagen der X-bar-Theorie, die wir im Syntaxkapitel besprechen werden und deren Prinzipien auch auf morphologische Strukturen angewandt werden. An welche Position der Kopf in syntaktischen Strukturen steht, werden wir später sehen; jetzt geht es um die Frage, wo der Kopf innerhalb der Wortstruktur steht. Wie wir am Beispiel des Kompositums gesehen haben, ist hier der Kopf das am weitesten rechts stehende, nicht flektierende Element.[35] Nun stellt sich natürlich die Frage, ob diese Regularität auch für Derivationen zutrifft und ob es sich gar um eine allgemeines Prinzip handelt, das für alle komplexen morphologischen Strukturen gilt.

Betrachten wir hier zunächst die Suffigierung: Weiter oben wurde schon beobachtet, daß Suffixe immer wortartspezifisch sind, daß also ein Suffix wie *-heit* immer Nomina ableitet, ein Suffix wie *-lich* immer Adjektive usw. Als Regel wird dies in der lexikalistischen Theorie folgendermaßen notiert:

(10) $X^{o} \rightarrow Y^{o} \, X^{af}$

---

35 Genau genommen steht in *Schrankwände* ja am weitesten rechts ein Flexiv, das Pluralflexiv *-e*. Doch da Flexive nie die Wortart markieren, kommen sie auch nicht als Kandidat für die Wortartmarkierung des Ganzen in Frage.

X^o und Y^o stehen wieder für freie Morpheme bzw. Stämme[36], X^{af} dagegen steht für ein gebundenes Morphem, wie an dem Index *af* (= Affix) ersichtlich.[37] Daß dieses gebundene Morphem ein Suffix ist, muß nicht eigens angegeben werden, denn dies geht schon aus seiner Stellung innerhalb der Struktur hervor. Die Wortbildungsregel in (10) besagt also, daß neue Wörter gebildet werden können, indem ein freies und ein gebundenes Morphem verkettet werden, wobei dieses gebundene Morphem, wenn es an der rechten Peripherie steht, die Kategorie des Ganzen bestimmt. Tatsächlich trifft dies auch für Neubildungen zu, die nicht Bestandteil des Lexikons sind: So wird z.b. aus dem nicht existenten Verb *blehen* durch Verkettung des Verbstamms *bleh-* mit dem Suffix *-er* ein Nomen, über das sogar hinsichtlich seiner semantischen Interpretation bestimmte Aussagen gemacht werden können: Ein *Bleher* ist einer, der bleht, oder ein Gegenstand, mit dem gebleht wird. Wie man daran sieht, ist auch die Flexion vorhersagbar, denn ohne das Verb *blehen* zu kennen, können wir es korrekt konjugieren. Im Lexikon müssen also nicht alle flektierten Formen aufgelistet werden, sondern nur die unregelmäßigen Flexionsformen, da nur diese für den Sprecher nicht über Regeln ableitbar sind. Die Struktur von *Bleher* läßt sich graphisch wie folgt darstellen:

(11)

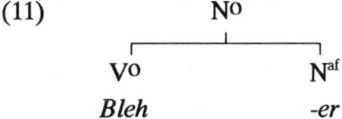

Wenn *-er* hier - im Unterschied zur traditionellen morphologischen Analyse - als N^{af} notiert wird, soll damit ausgedrückt werden, daß dieses Derivationsaffix den kategorialen Status eines Nomens hat. Alle Suffixe können mit solchen Kategoriesymbolen versehen werden: *-bar* z.B. ist ein A^{af} (*lesbar$_A$*, *machbar$_A$*), *-ier* ist ein V^{af} (*studier$_V$en*, *halbier$_V$en*) usw.

Aber noch einmal zurück zur Rechtsköpfigkeit von komplexen Wörtern. Trifft es auch für die Präfigierung zu, daß die Eigenschaften des rechts stehenden Gliedes auf das Ganze perkolieren; steht also auch hier der Kopf der Wortstruktur

---

36 Der Wortstamm muß nicht unbedingt als freies Morphem auftreten. Dies ist z.B. in *Erdbeben* der Fall: *Erd-* ist der Stamm, das auslautende [ð] im Kompositum fällt weg.

37 Bei SELKIRK (1982) findet man statt der Notation X^{af} auch X^{-1}, womit dargestellt werden soll, daß wir uns hier unterhalb der Wortebene, d.h. unterhalb der X^o-Ebene befinden.

rechts? Wenn ja, hätten wir für die wichtigsten Wortbildungsprozesse im Deutschen ein allgemeines Prinzip gefunden. Tatsächlich bewirken Präfixe normalerweise keine Wortartveränderung - darin unterscheiden sie sich ja gerade von den Suffixen. Demnach könnte die Präfigierungsregel wie folgt aussehen:

(12) $X^o \rightarrow Y^{af} X^o$

Doch wie diese einleitenden Worte den Leser vielleicht schon vermuten lassen: bei der Präfigierung gibt es Ausnahmen, d.h. es gibt hier komplexe Wörter, bei denen nicht das am weitesten rechts stehende Glied, sondern das Präfix die Wortart des Derivats bestimmt. Beispiele dafür sind *ver-sand$_N$-en*, *be-bilder$_N$-n*, *Gefühl$_V$*, *ent-fremd$_A$-en*. Hier ist es jeweils das Präfix, das aus einem Nomen ein Verb, aus einem Verb ein Nomen bzw. aus einem Adjektiv ein Verb ableitet. Heißt das, daß den Präfixen in diesen Strukturen Kopfstatus zukommt? Oder lassen sich diese Ausnahmen erklären, ohne das Prinzip der Rechtsköpfigkeit aufgeben zu müssen? Eine solche Frage kann im Rahmen einer Einführung nicht geklärt werden; zur einschlägigen Diskussion des Problems verweise ich daher auf OLSEN (1990).

Zum Schluß der Ausführungen zur lexikalistischen Wortbildungstheorie noch einige zusammenfassende Bemerkungen zum Lexikon. Hier sind alle morphologischen Einheiten gespeichert, die als Input für phonologische, morphologische und syntaktische Regeln dienen können. Anders als ein Wörterbuch im klassischen Sinne enthält dieses Lexikon nicht nur freie, sondern auch gebundene Morpheme, und zwar sowohl Derivationsmorpheme als auch Flexive. Daneben sind auch unregelmäßige Flexionsformen und idiomatische Wendungen wie *das Handtuch werfen* komplett abgespeichert.

Für jedes Lexikonelement ist ein eigener Lexikoneintrag vorgesehen. Dieser Eintrag enthält Angaben zur phonetisch-phonologischen Charakterisierung, zur Kategoriezugehörigkeit, zur morphologisch-syntaktischen Umgebung, in der das Element auftritt, und zur semantischen Charakterisierung. Am Beispiel von *-er* sei dies verdeutlicht (vgl. OLSEN 1986): *-er* hat als phonetisch-phonologische Charakterisierung [ɐ]; es ist ein nominales Affix (N^{af}); es verbindet sich mit einem Verb $[V^o\_]^{38}$, und seine Bedeutung läßt sich paraphrasieren als "Agens oder Instru-

---

38 Der Strich ist hier als Platzhalter für das Suffix zu verstehen; V^o gibt die Kategorie an, die mit *-er* verkettet wird.

ment, das die in diesem Verb ausgedrückte Handlung ausführt". Das ist allerdings nicht der einzige Lexikoneintrag für -er, denn dabei handelt es sich um ein multifunktionales Suffix. Es dient nicht nur zur Ableitung von Nomina, sondern auch zur Ableitung von Verben (*glied-er-n*); außerdem tritt es als Suffix beim Komparativ auf (*billig-er*) und als Pluralflexiv (*Kind-er*).[39] Daß Affixe bei gleicher morphologischer Form verschiedene Bedeutungen haben können, ist gar nicht so selten. Bei *-e* ist dies auch der Fall. Es kann sowohl Personalflexiv (*ich lach-e*) sein als auch Pluralflexiv (*Wort-e*), Kasusflexiv (*dem Mann-e*) oder Derivationsaffix (*Lieb-e*). Im Lexikon müssen verschiedene Einträge vorgesehen sein, da sich diese *-e* zwar in der phonetisch-phonologischen Charakterisierung entsprechen, ansonsten aber unterschiedlich spezifiziert werden.

2.4.5 Schlußbemerkung

Abschließend folgen noch einige Bemerkungen zum gegenwärtigen Forschungsstand. Im Rahmen der generativen Morphologie hat die eben geschilderte lexikalistische Hypothese den transformationalistischen Ansatz vollkommen abgelöst. Innerhalb der lexikalistischen Hypothese gibt es allerdings eine Kontroverse: Vertreter der sog. **Starken Lexikalistischen Hypothese** (z.B. OLSEN 1986, DI SCIULLO/WILLIAMS 1987 z.B.) gehen davon aus, daß Flexions- und Wortbildungsprozesse Bestandteil des Lexikons sind; in der **Schwachen Lexikalistischen Hypothese** dagegen wird die Ansicht vertreten, daß sich nur die Wortbildung im Lexikon vollzieht, die Flexion dagegen Teil der Syntax ist (vgl. ANDERSON 1982). Welche Argumente dafür sprechen, innerhalb des generativen Modells die Flexion erst auf einer syntaktischen Ebene anzusetzen und nicht von bereits flektierten Wörtern auszugehen, werden wir im nächsten Kapitel sehen.

Grundsätzlich stellt sich in der Morphologie die Frage nach ihrem Verhältnis zur Syntax einerseits und zur Phonologie andererseits, da morphologische Strukturen mit syntaktischen und phonologischen Prozessen interagieren. So haben wir in diesem Kapitel gesehen, daß es Parallelen im Aufbau von Wörtern und syntak-

---

39 Genaugenommen liegt hier ein Fall von **Homonymie** vor (gleiche Ausdrucksform - unterschiedliche Bedeutung). Auf diese und andere semantische Relationen werde ich im Semantikkapitel zu sprechen kommen.

tischen Fügungen gibt (Rekursivität, Kopf-Prinzip). Neuere Arbeiten zu einer syntaktisch orientierten Morphologie stammen von LIEBER (1992) und ANDERSON (1992). Andererseits kann man nachweisen, daß Veränderungen in der Wortstruktur Veränderungen in der Silben- und Akzentstruktur des Wortes zur Folge haben können. So gibt es Suffigierungen, bei denen das Suffix den Wortakzent an sich zieht (*-ant* z.B. in Musikant), und andere, bei denen das Suffix die Akzentstruktur des Wortes nicht ändert (*-er* in *Musiker*). Diese Interaktion von Phonologie und Morphologie ist Untersuchungsgegenstand der Lexikalischen Phonologie (vgl. KIPARSKY 1982) und der Prosodischen Morphologie (vgl. WIESE 1994). Daß bestimmte morphologische Regularitäten in Abhängigkeit von der Lautstruktur auftreten, sieht man auch an der Allomorphie von *-heit* und *-keit*. Diese ist phonologisch bedingt: *-heit* steht nur nach betonten Silben und nach Schwa-Silben (*Krankheit, Sicherheit*), *-keit* steht nach unbetonten Silben (*Kränklichkeit*).

2.5 Syntax

In diesem Kapitel interessiert uns die Frage, in welche größere sprachliche Einheit ein Wort eingebettet sein kann und wie diese Einheit analysiert werden kann. Nehmen wir als Beispiel das Wort *Kindheit*: Dieses Wort kann Teil einer syntaktischen Fügung sein, die ihrerseits unterschiedlich komplex sein kann: *die Kindheit; die Kindheit, die schon lange zurück liegt; die Kindheit, die schon lange zurück liegt, war schön.* Untersuchungsgegenstand der Syntax (griech. *syntaxis*, 'Zusammenstellung') ist somit nicht nur der Satz, wie oft verkürzt dargestellt wird; auch die Analyse von sprachlichen Ausdrücken, die zwischen Wort- und Satzebene liegen, fällt in ihren Bereich.

Um nun syntaktische Fügungen wie die eben als Beispiel angeführten analysieren zu können und Regeln zu finden, nach denen sie aufgebaut sind, gibt es in der Linguistik verschiedene Ansätze. Im folgenden werde ich zunächst zeigen, wie die Beschreibung solcher Konstruktionen in der traditionellen Grammatik aussieht (Kap.2.5.1); anschließend werde ich drei syntaktische Modelle vorstellen, die jeweils in verschiedenen theoretischen Rahmen anzusiedeln sind (Kap.2.5.2), und schließlich soll eine dieser Theorien, die Generative Grammatik, in ihrem neueren Forschungsstand präsentiert werden (Kap.2.5.3).

2.5.1 Traditionelle Satzanalyse

In der traditionellen Grammatik steht die Subjekt-Prädikat-Beziehung im Vordergrund. Diese grammatische Zweiteilung des Satzes geht auf die aristotelische Logik zurück, in der Urteile logisch zweigeteilt werden in den Gegenstand der Aussage und das, was darüber ausgesagt wird. Vgl.:

(13)   [Sokrates]$_{Subjekt}$ [war ein großer Philosoph]$_{Prädikat}$.

Neben **Subjekt** und **Prädikat** gibt es noch zwei weitere 'echte' Satzglieder, deren Bezeichnungen auch aus der lateinischen Grammatik übernommen wurden: **Objekt** und **Adverbial**. Das **Attribut** dagegen ist kein unmittelbares Glied des Satzes, sondern bereits selbst Teil eines Satzglieds: es ist eine nähere Bestimmung zum Nomen, eine Beifügung, durch die das Bezugsnomen näher bestimmt wird. Im Beispielsatz tritt ein solches Attribut auf (= *großer*). Vom Attribut zu unterscheiden ist das Adverbial, dessen Bezugswort nicht das Nomen, sondern das Verb ist; dieses wird semantisch näher bestimmt. Je nachdem, ob sich diese nähere Bestimmung auf die Zeit, die Art und Weise, den Ort etc. bezieht, wird das Adverbial subklassifiziert in Temporal-, Modal-, Lokaladverbial etc. Die Objekte werden in Abhängigkeit vom morphologischem Kasus, in dem sie auftreten, weiter klassifiziert in **Genitiv-, Dativ-** und **Akkusativobjekt**. Davon unterscheidet man das **Präpositionalobjekt**, das durch eine Präposition an das Verb angeschlossen wird, wobei die Präposition oft in einer festen Verbindung mit dem Verb steht und keine eigene Semantik mehr hat (z.B. *warten auf, glauben an*).

Die Zerlegung des Satzes in einzelne Satzglieder bzw. Gliedteile ist ein Verfahren der traditionellen Schulgrammatik; ein anderes ist die Bestimmung der Wortarten, die in einem Satz auftreten. Um den Unterschied zwischen Satzgliedern und Wortarten deutlich zu machen: Satzglieder bzw. Gliedteile sind relationale Begriffe, die angeben, welche Funktion ein Element im vorgegebenen Satz hat; Wortarten dagegen sind kategoriale Begriffe, die die Form eines Elements beschreiben - unabhängig vom konkreten Satz. Um noch einmal auf Satz (13) zurückzukommen: *großer* ist in diesem Satz attributiv gebraucht (= Funktion); von der Wortart her ist es ein Adjektiv (= Kategorie), was morphologisch z.B. daran festmachbar ist, daß man es deklinieren kann. In der traditionellen Grammatik unterscheidet man in Anlehnung an die Wortarteinteilung des griechischen Grammatikers Dionysion Trax (1.Jh. v. Chr.) insgesamt 10 Wortarten: Substantiv (No-men), Verb, Adjektiv, Artikel, Pronomen, Adverb, Konjunktion, Präposition, Numerale und Interjektion. Eine Wortartanalyse von Beispielsatz (13) würde dem-nach folgendermaßen aussehen:

(14) [Sokrates]$_{Nomen}$ [war]$_{Verb}$ [ein]$_{Artikel}$ [großer]$_{Adjektiv}$ [Philosoph]$_{Nomen}$.

Soweit zu den wesentlichen Merkmalen der traditionellen Satzanalyse, wie sie auch heute noch fester Bestandteil im Deutschunterricht der Schule ist, obwohl sie diverse Mängel hat. Ein Kritikpunkt, der immer wieder genannt wird (vgl. z.b. LINKE ET AL. 1991:81f.), bezieht sich darauf, daß bei der Satzgliedeinteilung he-terogene Kriterien zugrundegelegt werden, was man z.b. daran sieht, daß die Ad-verbiale nach semantischen Gesichtspunkten, die Objekte dagegen nach morpho-logischen Gesichtspunkten subklassifiziert werden. Außerdem gibt es sog. Misch-definitionen, bei denen logische, semantische, pragmatische und morphologische Kriterien einfließen. Man betrachte nur die komplexe Definition für Subjekt in einem beliebigen linguistischen Wörterbuch!

Bei der Bestimmung der Wortarten gibt es ebenfalls uneinheitliche Klassifika-tionskriterien. Ein Adverb z.b. wird in der traditionellen Grammatik funktional **und** formal definiert: als Wort, das das Verb näher bestimmt, oder als Wort, das nicht flektierbar ist. Die Abgrenzung zum Satzglied ist hier nicht immer eindeutig, was dazu führt, daß die Begriffe Adverbial und Adverb oft verwechselt bzw. gleichgesetzt werden. Dem ist natürlich nicht so: Ein Adverbial kann, wie jedes andere Satzglied, kategorial unterschiedlich realisiert werden: als Nominalgefüge, als Präpositionalgefüge, als Satz und eben auch als Adverb, wie die folgenden Beispiele zeigen:

(15) a. Er tanzte die ganze Nacht.

b. Er tanzte bis zum Morgengrauen.

c. Er tanzte, bis die Uhr sechs schlug.

d. Er tanzte gern.

Ein weiteres Problem betrifft die 'Regeln' der traditionellen Grammatik. Sie be-schreiben nicht, wie Sätze aufgebaut werden, sondern sie schreiben **vor**, wie sie aufgebaut sein sollten. Präskriptive Regeln der Art "Wer *brauchen* ohne *zu* ge-braucht, braucht *brauchen* gar nicht zu gebrauchen" sind uns allen aus dem Schulunterricht bekannt. Demgegenüber versucht die deskriptiv orientierte Linguistik vom tatsächlichen Sprachgebrauch auszugehen und die dabei zu beobachtenden Regularitäten zu beschreiben. Diesen Ansatz verfolgen im weitesten Sinne alle Grammatikmodelle, die im folgenden vorgestellt werden. Nur die Generative Grammatik geht noch einen Schritt weiter: Sie versucht, aus den beobachteten Regularitäten genau die Regeln zu (re-)konstruieren, nach denen Sprecher Sätze produzieren. Der Regelbegriff hat hier also eine ganz andere Qualität als in der traditionellen Grammatik.

2.5.2   Ältere syntaktische Theorien

2.5.2.1   Das Stellungsfeldermodell

In der Arbeit *Grundgedanken der deutschen Satzlehre* von (1937) kritisiert Erich DRACH die traditionelle, am Griechischen und Lateinischen orientierte Grammatik. Er entwickelt ein alternatives Modell, das ganz spezifisch die Merkmale der deutschen Satzstruktur erfassen soll. Dieser Ansatz wurde von anderen deutschen Sprachwissenschaftlern wie Erben und Griesbach aufgegriffen und ist heute als **Stellungsfeldermodell (= topologisches Modell)** bekannt.

In diesem Modell wird der Satz in einzelne Felder (= topologische Abschnitte) eingeteilt, die durch die sog. **Satzklammer** voneinander getrennt sind. Diese Satzklammer wird im Aussagesatz durch die einzelnen Teile eines komplexen Prädikats gebildet, die im Deutschen in Distanzstellung zueinander stehen, d.h. diskontinuierlich auftreten. Betrachten wir hierzu den Satz *Er hat den Stein ins Wasser geworfen. hat* und *geworfen* bilden hier die verbale Klammer, durch die der Satz in drei Abschnitte untergliedert werden kann: das **Vorfeld** ist der Abschnitt vor der linken Klammer, das **Mittelfeld** liegt zwischen den beiden Klammerteilen und das **Nachfeld** - sofern vorhanden - folgt der rechten Klammer. Nur im Deutschen und Niederländischen ist eine solche Einteilung möglich, in allen anderen germanischen Sprachen nicht, da das Prädikat hier immer eine syntaktische Einheit bildet.[40] Insofern ist das tatsächlich ein Modell, das dem Deutschen angemessen ist.

---

40 Vgl. die englische Übersetzung des Beispielsatzes *Er hat den Stein in das Wasser geworfen*:
   (i) He **has thrown** the stone into the water.

Mit der Einteilung des Satzes in einzelne Felder lassen sich die einzelnen Positionen in der linearen Abfolge des Satzes präziser beschreiben. Dies ist besonders hilfreich, wenn z.b. über Wortstellung im Deutschen gesprochen wird. Folgende Fragen werden hier immer wieder gestellt: Was kann im Vorfeld stehen, wie ist das Mittelfeld besetzbar, welche Satzglieder oder Satzteile können im Nachfeld auftreten? Es läßt sich z.b. feststellen, daß im Deutschen - im Unterschied zum Englischen und Französischen - immer nur ein Satzglied im Vorfeld stehen kann:[41]

(16) a. **Heute** regnet es.

      b. **Today, it** is raining.

      c. **Aujourd'hui, il** pleut.

Ein weiteres Charakteristikum, durch das sich das Deutsche von anderen Sprachen unterscheidet, ist, daß im Nebensatz das Prädikat immer am Ende steht, sofern der Nebensatz durch eine Konjunktion eingeleitet wird:

(17) a. Er sagt, daß er heute später kommen werde.

      b. Er sagt, er werde heute später kommen.

Die Satzklammer kann in (17)a. nicht durch die Prädikatsteile gebildet werden, denn diese stehen ja geschlossen am Ende. Es ist hier die einleitende Konjunktion *daß*, die stattdessen die linke Satzklammer darstellt; das finite Verb *werde* bildet die rechte Klammer. Im Mittelfeld steht *er heute später kommen*, ein Vorfeld gibt es nicht, das Nachfeld ist leer.[42] Die Tatsache, daß das Mittelfeld weiter untergliedert werden kann, wird mit dem Stellungsfeldermodell allerdings nicht erfaßt. Hier stoßen wir auf die Grenzen eines Modells, das den Satz nur als lineare Abfolge topologischer Einheiten auffaßt, ohne seine innere 'Architektur' weiter zu analysieren.

Die folgende Tabelle gibt abschließend einen Überblick, wie die Feldereinteilung in den einzelnen Satztypen des Deutschen aussieht. Da die Stellung der

---

41 Diese Generalisieung ist allerdings auch nicht unproblematisch, vgl. DÜRSCHEID (1989).

42 Man beachte den Unterschied zwischen leerem und in der Struktur nicht vorhandenem Feld: das Nachfeld könnte besetzt werden (vgl.(i)), das Vorfeld dagegen nicht, da es gar nicht vorhanden ist (vgl. (ii)):

    (i)   Er sagt, daß er heute später kommen werde, **da er den Zug verpaßt hat**.

    (ii)   *   Er sagt, **er** daß heute später kommen werde.

verbalen Elemente eine entscheidende Rolle für die Klammerbildung spielt, werden die Sätze hier nicht, wie traditionell üblich, nach Aussage-, Frage- und Aufforderungssatz subklassifiziert, sondern nach den im Deutschen möglichen Positionen des finiten Verbs: Steht das Verb am Anfang, wie z.B. in Entscheidungsfragen, spricht man von **Verberst-Sätzen (V/1)**; steht es an zweiter Position, wie in Ergänzungsfragen oder Aussagesätzen der Fall, handelt es sich um **Verbzweit-Sätze (V/2)**; steht es am Ende des Satzes (in konjunktional eingeleiteten Nebensätzen), liegt ein **Verbend-Satz (V/E)** vor.

Satztyp	Vorfeld	linke SK	Mittelfeld	rechte SK	Nachfeld
V/1		Hat	Paul die Fenster	geputzt	
V/1		Komm			
V/1		Mach	das Fenster	zu,	damit es nicht zieht
V/2	Paul	wird	nur	kommen,	wenn er will
V/2	Wer	kommt	nur,		wenn er will
V/2	Paul	kommt	nur,		wenn er will
V/E		daß	Paul nur	kommt,	wenn er will

vgl. DÜRSCHEID (1991:15)

Tabelle (6)

2.5.2.2 Die Dependenzgrammatik

Anders als im Stellungsfeldermodell wird in der Dependenzgrammatik, die auf die Arbeiten von Lucien TESNIÈRE zurückgeht, der Satz sozusagen 'von innen heraus' zerlegt. Dreh- und Angelpunkt des Satzes ist das Verb, von dem alle Satzglieder abhängen:

(18)   gießt

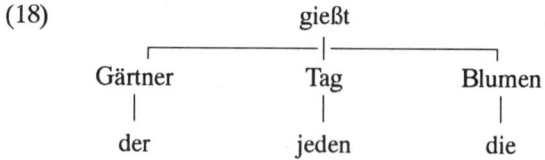

Gärtner   Tag   Blumen

der   jeden   die

In (18) haben wir eine komplexe Dependenzstruktur, denn von den nominalen Elementen *Gärtner, Tag* und *Blumen* hängen wiederum Elemente ab.[43] Das Subjekt hat hier keine Sonderstellung mehr, wie in der traditionellen Grammatik der Fall; das Subjekt ist, wie wir in (18) sehen, dem Objekt und dem Adverbial gleichgeordnet.

Eng verbunden mit dem Begriff der Dependenz ist der Begriff **Valenz,** der von TESNIÈRE in die Sprachwissenschaft eingeführt wurde. Darunter versteht man - in Analogie zur Chemie - die Eigenschaft eines sprachlichen Elements, andere Elemente an sich zu binden. Diese Elemente werden als **Ergänzungen** bezeichnet. Davon zu unterscheiden sind die **Angaben,** die zwar auch in der Umgebung eines Verbs auftreten können, aber nicht speziell von diesem gefordert werden, sondern im Grunde beliebig hinzufügbar und weglaßbar sind. Um dies an obigem Beispiel zu zeigen: Das Verb *gießen,* ein typisches transitives Verb[44], ist zweiwertig, es nimmt zwei Ergänzungen zu sich, ein Subjekt und ein Objekt. Das Temporaladverbial *jeden Tag* dagegen ist eine freie Hinzufügung, es wird nicht von *gießen* gefordert, ist also nicht valenzabhängig. Allerdings ist es bis heute noch nicht gelungen, hinreichende Kriterien zu finden, nach denen Ergänzungen und Angaben unterschieden werden können. Die freie Hinzufügbarkeit und Weglaßbarkeit eines Satzglieds kann z.b. nicht als Indiz dafür genommen werden, daß es sich um eine Angabe handelt (vgl. VATER 1978:16ff.) Wie der Satz *Peter liest* zeigt, können auch Ergänzungen weggelassen werden, obwohl sie valenzabhängige, also notwendige Glieder sind. *Lesen* zählt zu den zweiwertigen Verben; allerdings ist nur eine der Ergänzungen obligatorisch, die andere ist fakultativ.[45] Festzuhalten ist also: die Valenz eines Verbs gibt immer die mögliche Zahl von Ergänzungen an, nicht die tatsächlich im Satz vorkommende. Die Zahl der Angaben wird nicht erfaßt - und ist auch gar nicht erfaßbar.

---

43 Baumdiagramme wie in (18), die die Abhängigkeitsbeziehungen innerhalb eines Satzes graphisch darstellen, werden auch als **Stemmata** bezeichnet. Mit solchen Strukturbäumen läßt sich sehr gut zeigen, daß Sätze eben nicht linear, sondern hierarchisch aufgebaut sind.

44 Transitive Verben sind Verben, die ein Objekt zu sich nehmen. Zur Problematik dieser Definition vgl. aber VATER (1978:5).

45 G. HELBIG und W. SCHENKEL waren die ersten, die im Vorspann zu ihrem *Wörterbuch zur Valenz und Distribution deutscher Verben* (erste Auflage von 1969) eine Unterscheidung in obligatorische und fakultative Ergänzungen vornahmen.

In neueren Arbeiten zur Valenztheorie beschränkt man sich nun nicht nur darauf, die Zahl der valenzabhängigen Glieder zu bestimmen; für den fremdsprachlichen Deutschunterricht, für den diese Theorie nutzbar gemacht wurde, ist vor allem auch wichtig zu bestimmen, von welcher Art die Elemente sind, die das Verb an sich bindet. Man unterscheidet daher von der quantitativen die qualitative Valenz, in der Angaben zur semantischen und zur syntaktisch-morphologischen Charakterisierung der abhängigen Elemente gemacht werden. Z.B. ist es für einen ausländischen Deutschlernenden wichtig zu wissen, daß das Verb *erinnern* im Deutschen reflexiv gebraucht werden kann und eine präpositionale Ergänzung zu sich nehmen kann (vgl. *sich an jdn. erinnern* vs. *to remember somebody* vs. *se souvenir de quelqu'un*).

Es muß an dieser Stelle noch darauf hingewiesen werden, daß natürlich nicht nur die Valenz von Verben beschrieben werden kann; auch auf Substantive und Adjektive läßt sich dieses Konzept übertragen. So fordern die Substantive *Appetit* und *Hoffnung* den präpositionalen Anschluß mit *auf*, die Adjektive *stolz* und *begierig* ebenfalls. Da es aber primär die Valenz des Verbs ist, die den syntaktischen Aufbau eines Satzes bestimmt, kommt der Verbvalenz eine besondere Bedeutung zu.

In welcher Beziehung stehen nun Valenz und Dependenzgrammatik? In einer dependenzgrammatischen Satzanalyse werden alle Abhängigkeitsbeziehungen innerhalb des Satzes dargestellt. Die Abhängigkeitsbeziehungen, die durch die Valenz eines sprachlichen Elements ausgelöst werden, stellen also nur eine Subklasse dieser Dependenzstrukturen dar. Die Darstellung der Valenzbeziehung zwischen zwei Elementen ist außerdem nicht an ein dependenzgrammatisches Modell gebunden. Auch in einer Konstituentenanalyse des Satzes lassen sich Valenzbeziehungen darstellen.

2.5.2.3 Die Standardtheorie der Generativen Grammatik

Die Geschichte der Generativen Grammatik ist eng mit dem Namen Noam CHOMSKY verknüpft, dessen zahlreiche Publikationen von den 50er Jahren bis heute zur steten Weiterentwicklung dieser Grammatiktheorie beigetragen haben. CHOMSKYs erste große Arbeit, *Syntactic Structures* (1957), ist noch stark beeinflußt vom **Distributionalismus,** einer Ausprägung des amerikanischen Strukturalismus in den 40er und 50er Jahren.[46] Wie der Name schon sagt, ging es hier um die Distribution sprachlicher Ausdrücke, d.h. um die Frage, an welchen Positionen innerhalb der Struktur ein bestimmtes Element vorkommen kann. Die Analyse der Bedeutung sprachlicher Ausdrücke wurde dabei völlig ausgeklammert, da die Bedeutung für die Distributionalisten etwas Immaterielles, Nicht-Meßbares darstellt.[47] Anders bei CHOMSKY: in seiner für die weitere Entwicklung der generativen Grammatik grundlegenden Arbeit von 1965, *Aspects of the Theory of Syntax*, die als **Standardtheorie** bekannt wurde, betont er:

... linguistic theory is mentalistic, since it is concerned with discovering **a mental reality** (Hervorhebung von mir, C.D.) underlying actual behavior.

CHOMSKY (1965:4)

Diese mentale Realität, die es zu untersuchen gilt, ist die **sprachliche Kompetenz**, die sich in der Fähigkeit eines Sprechers zeigt, Sätze produzieren und verstehen zu können, die er noch nie vorher gehört hat. Die Sprecher verfügen, so CHOMSKY, der dabei wiederum auf Humboldt verweist, über eine begrenzte Zahl von Regeln, die es ihnen ermöglichen, eine unbegrenzte Zahl von Äußerungen zu **generieren**. Aufgabe einer generativen Grammatik ist es demnach, diese Regeln im Modell nachzubilden und so zu einer Beschreibung und - im besten Falle - zu einer Erklärung der menschlichen Sprachfähigkeit zu gelangen. Von der Kompetenz zu unterscheiden ist das konkrete Sprachverhalten, die **Performanz**, die für CHOMSKY als Untersuchungsobjekt zweitrangig ist, da das beobachtbare Sprachverhalten immer die innere Sprachfähigkeit, die Kompetenz, voraussetzt. Hier zeigen sich Parallelen zu Ferdinand DE SAUSSURE, der in seiner Trennung in *langue* und *parole* auch der *langue* den größeren Stellenwert einräumt. Allerdings

---

46 Hauptverteter des Distributionalismus und Lehrer von CHOMSKY war Z.S. HARRIS, dessen Arbeit *Methods in Structural Linguistics* (1951) zum Standardwerk der Distributionalisten wurde.

47 Diese "meaningfeindliche Haltung" hat zwei Ursachen: zum einen geht sie auf den Einfluß des **Behaviorismus** zurück, eine an den Naturwissenschaften orientierte psychologische Lehre, in der nur das objektiv beobachtbare Verhalten (= behavior) im Mittelpunkt der Untersuchung steht und alle psychischen Prozesse ausgeklammert werden; zum andern ist zu berücksichtigen, daß die Aufgabe der amerikanischen Strukturalisten vornehmlich darin bestand, die vom Aussterben bedrohten Indianersprachen linguistisch zu erfassen. Da sie diese Sprachen selbst nicht sprachen, konnten sie sich bei ihrer Analyse nur an dem zu beobachtenden Datenmaterial orientieren.

ist die *langue* nicht mit CHOMSKYs Begriff von Kompetenz gleichzusetzen, denn Kompetenz ist immer sprechergebunden, während *langue* als abstraktes, statisches System von Zeichen definiert wird. Außerdem geht DE SAUSSURE auf den kreativen Aspekt von Sprache, der für CHOMSKY so zentral ist, nicht ein. Auch in anderer Hinsicht grenzt sich CHOMSKY von seinen Vorläufern ab: BLOOMFIELD hatte 1933 in seiner Studie *Language* vorgeschlagen, Sätze in einzelne Konstituenten zu zerlegen, diese Konstituenten wiederum zu zerlegen, bis man zu den letzten Konstituenten, den Wörtern, gelangt. Diese **IC-Analyse** (= **immediate constituents analysis**) benutzt auch CHOMSKY, doch verfolgt er damit einen anderen Zweck. Während es BLOOMFIELD dabei darum ging, konkrete sprachliche Äußerungen zu zerlegen, zeigt CHOMSKY damit den Strukturaufbau potentieller Sätze. Der Unterschied wird deutlich, wenn man die sog. **Phrasenstrukturregeln** (= **PS-Regeln**) betrachtet, die im Strukturalismus dazu dienten, Phrasenstrukturen zu beschreiben, in der generativen Grammatik dagegen dienen sie zum Aufbau von möglichen Phrasenstrukturen.[48] Betrachten wir hierzu den folgenden kleinen Regelapparat:

(19) Regel 1: S → NP VP
     Regel 2: NP → Det N
     Regel 3: VP → V NP NP

Diese PS-Regeln sind in der generativen Grammatik zu lesen als Anweisungen für den sukzessiven Aufbau von Sätzen. Mit ihnen können Sätze gebildet werden, die aus einer Nominalphrase (NP) und einer Verbalphrase (VP) bestehen (= Regel 1). Die NP muß ihrerseits aus einem Determinans und einem Nomen bestehen (= Regel 2), die VP aus einem Verb und zwei NPs (= Regel 3). Auf diese NPs kann wiederum Regel 2 angewandt werden, d.h. auch sie müssen aus Determinans und Nomen bestehen. Ein Satz, der nach diesen Anweisungen gebildet wird, könnte z.B. lauten: *[Der Professor]$_{NP}$ [[empfiehlt]$_V$ [den Studenten]$_{NP}$ [sein Buch]$_{NP}$]$_{VP}$* . Übersichtlicher läßt sich die Struktur dieses Satzes im Baumdiagramm darstellen:

---

48 Als **Phrasen** werden Wortgruppen bezeichnet, die syntaktisch zusammengehören. Neben Nominalphrasen (NPs) und Verbalphrasen (VPs), die ein Nomen bzw. ein Verb als Kern haben, unterscheidet man in der Standardtheorie Präpositionalphrasen (PPs) und Adjektivphrasen (APs).

(20)

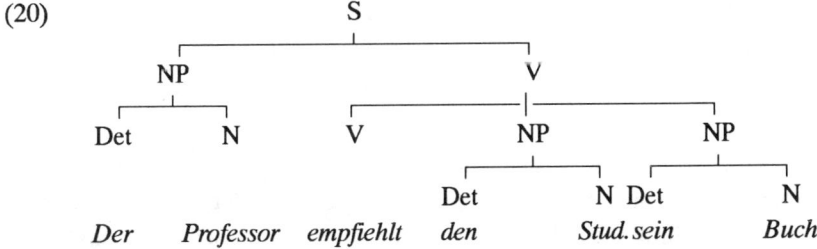

Mit den drei PS-Regeln in (19) lassen sich natürlich noch eine ganze Reihe weiterer Sätze bilden. Ihre Zahl kann noch erhöht werden, wenn einzelne Konstituenten in Klammern gesetzt werden (z.b. *VP → V (NP) (NP)*), denn damit wird angezeigt, daß das Vorkommen dieser Konstituenten nicht obligatorisch ist. Die Zahl der möglichen Sätze kann sogar ins Unendliche erhöht werden, wenn ich z.B. in der zweiten Regel auf der rechten Seite des Pfeils eine weitere fakultative NP hinzufüge: *NP → Det N (NP)*. Damit sieht die Regel vor, daß in eine NP wieder eine NP eingebettet sein kann (z.b. *den Studenten der Germanistik*); diese komplexe NP kann wiederum die NP-Regel durchlaufen, so daß eine immer komplexere NP entsteht (*den Studenten der Germanistik der Albertus-Magnus-Universität* usw.). Mit einer solchen **rekursiven Regel** läßt sich im Prinzip eine unendliche Menge von Sätzen generieren, da diese Regel immer wieder auf sich selbst anwendbar ist.

Neben den PS-Regeln sind in der Standardtheorie[49] der Generativen Grammatik auch Transformationsregeln relevant. Sie operieren auf den Strukturen, die durch PS-Regeln aufgebaut wurden, d.h. sie können Konstituenten umstellen, tilgen oder Konstituenten unter bestimmten Bedingungen hinzufügen. Machen wir uns dies wieder an obigem Beispielsatz klar, den wir ins Perfekt setzen und der in (21) als Aussage-, Frage- und Nebensatz erscheint:

---

49 Als 'Standardtheorie' wird die erste Phase der Generativen Grammatik bezeichnet, die auf den *Aspects* von 1965 aufbaut. Ihr folgte die 'Erweiterte Standardtheorie' (= EST), die 'Revidierte Erweiterte Standardtheorie' (= REST) und anschließend die Government-Binding-Theorie (= GB). Die Government-Binding-Theorie werde ich in 2.5.3 vorstellen.

(21) a. Der Professor hat den Studenten sein Buch empfohlen.
      b. Hat der Professor den Studenten sein Buch empfohlen?
      c. (Ich habe gehört, daß) der Professor den Studenten sein Buch empfohlen
         hat.

Die drei Sätze unterscheiden sich nur hinsichtlich ihrer Wortstellung, genauer:
hinsichtlich der Stellung des finiten Verbs. Um Zusammenhänge zwischen syntaktisch verwandten Strukturen dieser Art deutlich zu machen, macht CHOMSKY eine
Unterscheidung zwischen **Oberflächen- und Tiefenstruktur**: in (21) haben wir
drei Oberflächenstrukturen (= OS), denen eine gemeinsame Tiefenstruktur (= TS)
zugrundeliegt. Diese Tiefenstruktur ist eine abstrakte Ebene, auf der sich die
Konstituenten in einer bestimmten linearen Ordnung befinden. Über Transformationen kann diese Ordnung verändert werden, d.h. es können verschiedene Oberflächenstrukturen abgeleitet (= **deriviert**) werden. Welche Konstituentenordnung
der Tiefenstruktur entspricht, ist eine Frage, die in der generativen Literatur umstritten ist. Elemente, die eine syntaktische Einheit bilden, sollen in der TS auf
jeden Fall zusammenstehen. Daher wird fürs Deutsche angenommen (zu Argumenten vgl. BARTSCH/LENERZ/ULLMER-EHRICH 1977), daß die Tiefenstruktur
eines Satzes der Struktur entspricht, in der sich die verbalen Elemente in Endposition befinden, denn nur in dieser Position treten sie als syntaktische Einheit auf.
Die Tiefenstruktur für die Sätze in (21) lautet daher

(22) der Professor den Studenten sein Buch **empfohlen hat**.

Welche Transformationen im einzelnen notwendig sind, um aus der TS die OS eines Satzes abzuleiten, und wie diese formal beschreibbar sind, soll hier nicht
weiter interessieren, denn es hat sich in der Weiterentwicklung der Generativen
Grammatik im Prinzip nur eine Transformation gehalten: die Permutation, d.h. die
Umstellung von Konstituenten.

Zum Schluß noch ein Wort zur **Subkategorisierung**, die auch in der neueren
Entwicklung der Generativen Grammatik eine zentrale Rolle spielt. Nomina, Adjektive und Verben lassen sich subkategorisieren, d.h. aufgrund bestimmter syntaktischer und semantischer Merkmale verschiedenen Kategorien zuordnen. Betrachten wir hier nur die Subkategorisierung von Verben. Diese werden z.B. danach klassifiziert, in welchem syntaktischen Kontext sie vorkommen. So unterscheidet man intransitive, transitive und bitransitive Verben, wobei der sog. **Subkategorisierungsrahmen** jedes Verbs noch genauere Angaben darüber enthält,

welche morphologisch-syntaktischen Merkmale die syntaktisch notwendigen Konstituenten in der Umgebung des Verbs tragen. Vgl.

(23) *geben:* [___ NP$_1$, NP$_2$]

geben ist ein Verb, das mit zwei Objekten auftritt, die kategorial als NPs realisiert werden (Bsp.: *Ich gebe dem Jungen das Puzzle*). Daß in der Umgebung des Verbs *geben* auch eine Subjekt-NP auftritt, wird in dieser sog. **strikten Subkategorisierung** nicht berücksichtigt, denn diese enthält nur Angaben zu Konstituenten, die mit dem Verb in der VP stehen. Anders ist es bei der **selektionalen Subkategorisierung**: Hier wird das Subjekt in die Betrachtung mit einbezogen.[50] In der selektionalen Subkategorisierung werden Verben danach spezifiziert, welche inhärent semantischen Merkmale die Konstituenten in ihrer Umgebung tragen dürfen. So gibt es Verben, die ein Subjekt erfordern, das belebt sein muß (z.B. *weinen*), andere, deren Subjekt gerade das semantische Merkmal [-belebt] tragen muß. In dem Satz **Das Buch weinte das Eis* liegt ein Verstoß gegen die selektionale **und** gegen die strikte Subkategorisierung vor, denn *weinen* erfordert ein Subjekt mit dem Merkmal [+belebt], und es ist ein intransitives Verb, kann also kein Objekt zu sich nehmen. Die Grammatikalität von Sätzen hängt somit entscheidend davon ab, inwieweit die Konstituenten eines Satzes von ihrer Subkategorisierung her miteinander verträglich sind. In der Standardtheorie war es die Aufgabe von **Subkategorisierungsregeln**, die korrekten Umgebungen von Verben zu beschreiben, so daß nur solche Verben in von PS-Regeln erzeugte Strukturen eingesetzt werden konnten, deren Subkategorisierungseigenschaften den Anforderungen der Struktur entsprachen. Die Einsetzung der passenden Elemente aus dem Lexikon in die 'vorgefertigte' Phrasenstruktur übernahmen schließlich sog. **lexikalische Einsetzungsregeln**. Im Zusammenspiel von PS-Regeln, Subkategorisierungsregeln und lexikalischen Einsetzungsregeln wird somit erst die Tiefenstruktur generiert; die Transformationsregeln operieren im Anschluß daran.

In der Auseinandersetzung mit der Standardtheorie wurde gerade an diesem komplexen Regelwerk Kritik geübt, denn schließlich hatte die Generative Grammatik den Anspruch, nicht nur ein möglichst plausibles Grammatikmodell vorzustellen, sondern genau das Modell zu entwickeln, das unsere sprachliche Kom-

---

50 In dieser Hinsicht entspricht die selektionale Subkategorisierung der Valenz, die ja auch das Subjekt einbezieht.

petenz - und damit auch unsere Fähigkeit, Sprache zu erwerben - erklären sollte. Daß diese Regeln nach der relativ kurzen Zeit der Spracherwerbsphase von Kindern beherrscht werden sollen, schien wenig plausibel. In neueren Arbeiten nimmt man daher an, daß die Grammatikalität von Strukturen das Ergebnis der Interaktion einzelner Module ist (s.u.), die aus angeborenen Prinzipien bestehen. Die Regeln spielen in diesen Untersuchungen nur noch eine untergeordnete Rolle, da sie im Prinzip x-beliebige Strukturen bilden können. Erst die Überprüfung solcher Strukturen innerhalb der einzelnen Module entscheidet über die Grammatikalität der Äußerung. Auf diese neuere Entwicklung in der Generativen Grammatik und auf die Modifikationen, die dieser Ansatz bereits wieder erfahren hat, gehe ich im nächsten Abschnitt ein.

2.5.3   Neuere Entwicklungen in der Generativen Grammatik (GB-Theorie)

2.5.3.1   Vorbemerkungen

Die Leitfragen der Generativen Grammatik hat CHOMSKY (1986a:3) programmatisch formuliert:

(i)   What constitutes knowledge of language?

(ii)   How is knowledge of language acquired?

(iii)   How is knowledge of language put to use?

Die letzte Frage, die sich auf den Gebrauch des sprachlichen Wissens bezieht, wird in der Generativen Grammatik wenig diskutiert; viel mehr interessiert die Beantwortung der ersten beiden Fragen. Beide Fragen lassen sich nicht getrennt untersuchen, denn die Frage nach der Sprachfähigkeit wirft immer auch die Frage auf, wie diese Fähigkeit erworben wurde. LINKE ET AL (1991:93) bringen es auf den Punkt:

> Das, von dem ich behaupte, es sei sprachliches Wissen im Kopf eines Menschen, muß so gestaltet sein, daß es gelernt worden sein kann. Der Spracherwerb wird so zu einem wichtigen Prüfstein der Theoriebildung.

Daß Kinder Sprache nicht nur durch Nachahmung lernen, wie die **Empiristen** annehmen, ist in der heutigen Spracherwerbstheorie unumstritten (zu Argumenten s. FANSELOW/FELIX 1990[2], Bd.1). Die Gegenposition wird von den **Nativisten** vertreten, zu denen auch CHOMSKY zählt. Er legt insbesondere in seinen Arbeiten aus den 80er Jahren dar, daß alle Menschen über eine universale Grammatik (= **UG**) verfügen, die ihnen bereits genetisch vorgegeben ist, die also vom spracherwerbenden Kind nicht erst abgeleitet werden muß. Diese UG enthält abstrakte Prinzipien, die allen Sprachen zugrunde liegen, aber auch sprachspezifische Parameter, durch die sich die Variation der Einzelsprachen erklären läßt. Machen wir uns dies am sog. **pro-Drop-Parameter** klar: In einigen Sprachen braucht das Subjekt nicht lexikalisch ausgedrückt werden, kann also 'gedropt' werden; in anderen Sprachen dagegen muß die Subjektposition lexikalisch besetzt sein (vgl. Deutsch *er singt* vs. Italienisch *canta*). Die UG läßt beide Möglichkeiten offen, d.h. der Parameter ist noch nicht auf einen bestimmten Wert [+ oder - pro-Drop] fixiert. Erst durch die sprachliche Umgebung, in der das Kind aufwächst, d.h. erst aufgrund positiver Evidenz erfährt das Kind, welcher Parameterwert in seiner Sprache gilt.

Aufgabe einer kognitiv orientierten Grammatiktheorie - und als solche versteht sich die generative Grammatik - ist also, die UG-Prinzipien herauszufinden, die die sprachliche Kompetenz ausmachen. Die Formulierung dieser Prinzipien im Modell muß so allgemein sein, daß alle Sprachen erfaßt werden, muß aber auch so restriktiv sein, daß nicht irgendeine mögliche abstrakte Repräsentation beschrieben wird, sondern genau die, die in unseren Köpfen auch vorhanden ist. An diesem Punkt war die Standardtheorie der Generativen Grammatik gescheitert: Zwar war auch ihr dezidiertes Ziel die Modellierung der Sprecherkompetenz, doch wurden immer komplexere Regelsysteme entwickelt, ohne dabei noch in Betracht zu ziehen, wie Kinder über diese Regeln verfügen.

Nach der Arbeit von CHOMSKY (1981), *Lectures on Government and Binding*, wird die neuere Entwicklung der Generativen Grammatik auch als Government-Binding-Theorie bezeichnet, neuerdings findet sich immer öfter auch die Bezeichnung **Prinzipien- und Parametertheorie**. GREWENDORF (1992:16) faßt die Unterschiede zur Standardtheorie folgendermaßen zusammen:

> Die entscheidende sprachtheoretische Konsequenz des Prinzipien- und Parametermodells besteht darin, daß die unrestringierten Regelsysteme der Standardtheorie gänzlich aus der Sprachtheorie eliminiert sind. Die Grammatik wird nicht mehr als ein System von Regeln aufgefaßt, sondern als ein System von Prinzipien mit fixierten Parametern.

Was die Phrasenstrukturregeln aus der Standardtheorie betrifft, so wurden diese abgelöst von den Regeln der X-bar-Theorie (vgl. 2.5.3.2), die wesentlich

restringierter, aber auch wesentlich komplexer sind. Von den Transformationsregeln hat sich nur noch eine gehalten: die Umstellungsregel, die in der GB als
move α bezeichnet wird. Über *move* α können Konstituenten unter bestimmten
Bedingungen im Satz bewegt werden. Welche Bedingungen erfüllt sein müssen,
damit das Resultat einer solchen Bewegung **wohlgeformt** ist, ist Gegenstand verschiedener Teiltheorien der GB. Diese werden in 2.5.3.3 erläutert.

2.5.3.2 Die X-bar-Theorie

In diesem Abschnitt werde ich zunächst auf die 'klassische' X-bar-Theorie eingehen, wie sie in den Arbeiten zur Phrasenstruktur von CHOMSKY 1970, JACKEN-
DOFF 1977 und STOWELL 1981 entwickelt und von CHOMSKY 1981 in die GB-
Theorie integriert wurde. Anschließend werde ich die neuere Entwicklung skizzieren, die maßgeblich durch die Arbeiten von FUKUI 1986 und ABNEY 1987 bestimmt ist.

2.5.3.2.1   Der klassische Ansatz

Gegenstand der X-bar-Theorie ist die Frage, wie die interne Struktur von Phrasen
möglichst universal zu beschreiben ist. Mit anderen Worten: Welche Gemeinsamkeiten haben alle Phrasen nicht nur einer Sprache, sondern aller Sprachen dieser
Welt? Eine wichtige Beobachtung in diesem Zusammenhang ist, daß Phrasen unterschiedlich komplex sein können. Wie das folgende Beispiel zeigt, können sie
aus nur einem lexikalischen Element bestehen, können aber auch so erweitert
werden, daß sich verschiedene Komplexitätsebenen unterscheiden lassen:

(24)   a. Ansprache
       b. Ansprache des Bundeskanzlers
       c. diese Ansprache des Bundeskanzlers

In (24) a-c handelt es sich um Nominalphrasen[51]. Kern (= **Kopf**) der Phrasen ist jeweils das Nomen *Ansprache*, das seine kategorialen, in diesem Falle seine nominalen Merkmale auf die ganze Phrase überträgt. Diese **Endozentrität** von phrasalen Kategorien ist eine Eigenschaft von NP, VP, AP und PP.[52] Links vom Pfeil erscheint bei diesen Phrasentypen dasselbe Symbol wie rechts vom Pfeil, vgl. NP → ..N.., VP → ..V.., AP → ..A.., PP → ..P.., wobei die Auslassungszeichen für weitere mit dem Kopf auftretende Konstituenten stehen. Wollen wir diese Beobachtung generalisieren, so können wir dies mit der Regel XP → ..X.., wobei X als Variable für eine beliebige lexikalische Kategorie steht. Eine solche Regel sähe allerdings nur zwei Ebenen vor: die Phrasenebene XP und die Wortebene X (= X°). In (24) a-c sehen wir aber, daß es noch eine dritte Ebene geben muß, denn *Ansprache des Bundeskanzlers* bildet eine syntaktische Einheit, was z.B. daran zu sehen ist, daß diese Konstituente im Satz zusammenhängend weggelassen (= getilgt) werden kann:

(25) Paul freute sich über diese Ansprache des Bundeskanzlers, aber ärgerte sich über jene ___. [*Ansprache des Bundeskanzlers*]

In der X-bar-Theorie wird aus diesen und anderen Gründen (vgl. GREWENDORF 1988) angenommen, daß Phrasen nicht aus zwei, sondern aus drei hierarchischen Ebenen bestehen. Das folgende Schema soll dies veranschaulichen:

(26)

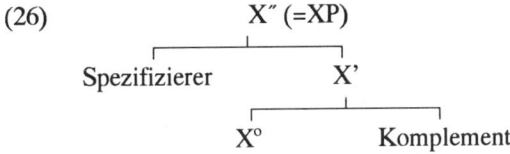

In der X-bar-Theorie geht man davon aus, daß alle Phrasentypen parallel aufgebaut sind. (26) ist demnach das Schema für den strukturellen Aufbau einer beliebigen Phrase. Die Zwischenebene wird hier als X' notiert, die phrasale Ebene aus Analogiegründen als X". **Spezifizierer** (Abkürz.: *Spec*) und **Komplement** sind

---

51 Zur neueren Entwicklung, in der die Phrasen in (24) nicht mehr als NPs, sondern als DPs (= Determinansphrasen) analysiert werden, komme ich später.

52 Bei endozentrischen Konstruktionen werden die Merkmale des Kopfes auf die Merkmale der ganzen Phrase übertragen (= **projiziert**), bei exozentrischen Konstruktionen trägt die ganze Phrase andere morphologisch-syntaktische Merkmale als ihre Konstituenten.

Bezeichnungen für weitere Konstituenten, die zu X' bzw. X° hinzutreten können. Spezifizierer modifizieren den Rest der Phrase (so ist z.b. das Demonstrativpronomen *diese* in (24) c ein Spezifizierer), Komplemente sind Konstituenten, die syntaktisch vom Kopf der Phrase abhängen (so das Genitivattribut *des Bundekanzlers* in (24) b und c). Natürlich kann die Phrase noch durch weitere Konstituenten erweitert werden (z.b. *die Ansprache des Bundekanzlers an Weihnachten im Altersheim ...*), die als **Adjunkte** (lat. *adiungere,* 'hinzufügen') bezeichnet werden. Diese Adjunkte sind nicht im Subkategorisierungsrahmen des lexikalischen Elements, mit dem sie auftreten, vorgesehen.[53] Treten in einer Phrase Adjunkte auf, so könnten sie, wie FANSELOW/FELIX (1990[2], Bd.2) annehmen, auf der Zwischenebene X' hinzugefügt werden. Dies geschieht, indem X' mehrfach aufgerufen wird (= Rekursion). Am Beispiel *die Ansprache des Bundeskanzlers an Weihnachten im Altersheim* sei dies verdeutlicht:

(27)

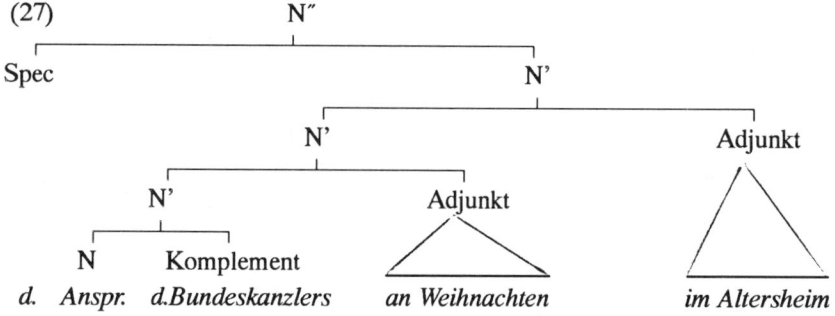

Das Komplement und die zwei Adjunkte müßten nun ebenfalls nach dem X-bar-Schema analysiert werden, doch habe ich hier aus Gründen der Übersichtlichkeit darauf verzichtet und daher Dreiecke notiert.

Setzen wir im allgemeinen X-bar-Schema nun für X° ein Verb ein, so erhalten wir den kompletten Strukturaufbau einer VP - unter der Prämisse, daß auch das Verb bis zu V" projiziert. Was die Stellung des Verbs in der deutschen VP betrifft, so geht man in der generativen Literatur davon aus, daß das Verb in der

---

53 Die Unterscheidung von Komplementen und Adjunkten entspricht der Unterscheidung von Ergänzungen und Angaben aus der Valenztheorie. Damit taucht das Problem einer trennscharfen Grenzziehung zwischen beiden Typen von Konstituenten, mit dem schon die Valenzgrammatiker zu kämpfen hatten, auch in der GB-Theorie wieder auf.

Tiefenstruktur in Endstellung steht, also seinem Komplement folgt (vgl. dazu schon BIERWISCH 1963). Deutsch ist also eine zugrundeliegende OV-Sprache (= Objekt-Verb-Sprache); das Englische dagegen eine VO-Sprache, da das Verb hier immer dem Objekt vorangeht. Im oben dargestellten X-bar-Schema (vgl. (26)) ist nur diese letzte Möglichkeit vorgesehen, da der Kopf X^o in der linearen Abfolge vor dem Komplement steht. Möglich muß aber auch die umgekehrte Abfolge sein, so daß X^o an der rechten Peripherie der Phrase zu stehen kommt. Die Stellung des Kopfes innerhalb der XP ist also nicht festgelegt, sondern sprachspezifisch verschieden, d.h parametrisiert. (26) ist somit nur eine Variante des generellen X-bar-Schemas.

Wenn tatsächlich alle Phrasen nach dem X-bar-Schema analysiert werden können, so muß dies auch für den Satz gelten, dessen Struktur in der Standardtheorie mit der PS-Regel S → NP VP beschrieben wurde. Nach dieser Regel ist die Struktur des Satzes aber nicht endozentrisch, läßt sich also nicht als eine Konstruktion der Art XP → ..X.. auffassen. Es gibt nun verschiedene Vorschläge, wie auch die Satzstruktur in die X-bar-Theorie integrierbar ist. Einem Vorschlag zufolge, der z.B. von Hubert HAIDER (1993 u.ö.) favorisiert wird, entspricht der ganze Satz einer VP, das Subjekt steht in der Spezifiziererposition dieser VP, das Objekt in der Komplementposition. Eine andere Möglichkeit, die auch als die Standardanalyse des Satzes im X-bar-Schema angesehen werden kann (vgl. CHOMSKY 1986b), ist die folgende:

Man nimmt an, daß die Flexionsmerkmale eine eigene strukturelle Position besetzen, die als INFL (= **inflection**) oder einfach als I^o bezeichnet wird. An der INFL-Position steht keine lexikalische Kategorie X^o, sondern eine Kombination zweier Flexionsmerkmale, die als [+/-Tempus] und [+/-AGR] notiert werden. Machen wir uns dies an dem flektierten Verb *lach-t-e* klar. Dieses Verb ist durch das Suffix *-t-* tempusmarkiert, also [+Tempus], und es kongruiert über das Suffix *-e-* mit einem Subjekt in der 3. Pers. Sg., trägt also das INFL-Merkmal [+AGR], das für Agreement (= Kongruenz) steht.[54] Die formale Übereinstimmung zwischen Subjekt und Prädikat in Person und Numerus, die sich in der Flexion zeigt, macht nun gerade aus der Verknüpfung einer NP mit einer VP einen Satz (vgl. GREWENDORF 1988:47). Der Kopf des Satzes ist demnach INFL, das - dem X-bar-

---

54 Anders verhält es sich beim Infinitiv. Der Infinitiv ist zwar flektiert, aber nicht finit, trägt also die Merkmale [-Temp] und [-Agr].

Schema folgend - zusammen mit einer VP zu I' projiziert. Die I°-Position befindet sich im Deutschen wegen der basisstrukturellen OV-Stellung rechts von der VP, im Englischen dagegen linksperipher. Die VP ist das Komplement zu I°, das Subjekt steht an der Spezifizierer-Position. Mit dem Subjekt kann das Verb aus der VP erst kongruieren, wenn es seine INFL-Merkmale erhalten hat. Für das Deutsche wird angenommen, daß das Verb diese Merkmale erhält, indem es an die I°-Position bewegt wird.

Zur Veranschaulichung des eben Gesagten betrachten wir nur den folgenden Strukturbaum, der die Tiefenstruktur des Satzes *Peter studiert Germanistik* darstellt.

(28)

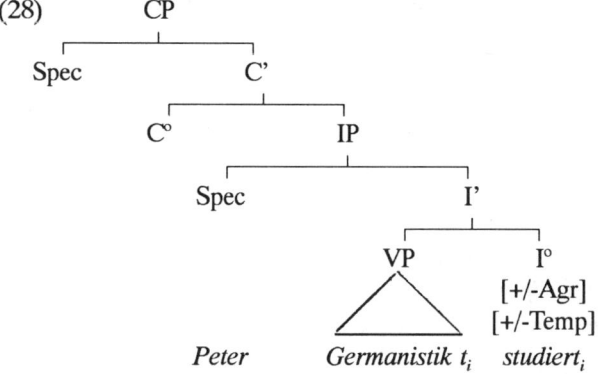

Uns interessiert zunächst nur der IP-Teil dieser X-bar-Struktur. An der Spezifizierer-Position der IP (kurz gesagt: in [Spec,IP]) steht das Subjekt, die VP ist das Komplement zu I° und könnte natürlich auch X-bar-theoretisch aufgeschlüsselt werden.[55] Innerhalb der VP ist *Germanistik* das Komplement zum Verb *studier-*, das Verb allerdings ist nach I° bewegt worden, wo es flektiert, also zu *studiert* wird. An seiner Ausgangsposition in der VP hat das Verb eine Spur hinterlassen, die als t (= **trace**) notiert und mit einem Index versehen wird. Denselben Index erhält auch das Verb in I°. Durch diese Koindizierung bilden die wegbewegte Konstituente und ihre Spur eine Kette, über die Merkmale übertragen werden

---

55 Da hier aus Gründen der Anschaulichkeit darauf verzichtet wird, steht nur ein Dreieck.

können. Die Spur in der VP konserviert somit die verbalen Merkmale, was uns dazu berechtigt, weiterhin von einer VP zu sprechen.

Erläutert werden müssen nun noch die Positionen C°, C' und CP im obigen Strukturbaum. Auch C° steht nicht für eine bestimmte lexikalische Kategorie, sondern für X°-Elemente, die bestimmte morphologische Merkmale tragen und - wie alle X°- zur Phrase, d.h. zu CP (= C″) projizieren. Die C°-Merkmale können als [+/-finit] klassifiziert werden. [+ finit] sind alle durch [+ Temp] und [+ AGR] gekennzeichneten Verben. Ein finites Verb kann also die C°-Position besetzen (= **lexikalisieren**). Dies ist im Deutschen immer dann der Fall, wenn das finite Verb nicht in der Endposition bleibt, also in Verberst- und Verbzweitsätzen. Um z.B. den Verberst-Fragesatz *Studiert Peter Germanistik?* zu bilden, muß das finite Verb von I° nach C° bewegt werden, es hinterläßt also eine weitere Spur t_i in I°. Die [Spec,CP]-Position bleibt nach wie vor leer. Anders ist es in Verbzweitsätzen. Hier wird eine weitere Konstituente aus IP nach CP, genauer: nach [Spec,CP] bewegt; im Beispielsatz kann dies das Subjekt sein (*Peter studiert Germanistik*), aber auch das Objekt (*Germanistik studiert Peter*). Die nach [Spec,CP], d.h. ins Vorfeld bewegte Konstituente hinterläßt an ihrer Ausgangsposition eine Spur, so daß die mit Spuren versehene 'Oberflächenstruktur' des Satzes *Peter studiert Germanistik* folgendermaßen aussieht.

(29)

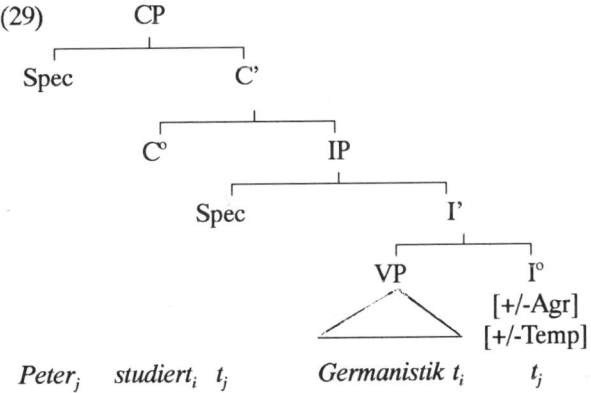

Da die 'Oberflächenstruktur' in (29) aber nicht nur lexikalisch sichtbare Elemente enthält, sondern eben auch Spuren, über die die zugrundeliegende Struktur jederzeit rekonstruierbar ist, ist sie nicht mit der OS der Standardtheorie gleichzusetzen. Zur Abgrenzung hat sich im Deutschen in Anlehnung an die englische Terminolgie der Begriff **S-Struktur** (= **surface structure**) durchgesetzt; in Analogie dazu spricht man auch von **D-Struktur** (= **deep structure**).

Wie verhält es sich nun, wenn das finite Verb in seiner Endposition bleibt? In diesem Fall muß die C°-Position durch eine nebensatzeinleitende Konjunktion (*daß, weil* etc.), d.h. durch einen Komplementierer lexikalisiert werden, weshalb diese Position auch COMP(lementizer)-Position genannt wird. Vgl.:

(30)　a.　Ich weiß, **daß** Peter Germanistik **studiert**.

　　　b. *　Ich weiß, __ Peter Germanistik **studiert**.

In (30) b. wurde das finite Verb nicht in die vakante COMP-Position bewegt. Daher ist dieser Satz ungrammatisch.

2.5.3.2.2　Funktionale Kategorien

Im vorangehenden Abschnitt haben wir zwei Phrasen eingeführt, CP und IP, die im X-bar-System konstitutive Bestandteile der Satzstruktur sind, da sie es möglich machen, den Satz als endozentrische Phrase darzustellen. Die Köpfe dieser Phrasen, C° und I°, werden als **funktionale Kategorien** bezeichnet. Im Unterschied zu lexikalischen Kategorien haben funktionale Kategorien keinen deskriptiven Gehalt, d.h. sie tragen nur grammatische Merkmale, die durch freie und - wesentlich häufiger - durch gebundene Morpheme repräsentiert werden. Komplementierer, die C° lexikalisieren, sind freie Morpheme; Kongruenz- und Tempusmorpheme, die I° lexikalisieren, treten im Deutschen nur als gebundene Morpheme auf.[56]

Es stellt sich nun die Frage, ob es außer CP und IP evtl. noch weitere Phrasen gibt, die auf funktionalen Kategorien aufbauen. In diese Richtung gehen einige neuere Arbeiten zur X-bar-Theorie, z.B. FUKUI (1986), ABNEY (1987), POLLOCK (1989) und OUHALLA (1991). Um zunächst auf den verbalen Bereich eingehen zu können, betrachten wir nochmals die INFL-Kategorie. Oben war gesagt worden, daß INFL aus zwei Merkmalkomplexen besteht: [±Temp] und [±AGR]. Es gibt nun Gründe, die dafür sprechen, diese traditionell in einer Kategorie zusammen-

---

56 Anders ist dies z.B. im Chinesischen, in dem das Tempusmorphem frei auftritt (vgl. FANSE-LOW/FELIX 1990[2]:55):

　　(i) ta jintian-zaochen shang feiji **le**.

　　　er heute morgen besteigt Flugzeug ("Vergangenheit")

gefaßten Tempus- und Agr-Merkmale unabhängig voneinander als jeweils eigenständige funktionale Kategorien aufzufassen (vgl. POLLOCK 1989). Ist diese Annahme richtig, so kann man davon ausgehen, daß die beiden Kategorien Temp und Agr auch zur Phrase projizieren, da das X-bar-Schema gleichermaßen auf lexikalische und funktionale Kategorien anwendbar ist. Wir haben also statt IP in der X-bar-Satzstruktur T(emp)P und AgrP, wobei die Hierarchisierung dieser beiden Phrasen - wie auch die Stellung des Kopfs innerhalb dieser Phrasen - sprachspezifisch verschieden ist: Im Deutschen steht die AgrP, die die Kongruenz mit dem Subjekt herstellt, über der TP.

(31)

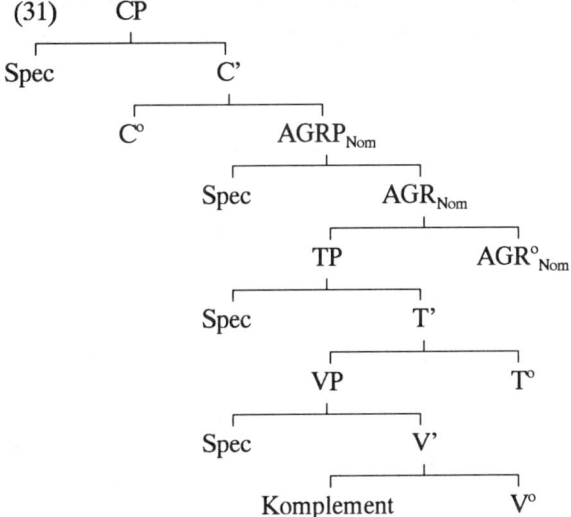

Das Verb wird schrittweise aus seiner V^0-Position angehoben, nimmt in T^0 das Tempusmerkmal auf, dann das Kongruenzmerkmal in AGR^0 (vgl. *lach-t-e*). Daher steht im Deutschen die Agreement Phrase über der Tense Phrase. In Sätzen mit Verbendstellung bleibt das Verb in AGR^0 stehen, in Verberst- und Verbzweitsätzen wird es weiter nach C^0 angehoben. Das Subjekt steht in [Spec,Agr][57], von wo aus es nach [Spec,CP] bewegt werden kann; die [Spec,TP]-Position bleibt leer. Da es Sprachen gibt, in denen das Verb mit dem Objekt kongruiert (Swahili,

---

57 In neueren Ansätzen (z.B. HAIDER 1993) wird auch dafür argumentiert, daß das Subjekt in [Spec,VP] generiert wird und erst über eine Bewegung nach [Spec,Agr] gelangt.

Baskisch, Lasisch u.a.), stellt sich die Frage, ob nicht noch eine weitere AGR$_{OBJ}$-Phrase angesetzt werden muß, die für objektkongruierende Verben vorgesehen ist (vgl. dazu GREWENDORF 1992). Wir werden diese Überlegungen hier nicht weiter verfolgen und uns stattdessen dem nominalen Bereich zuwenden:

In bezug auf die Nominalphrase sind es ABNEY und FUKUI, die als erste vorschlugen, diese auch als Projektion einer funktionalen Kategorie D° (= Determinans) anzusehen, d.h. die NP als DP zu rekonzipieren. Damit lassen sich Parallelen zwischen der Satzstruktur und der NP-Struktur aufzeigen, denn wie im Satz I° die Flexion des Verbs übernimmt, so ist es das Determinans, das die Flexion des Nomens steuert. OLSEN (1991) und HAIDER (1988) haben den DP-Ansatz auf das Deutsche übertragen. Nach OLSEN sieht die Struktur der DP *die Katze* folgendermaßen aus:

(32)

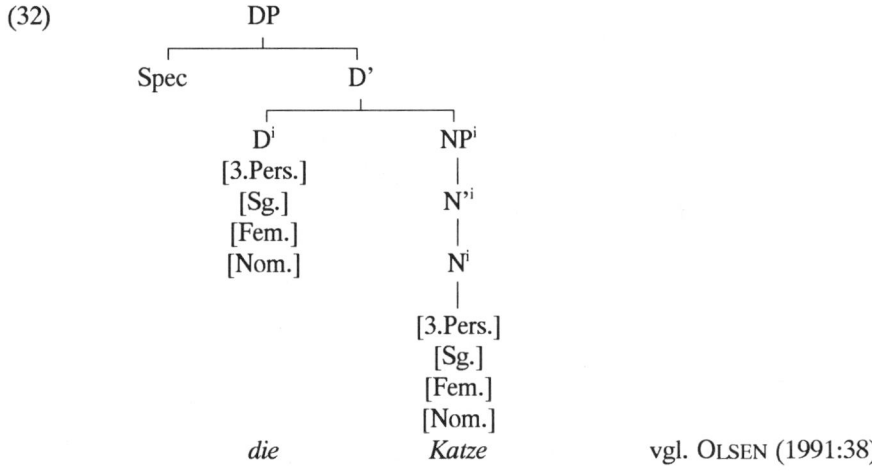

vgl. OLSEN (1991:38)

D° enthält die grammatischen Merkmale Person, Numerus, Genus und Kasus, die als Agr-Merkmale zusammengefaßt werden können. Das Komplement von D° ist die NP, mit der D° eine Kongruenz-Beziehung eingeht, was in der Koindizierung zum Ausdruck gebracht wird. Über diese Kette können die grammatischen Merkmale an den nominalen Kopf des NP-Komplements übertragen werden. Wird das Nomen durch ein Adjektiv modifiziert (z.B. *die kleine Katze*), so erhält auch dieses von D° die Kongruenzmerkmale.

In (32) ist die Spezifizierer-Position leer; sie kann besetzt werden durch einen pränominalen Genitiv. Betrachten wir hierzu OLSENs Beispiel *Omas Katze*. In dieser komplexen DP enthält D° noch ein weiteres grammatisches Merkmal, das OL-SEN als [Poss] notiert. [Poss] zeigt eine Besitzrelation an und wird in dem Genitiv *Omas* durch das Suffix *-s* repräsentiert. Das Suffix *-s* besetzt die D°-Position, in [Spec,DP] steht also nur *Oma*. Auch die Possessivpronomina, die ebenfalls eine [Poss]-Relation zum NP-Komplement eingehen, werden in [Spec,DP] generiert, da sie als Spezifikator zu der gesamten DP fungieren (vgl. OLSEN 1991:53).

Auch der DP-Ansatz hat bereits Modifikationen erfahren. So bringt BHATT (1989) Argumente dafür, daß innerhalb der DP noch weitere funktionale Kategorien anzunehmen sind. Sie geht davon aus, daß das Komplement von D° nicht eine NP ist, sondern eine Quantifizierer-Phrase (QP), da Nomina immer hinsichtlich ihrer Zählbarkeit spezifiziert werden können. Ob die Klasse der funktionalen Kategorien innerhalb von DP und IP tatsächlich noch erweitert werden sollte und ob für jede Merkmalspezifizierung tatsächlich eine eigene funktionale Kategorie postuliert werden sollte, ist noch weitgehend ungeklärt. Einigkeit herrscht aber weitgehend darüber, daß es entscheidend die Eigenschaften funktionaler Kategorien sind, die grammatische Prozesse determinieren. Am Beispiel der Kongruenz haben wir dies schon gesehen. Ein anderes Beispiel dafür ist die Kasuszuweisung, die ebenfalls durch funktionale Kategorien gesteuert wird. Darauf werde ich in Abschn. 2.5.4.1 eingehen.

2.5.4 Generative Subtheorien

Anders als in der Standardtheorie, in der es die Aufgabe des Regelapparats war, nur solche Strukturen zu generieren, die auch grammatisch waren, können in der GB-Theorie weitgehend beliebige Oberflächenstrukturen erzeugt werden. Diese Strukturen müssen natürlich auf ihre Grammatikalität hin überprüft werden, denn offensichtlich sind nicht alle über X-bar und *move α* prinzipiell möglichen Strukturen auch grammatisch. In der GB-Theorie werden daher eine Reihe von Beschränkungen formuliert, die berücksichtigt werden müssen, damit eine gegebene syntaktische Repräsentation als 'wohlgeformt' eingestuft werden kann. Diese Beschränkungen ordnet CHOMSKY (1981) verschiedenen Theorien zu, die er auch als "Module" bezeichnet, da es sich um relativ selbständig funktionierende Bereiche mit eigenen Gesetzen handelt.[58] Nichtdestotrotz interagieren diese Module miteinander, so daß sich insgesamt ein komplexes System ergibt, das die Bildung grammatischer Strukturen zu erklären versucht. Machen wir uns dies klar, indem wir zunächst drei Bereiche etwas genauer betrachten, die Theta-, Kasus- und Rektionstheorie.

2.5.4.1 Theta-, Kasus- und Rektionstheorie

Betrachten wir den Beispielsatz: *Peter stellte das Glas.* Die D-Struktur dieses Satzes (*Peter das Glas stellte*) ist mit dem X-bar-Schema kompatibel; die S-Struktur *Peter stellte das Glas* ist das Ergebnis von Umstellungen über *move* α. Dennoch ist dieser Satz ungrammatisch. Woran liegt das?

Stellen ist valenztheoretisch betrachtet ein dreiwertiges Verb, ein Verb also, das drei Ergänzungen zu sich nimmt. Diese Ergänzungen lassen sich in ihrer semantischen Relation zum Verb *stellen* näher bestimmen: Es gibt ein **Agens**, d.h. jemand, der etwas stellt; ein **Thema**, d.h. etwas, das gestellt wird, und einen **Ort** (= **Lokativ**), an den etwas gestellt wird. Diese unterschiedlichen semantischen Relationen, in denen die drei Ergänzungen zum Verb stehen, werden in der GB als θ-**Rollen** (= thematische Rollen) bezeichnet. Jedes Verb vergibt eine bestimmte Zahl von θ-Rollen: *weinen* z.B. weist eine θ-Rolle zu (*wer weint?*), *trinken* zwei (*wer trinkt was?*) und *schenken* drei θ-Rollen (*wer schenkt wem was?*). Bereits im Lexikoneintrag der Verben ist vermerkt, welche θ-Rollen jeweils in der Umgebung des Verbs auftreten. Diese thematischen Eigenschaften werden aus dem Lexikon auf die Syntax übertragen, d.h. die im Lexikon festgelegten θ-Rollen müssen auf D-Struktur und S-Struktur repräsentiert sein.[59] Und genau deshalb ist der Satz *Peter stellte das Glas* ungrammatisch: das Verb *stellen* vergibt drei spezifische θ-Rollen, von denen nur zwei realisiert sind.

---

58 Die Bezeichnungen 'Modul' bzw. 'Modularität' spielen eine wichtige Rolle in der Spracherwerbsdiskussion. Als Module werden die verschiedenen kognitiven Fähigkeiten bezeichnet, die ihrerseits komplex sind, d.h. wiederum aus einer Menge von Submodulen bestehen.

59 Dies besagt das Projektionsprinzip: "Die thematischen Strukureigenschaften eines Elements bleiben auf allen syntaktischen Strukturebenen erhalten." (vgl. FANSELOW/FELIX 1990[2], Bd.2: 132).

Gegenstand der θ-Theorie ist also die Frage, welche Konstituenten θ-Rollen zuweisen, wie viele θ-Rollen zugewiesen werden und wie der Zusammenhang zwischen θ-Rollenzuweisung und syntaktischer Realisierung ist. Es wird z.B. vermutet (vgl. GRIMSHAW 1981:174), daß semantisch-kognitiven Kategorien wie 'Objekt' oder 'Aktion' ganz bestimmte morphologisch-syntaktische Kategorien zugeordnet werden können. Wenn man diesen Ansatz weiter verfolgt, so kann man annehmen, daß jede θ-Rolle eine spezifische "**canonical structural representation**" (= **CSR**) hat, d.h. beispielsweise als NP/DP oder als PP auftritt.

Damit verlassen wir die θ-Theorie und kommen zur Kasustheorie, die sich mit der Frage beschäftigt, wie die korrekte Kasusmarkierung der Konstituenten möglich ist. Im Unterschied zu Person, Numerus und Genus ist Kasus ein morphologisches Merkmal, das einer NP/DP sozusagen "von außen", von einem anderen Element zugewiesen wird - und darin liegt eine wichtige Entsprechung zum Konzept der θ-Rolle. Wichtig ist nun festzuhalten: Jede NP ist kasusmarkiert, auch wenn morphologisch kein Kasusflexiv mehr auftritt.[60] Betrachten wir hierzu das Englische, eine Sprache, die nur noch 'Kasusreste' aufweist:

(33) a. **The boy** came into the garden.

      b. I saw **the boy**

(34) a. **He** came into the garden.

      b. I saw **him**.

Nur in den Sätzen (34) a und b, in denen Nominativsubjekt bzw. Akkusativobjekt pronominal realisiert sind, wird der Unterschied zwischen beiden durch die Formen *he* und *him* auch morphologisch sichtbar. In (33) a und b dagegen dient zur Identifizierung der verschiedenen Satzgliedfunktionen nicht mehr die Kasusflexion, sondern nur noch die Wortstellung. Mit anderen Worten: In (33) treten Nominativ und Akkusativ sozusagen nur noch 'abstrakt' auf, in (34) ist der abstrakte Kasus morphologisch realisiert. Auch im Deutschen, insbesondere bei den Feminina, haben wir Flexionsparadigmen, bei denem man nur noch von abstraktem Kasus sprechen kann: vgl. *die Frau*$_{NOM}$ *der Frau*$_{GEN}$ *der Frau*$_{DAT}$ *die Frau*$_{AKK}$.

---

60 Dieses als Kasusfilter bekannt gewordene Prinzip formuliert CHOMSKY (1981:49) folgendermaßen: " *NP if NP has phonetic content and has no Case.", d.h. eine NP ist ungrammatisch, wenn sie phonetisch realisiert ist und keinen Kasus trägt.

Die Frage stellt sich nun, welche Konstituenten überhaupt Kasus zuweisen können. Offensichtlich unterliegt dies einzelsprachlicher Variation: Im Deutschen sind dies Präpositionen, Verben, Adjektive und Nomen (vgl. (35) - (37), im Englischen nur Präpositionen und Verben.

(35) a   mit *dem Jungen*
      b   ohne *den Jungen*
(36) a   *jemandem* helfen
      b   *jemanden* unterstützen
(37) a   *einer Sache* bewußt
      b   die Besichtigung *der Stadt*
(38) *   aware *something*
(39) *   the visit *the town*

Adjektiv und Nomen sind im Englischen keine Kasuszuweiser, d.h. hier muß eine Präposition intervenieren, damit die Phrasen grammatisch werden (*aware of something, the visit of the town*.

Betrachten wir nun den Satz *Der Junge holt ein Bier* mit einer nominativisch markierten NP in Subjektposition. Von welchem Element erhält diese NP den Nominativ? Da im Deutschen das Subjekt eines finiten Satzes immer im Nominativ steht, ist die Nominativzuweisung offensichtlich unabhängig vom Verb. Es fällt aber auf, daß der Nominativ dann nicht zugewiesen werden kann, wenn der Satz infinit ist, wie z.B. in (40) b. der Fall:

(40) a. Er beteuert, nichts gestohlen zu haben.
      b. Er beteuert, daß **er** nichts gestohlen **hat**.

Dies legt die Vermutung nahe, daß die Nominativzuweisung von INFL, genauer vom AGR-Element in INFL abhängt: Nur wenn das Verb kongruiert, also das Merkmal [+AGR] trägt, kann es den Nominativ zuweisen. Es ist in diesem Fall also die INFL-Kategorie oder - geht man von dem INFL-Splitting in zwei funktionale Köpfe aus - die AGR-Kategorie, die als Kasuszuweiser auftritt.

Wenn auch funktionale Kategorien als Kasuszuweiser fungieren, könnten die anderen Kasus dann nicht ebenfalls von funktionalen Kategorien zugewiesen werden? Weiter oben wurde bereits erwähnt, daß es Überlegungen gibt, neben der Subjekt-AGR-Kategorie noch eine Objekt-AGR-Kategorie anzusetzen, da es Sprachen mit Objektkongruenz gibt. Nimmt man eine solche zweite AGR-Kategorie auch für das Deutsche an, so könnte dieses AGR_{OBJ} der Objekt-NP Kasus zuweisen. Für Doppelobjektkonstruktionen bräuchte man demnach zwei AGR_{OBJ}-Kasuszuweiser (vgl. DÜRSCHEID 1994). Eine Folge davon wäre, daß die Kasuszuweisung unabhängig vom Verb ist. Das Verb weist dann nur noch die θ-Rollen zu, in welchen Kasus diese θ-Rollen auftreten, ist unabhängig vom Verblexem. Dies folgt dann aus der "canonical structural representation" der θ-Rollen (s.o.).

Bislang bin ich noch nicht auf die Tatsache eingegangen, daß zwischen kasuszuweisendem und kasusempfangendem Element eine bestimmte, strukturell beschreibbare Beziehung bestehen muß, die als 'Rektion' definiert wird: Ein Element X^o regiert eine Phrase (nennen wir sie "ZP"), wenn diese ZP in einer bestimmten Relation zu X^o steht. Damit komme ich zur Rektionstheorie, die eng verknüpft ist mit der Kasustheorie. Die für Kasuszuweisung relevanten strukturellen Beziehungen werden in der Rektionstheorie als c-Kommando (vom Engl. 'constituent command') und als m-Kommando beschrieben. Beim **c-Kommando** muß der Knoten, der die X^o-Konstituente unmittelbar dominiert, auch die ZP dominieren, beim m-Kommando genügt es, wenn die maximale Projektion, die X^o dominiert, auch ZP dominiert:

(41)

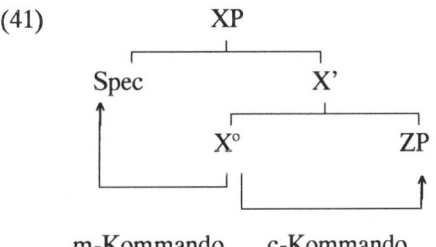

m-Kommando   c-Kommando

Hier c-kommandiert X^o die ZP, da der Knoten, der X^o unmittelbar dominiert, X', auch ZP dominiert. X' dominiert aber nicht die Spec-Position, daher wird diese nicht von X^o c-kommandiert. Doch X^o und Spec werden beide von der maximalen Projektion XP dominiert, so daß zwar kein c-, aber m-Kommando vorliegt. Wenn man davon ausgeht, daß das Verb den Objektkasus zuweist (und nicht AGR_{OBJ}), so läuft dies über c-Kommando: Das Objekt steht in der Komplementposition, die von V^o c-kommandiert wird.

Für die Nominativzuweisung an die Subjektposition brauchen wir das Konzept des m-Kommandos: Das Subjekt steht im Specifier von IP (oder AGRP), wo es von I^o (oder AGR^o) m-kommandiert wird und über diese strukturelle Beziehung

Kasus erhält. Konstituenten, die nicht c- oder m-kommandiert werden, also außerhalb der hier relevanten Projektionen stehen, können von V^o bzw. I^o keinen Kasus erhalten.

An dieser Stelle muß noch die in der GB gängige Unterscheidung von strukturellem und lexikalischem (besser: nicht-strukturellem) Kasus erläutert werden. Trägt eine NP einen strukturellen Kasus, so hat sie diesen nur erhalten, weil sie sich in einer bestimmten syntaktischen Konfiguration befindet. Mit anderen Worten: es ist möglich, daß ihr in einer anderen Konfiguration ein anderer Kasus zugewiesen wird. Dies ist z.b. der Fall beim Nominativ- und Akkusativkasus. Wenn die akkusativisch markierte Objekt-NP bei Passivierung in die Subjektposition wandert, ändert sie ihren Kasus; sie erhält den Nominativ (vgl. *Ich kaufe [einen Computer]*$_{AKK}$ - *[Ein Computer]*$_{NOM}$ *wird gekauft*). Hier vollzieht sich die Kasuszuweisung also erst auf der S-Struktur. Nicht-strukturelle Kasus sind dagegen invariant; sie bleiben bei Veränderungen der Struktur gleich: vgl. *Wir gedenken [der Toten]*$_{GEN}$ - *[Der Toten]*$_{GEN}$ *wird gedacht*. Zu den Kasus, die eindeutig strukturunabhängig sind, zählt der adverbale Genitiv; was dagegen den Dativ betrifft, so ist die Diskussion noch nicht abgeschlossen (vgl. WEGENER 1990. *Der Dativ - ein struktureller Kasus?*).

Nun noch einmal zurück zur Rektion: Natürlich kann das Verb die Komplementposition auch c-kommandieren, wenn das Objekt aus dieser Position herausbewegt und z.B. ins Vorfeld gestellt wurde (vgl. *Ein Bier$_i$ holt der Junge t$_i$*). An der Ausgangsposition bleibt eine Spur t zurück, die vom Verb **streng regiert** wird. Von strenger Rektion spricht man, wenn das Regens eine lexikalische Kategorie ist. Davon zu unterscheiden ist die Antezedensrektion, bei der es die wegbewegte Konstituente (= das Antezedens) selbst ist, die ihre Spur, mit der sie ja koindiziert ist, c-kommandiert. Kann eine Spur nicht regiert werden, so ist die Anwendung von *move* α unzulässig.

2.5.4.2 Grenzknoten-, Bindungs- und Kontrolltheorie

Die Frage, wie weit eine Konstituente innerhalb der Struktur bewegt darf, ist Gegenstand der Grenzknotentheorie. Diese Subtheorie der GB muß z.B. erklären, warum eine Konstituente nicht über mehrere Satzeinbettungen hinweg in die

[Spec,CP]-Position des Matrixsatzes bewegt werden darf. Daß dies nicht möglich ist, zeigt das folgende Beispiel:

(42) a. Peter freut sich, daß seine Freundin, der er Rosen geschenkt hat, zu Besuch kommt.

   b. * Rosen$_i$ freut sich Peter, daß seine Freundin, der er t$_i$ geschenkt hat, zu Besuch kommt.

Der b-Satz, in dem die NP *Rosen* aus dem eingebetteten Relativsatz in die [Spec,CP]-Position des übergeordneten Satzes bewegt wurde, ist ungrammatisch. Hier legt ein Verstoß gegen das **Subjazenzprinzip** vor. Es besagt, daß nicht über mehr als einen Grenzknoten hinwegbewegt werden darf. In (42) b wurde offensichtlich gegen dieses Prinzip verstoßen, d.h. das Akkusativobjekt *Rosen* hat bei seiner Topikalisierung mehrere solcher Grenzknoten überquert. Die Frage stellt sich natürlich, welche XPs als Grenzknoten fungieren bzw. ob Grenzknoten überhaupt kategorial bestimmbar sind. Letzteres wird in neueren Arbeiten verneint, stattdessen wird angenommen, daß eine bestimmte syntaktische Konfiguration gegeben sein muß, damit eine XP ein Grenzknoten ist. In den *Barriers*, CHOMSKYS einflußreicher Arbeit von 1986, wird dargelegt, unter welchen strukturellen Bedingungen ein Knoten als Grenzknoten, als "Barriere", auftritt.

Eine weitere Subtheorie ist die Bindungstheorie. Hier geht es um die Frage, in welcher Beziehung Reflexiv-, Reziprokpronomina und Spuren zu ihren jeweiligen Bezugswörtern (= Antezedentien) stehen. So muß z.B. in dem Satz *Erna$_i$ sieht sich$_i$ im Spiegel* das Antezedens *Erna* mit dem Reflexivpronomen *sich* koreferent sein, d.h. auf dieselbe Person referieren; ansonsten ist der Satz ungrammatisch. Dasselbe gilt für den Satz *Sie helfen einander*, in dem das Reziprokpronomen *einander* koreferent mit dem Personalpronomen *sie* sein muß und daher mit diesem koindiziert ist. Diese semantisch-pragmatische Beziehung zwischen zwei Satzkonstituenten läßt sich auch syntaktisch erfassen. Dabei spielt die strukturelle Relation des c-Kommandos, die wir weiter oben schon kennengelernt haben, eine zentrale Rolle. Im Beispielsatz *Erna sieht sich im Spiegel* c-kommandiert das Subjekt in [Spec,CP], *Erna*, das Reflexivpronomen *sich*, da die CP, die maximale Projektion, die *Erna* unmittelbar dominiert, auch die koindizierte Konstituente *sich* dominiert. C-Kommando und Koindizierung sind also die beiden Voraussetzungen, die erfüllt sein müssen, damit eine Konstituente eine andere bindet. Welche Konstitu-

enten gebunden werden dürfen und welche nicht, ist Gegenstand der Bindungs-
prinzipien (vgl. dazu ausführlich STECHOW/STERNEFELD 1988:212-256). In dem
Satz *Erna sieht Erna auf der Straße* z.b. darf die eine NP die andere gerade
nicht binden.

Zum Schluß noch ein Wort zur Kontrolltheorie: Sie stellt eine Ergänzung zur
Bindungstheorie dar, denn auch hier geht es um die strukturelle Beschreibung von
Koreferenzbeziehungen. Betrachten wir dazu den Satz *Hans überredet mich,* ___
nach Berlin zu fahren. Im eingebetteten Infinitivsatz haben wir, wie der Strich
andeutet, ein phonetisch leeres Subjekt. Dieses leere Subjekt ist koreferent mit
dem Objekt des Matrixsatzes (vgl. die Paraphrase *Hans überredet mich, daß ich,*
nach Berlin fahre), d.h. das Objekt des Matrixsatzes 'kontrolliert' hier die Interpretation des leeren Elements im Infinitivsatz. Leere Kategorien, die in Infinitiv-
sätzen auftreten und nicht kasusmarkiert werden können (da INFL nur in finiten
Sätzen den Nominativ zuweist), bezeichnet man als **PRO**. Davon zu unterscheiden ist das kleine **pro**, das für die leere Subjektposition in Sprachen wie Italienisch oder Spanisch steht (z.B. *'pro mangia'- er ißt*).

2.5.5 Das Gesamtmodell

Wir haben bisher verschiedene Einzelkomponenten des generativen Modells kennengelernt; wie sieht nun das Gesamtbild aus?

Kommen wir zur Beantwortung dieser Frage nochmals zurück zur X-bar-Theorie: Sie generiert Phrasenstrukturen, in die sprachliche Ausdrücke eingesetzt werden können. Diese Ausdrücke werden aus dem Lexikon genommen, wo sie mit
relevanten Informationen zur Aussprache, zur Bedeutung, zur kategorialen Einordnung und zur θ-Rollenstruktur gespeichert sind. Ein Verb wie *schlagen* hat z.B.
im Lexikoneintrag die phonetische Charakterisierung [šlɑːgən], die kategoriale
Charakterisierung "Verb" und das θ-Raster [θ_1, θ_2], wobei θ_1 dem Agens, θ_2 dem
Thema entspricht. Ob im Lexikon auch Angaben zur syntaktischen Umgebung
des Verbs, d.h. zur Subkategorisierung gespeichert sind, ist dagegen fraglich,
wenn man annimmt, daß diese aus dem θ-Raster folgen.

Mit den X^0-Konstituenten aus dem Lexikon werden über das X-bar-Schema also Phrasen aufgebaut. Diese werden zunächst in einer abstrakten Grundstruktur, in der D-Struktur, angeordnet. Aus der D-Struktur kann über die Transformation *move* α die S-Struktur abgeleitet werden. Ungrammatische Strukturen werden durch das Ineinandergreifen verschiedener Prinzipien, die in der GB Gegenstand der oben skizzierten Subtheorien sind, verhindert bzw. wieder ausgefiltert.

Daß die S-Struktur auch eine konkrete phonetische Gestalt bekommt, ist im GB-Modell Aufgabe einer Komponenten, die wir bisher noch nicht erwähnt haben (und auch in der GB-Theorie stiefmütterlich behandelt wird): es handelt sich dabei um die sog. **phonetische Form (= PF)**. Auf der Ebene der phonetischen Form operieren phonologische Regeln, die die lautliche Repräsentation steuern (eine solche Regel ist im Deutschen z.B. die Auslautverhärtung). Daneben sieht das Modell eine **Ebene der Logischen Form (= LF)** vor, die wie die Phonetische Form nicht generierenden, sondern interpretierenden Charakter hat. Auf der Ebene der Logischen Form geht es um die semantische Interpretation der S-Struktur, doch auch hier spielen syntaktische Beziehungen eine Rolle, weshalb CHOMSKY auch die LF, neben D- und S-Struktur, als syntaktische Repräsentationsebene ansieht. Machen wir uns dies an Quantoren wie *alle, jeder, einige* klar. Diese haben, wie andere Operatoren des Satzes, einen bestimmten Skopus, d.h. einen Bereich, auf den sie sich beziehen. Die Beziehung zwischen dem Quantor und der XP, über die der Quantor Skopus hat, wird auf der Ebene der Logischen Form als syntaktische Beziehung dargestellt: der Quantor muß die XP c-kommandieren. Um dies möglich zu machen, werden Quantoren, die an der S-Struktur bereits eine feste Position eingenommen hatten, über *move* α an Positionen verschoben, von denen aus sie ihre Skopuskonstituente c-kommandieren können.

Nehmen wir z.B. das Standardbeispiel: *Jeder Mann liebt eine Frau.* In der Lesart 'Es gibt eine Frau, die jeder Mann liebt' c-kommandiert der Existenzquantor *eine Frau* den Allquantor *jeder Mann*, in der Lesart 'Für jeden Mann gibt es eine Frau, die er liebt' ist es umgekehrt. Liegt die erste Lesart zugrunde, muß der Existenzquantor in dem Satz *Jeder Mann liebt eine Frau* seine s-strukturelle Position verlassen, denn in dieser Position könnte er den Allquantor nicht c-kommandieren und somit keinen Skopus über diesen haben. Die LF-Struktur entspricht also nicht der S-Struktur, da die LF-Anordnung der Konstituenten die Skopusverhältnisse, nicht die lineare Abfolge der Konstituenten widerspiegelt.

Was ich hier dargestellt habe, ist das Grammatikmodell, wie es in CHOMSKY 1981 entworfen wurde. In einer neueren Arbeit (CHOMSKY 1992), die mittlerweile als **Minimalistische Theorie** bekannt geworden ist, hat dieses Modell wieder erhebliche Modifikationen erfahren. Danach sind Phonetische Form und Logische Form die einzigen noch relevanten Repräsentationsebenen. Salopp gesprochen: D-Struktur und S-Struktur existieren nicht mehr; die LF ist die einzige syntaktische Ebene in diesem Modell. Elemente aus dem Lexikon werden direkt auf LF und PF projiziert; die einzige Beschränkung, die es dabei zu berücksichtigen gilt, wird im *Principle of Full Interpretation* ausgedrückt. Dies besagt - vereinfacht gesprochen -, daß auf der PF und LF alle Ausdrücke voll interpretierbar sein müssen. Doch wie wir eben gesehen haben, entsprechen sich die Repräsentationen auf LF und PF nicht. Der Punkt, an dem die beiden Ebenen 'auseinanderdriften' (und der in gewissem Sinne der früheren S-Struktur entspricht), wird von CHOMSKY 1992 als **SPELL-OUT** bezeichnet. Phonologische Regeln müssen also nach SPELL-OUT operieren, syntaktische Regeln, sofern sie die Logische Form betreffen, ebenfalls.

Obwohl in einige neueren Arbeiten zur generativen Syntax bereits im Rahmen der Minimalistischen Theorie argumentiert wird, bin ich auf diese neueste Version des GB-Modells nur kurz eingegangen. Das hat seinen Grund vor allem darin, daß es im Unterschied zu dem Modell von CHOMSKY 1981 noch weitgehend unausgereift ist und seine universale Anwendbarkeit noch ungeklärt ist. Inwiefern das neuere Modell tatsächlich das adäquatere ist, wird die weitere Forschungsdiskussion zeigen.

2.6 Semantik

2.6.1 Gegenstand der Semantik

In diesem Kapitel wenden wir uns der *signifié*-Seite des sprachlichen Zeichens zu, d.h. der Bedeutung sprachlicher Zeichen. Von ihrem Untersuchungsgegenstand her kann man die Wortsemantik (= lexikalische Semantik) und die Satzsemantik voneinander unterscheiden, von ihrer Betrachtungsweise her die diachrone und die synchrone Semantik. In der diachronen Semantik steht die Beschreibung des Bedeutungswandels im Mittelpunkt. Untersucht wird hier, welche Bedeutungsveränderungen (d.h. Bedeutungsverengungen, -erweiterungen oder -übertragungen) sprachliche Ausdrücke im Laufe der Zeit erfahren haben und was die Ursachen für diese Veränderungen sind. In bezug auf Einzelwörter werden diese Fragen in der Etymologie gestellt, der Wissenschaft von der Herkunft, der Geschichte und der Grundbedeutung einzelner Wörter. Die synchrone Semantik dagegen untersucht die Bedeutung eines sprachlichen Ausdrucks unabhängig von den Veränderungen, die diese Bedeutung bis zu dem betrachteten Zeitraum erfahren hat. Hier geht es darum, die Bedeutung eines Wortes oder Satzes mit Hilfe einer semantischen Theorie zu beschreiben, aber auch - um mit DE SAUSSURE zu sprechen - um die Frage, in welcher Relation ein *signifié* zu den anderen *signifiés* im System steht. Diese Bedeutungsbeziehungen lassen sich sowohl zwischen Wörtern als auch zwischen Sätzen festmachen.

Im folgenden werde ich den Schwerpunkt auf die synchrone Semantik legen; aber zunächst noch ein Wort zur Grenzziehung zwischen synchroner Semantikforschung und Pragmatik. Diese Grenzziehung ist schwierig, denn beide haben es mit der Bedeutung von sprachlichen Ausdrücken zu tun. In einer ersten Annäherung kann man den Unterschied zwischen Semantik und Pragmatik folgendermaßen bestimmen: In der Semantik geht es um das Studium der wörtlichen, kontextunabhängigen Bedeutung, die sprachliche Ausdrücke aufweisen, in der Pragmatik steht die Frage im Mittelpunkt, welche kommunikative Funktion sprachliche Ausdrücke haben, was der Sprecher mit seiner Äußerung intendiert etc. Dies läßt sich natürlich nie kontextunabhängig bestimmen, d.h. die Äußerungssituation spielt für die Pragmatik - im Gegensatz zur Semantik - eine wesentliche Rolle. Auf die pragmatischen Aspekte der Bedeutung werde ich in Kapitel 2.7 eingehen.

2.6.2 Wortsemantik

2.6.2.1 Einführende Bemerkungen

Was die Bedeutung eines einzelnen Wortes ist, scheint dem Muttersprachler intuitiv klar zu sein, läßt sich aber schwer wissenschaftlich erfassen. Was ist z.B. die Bedeutung des Wortes *Spatz*? Wie läßt sich dieses Wort semantisch beschreiben? Ich werde im folgenden drei Theorien darstellen, die auf jeweils verschiedene Art und Weise versuchen, die Bedeutung von Wörtern zu analysieren. Das Problem ist umso schwieriger, als es auch noch verschiedene Begriffe von Bedeutung gibt. Daher zunächst die Frage: Was genau versteht man unter der Bedeutung eines Wortes?

Bei DE SAUSSURE entspricht die Bedeutung eines Wortes dem Vorstellungsbild, das ein Sprecher mit einer Lautkette assoziiert. In einem neueren Forschungszweig der Semantikforschung, in der kognitiven Semantiktheorie, findet sich diese Auffassung wieder: So wird Bedeutung bei CHUR/SCHWARZ (1993:16) definiert als "an sprachliche Ausdrücke gekoppelte konzeptuelle Einheiten in unserem Langzeitgedächtnis". In einem anderen Ansatz, in der Komponentenanalyse (s.u.), wird die Bedeutung rein sprachimmanent, losgelöst vom Sprecher definiert: Die Bedeutung eines Wortes ist zerlegbar, sie ist die Summe einzelner Bedeutungsmerkmale, aus denen dieses Wort besteht. In sprachphilosophischen Arbeiten dagegen (vgl. FREGE 1892) wird die Bedeutung eines Wortes definiert über die Menge von Objekten, auf die sich dieses Wort sprachextern bezieht. Diese Art von 'Bedeutung' wird auch als die **Extension**, als der Begriffsumfang eines sprachlichen Ausdrucks bezeichnet. Davon zu unterscheiden ist die Intension (in FREGES Terminologie 'der Sinn') des sprachlichen Ausdrucks, die durch sprachinterne Bedeutungsmerkmale bestimmt wird. Um dies an dem klassischen Beispiel von FREGE deutlich zu machen: Die Wörter *Abendstern* und *Morgenstern* haben dieselbe Extension, sie bezeichnen den Planeten Venus, aber unterschiedliche Intensionen, da sie unterschiedliche Bedeutungsmerkmale aufweisen. In der Linguistik wird der Bezug eines sprachlichen Ausdrucks auf Außersprachliches als **Referenz** bezeichnet; das Bezugsobjekt selbst ist der **Referent**; die Untersuchung der Referenz sprachlicher Ausdrücke ist Gegenstand der Referenzsemantik (vgl. VATER 1986).

2.6.2.2   Theorien zur Bedeutungsanalyse

2.6.2.2.1   Die Komponentenanalyse

Der bekannteste linguistische Versuch, die Bedeutung eines Wortes zu erfassen, ist, die Bedeutung eines Wortes in seine Teilbedeutungen zu zerlegen. Dieser Versuch ist angelehnt an das strukturalistische Verfahren der Phonologie, das Phoneme weiter zerlegt in einzelne distinktive phonologisch-phonetische Merkmale, die binär notiert werden. Analog dazu geht man in der semantischen **Komponentenanalyse** (vgl. KATZ/FODOR 1963) davon aus, daß Wörter in distinktive semantische Merkmale zerlegt werden und daß die Bedeutung eines Wortes mit Hilfe solcher Merkmale vollständig beschreibbar ist. Die Merkmale werden ermittelt, indem man bedeutungsähnliche Begriffe gegenüberstellt und fragt, in welchen Bedeutungsbestandteilen sich diese Begriffe unterscheiden. So sieht die Komponentenanalyse für das Wort *Frau* folgendermaßen aus:

(43) Frau: [+konkret, -kontinuierlich[61], +belebt, +menschlich, +weiblich, +erwachsen]

Da das Merkmal [+ belebt] die beiden obersten Merkmale [+ konkret] und [- kontinuierlich] impliziert, sind diese hier redundant (lat. *redundantia*, 'Überfülle'), Eine Untermenge der semantischen Merkmale stellen die sog. relationalen Merkmale dar (vgl. BIERWISCH 1970). Diese werden benötigt, um einen relationalen

---

61 Das Merkmal [± kontinuierlich] dient zur Unterscheidung von Massen- und Individualnomina. Massennomina wie *Wasser, Gold, Wäsche* etc. sind [+kontinuierlich], d.h. sie bezeichnen im Unterschied zu den Individualnomina nicht zählbare, nicht weiter untergliederbare Einheiten.

Ausdruck wie z.B. *Mutter* komponentiell zu analysieren. Bei *Mutter* lautet das relationale Merkmal [X Elternteil von Y].

Wie man sich vorstellen kann, ist diese Art der Bedeutungsanalyse mit vielen Problemen behaftet. Man versuche nur, die Bedeutung des Wortes *Computer* damit vollständig zu erfassen! So stellt sich z.B. die Frage, wieviele Merkmale benötigt werden, um die Bedeutung dieses Wortes exakt als Summe seiner Teilbedeutungen darstellen zu können. Und welche Merkmale sind überhaupt relevant, d.h. welche Merkmale geben essentielle Eigenschaften des beschriebenen Objekts wieder? Bei den obersten Merkmalen, zu denen [± konkret], [± kontinuierlich], [± belebt] zählen, gibt es keine Probleme, wie sieht es aber mit den untersten Merkmalen aus? Noch schwieriger gestaltet sich eine solche Analyse bei Abstrakta: Welches sind z.B. die semantischen Merkmale von *Liebe*?

Ist es schon schwierig genug ist, Inhaltswörter, d.h. Nomina, Adjektive und Verben, in semantische Merkmale zu zerlegen, so ist dies bei Funktionswörtern wie Konjunktionen oder Artikel noch problematischer. Mit anderen Worten: Es läßt sich nur ein Teil des gesamten Wortschatzes einer Sprache komponentiell beschreiben, wobei sich auch für diesen Teil die adäquate Analyse als äußerst schwierig gestaltet.

Zwei andere Probleme, mit denen sich die Komponentenanalyse konfrontiert sieht, sind weniger deskriptiver als vielmehr theoretischer Natur: 1. Was ist der Status eines semantischen Merkmals? Ist es lediglich ein heuristisches Beschreibungsmittel, oder hat es psychologische Realität, insofern als es widerspiegelt, wie Menschen ihre Umwelt kategorisieren? 2. Haben die Merkmale tatsächlich universellen Charakter, liegen also allen Einzelsprachen zugrunde, oder können sie nur sprach- bzw. kulturabhängig gelten?

Auf der anderen Seite ist der Ansatz der Komponentenanalyse durchaus brauchbar, wenn es um die Beschreibung von semantischen Relationen geht. Mit Hilfe semantischer Merkmale kann man beispielsweise die Beziehung zwischen den drei Wörtern *Blume, Rose* und *Tulpe* genauer bestimmen: *Rose* enthält alle semantischen Merkmale, die *Blume* auch enthält, darüberhinaus aber noch weitere, die *Rose* wiederum von *Tulpe* abgrenzen. Damit zusammen hängt auch ein anderer Bereich, in dem die Komponentenanalyse gewinnbringend eingesetzt wurde: die **Wortfeldtheorie**. In dieser Theorie wird davon ausgegangen, daß der Wortschatz einer Sprache strukturiert ist, d.h. in einzelne Felder zerlegbar ist, wobei die einzelnen Elemente des Felds sich gegenseitig bedingen und beeinflussen. BAUMGÄRTNER 1967 gibt als Beispiel das Wortfeld (= **Bedeutungsfeld**) der Fortbewegungsverben, in dem die einzelnen Elemente des Felds (*gehen, laufen, schlendern, trippeln, spazieren* etc.) mit Hilfe semantischer Merkmale voneinander abgegrenzt werden. Der Begriff 'Wortfeld' geht auf TRIER 1931 zurück, doch findet sich bei diesem noch nicht der Versuch, die Wörter eines Feldes komponentiell zu analysieren. Daß diese Beziehungen systematisch analysiert werden konnten, ist das Verdienst der Komponentenanalyse.

2.6.2.2.2 Die Prototypenanalyse

Die Prototypenanalyse unterscheidet sich von der Komponentenanalyse bereits formal dadurch, daß sie nicht systembezogen mit einer [±]-Checkliste von definitorischen semantischen Merkmalen arbeitet. Sie fragt stattdessen nach den für die Charakterisierung eines Objekts typischen Merkmalen. Was sind z.B. die typischen Merkmale einer Tasse? In LABOV 1973 wird in diesem Zusammenhang über ein Experiment berichtet: Versuchspersonen sollten bestimmen, welche der ihnen vorgelegten Abbildungen von Gefäßen eine Tasse darstellten. Hatte das abgebildete Gefäß einen Henkel und war das Verhältnis des Durchmessers zur Tiefe 1:1, so bezeichneten die Versuchspersonen es übereinstimmend als Tasse. Damit wurden zwar typische Merkmale von *Tasse* ermittelt (andere sind z.B. 'dient zur Einnahme von Tee oder Kaffee' oder 'ist aus nicht-durchsichtigem Material'), das heißt aber nicht, daß alle als *Tasse* bezeichneten Gegenstände diese Merkmale aufweisen müssen. Die so ermittelten Merkmale von *Tasse* haben also im Unterschied zu den definitorischen semantischen Merkmalen der Komponentenanalyse zum einen nicht-notwendigen Charakter, zum andern ist damit nicht der Anspruch verbunden, die Bedeutung eines Wortes vollständig erfassen zu wollen.

PUTNAM 1975 hat in seinem sprachphilosophischen Essay *The meaning of meaning* für diese mit einem Wort verbundenen Annahmen über typische Eigenschaften des bezeichneten Objekts den Begriff **Stereotyp** gebraucht. Solche ste-

reotypen Annahmen (die nicht unbedingt empirisch korrekt sein müssen) sind
z.b., daß alle Tiger gestreift sind, daß Gold wertvoll ist, daß Vögel singen können
usw. In sprachpsychologisch orientierten Arbeiten findet sich dafür der Begriff
Prototyp (vgl. ROSCH 1973). SCHWARZ gibt folgende Erläuterung zu Prototyp:

> Was genau ist ein Prototyp? Es ist die mentale Repräsentation eines typi-
> schen Mitglieds einer Kategorie. Die Mitglieder von Kategorien lassen sich
> auf einem Kontinuum der Kategorienzugehörigkeit anordnen. Die Mitglie-
> der sind also in unterschiedlichem Maß repräsentativ oder typisch für eine
> Kategorie.   SCHWARZ/CHUR (1993:49)

In der linguistischen Literatur wird immer wieder das 'Vogel-Beispiel' angeführt,
um deutlich zu machen, was ein Prototyp ist: Empirische Untersuchungen zeigen,
daß für Sprecher unseres Kulturkreises ein typischer Repräsentant der Kategorie
'Vogel' die folgenden Merkmale aufweist: er kann singen, kann fliegen, ist klein,
hat kurze Beine usw. Diesen prototypischen Eigenschaften eines Vogels entspricht
ein Spatz eher als eine Taube oder eine Ente, obwohl auch letztere zur Kategorie
'Vogel' zählen. Der Spatz ist demnach ein (proto-)typischer Vertreter der Kategorie 'Vogel', die Taube nicht. Es läßt sich hier eine Ähnlichkeitsordnung feststellen,
die ihren Ausgangspunkt beim Prototypen nimmt: Eine Taube ist dem Prototypen
ähnlicher als eine Ente, eine Ente wiederum ist ihm ähnlicher als ein Pinguin usw.

Von den eben genannten prototypischen Merkmalen von *Vogel* sind die rein
definitorischen zu unterscheiden, die für alle Exemplare zutreffen müssen (vgl.
WUNDERLICH 1991[2]:129): gefiedert, zweibeinig, zweiflüglig, warmblütig. Die Angabe dieser Merkmale ist unabdingbar in der Komponentenanalyse; in der Proto-
typanalyse können diese Merkmale wegfallen, wenn sie nicht zu den für den
Sprecher relevanten Merkmalen zählen.[62] Und damit kommen wir auch schon zu
den mit diesem Ansatz verbundenen Problemen: Wie ermittelt man die prototypischen Merkmale? Damit zusammen hängt natürlich die Frage, was genau Prototypen sind. Sind es nur Bündel von Merkmalen oder sind es "mentale Bilder von typischen Instanzen" (SCHWARZ/CHUR 1993:50)? Um bei dem Vogel-Beispiel zu
bleiben: Ist der Prototyp die Summe der oben genannten Merkmale 'kann singen',
'kann fliegen' etc., oder ist der Prototyp der Spatz bzw. nur unser Konzept davon?

---

62 Allerdings soll hier nicht der Eindruck entstehen, daß es sich bei Komponenten- und Prototypenanalyse um konkurrierende Verfahren handelt: Auch die Prototypensemantik geht von
der Komponentialität der lexikalischen Bedeutung aus.

Und die für die Wortsemantik entscheidende Frage: Läßt sich mit diesem psychologischen Ansatz die Bedeutung eines Wortes adäquater fassen? Immerhin nimmt man damit in Kauf, daß die Bedeutung eines Wortes weder notwendig noch hinreichend beschrieben werden kann. Außerdem läßt sich damit natürlich auch nicht der gesamte Wortschatz einer Sprache erfassen, da wir nicht zu jeden Wort prototypische Merkmale bzw. einen Prototypen finden können. Dies mag noch relativ einfach bei den Konkreta sein, bei abstrakten Begriffen wird dies schon schwieriger, bei streng definierten wissenschaftlichen Begriffen ist es gar nicht möglich, da es hier nur genau festgelegte, notwendige Bedeutungsmerkmale gibt.

Ein anderer Kritikpunkt bezieht sich auf das Problem einer überindividuellen Bestimmung des Prototyps. Oben war z.B. gesagt worden, daß ein Spatz typischer für die Klasse Vogel ist als ein Pinguin, doch woran ist das objektiv festmachbar? BUSSE (1992:42) bringt es auf den Punkt:

> Die Stereotypen-Semantik operiert demnach mit *Normalitäts*vorstellungen; aber was ist schon bei der Anwendung von sprachlichen Ausdrücken auf Gegenstände (gleich ob physikalische oder abstrakte) "normal", und wer entscheidet gegebenenfalls und mit welchen Kriterien darüber, wann was normal ist oder nicht?

Dem kann entgegnet werden (vgl. KLEIBER 1993:30ff.), daß ein Exemplar nur dann als Prototyp einer Kategorie anerkannt werden kann, wenn es von den befragten Sprechern am häufigsten genannt wurde, wenn sich also die Sprecher darüber einig sind, welches Exemplar der beste Vertreter der Kategorie ist.

2.6.2.2.3   Die logische Analyse

In diesem Abschnitt geht es um die Frage, wie sprachliche Ausdrücke mit Hilfe des Instrumentariums der formalen Logik analysiert werden können. Dabei rekurriert die logische Semantik auf die Aussagen- und die Prädikatenlogik. In der Aussagenlogik wird die logische Verknüpfung von Aussagen untersucht und ihr Wahrheitswert bestimmt; die Prädikatenlogik betrachtet dagegen die interne Struktur der Aussagen. Im folgenden werde ich den für die logische Semantik relevanteren prädikatenlogischen Ansatz vorstellen. Ich stütze mich dabei auf den zweiten Teil des Buches von SCHWARZ/CHUR 1993, das zur Einführung in die logische Bedeutungsanalyse unbedingt zu empfehlen ist.

Zunächst zur logischen Definition von 'Prädikat'. Ein Prädikat bildet zusammen mit den Argumenten eine Aussage. Das Prädikat kann dem Argument eine Eigenschaft zuschreiben (einstelliges Prädikat), oder es kann eine Relation zwischen mehreren Argumenten herstellen (mehrstelliges Prädikat). In dem Satz *Frieder weint* z.B. liegt mit *weint* ein einstelliges Prädikat vor. Dieses wird mit einem Großbuchstaben abgekürzt; das Argument, auf das es sich bezieht (das Individuum *Frieder*), steht in einer folgenden Klammer als Kleinbuchstabe, d.h. der Satz läßt sich formalisieren als W(f). Bei zweistelligen Prädikaten mit zwei Individuenkonstanten steht noch ein zweites Argument in der Klammer, so z.B. *Peter liebt Elvira* = L(p,e).

Wenn nun angegeben werden soll, für wieviele Individuen ein Prädikat zutrifft, kann dies mit Hilfe von Operatoren und Variablen geschehen. Operatoren dienen zur Quantifizierung, d.h. zur genaueren Spezifizierung einer Menge. In der Prädikatenlogik wird mit zwei wichtigen Operatoren gearbeitet: mit dem Existenzoperator $\exists$ x (= *es gibt ein x, für das gilt*) und mit dem Alloperator $\forall$ x (= *für alle x gilt*). Als Variablen dienen x, y und z. Mit Hilfe von Variablen können auch Individuen oder Gegenstände als einstellige Prädikate notiert werden, so z.B. *Junge* = J(x). Variablen müssen durch einen Operator gebunden sein, so daß wir für *Junge* den komplexen Ausdruck $\exists$ x [(J)x] erhalten, der zu lesen ist als *es gibt ein x, für das gilt: x ist ein Junge*. Der Satz *Ein Junge weint* läßt sich damit formalisieren als

(44) $\exists$ x [J(x) & W(x)], d.h. *es gibt ein x, für das gilt: x ist ein Junge und x weint*

In diesem Satz sind zwei Prädikate enthalten (*ein Junge sein* und *weinen*), die durch die Konjunktion *und* verbunden sind. Enthält ein Satz dagegen eine All-Aussage (z.B. *Alle Jungen weinen*), so stehen die Prädikate in einer *wenn-dann*-Beziehung (= **Implikationsbeziehung**):

(45) $\forall$ x [J(x) $\rightarrow$ W(x)], d.h. *für alle x gilt: wenn x ein Junge ist, dann weint x*

Neben Existenz- und Alloperator gibt es noch den sog. Lambda-Operator λ x, der zu lesen ist als *diejenigen x, für die gilt*. Dieser Operator wird auch als klassennamenbildender Operator bezeichnet, denn er kann aus einem Satz wie *Frieder weint* eine Aussage über eine ganze Klasse von Personen machen (nämlich über die Personen, die weinen), wobei vom Individuum Frieder abstrahiert wird. Dies geschieht folgendermaßen:

(46) W(f), d.h. *Frieder weint*

W(x), d.h. *x weint*

λ x [W(x)], d.h. *diejenigen x, für die gilt: x weint.*

Mit einer solchen **Lambda-Abstraktion** ist es möglich, aus jedem Satz einen vom Individuum losgelösten Prädikatausdruck zu erhalten. Mit der Lambda-Abstraktion läßt sich aber auch vom Prädikat abstrahieren, so daß nur noch ein Individuenausdruck übrigbleibt, der eine Menge von Eigenschaften (z.B. *weinen, lachen, Junge sein* etc.) enthält. Für die Prädikate, die dem Individuum zugeschrieben werden, wird dann nur noch die Variable P benutzt. Nehmen wir zur Illustration nochmals den Satz *Frieder weint*:

(47) W(f), d.h. *Frieder weint*

P(f), d.h. *Frieder hat eine Menge von Eigenschaften*

λ P [P(f)], d.h. *diejenige Menge von Eigenschaften, die Frieder hat*

λ P [P(f)] ist also der prädikatenlogisch formalisierte Ausdruck für das Individuum *Frieder*, λ x [W(x)] ist der formalisierte Ausdruck für das Prädikat *weinen*.

Wie hier nur andeutungsweise gezeigt werden konnte, verwendet die logische Analyse eine formalisiert-künstliche Sprache, die die Bedeutung natürlich-sprachlicher Aussagen abbilden soll. Das ist in der strukturell-semantischen und der kognitiven Semantikforschung anders: Hier wird die Bedeutung natürlich-sprachlicher Aussagen mit natürlicher Sprache selbst beschrieben. Präziser ist natürlich die Sprache der Logik, doch kann diese im Unterschied zur Prototypen-analyse individuelle Bedeutungsassoziationen nicht erfassen. Aber die Prädikatenlogik hat auch gar nicht den Anspruch, eine vollständige Theorie der Semantik von natürlichen Sprachen sein zu wollen.

2.6.2.3 Semantische Relationen

Bisher haben wir uns mit der Frage beschäftigt, wie die Bedeutung sprachlicher Ausdrücke beschrieben werden kann; nun sollen die Wörter in ihrer Beziehung untereinander betrachtet werden. Um mit DE SAUSSURE zu sprechen: Wir fragen jetzt nach der semantischen Relation, in der ein *signifié* zu anderen *signifiés* steht. Die wichtigsten semantischen Relationen, die im folgenden erläutert werden, sind Synonymie, Homonymie/Polysemie, Hyperonymie und Inkompatibilität. Diese semantischen Relationen werden oft auch als **Sinnrelationen** bezeichnet - in Anlehnung an G. FREGE, der mit 'Sinn' das bezeichnete, was wir heute unter 'Bedeutung' verstehen.

a) Synonymie: 'Zwei sprachliche Ausdrücke sind synonym, wenn sie dieselbe Bedeutung haben.' Diese Definition ist auch dem linguistischen Laien bekannt und scheint unproblematisch. Bei näherer Betrachtung stellt sich aber ein großes Problem: **Wann** haben zwei Ausdrücke dieselbe Bedeutung? Handelt es sich bei *Gesicht - Visage - Antlitz* z.B. um Synonyme, auch wenn die Wörter verschiedenen Stilebenen zuzuordnen sind?

Man unterscheidet hier zwischen totaler und partieller Synonymie: Bei totaler Synonymie müssen die betreffenden Ausdrücke uneingeschränkt, d.h. in allen Kontexten gegeneinander austauschbar sein. Komponentenanalytisch heißt das: zwei Ausdrücke sind synonym, wenn sie sich in allen semantischen Merkmalen entsprechen. Dies ist bei den oben genannten Beispielen sicher nicht der Fall: *Gesicht* und *Visage* sind nicht gegeneinander austauschbar, die beiden Ausdrücke sind zwar **denotativ** gleich, d.h. sie haben eine gemeinsame, objektiv festmachbare Grundbedeutung; sie sind aber konnotativ verschieden, d.h. es kommen zusätzliche Bedeutungskomponenten hinzu, die subjektiv variabel sind. Diese zusätzlichen Komponenten können, wie im Beispiel *Gesicht/Visage/Antlitz*, stilistischer bzw. emotionaler Natur sein, sie können aber auch regional bedingt sein (*Sonnabend/-Samstag*). Nur wenn sich zwei Ausdrücke in allen denotativen und konnotativen Bedeutungskomponenten entsprechen, spricht man von totaler Synonymie (evtl. bei *Apfelsine/Orange*). Es ist leicht einzusehen, daß solche Fälle totaler Synonymie schon aus Gründen der Sprachökonomie äußerst selten sind. Demgegenüber kommt partielle Synonymie - bedingt z.B. durch das Nebeneinander dialektaler, umgangssprachlicher oder fachsprachlicher Varianten - häufig vor.

Nicht mit Synonymie zu verwechseln ist die **Koreferenz**. Damit ist der Bezug zweier sprachlicher Ausdrücke auf dasselbe außersprachliche Objekt gemeint. Dies kann man z.b. an dem FREGE-Beispiel *der Verlierer von Waterloo* und *der Sieger von Austerlitz* deutlich machen. Die Ausdrücke sind koreferent, da sie sich beide auf Napoleon beziehen. Auf semantisch-linguistischer Ebene entsprechen sie sich aber keineswegs; ja, sie übermitteln sogar ganz konträre Bedeutungsmerkmale. Umgekehrt ist es bei den Synonymen *Apfelsine* und *Orange*. Diese Ausdrücke entsprechen sich in semantischer Hinsicht, was aber nicht heißt, daß sie auch koreferent sein müssen. Bei Koreferenz (= Referenzidentität) handelt es sich also nicht um eine sprachinterne, sondern um eine sprachexterne Beziehung.

b) Homonymie/Polysemie: Sozusagen das 'Gegenstück' zur Synonymie ist die Homonymie. Zwei Ausdrücke sind homonym, wenn sie dieselbe Ausdrucksform, aber unterschiedliche Bedeutung haben (*Kiefer* z.B.: *Kiefer$_1$* = Baum, *Kiefer$_2$* = Gesichtsteil). Genauer unterscheidet man zwischen Homographen und Homophonen: **Homographen** entsprechen sich im Schriftbild, aber nicht in der Lautung (*Tenór* vs. *Ténor*), **Homophone** werden gleich gesprochen, aber verschieden geschrieben (*Weise - Waise*). Die Grenzziehung zur **Polysemie** ist schwierig, denn auch polyseme Ausdrücke sind Wörter, die gleiche Ausdrucksform, aber verschiedene Bedeutung haben. Der Unterschied liegt in der Etymologie: sind die Wörter etymolgisch nicht miteinander verwandt, so handelt es sich um Homonymie; gehen sie auf ein gemeinsames Ursprungswort zurück, spricht man von Polysemie. Dies ist z.B. bei dem Wort *Bank* der Fall, dessen beide Lesarten einen gemeinsamen Ursprung haben (aus dem Italienischen *banca* = langer Tisch des Geldwechslers).

c) Hyperonymie: Die Hyperonymie ist die Relation der Über- bzw- Unterordnung. Ist ein Ausdruck A hyperonym zu anderen Ausdrücken B, C, D, so ist A der Oberbegriff zu B, C, D: vgl. *Obst - Orange, Birne, Pfirsich*. Die untergeordneten Begriffe sind folglich die (Ko-) Hyponyme zum Hyperonym. Diese semantische Relation läßt sich komponentenanalytisch umschreiben: Das Hyperonym enthält die semantischen Merkmale, die auch das Hyponym hat; beim letzterem kommen aber noch zusätzliche Merkmale hinzu.

d) Inkompatibilität: Die Inkompatibilität bezieht sich zunächst ganz allgemein auf die Relation des lexikalischen Bedeutungsgegensatzes. Diese Relation läßt sich weiter differenzieren in **Antonymie** und **Komplementarität**: Komplementäre

Begriffe sind Gegensatzpaare, die sich gegenseitig ausschließen: z.B. *tot - lebendig*. Zwischenstufen gibt es nicht, was daran zu sehen ist, daß diese Begriffe nicht steigerbar (*tot - *töter - *am tötesten*) und nicht graduierbar (* *ein bißchen tot*) sind. Antonyme Begriffe dagegen geben verschiedene Werte auf einer Skala an: *kalt - warm - heiß* etc., lassen also nicht nur zwei Dimensionen zu, sind steigerbar und graduierbar. Auch bei der **Konversion** liegt ein Bedeutungsgegensatz vor. Hier geht es um Wortpaare, die denselben Sachverhalt aus zwei verschiedenen Blickwinkeln darstellen: *kaufen - verkaufen* z.B.

2.6.3.   Satzsemantik

2.6.3.1   Abgrenzung zur Wortsemantik

Wörter treten in der Regel nicht isoliert, sondern in größeren Einheiten, in Sätzen auf. Welcher Zusammenhang besteht nun zwischen der Bedeutung der Wörter eines Satzes und der Bedeutung des ganzen Satzes? Ist die Satzbedeutung gleich der Summe der Teilbedeutungen, die der Satz enthält? Diese Auffassung kommt im sog. **Kompositionalitätsprinzip** zum Ausdruck. Dieses wird Gottlob FREGE zugeschrieben (daher auch FREGE-Prinzip) und besagt, daß sich die Bedeutung des Ganzen herleitet aus der Bedeutung seiner Teile und der Art ihrer Verknüpfung. Trifft dieses Prinzip zu, so ergeben sich daraus Konsequenzen für eine Theorie der Satzsemantik: sie muß beschreiben, **wie** sich die Bedeutung des Satzes aus der Bedeutung seiner Teile ergibt. Anders ist es in der Wortsemantik: hier gilt das Prinzip der Arbitrarität, da in der Regel eine willkürliche, nicht motivierte Beziehung zwischen dem Ausdruck und seiner Bedeutung, zwischen *signifiant* und *signifié* besteht.

Wie die Bedeutung von Wörtern läßt sich auch die Bedeutung von Sätzen intensional oder extensional beschreiben. Die Intension eines Satzes ist seine innersprachliche, kontextunabhängige Bedeutung (vgl. 2.6.3.2), die Extension eines Satzes ist die Summe von Situationen, auf die bezogen der Satz wahr ist (vgl. 2.6.3.3.).

2.6.3.2 Semantische Relationen innerhalb von Sätzen

Betrachten wir den Satz *Der Mann schlägt den Hund.* Um die intensionale Bedeutung dieses Satzes bestimmen zu können, fragen wir nach der Bedeutung von *Mann, Hund* und *schlägt* und nach der semantischen Relation, die zwischen Subjekt, Prädikat und Objekt besteht. Die inhärente Bedeutung der Lexeme läßt sich, wie wir schon gesehen haben, beispielsweise über semantische Merkmale beschreiben. Diese Merkmale weisen die Lexeme unabhängig vom Kontext auf. Daneben stehen *Mann* und *Hund* in bezug auf das Verb *schlagen* in ganz bestimmten semantischen Relationen, die sich nur im konkreten Satz bestimmen lassen.[63] Diese werden auch als semantische Rollen oder - in der Government-Binding-Theorie - als Theta-Rollen bezeichnet. In unserem Beispielsatz lassen sich die semantischen Rollen folgendermaßen bestimmen: *Mann* bezeichnet das Agens, den Verursacher der Handlung; *Hund* das Patiens (in neuerer Terminologie etwas unglücklich: das Thema), den von einer Handlung Betroffenen. Daß die Konstituenten eines Satzes nach ihren semantischen Relationen bestimmt werden können, hat bereits FILLMORE 1968 in seinem Aufsatz *The case for case* betont. FILLMORE geht von einer begrenzten Zahl universaler semantischer Relationen aus, die er als **Tiefenkasus** bezeichnet und näher zu definieren versucht. An diesen Kasusdefinitionen ist allerdings immer wieder Kritik geübt worden. Vgl. beispielsweise das folgende Zitat aus v. STECHOW (1991:136):

> Was soll es schon heißen, daß *gähnen* ein Agens hat? Die Wahl einer intuitiven Bezeichnung hilft vielleicht für dieses Beispiel, nützt aber insgesamt wenig: Man wird immer wieder auf Verben stoßen, die mithilfe eines etablierten kleinen Rolleninventars nicht klassifizierbar sind, falls man die inhaltlichen Vorstellungen, die hinter den Rollenbezeichnungen stehen, wirklich ernst nimmt.

Aus diesem Grund wird in der Government-Binding-Theorie weitgehend auf eine inhaltliche Bestimmung der Theta-Rollen verzichtet. Wird dies doch unternommen, wie z.B. in der GB-Standardeinführung von FANSELOW/FELIX (1990²), so ist

---

63 Diese semantischen Relationen, die zwischen den Konstituenten eines Satzes bestehen, dürfen nicht verwechselt werden mit den semantischen Relationen, die Gegenstand der Wortsemantik sind. Bei ersteren handelt es sich um syntagmatische, bei letzteren um paradigmatische Beziehungen.

dies oft nichts anderes als eine Etikettierung: die Theta-Rollen (kurz: θ-Rollen) werden hier als Experiencer, Benefizient, Affektum, Ziel etc. bezeichnet, ohne daß ein Versuch gemacht wird, die semantischen Unterschiede zwischen den einzelnen Theta-Rollen herauszuarbeiten. Wichtiger als die inhaltliche Bestimmung der Theta-Rollen ist für die Generativen Grammatiker das als **Theta-Kriterium** bekanntgewordene und für die Erklärung syntaktischer Regularitäten relevante Prinzip, daß jedes Argument genau eine Theta-Rolle erhalten muß und - vice versa - jede Theta-Rolle genau einem Argument zugewiesen werden muß. Damit wird z.b. die Bildung eines Satz wie *Peter schlägt das Kind die Frau* verhindert, in dem ein- und dieselbe Theta-Rolle, die Patiens-Rolle, zwei Mal vergeben wurde.

2.6.3.3   Zum Wahrheitswert von Sätzen

Sätze sind Aussagen über Sachverhalte in der Welt. Diese Aussagen können wahr oder falsch sein - je nachdem, ob der beschriebene Sachverhalt in der Welt zutrifft oder nicht. So ist der Satz *Der Bundeskanzler fliegt nach Somalia* genau dann wahr, wenn es einen Bundeskanzler gibt und wenn dieser tatsächlich nach Somalia fliegt. Aber unabhängig davon, ob der Satz wahr oder falsch ist, kann ein Sprecher angeben, welche Bedingungen in der Welt, auf die sich der Satz bezieht, erfüllt sein müssen, damit der Satz wahr ist. Es lassen sich also für jeden Aussagesatz eine Reihe von Wahrheitsbedingungen finden, und diese Wahrheitsbedingungen sind es, die die Bedeutung des Satzes ausmachen. Die **Wahrheitsbedingungen-Semantik** wurde entscheidend beeinflußt von dem österreichischen Sprachphilosophen Ludwig WITTGENSTEIN, in dessen *Tractatus Logico-philosophicus* (1921, Absatz 4.024) zu lesen ist:

> Einen Satz verstehen, heißt wissen, was der Fall ist, wenn er wahr ist. (Man kann ihn also verstehen, ohne zu wissen, ob er wahr ist.)

In der modernen wahrheitskonditionalen Semantik wird davon ausgegangen, daß es nicht nur eine Welt gibt, auf die bezogen ein Satz wahr oder falsch sein kann. Mit anderen Worten: Es sind außer der real existierenden Welt auch andere Welten denkbar, auf die bezogen ein Satz wahr oder falsch sein könnte (z.B. die Märchenwelt, die Traumwelt o.a.). Diese **Möglichen Welten** sind "Modelle darüber, wie eine Situation aussehen könnte" (SCHWARZ/CHUR 1993:168). Es lassen sich beispielsweise zu einem Satz wie *Vielleicht ist der Weltfrieden möglich* (Beispiel aus SCHWARZ/CHUR 1993) verschiedene Bedingungen angeben, unter denen ein solcher Satz wahr sein könnte. Diese Bedingungen konstituieren dann die Modell-Welt.

Abschließend soll nun noch gezeigt werden, wie sich Bedeutungsrelationen zwischen Sätzen auf der Grundlage von Wahrheitsbedingungen erfassen lassen:

Zwei Sätze haben dieselbe Bedeutung, wenn sie dieselben Wahrheitsbedingungen haben. Die Sätze stehen dann in einer Synonymenrelation. Haben die Sätze dagegen komplementäre Wahrheitsbedingungen, so gilt, daß nur die Wahrheitsbedingungen des einen Satzes oder die des den anderen erfüllt sein können, nicht aber beide gleichzeitig. Dies gilt z.B. für die Sätze *In Paris regnet es* und *In Paris regnet es nicht*. Es ist keine Welt denkbar, in der beide Sätze gleichzeitig wahr sein können. Aus der Wahrheit des einen Satzes folgt hier die Falschheit des anderen. Eine solche Bedeutungsrelation nennt man **Kontradiktion**.

Betrachten wir außerdem die Relation zwischen den Sätzen *Peter ist Student* und *Peter ist Germanistikstudent*. Alle Wahrheitsbedingungen, die für den Satz *Peter ist Germanistikstudent* erfüllt sein müssen, gelten auch für den Satz *Peter ist Student*, d.h. in allen Situationen, in denen der Satz *Peter ist Germanistikstudent* wahr ist, ist auch der Satz *Peter ist Student* wahr. Diese Relation ist aber nicht umkehrbar (sonst läge Synonymie vor). Man spricht hier von **Implikation**, d.h. der Satz *Peter ist Germanistikstudent* impliziert den Satz *Peter ist Student*.

Von der Implikation abzugrenzen ist die **Präsupposition**. Präsuppositionen sind (stillschweigende) Voraussetzungen, die der Sprecher beim Äußern eines Satzes macht. Nehmen wir hierzu die beiden Sätze *Peter freut sich über die gute Note in Mathe* und *Peter hat eine gute Note in Mathe*. Der erste Satz impliziert den zweiten, aber auch die Negation des ersten Satzes impliziert den zweiten, d.h. selbst wenn Peter sich **nicht** über die gute Note in Mathe freut, hat er doch eine gute Note in Mathe. Die Bedeutungsbestandteile, die auch bei Negation eines Satzes konstant bleiben, bezeichnet man als Präsuppositionen. Auch Präsuppositionen können wahrheitskonditional definiert werden: "Präsuppositionen sind Voraussetzungen, die erfüllt sein müssen, damit einer Aussage ein Wahrheitswert zugesprochen werden kann." (BUSSMANN (1990[2]:601).

Bislang ging es nur um den Wahrheitswert von nicht-komplexen Aussagen. Wenn nun die Wahrheit bzw. Falschheit von Aussagen, die aus mehreren Teilsätzen bestehen, bestimmt werden soll, so verläuft dies über die Bestimmung des Wahrheitswertes der Teilsätze. Die Verknüpfung dieser Teilsätze zu komplexen Aussagen erfolgt über Junktoren wie *und* und *oder.* Bei einer Verknüpfung zweier Teilsätze durch *und* beispielsweise ist die Satzfolge nur dann wahr, wenn beide Teilsätze wahr sind. Ein Beispiel dafür ist der Satz *Es stürmt und schneit draußen, und Peter sitzt im warmen Zimmer.* Nur wenn es tatsächlich stürmt und schneit **und** wenn Peter im warmen Zimmer sitzt, ist der komplexe Satz wahr. Anders ist es bei der Disjunktion mit *oder.* Hier muß nur mindestens einer der beiden Teilsätze wahr sein, damit der ganze Satz wahr ist. Für Sätze, die mit *und* verknüpft sind, gelten also andere Wahrheitsbedingungen als für mit *oder* verbundene Sätze. Daran sieht man, daß die Wahrheitsbedingungen von komplexen Sätzen immer vom jeweiligen Junktor abhängen, der in diesen Sätzen auftritt. In der Aussagenlogik notiert man die Wahrheitswerte solcher Satzverknüpfungen in einer Tabelle, die auch als **Wahrheitswerttafel** bezeichnet wird.

Wie wir gesehen haben, ist ein Verdienst der wahrheitskonditionalen Semantik, daß über die Wahrheitsbedingungen die Bedeutungsrelationen zwischen Sätzen präziser erfaßt werden können. Auf weitere Vorzüge weist LYONS (1991:22) hin:

> Ihre prinzipielle Stärke liegt zweifellos in der intuitiven Plausibilität der Vorstellung, daß Bedeutung ... eine Sache der Korrespondenz mit Entitäten, Eigenschaften und Relationen in der Außenwelt ist, ferner in der Möglichkeit, diese einfache Vorstellung mithilfe der machtvollen und wohlverstandenen Techniken der modernen mathematischen Logik zu formalisieren und zu generalisieren.

Wie natürliche Sprache mit den Mitteln der mathematischen Logik formalisiert werden kann, hat insbesondere der amerikanische Logiker und Sprachphilosoph Richard MONTAGUE in seinen Arbeiten Ende der 60er, Anfang der 70er Jahre gezeigt. In seinem zuerst 1973 erschienenen Aufsatz mit dem programmatischen Titel *English as a formal language* rekurriert MONTAGUE auch auf den Begriff der möglichen Welt. Heute ist die **Montague-Grammatik**, die als eine "spezielle Version der Wahrheitsbedingungen-Semantik" (LYONS 1991:21) bezeichnet werden kann, neben der Generativen Grammatik eine der einflußreichsten Grammatiktheorien dieses Jahrhunderts.

Was die Schwächen des wahrheitskonditionalen Ansatzes betrifft, so läßt sich folgendes feststellen: Nicht alle Sätze können erfaßt werden, denn nur die Sätze, denen überhaupt ein Wahrheitswert zugesprochen werden kann, haben bestimmte

Wahrheitsbedingungen. Dies sind Aussagesätze im Indikativ; alle anderen (Fragesätze, Wunschsätze, Befehlsätze etc.) sind nicht auf diese Art und Weise beschreibbar. Aber auch nicht alle Aussagesätze können über Wahrheitsbedingungen semantisch beschrieben werden. Ein Satz wie *Heute ist Nikolaustag* z.B. ist nur auf seinen Wahrheitswert hin überprüfbar, wenn auf die konkrete Äußerungssituation Bezug genommen wird, wenn also klar ist, welcher Tag mit *heute* gemeint ist.[64] Anders ist dies bei dem Satz *Am 6. Dezember ist Nikolaustag*, dessen Wahrheitswert situationsunabhängig bestimmbar ist.

2.7 Pragmatik

2.7.1 Einführung

Die letzte linguistische Kerndisziplin, die hier behandelt werden soll, ist die Pragmatik (griech. *pragma*, Handlung). Wie in der Semantik, so wird auch in der Pragmatik die Bedeutung sprachlicher Äußerungen untersucht, aber mit einem wesentlichen Unterschied: Die Semantik beschränkt sich auf das Studium der wörtlichen, kontextunabhängigen Bedeutung, die Pragmatik fragt nach der Bedeutung sprachlicher Äußerungen in verschiedenen Gebrauchssituationen. Um deutlich zu machen, daß nicht grammatische, sondern kommunikative Einheiten Gegenstand der Pragmatik sind, werde ich im folgenden nicht mehr von 'Sätzen', sondern von 'Äußerungen' sprechen.

Es geht in der Pragmatik also um die Funktion sprachlicher Äußerungen im Kontext. Hierzu ein Beispiel: Eine Äußerung wie *Es regnet* ist z.B. - kontextunabhängig betrachtet - eine Aussage über die momentanen Witterungsverhältnisse; in einer konkreten Situation kann diese Äußerung weit mehr bedeuten. Sie kann beispielsweise als Aufforderung verstanden werden, einen Schirm mitzunehmen; sie kann die Ablehnung eines Vorschlags sein, sie kann bei entsprechender Intonation auch eine Frage sein etc. Diese 'Bedeutungen' hat die Äußerung nicht aufgrund ihrer sprachlichen Elemente. Es sind nicht-wörtliche Bedeutungsaspekte.

---

64 Auf die Verwendung sog. **deiktischer Ausdrücke**, zu denen *heute* zählt, gehe ich im Pragmatikkapitel ein.

Nicht-wörtliche Bedeutungsbestandteile einer Äußerung erkennt man zum einen daran, daß sie variabel, zum andern daran, daß sie streichbar sind. Was die Variabilität betrifft, so haben wir dies am Beispiel von *Es regnet* bereits gesehen: Die Äußerung kann in einer bestimmten Situation als Aufforderung gemeint sein, in einer anderen Situation als Frage. Die Streichbarkeit zeigt sich darin, daß diese nicht-wörtlichen Bedeutungsbestandteile zurückgenommen werden können, ohne daß sich ein Widerspruch ergibt. Vgl. *Es regnet, aber das heißt nicht, daß Du Deinen Schirm mitnehmen mußt.* Wäre die Aufforderung, einen Schirm mitzunehmen, Teil der wörtlichen Bedeutung, so ließe sich dieser Bedeutungsbestandteil nicht negieren.[65]

Es gibt sprachliche Ausdrücke, deren Bedeutung nur im Hinblick auf die konkrete Äußerungssituation erfaßbar ist. Dies sind sog. **deiktische Ausdrücke** (griech. *deiknymi*, 'zeigen'). In dem Satz *Dort ist die Post* ist das Lokaladverb *dort* ein solches Deiktikum, da sich die Bedeutung von *dort* nur aus der Situation, in diesem Fall aus dem Standort des Sprechers ergibt. Insofern gehört das Studium deiktischer Ausdrücke zur Pragmatik. Andererseits hat der Ausdruck *dort* auch eine kontextunabhängige, wörtliche Bedeutung, die sich innerhalb der Semantik beschreiben läßt: Er bezeichnet - im Gegensatz zu *hier* - einen vom Sprecher verschiedenen Ort. Neben dieser lokalen Deixis unterscheidet man personale und temporale Deixis. So nimmt in dem Satz *Ich komme heute nicht* das Personalpronomen *ich* auf den Sprecher Bezug, das Temporaladverb auf den Sprechzeitpunkt. Genauere Angaben zur Person des Sprechers und zum Sprechzeitpunkt lassen sich nicht machen; diese hängen ab von der Äußerungssituation.

Aus der Vielfalt pragmatischer Fragestellungen werden im folgenden zwei Bereiche ausgewählt: die Sprechakttheorie und die Theorie der konversationellen Implikaturen. Insbesondere die Sprechakttheorie hat entscheidend zur Anerkennung der Pragmatik als eigenständige sprachwissenschaftliche Disziplin beigetragen.

---

65 Demgegenüber zählt zur wörtlichen Bedeutung von *Es regnet*, daß es zum Zeitpunkt der Äußerung tatsächlich regnet. Dieser Bedeutungsaspekt kann **nicht** negiert werden, ohne daß der Satz kontradiktorisch würde: *Es regnet, aber das heißt nicht, daß es regnet.*

2.7.2 Sprechakttheorie

2.7.2.1 Sprechen als Handeln

Ihren Anfang genommen hat die Sprechakttheorie mit einer Vorlesung, die der englische Sprachphilosoph John AUSTIN 1955 hielt und die 1962 unter dem Titel *How to do things with words* veröffentlicht wurde. Wie dieser Titel schon zum Ausdruck bringt, geht AUSTIN davon aus, daß mit Sprache Handlungen vollzogen werden. Es ist also nicht so, daß mit Sätzen nur Aussagen über Sachverhalte in der Welt gemacht werden können; vielmehr, so AUSTIN, können Sätze selbst Handlungen sein, die die Welt verändern. Der Handlungscharakter ist offensichtlich bei Äußerungen wie *Ich taufe Dich auf den Namen Luise* oder *Ich erteile das Wort Herrn Müller*, die AUSTIN als **performativ** (engl. *to perform*, 'vollziehen') bezeichnet. Wenn gewisse Rahmenbedingungen erfüllt sind, werden kraft dieser Äußerungen Handlungen vollzogen: ein Kind wird getauft, das Wort wird erteilt. Solchen Äußerungen läßt sich kein Wahrheitswert zuordnen. Anders ist es bei Feststellungen wie *Das Essen schmeckt aber gut*. Letztere bezeichnet AUSTIN als **konstativ**: Konstative Äußerungen sind Aussagen über Sachverhalte in der Welt - und nur diese können wahr oder falsch sein, je nachdem, ob der beschriebene Sachverhalt zutrifft oder nicht.

Aber auch konstative Äußerungen haben Handlungscharakter, sind also im eigentlichen Sinne Sprec**hakte**. Auch wenn 'nur' etwas über die Welt ausgesagt wird, wird gehandelt.[66] Ja, es werden sogar mehrere Handlungen zugleich vollzogen. Diese Teilakte, die allen sprachliche Äußerungen zugrunde liegen, werden hier im Anschluß an die sprachtheoretischen Überlegungen von SEARLE (1965) und (1969) dargelegt.[67]

Der erste Teilakt, auf den SEARLE hinweist, ist der, daß der Sprecher "charakteristischerweise sein Kinn und seine Zunge bewegt" (SEARLE 1965, dt.

---

66 In der Handlungstheorie gilt jede Form intentionalen Verhaltens als 'Handeln', da dadurch die Welt verändert werden kann. Sprechen ist insofern nur eine spezifische Art des menschlichen Handelns.

67 John R. SEARLE war ein Schüler AUSTINS. SEARLE hat mit seinen Arbeiten zur Sprechakttheorie die "sogenannte 'pragmatische Wende' in der Linguistik ganz entscheidend forciert" (LINKE ET AL 1991:182). Sein Hauptwerk ist das Buch *Speech Acts* (1969); verkürzt finden sich seine Thesen bereits 1965 in dem Aufsatz *What is a speech act?*.

1972:153). Dies ist in SEARLEs Terminologie der **Äußerungsakt** (bei AUSTIN: lokutionärer Akt). Dieser Äußerungsakt läßt sich artikulatorisch beschreiben, ist also Gegenstand der Phonetik. Der zweite Teilakt, der simultan zum Äußerungsakt vollzogen wird, ist der sog. **propositionale Akt.** Darunter ist die Tatsache zu verstehen, daß der Sprecher mit seiner Äußerung auf Personen, Dinge oder Sachverhalte in der Welt verweist, also referiert, und über diese Referenten etwas aussagt, also etwas prädiziert. SEARLE unterteilt den propositionalen Akt daher weiter in **Referenz- und Prädikationsakt.** Machen wir uns dies an einem Beispiel klar: In der Äußerung *Karin ist schwanger* ist die Proposition - informell gesprochen - das Schwangersein von Karin. Mit anderen Worten: Der Sprecher referiert hier auf eine bestimmte Person (= Referenzakt), über die er etwas prädiziert (= Prädikationsakt). Dieser Proposition läßt sich, wenn sie in einem Aussagesatz geäußert wird, ein bestimmter Wahrheitswert zuweisen; sie kann wahr oder falsch sein. In der Frage *Ist Karin schwanger?* dagegen bleibt die Proposition zwar gleich (es geht immer noch um das Schwangersein von Karin), doch dieser Frage kann kein Wahrheitswert zugesprochen werden.

Mit der Äußerung einer Proposition verbindet der Sprecher natürlich auch eine bestimmte Absicht, die in der Sprechakttheorie als **Illokution** bezeichnet wird. Der Sprecher kann mit einer Proposition die unterschiedlichsten illokutiven Akte vollziehen: Er kann z.B. mit der Äußerung *Karin ist schwanger* etwas feststellen, behaupten, erfragen, prophezeien. Eine Sprechhandlung kann also verschiedene kommunikative Funktionen haben; welche vom Sprecher dabei jeweils die intendierte ist, ist primär aus dem Kontext erschließbar.

Daneben gibt es aber auch bestimmte sprachlich-formale Indikatoren, die anzeigen, um welche Illokution es sich handelt. Die Verbstellung ist ein solcher Indikator: Erststellung des finiten Verbs läßt auf eine Frage oder eine Aufforderung schließen, Zweitstellung auf eine Feststellung. Auch der Modus, in dem das finite Verb steht (d.h. Indikativ, Imperativ oder Konjunktiv), kann als illokutiver Indikator auftreten. Relativ eindeutig läßt sich die Sprecherabsicht bestimmen, wenn der Sprecher eine sog. **explizit performative Formel** (= EPF) gebraucht. Betrachten wir hierzu ein Beispiel: In der Äußerung *Ich verspreche Dir, daß ich komme* zeigt das einleitende *Ich verspreche Dir* explizit an, welche Illokution dem Sprechakt zugrundeliegt. Das Verb *versprechen* ist ein performatives Verb. Wie oben schon gesagt, wird mit der Äußerung eines solchen Verbs genau die Handlung vollzogen, die das Verb beschreibt. Anders ist es, wenn ich den Satz *Ich ver-*

sprach Dir, daß ich komme äußere. Hier wird *versprechen* nicht performativ gebraucht, denn im Moment der Äußerung wird kein Versprechen gemacht, sondern eine Feststellung getroffen. Nur unter bestimmten Bedingungen liegt also eine explizit performative Formel vor. Beispielsweise muß eine syntaktische Konstruktion der Art *ich ... Dir (hiermit)* vorliegen, wobei für die Auslassungszeichen ein performatives Verb eingesetzt wird. Aber auch dann gibt es immer noch die Möglichkeit, daß damit eine andere Illokution angezeigt wird. So ist der Satz *Ich verspreche Dir hiermit eine Tracht Prügel* kein Versprechen, sondern eine Drohung, obwohl das Verb *versprechen* in einer EPF steht.

Ein anderer illokutiver Indikator ist die Intonation, die natürlich nicht mehr zu den formalen Mitteln zählt, sondern eine prosodische Eigenschaft ist. Am Satzende steigende Intonation zeigt im Deutschen eine Frage an, fallende Intonation eine Aussage. Der Satz *Karin ist schwanger* mit Verbzweitstellung kann also bei bestimmter Prosodie durchaus auch eine Frage sein. Und schließlich sei noch auf die wichtige kommunikative Funktion von Partikeln wie *doch, bloß, gefälligst* hingewiesen, denn auch diese können eine bestimmte Illokution andeuten. So kann die Äußerung *komm her* durch die Verwendung einer Partikel verschiedene Illokutionen erhalten, wie man an den Beispielen *komm doch her, komm bloß her, komm gefälligst her* unschwer erkennt.

Sprecher vollziehen neben dem illokutiven auch einen **perlokutiven Akt**, wobei die Grenzziehung zwischen Perlokution und Illokution nicht immer einfach ist. Der perlokutive Akt läßt sich folgendermaßen beschreiben: Ein Sprecher versucht beim Adressaten durch seine Äußerungen eine bestimmte Wirkung zu erreichen. Er möchte den Hörer vielleicht beruhigen, ihn davon abhalten, etwas zu tun, ihn von etwas überzeugen etc. Diese Perlokutionen bezeichnen die Konsequenzen, die sich aus dem Ausführen der Sprechhandlung für den weiteren Kommunikations- und Handlungsprozeß ergeben (vgl. WUNDERLICH 1972:119). Sind diese Konsequenzen vom Sprecher nicht beabsichtigt, so spricht man von einem **perlokutiven Effekt**.[68]

Wie wir gesehen haben, zerlegt SEARLE den Sprechakt in vier Teilakte: Äußerungsakt, propositionaler Akt, illokutiver Akt und perlokutiver Akt. In SEARLES

---

68 So kann eine Äußerung beispielsweise als Kränkung aufgefaßt werden, ohne daß dies vom Sprecher intendiert worden wäre.

Arbeiten wird nur der illokutive Akt weiter analysiert. Daher wird dieser auch im folgenden im Mittelpunkt der Betrachtung stehen.

2.7.2.2 Illokutive Klassen

Wie AUSTIN, versucht auch SEARLE, die Vielzahl möglicher Sprechakte aufgrund gemeinsamer Merkmale zu Klassen zusammenzufassen. In dem Aufsatz *A Classification of Illocutionary Acts* (1976) teilt er die Sprechakte nach ihrer Illokution in fünf Klassen. Wichtigstes Unterscheidungskriterium dabei ist die "direction of fit", d.h. die Frage, in welchem Verhältnis die im Sprechakt geäußerten Worte zur durch den Sprechakt thematisierten Welt stehen. Um dies zu verdeutlichen, betrachten wir zunächst nur die drei illokutiven Akte 'Feststellung', 'Befehl' und 'Versprechen'.

Indem der Sprecher etwas feststellt (z.B. *Die Erde ist rund*), paßt er seine Worte der Welt an. Solche Sprechakte, zu denen auch Behauptungen zählen und deren Wahrheitswert überprüfbar ist, bezeichnet SEARLE als **Repräsentativa**. Wenn der Sprecher dagegen etwas befiehlt (z.B. *Komm her*) oder verspricht (z.B. *Ich komme morgen)*, verhält es sich mit der "direction of fit" umgekehrt: Die Welt soll den Worten angepaßt werden; ein Wahrheitswert ist nicht bestimmbar. Zwischen einem Befehl und einem Versprechen gibt es allerdings einen entscheidenden Unterschied, den SEARLE als "illocutionary point" bezeichnet: ein Befehl hat den Zweck, den Hörer auf eine bestimmte Handlung festzulegen, ein Versprechen dagegen verpflichtet den Sprecher selbst zu einer Handlung. Demnach gehören Befehle (wie Ratschläge, Aufforderungen, Bitten etc.) zur Klasse der **Direktiva**, Versprechen (wie Drohung, Ankündigung etc.) zur Klasse der **Kommissiva**.

In einer vierten Klasse faßt SEARLE die illokutiven Akte Danksagung, Gratulation, Entschuldigung, Beileidbekundung u.a. zusammen. Diese bezeichnet er als **Expressiva**. SEARLEs Charakterisierung der expressiven Sprechakte ist vage: Über eine "direction of fit" läßt sich nichts aussagen; gemeinsam ist ihnen, daß sie eine bestimmte psychische Einstellung zu dem in der Proposition ausgedrückten Sachverhalt zum Ausdruck bringen. In der Äußerung *Ich gratuliere Dir zu Deinem bestandenen Examen* ist die Proposition beispielsweise, daß der Angesprochene sein Examen bestanden hat; die EPF *ich gratuliere Dir* zeigt an, daß der Sprecher diesen Sachverhalt positiv bewertet; es handelt sich also um einen Sprechakt, der zu den Expressiva zählt.

Die fünfte illokutive Klasse bezeichnet SEARLE als die Klasse der **Deklarativa**. Dazu zählen 'Taufen', 'das Ja-Wort-Geben', 'das Wort erteilen'. Charakteristisch für Deklarativa ist, daß der Vollzug der Sprechhandlung eine unmittelbare Übereinstimmung zwischen Worten und Welt herbeiführt. Damit dies der Fall ist, muß allerdings ein institutioneller Rahmen vorhanden sein, in dem der Sprechakt vollzogen wird. So ist ein Kind nicht einfach dadurch getauft, daß jemand *Ich taufe Dich auf den Namen...* äußert; es bedarf der Einbindung des Sprechakts in einen Ritus, damit er tatsächlich deklarativ ist.

Soviel zu SEARLEs Klassifikationsvorschlägen, die in der Folgezeit beträchtlich erweitert und modifiziert wurden. So hat WUNDERLICH (1976) in seinen *Studien zur Sprechakttheorie* insgesamt acht illokutive Klassen unterschieden. Fragehandlungen, die SEARLE zu den Direktiva zählt, faßt WUNDERLICH z.B. als eigene Klasse auf, als **erotetische Sprechakte**. Antworten zählen für ihn wie Entschuldigungen oder Danksagungen zu den sog. **Satisfaktiva**. Charakteristisch für satisfaktive Sprechakte ist, daß sie stets reaktiv sind, d.h. "sie erfüllen bereits bestehende Interaktionsbedingungen und schließen damit eine Handlungssequenz ab." (WUNDERLICH 1976:77f.) WUNDERLICH charakterisiert alle Sprechakte - im Unterschied zu AUSTIN und SEARLE - danach, welche Stellung sie in der Interaktion zwischen Sprecher und Hörer einnehmen: Sind sie **initiativ**, führen sie neue Interaktionsbedingungen ein; sind sie **reaktiv**, nehmen sie Bezug auf bereits bestehende Interaktionsbedingungen (z.B. Vorwurf vs. Rechtfertigung). Weitere illokutive Klassen in WUNDERLICHs Sprechakttheorie sind **Vokativa** und **Retraktiva**. Bei Vokativa besteht die Illokution darin, die Aufmerksamkeit des Hörers zu erlangen (Anrede, Namensaufruf z.B.). Retraktive Sprechakte, zu denen WUNDERLICH das Zurückziehen eines Versprechens zählt, sind dadurch charakterisiert, daß sie bereits bestehende Interaktionsbedingungen wieder außer Kraft setzen.

2.7.2.3 Sprechaktregeln

Beginnen wir diesen Abschnitt mit einem Zitat aus SEARLE 1965 (nach dt. Übersetzung 1972:155)

> Illokutionäre Akte zu vollziehen bedeutet eine regelgeleitete Verhaltensweise einzunehmen. Ich werde die Auffassung vertreten, daß solche Dinge wie Fragen stellen oder Feststellungen machen in ganz ähnlicher Weise regelgeleitet sind wie ein Malschlag im Base Ball oder ein Springerzug im Schachspiel regelgeleitete Formen von Akten sind.

SEARLE geht also davon aus, daß der Sprecher beim Vollzug eines illokutiven Aktes bestimmte Regeln befolgt. Hält er sich nicht an diese (impliziten) Regeln, wird die Illokution vom Hörer nicht verstanden, der Sprechakt ist somit - nun in AUSTINS Terminologie - nicht "geglückt". Die Regeln für den Vollzug eines illokutiven Aktes leitet SEARLE exemplarisch für den illokutiven Akt des Versprechens aus insgesamt neun Bedingungen ab (zu den einzelnen Bedingungen vgl. SEARLE 1965, 1972:165-171).[69] Ich werde im folgenden die fünf Regeln verkürzt wiedergeben und anschließend anhand von Beispielen erläutern.

1. Regel: Ein Versprechen darf nur geäußert werden, wenn es sich auf eine zukünftige Handlung des Sprechers bezieht.

2. Regel: Ein Versprechen darf nur geäußert werden, wenn der Zuhörer die Ausführung der Handlung der Unterlassung der Handlung vorziehen würde.

3. Regel: Ein Versprechen darf nur geäußert werden, wenn es für Sprecher und Hörer nicht offensichtlich ist, daß der Sprecher bei normalem Verlauf der Ereignisse die angekündigte Handlung tun wird.

---

69 WUNDERLICH (1972:134) weist auf den Unterschied zwischen Glückensbedingungen und Wahrheitsbedingungen (s. Semantikkapitel) hin:
Man kann grob sagen, ...
- daß in einer Semantik beschrieben wird, u.a. welche Bedingungen gelten müssen, damit eine Aussage (Proposition) als wahr anerkannt werden kann;
- und daß in einer Pragmatik der Sprechakte beschrieben wird, welche Bedingungen gelten müssen, damit eine bestimmte Sprechhandlung akzeptiert wird oder, mit anderen Worten, damit sie glückt.

4. Regel: Ein Versprechen darf nur geäußert werden, wenn der Sprecher die Ausführung auch beabsichtigt.

5. Regel: Die Äußerung eines Versprechens gilt als Übernahme der Verpflichtung zur Ausführung der angekündigten Handlung.

vgl. SEARLE (1965, 1972:171)

Was die fünfte Regel betrifft, so ist festzuhalten, daß diese das Format einer sog. **konstitutiven** Regel hat, denn diese Regel gibt an, was konstitutiv für ein Versprechen ist: ein Versprechen **ist** die Übernahme einer Verpflichtung. Diese Regel wird von SEARLE wegen ihrer Bedeutung auch als **wesentliche Regel** bezeichnet.

Auch für andere Illokutionen lassen sich Regeln der eben geschilderten Art ableiten. Bei einer Entschuldigung beispielsweise bezieht sich die erste Regel, die SEARLE auch die **Regel des propositionalen Gehalts** nennt, nicht auf eine zukünftige, sondern auf eine vergangene Handlung; auch die anderen Regeln müßten entsprechend modifiziert werden. Dies werde ich im einzelnen nicht ausformulieren (vgl. hierzu SEARLE 1969:66f.).

Dem Sprecher ist gar nicht bewußt, daß er beim Vollzug eines illokutiven Aktes bestimmten Regeln folgt.[70] Daß dem aber so ist, läßt sich am besten zeigen, wenn man Äußerungen konstruiert, die gegen eine dieser Regeln verstoßen, aber aufgrund des illokutiven Indikators *Ich verspreche Dir* auf ein Versprechen schließen lassen. So ist der Satz *Ich verspreche Dir, daß ich im letzten Jahr nicht durch die Prüfung gefallen bin* kein geglücktes Versprechen, da ein Verstoß gegen die erste Regel vorliegt. Auch die Äußerung *Ich verspreche Dir, daß ich morgen etwas esse* ist nur dann ein Versprechen, wenn der Hörer davon ausgehen kann, daß der Sprecher dies normalerweise nicht tun würde. Ist diese Voraussetzung nicht gegeben, liegt ein Verstoß gegen die dritte Regel vor.

An SEARLEs Glückensbedingungen und den daraus abgeleiteten Regeln ist in der Folgezeit immer wieder Kritik geübt worden. Insbesondere die Gültigkeit der vierten Regel, der Aufrichtigkeitsregel, wurde in Frage gestellt. Es genügt ja

---

70 Daß uns diese Regeln nicht bewußt sind, macht SEARLE (1965, 1972:164) sehr schön an folgendem Vergleich deutlich:

Wir sind in der Lage dessen, der Schach spielen gelernt hat, ohne sich je die Regeln bewußt gemacht zu haben, und der diese jetzt formulieren möchte. Wir haben gelernt, das Spiel der illokutionären Akte zu spielen, aber das geschah im allgemeinen ohne ausdrückliche Formulierung der entsprechenden Regeln.

nicht, daß der Sprecher die Ausführung der angekündigten Handlung auch beabsichtigt oder vorgibt zu beabsichtigen; es muß, wie WUNDERLICH (1972:145)
betont, auch "vorausgesetzt werden, daß der Sprecher die versprochene Handlung
auch ausführen kann, sowohl, was den institutionellen Rahmen solcher Handlungen angeht, wie auch, was die rein physikalisch-physischen Umstände betrifft."
Danach kann ein Versprechen wie *Ich verspreche Dir, morgen im Lotto zu gewinnen*" - ob aufrichtig oder nicht aufrichtig gemeint - gar nicht aufrichtig sein, weil
es nicht in der Macht des Sprechers liegt, dieses Versprechen auch auszuführen.

WUNDERLICH ist es auch, der den Begriff des Glückens bzw. Gelingens eines
Sprechakts erweitert. WUNDERLICH argumentiert folgendermaßen: Wenn sich ein
Sprecher an die oben genannten Regeln hält, ist dieser Sprechakt zwar geglückt,
d.h. der Sprecher hat mit seinem Äußerungsakt den intendierten Sprechakt zustan-
degebracht. Damit ist dieser Sprechakt aber noch nicht **erfolgreich**. Über das Er-
folgreich-Sein eines Sprechaktes entscheidet gewissermaßen seine Nachgeschichte.
Um WUNDERLICHs Standpunkt wieder am Beispiel des Versprechens deutlich zu
machen: Erst wenn der Hörer das Versprechen als Versprechen erkennt, akzeptiert
und wenn die angekündigte Handlung vom Sprecher auch ausgeführt wurde, ist
der Sprechakt erfolgreich, denn nur dann, so WUNDERLICH (1976:27) ist "sein
Zweck erfüllt".

2.7.2.4 Indirekte Sprechakte

Bisher haben wir uns mit Sprechakten beschäftigt, bei denen aus der Äußerung
die zugrundeliegende Illokution direkt zu erschließen war. Dies ist aber der Idealfall, der in der Alltagskommunikation nicht die Regel ist. Fast häufiger ist hier zu
beobachten, daß Sprechakte indirekt vollzogen werden. Dabei ist zu unterscheiden
zwischen Äußerungen, die mittlerweile schon konventionell zum Vollzug indirekter Sprechakte benutzt werden, und solchen, die nicht in dem Maße oder gar nicht
konventionalisiert sind. Zur ersten Gruppe zählen die klassischen Beispiele *Kannst
Du mir das Salz reichen?* oder *Können Sie mir sagen, wie spät es ist?*. Wegen
der auftretenden illokutiven Indikatoren (Verbstellung, Intonation etc.) könnte man
vermuten, daß es sich hier um Fragen handelt, um Fragen, die sich auf bestimmte
Fähigkeiten des Angesprochenen beziehen. De facto ist es aber so, daß solche
Äußerungen konventionell als Aufforderungen gemeint sind und nur aus Höflich-

keitsgründen als Fragen formuliert werden. Anders ist es bei einer Äußerung wie *Die Kleine hat die Windeln voll*. Dies kann eine Feststellung sein; es kann aber auch eine Aufforderung sein, die Windeln zu wechseln. Nur in diesem Fall liegt ein indirekter Sprechakt vor, der zu der Gruppe der nicht-konventionalisierten, indirekten Sprechakten zählt.

Eine explizite Auseinandersetzung mit dem Phänomen der Indirektheit finden wir bei SEARLE erst in einem Aufsatz von 1975, *Indirect Speech Acts*.[71] In seiner Analyse von indirekten Sprechakten nimmt SEARLE Bezug auf die oben dargestellten Glückensbedingungen. Seine These ist, daß indirekte Sprechakte dadurch vollzogen werden, daß eben diese Glückensbedingungen thematisiert werden. Machen wir uns dies an einem Beispiel klar: Die Äußerung *Ich möchte, daß du jetzt gehst* ist nicht nur eine Feststellung, sondern auch eine Aufforderung, gehört also zu den indirekten direktiven Sprechakten. Eine Glückensbedingung für Aufforderungen ist: Der Sprecher hat tatsächlich den Wunsch, daß der Hörer die Handlung ausführt. Mit der Äußerung *Ich möchte, daß du jetzt gehst* thematisiert der Sprecher genau diese Glückensbedingung, d.h. er stellt explizit fest, daß er eine bestimmte Handlung wünscht - und fordert damit implizit auf, diese Handlung auszuführen.

SEARLE geht prinzipiell davon aus, daß indirekte Sprechakte immer zwei Illokutionen haben, eine wörtliche (sekundäre) und eine nichtwörtliche (primäre) Illokution. Die sekundäre Illokution ergibt sich unmittelbar aus den in der Äußerung verwendeten sprachlichen Indikatoren, die andere wird vom Hörer über ein spezielles Räsonnement erschlossen. So weisen in der Äußerung *Die Kleine hat die Windeln voll* die Stellung des finiten Verbs und der Indikativ auf eine Feststellung hin. Daß der primäre Illokutionszweck hier aber eine Aufforderung sein könnte, muß erst aus der sekundären, aus der wörtlichen Illokution abgeleitet werden.

Die Auffassung, daß bei indirekten Sprechakten zwei Illokutionen gleichzeitig vorliegen, wurde von SÖKELAND 1980 kritisiert. Dieser geht davon aus, daß indi-

---

71 Im deutschsprachigen Raum haben MAAS/WUNDERLICH bereits 1972 Beispiele für indirekte Sprechakte angeführt. WUNDERLICH listet insgesamt 18 verschiedene Äußerungen auf, anhand derer er zeigt, daß ganz verschiedene Äußerungen ein und dieselbe kommunikative Funktion haben können. (vgl. MAAS/WUNDERLICH 1972:123f.). Hier eine Auswahl: *Monika, kannst du mal das Fenster zumachen*; *Monika, das Fenster steht auf*; *Monika, warum machst du nicht das Fenster zu?*; *Monika, es zieht*.

rekte Sprechakte aus einer Basisillokution und einer intendierten Illokution bestehen, die Basisillokution aber nur potentiell vorhanden ist und in vielen indirekten
Sprechakten unterdrückt wird. Dies ist z.b. der Fall, wenn die tatsächliche Illokution mit der Basisillokution inkompatibel ist wie in der Äußerung *Wann hast du
eigentlich zum letzten Mal abgewaschen?*, in der der Sprecher entweder eine
Frage stellen oder sich beschweren möchte, aber nicht vernünftigerweise beide Illokutionen gleichzeitig realisieren möchte (Bsp. aus SÖKELAND 1980:32).

Noch einmal zurück zu SEARLE. Er stellt die für die Interpretation von indirekten Sprechakten zentrale Frage:

> Wie ist es dem Hörer möglich, den indirekten Sprechakt zu verstehen, wenn
> der Satz, den er hört und versteht, etwas anderes bedeutet?
>
> SEARLE (1975, zitiert nach dt. Übersetzung 1980:128)

SEARLE schlägt insgesamt 10 Schritte vor, über die der Hörer die primäre Illokution aus der sekundären Illokution ableiten kann (vgl. dazu SEARLE 1975,
1980:130-132). Hier nur soviel: neben sprachlichem Wissen spielt beim Räsonnement des Hörers auch Weltwissen eine Rolle. Weltwissen schließt beispielsweise Wissen über bestimmte Handlungsschemata ein. So weiß in der Regel der
Hörer - um nochmal auf unser obiges Beispiel zurückzukommen -, daß ein Kind
nicht in nassen Windeln liegen sollte, und folgert daraus, daß der Sprecher eine
Änderung dieses Zustandes intendiert. Ein weiterer wichtiger Faktor ist der, daß
der Hörer von der Kooperationsbereitschaft des Sprechers ausgeht und folglich
bestimmte Erwartungen an das Gespräch knüpft. Damit komme ich auf die von
dem englischen Philosophen Paul GRICE formulierten **Konversationsmaximen**.

2.7.3 Konversationsmaximen

GRICE 1968 formuliert Regeln (er nennt sie **Maximen**), die für den Gesprächsablauf gelten und denen Sprecher unbewußt Folge leisten. Diese Regeln resultieren aus einem übergeordneten, allgemeinen Prinzip, dem **Kooperationsprinzip**,
das, so GRICE, allen Gesprächen zugrundeliegt. GRICE (1968, 1979:248) erläutert
dies folgendermaßen:

> Unsere Gespräche bestehen normalerweise nicht aus einer Abfolge unzu-
> sammenhängender Bemerkungen, und wären so auch nicht rational. Sie sind

kennzeichnenderweise, wenigstens bis zu einem gewissen Maß, kooperative Bemühungen; und jeder Teilnehmer erkennt bis zu einem gewissen Grad in ihnen einen gemeinsamen Zweck ... an.

GRICE geht davon aus, daß alle Gesprächsteilnehmer das Kooperationsprinzip befolgen, d.h. versuchen, ihre Beiträge "dem akzeptierten Zweck oder der akzeptierten Richtung des Gesprächs" (1968, 1979:248) anzupassen. Wichtig ist für die weitere Untersuchung insbesondere, daß die Gesprächsteilnehmer auch von allen anderen erwarten, daß sie einen kooperativen Beitrag zum Gespräch leisten.

Was heißt es nun genau, in einem Gespräch kooperativ zu sein? GRICE führt dies an vier Maximen vor (GRICE 1968, 1979:249-250):[72]

1. Maxime der Quantität: Mache deinen Beitrag so informativ wie nötig, aber nicht informativer als nötig.

2. Maxime der Qualität: Versuche deinen Beitrag so zu machen, daß er wahr ist.

3. Maxime der Relation: Sei relevant.

4. Maxime der Modalität: Sei klar.

Die Kooperationsbereitschaft eines Gesprächsteilnehmers erkennt man beispielsweise daran, daß er versucht, sich klar, deutlich und nicht zu weitschweifig auszudrücken, sich also an die Maxime der Modalität zu halten. Im Unterschied zu den anderen Konversationsmaximen bezieht sich diese Maxime also nicht darauf, **was** gesagt wird, sondern **wie** etwas gesagt wird.

Es soll aber nicht der Eindruck entstehen, in der Kommunikation würden diese Maximen jederzeit gelten und alle Sprecher würden sich daran halten. Wie wir gleich noch sehen werden, verstoßen Sprecher oft genug dagegen. Worum es vielmehr geht, ist, daß diese Maximen Erwartungen ausdrücken, die wir alle an ein Gespräch bzw. an unsere Gesprächspartner haben. Es stellt sich natürlich zum einen die Frage, ob nicht noch weitere Maximen formuliert werden müßten, zum anderen, was genau unter diesen Maximen zu verstehen ist. Wann z.B. ist ein Gesprächsbeitrag "informativ"? Und kann man informativ sein, ohne relevant zu sein, also ohne zur Sache zu sprechen? Sind die Maximen also gleichgeordnet,

---

72 GRICE spricht in Anlehnung an Kant von vier 'Kategorien' (Kategorien der Quantität, Qualität, Relation und Modalität), unter die z.T. mehrere Maximen fallen. Ich werde diese Kategorien, wie in der neueren linguistischen Literatur üblich, als Maximen bezeichnen.

wie GRICE annimmt, oder gibt es hier eine Hierarchie? Zu diesen und anderen Kritikpunkten vgl. KEMMERLING (1991:331f.).

Was ist nun, wenn ein Gesprächsbeitrag den eben genannten Maximen nicht genügt, wenn also z.b. in einem Gespräch ein Teilnehmer - nennen wir ihn XY - statt eine Antwort zu geben plötzlich das Thema wechselt? Damit liegt im GRICE-schen Sinne ein Verstoß gegen die Maxime der Relation vor, da XY zur Sache selbst nichts gesagt hat. Die anderen Gesprächsteilnehmer müßten dann eigentlich davon ausgehen, daß XY nicht kooperativ ist, da er gegen eine Konversationsma-xime verstößt. Interessant ist nun zu beobachten, daß diese Schlußfolgerung in der Regel nicht gezogen wird, daß also der Beitrag von XY auf eine Art und Weise interpretiert wird, die in Einklang mit dem Kooperationsprinzip steht.

Um dies an einem Beispiel angelehnt an GRICE 1968 zu verdeutlichen: Wenn XY in einem Gespräch über einen gemeinsamen Bekannten unvermittelt davon spricht, daß dieser noch nicht im Gefängnis gelandet ist, so werden sich die ande-ren Gesprächsteilnehmer fragen, warum XY das Thema gewechselt hat. Daß sie sich diese Frage überhaupt stellen, liegt eben daran, daß sie davon ausgehen, daß XY kooperativ ist, auch wenn sein Beitrag "dem akzeptierten Zweck" des Ge-sprächs auf den ersten Blick nicht entspricht. Hier zeigt sich, wie stark das Ko-operationsprinzip den Gesprächsablauf beeinflussen kann: Selbst wenn es nicht of-fensichtlich ist, daß sich der andere an dieses Prinzip hält, wird die Gültigkeit des Kooperationsprinzips immer vorausgesetzt!

Jeder Gesprächsteilnehmer wird also Vermutungen darüber anstellen, was XY mit dieser nicht zur Sache gehörenden Bemerkung gemeint haben kann. Man könnte beispielsweise zu dem Schluß kommen, daß der gemeinsame Bekannte kriminelle Handlungen begangen hat. Dies wird aber nicht wörtlich gesagt, son-dern - in GRICEs Terminologie - **impliziert**. Sprecher verstoßen in der Konversa-tion oft ganz bewußt gegen eine Konversationsmaxime, weil sie wissen, daß ihr Adressat sich dann fragen wird, was wohl mit der - offensichtlich eine Maxime verletzenden - Äußerung gemeint sein könnte.

Für GRICE resultieren Implikaturen also aus dem Konflikt zwischen nicht be-folgter Konversationsmaxime und weiterhin gültigem Kooperationsprinzip: Um diesen Konflikt zu lösen, stellen Gesprächsteilnehmer überhaupt Räsonnements an, die sie zu dem bringen, was zwar gemeint ist, aber nicht wörtlich gesagt wird. Diese **Implikaturen** bezeichnet GRICE auch als konversationell. Für sie gilt, was zur Einleitung des Pragmatikkapitels über nicht-wörtliche Bedeutung gesagt wurde: Sie sind variabel, d.h. sie hängen von der Äußerungssituation ab, und sie sind streichbar, d.h. sie können vom Sprecher zurückgenommen werden, ohne daß die Äußerung zu einem Widerspruch führen würde.

Das Konzept der konversationellen Implikatur ist besonders geeignet zur Beschreibung von ironischen oder metaphorischen Äußerungen, denn diese sind mit einer semantischen Analyse nicht erfaßbar. So ist mit der Bemerkung "X ist ein feiner Freund" in bestimmten Kontexten gerade das Gegenteil gemeint, dies ist aber aus der wörtlichen Bedeutung nicht erschließbar. Für GRICE 1968 (1979:258) liegt hier ein Verstoß gegen die Maxime der Qualität vor (= Versuche deinen Beitrag so zu machen, daß er wahr ist). Dies führt dann auf seiten des Hörers zur Herleitung einer Implikatur, wenn die Äußerung in Widerspruch zu seinem Weltwissen steht.

Von der konversationellen Implikatur unterscheidet GRICE die sog. **konventionelle Implikatur**. Sie ist **nicht** abhängig von der Äußerungssituation, sondern erschließbar über die "konventionale Bedeutung der verwandten Worte" (GRICE 1968, 1979:247); sie bleibt daher immer konstant. Hier ein Beispiel: In dem Satz *Sogar Peter weint* wird durch das Wörtchen *sogar* konventionell impliziert, daß Peter normalerweise nicht weint. Dies ergibt sich zwar aus der wörtlichen Bedeutung, ist aber nicht selbst Teil der wörtlichen Bedeutung und insofern nur impliziert.

Konventionelle Implikaturen entstehen also aufgrund der vorkommenden sprachlichen Elemente, konversationelle Implikaturen müssen aus dem Kontext rekonstruiert werden. Diese Trennung ist aber gerade in Grenzfällen nicht einfach. Wann ist eine Implikatur nur über den Kontext rekonstruierbar, wann folgert sie aus dem Gesagten selbst? Verschiedene Tests zur Unterscheidung der beiden Typen wurden vorgeschlagen, doch liefern diese alle nur notwendige, keine hinreichende Bedingungen. So auch der Test mit der "Verstärkbarkeit", auf den KEMMERLING (1991:331) hinweist:

> ... die Idee dabei ist, daß sich ein konversationales Implikat explizit in die Äußerung hinzunehmen läßt, ohne daß die entstehende Äußerung in angreifbarer Weise redundant wäre - während dies bei konventionalen Implikaten gerade nicht gilt.

Beispielsweise kann ein konversationelles Implikat der Äußerung *Es regnet* die Aufforderung sein, einen Schirm mitzunehmen. Diese Aufforderung ließe sich in der Äußerung hinzufügen, ohne daß diese Hinzufügung als überflüssig angesehen würde: *Es regnet, nimm daher bitte einen Schirm mit.*

GRICE selbst geht es gar nicht um eine scharfe Trennung von konversationeller und konventioneller Implikatur. Im Mittelpunkt seiner Untersuchung steht nur die konversationelle Implikatur, denn nur dieser Implikatur-Typ ergibt sich aus dem Verstoß gegen die Konversationsmaximen.[73]

Zum Schluß dieses Kapitels noch eine Bemerkung zum Zusammenhang zwischen SEARLES Analyse indirekter Sprechakte und GRICES Kooperationsprinzip. Nicht von ungefähr nimmt SEARLE auf GRICE Bezug, wenn er 10 Schritte auflistet, die zur Herleitung der primären Illokution nötig sind, denn indirekte Sprechakte können überhaupt nur verstanden werden, wenn man annimmt, daß der Sprecher kooperativ ist. Würde der Hörer dies nicht annehmen, würde er ein solches Räsonnement gar nicht anstellen.

2.8 Schlußbemerkungen

Zum Abschluß dieser Einführung in die germanistische Linguistik gebe ich noch einen knappen Überblick über die Entwicklung der Sprachwissenschaft in Deutschland, um dem Leser eine wissenschaftsgeschichtliche Einordnung der hier vorgestellten linguistischen Theorien zu ermöglichen.

Im 19. Jahrhundert spielte in Deutschland die historisch-vergleichende Sprachwissenschaft eine führende Rolle. Ihr Ziel war, die Entwicklung der einzelnen Sprachen nachzuzeichnen (daher 'historisch') und die Zusammenhänge zwischen einzelnen Sprachen zu erforschen (daher 'vergleichend'). Ausgangspunkt dieser Untersuchungen war die Annahme, daß alle indogermanischen Sprachen auf eine gemeinsame Ursprache zurückführbar seien und sich diese durch Sprachvergleich rekonstruieren lasse. Insbesondere mit dem lautlichen Wandel in den einzelnen Sprachen beschäftigten sich in der zweiten Hälfte des 19. Jahrhunderts die sog. Junggrammatiker. Zu den Junggrammatikern zählten Leipziger Sprachwissenschaftler wie Hermann Paul, Karl Verner, B. Delbrück und anfangs auch Ferdi-

---

73 Die GRICEschen Beispiele für konversationelle Implikaturen (GRICE 1968, 1975:255-262) sind im übrigen alle so gewählt, daß es sich um eindeutige Fälle von konversationell Implikatiertem handelt.

nand de Saussure, der in Leipzig studierte. Den Junggrammatikern wurde später vorgeworfen, daß sie sich in ihren Untersuchungen nur auf die Beschreibung von Einzelvorgängen konzentrierten, aber nicht das ganze System betrachteten. HELBIG (1973[2]:17) erläutert diese Kritik an folgendem Beispiel:

> So wird etwa die Entwicklung des Lautes "a" von der althochdeutschen bis in die neuhochdeutsche Zeit betrachtet, ohne daß man die Rolle dieses Lautes im System der betreffenden Sprachstufen (sein Verhältnis zu anderen Lauten) genau untersuchte.

Doch das wollten die Junggrammatiker auch nicht, da in ihrem positivistischen Denken das System als Ganzes eine Abstraktion darstellt und nur einzelne konkrete Sprachäußerungen untersucht werden können. Das folgende Zitat von Hermann PAUL (1966[7]:11) macht dies deutlich:

> Das wahre Objekt für den Sprachforscher sind vielmehr sämtliche Äußerungen der Sprechtätigkeit an sämtlichen Individuen in ihrer Wechselwirkung aufeinander.

Darin zeigt sich der grundlegende Unterschied zum Strukturalismus Ferdinand DE SAUSSUREs, der zwar aus dem Kreise der Junggrammatiker kommt, aber vermutlich schon früh mit ihrem fast dogmatisch zu nennenden Denken gebrochen hat. DE SAUSSUREs letzter Satz im *Cours* (1967[2]:279) steht der Äußerung PAULs diametral entgegen:

> Die Sprache **an und für sich selbst betrachtet** (Hervorhebung von mir, C.D.) ist der einzige wirkliche Gegenstand der Sprachwissenschaft.

Im Ausland fand DE SAUSSUREs neuer Ansatz schon bald große Verbreitung, wie auch die Entwicklung verschiedener, vom Strukturalismus beeinflußter Schulen zeigt (vgl. Kap.2.2). In Deutschland dagegen blieben die meisten Sprachwissenschaftler noch bis in die 50er Jahre dieses Jahrhunderts der historisch-vergleichenden Sprachanalyse treu. Erst 1952 erschien mit der Arbeit von Hans GLINZ, *Die innere Form des Deutschen*, eine strukturalistisch orientierte Untersuchung, die zwar von WEISGERBERs inhaltbezogener Grammatik beeinflußt ist, aber bereits in der Einleitung explizit auf DE SAUSSURE Bezug nimmt.[74] Im Vergleich zum Strukturalismus wurde die Theorie der Generativen Grammatik, die CHOMSKY Ende der 50er Jahre in den USA entwickelte, in Deutschland rasch aufgenommen. Neben der Generativen Grammatik etablierte sich in Deutschland Anfang der 70er Jahre mit den Arbeiten von Dieter WUNDERLICH aber auch die Pragmatik. In der Pragmatik wird, wie wir gesehen haben, der Schwerpunkt nicht auf die formale Analyse von Sprache gelegt, sondern auf die Funktion sprachlicher Äußerungen. Dieser Aspekt war in den generativen Arbeiten völlig vernachlässigt worden.

Neben der "pragmatischen Wende" wird in der Wissenschaftsgeschichte auch von einer "kognitiven Wende" gesprochen. Sie nahm in der Psychologie ihren Anfang: Während in den 60er Jahren insbesondere das objektiv beobachtbare Verhalten Gegenstand psychologischer Studien war, geht es heute um das Studium der mentalen Strukturen und Prozesse, d.h. um das, was gerade nicht der unmittelbaren Beobachtung zugänglich ist. Auch die Linguistik wird neuerdings als kognitive Wissenschaft definiert, deren Aufgabe es ist, das menschliche Sprachvermögen zu beschreiben und damit Einsicht in einen Teilbereich der menschlichen Kognition zu geben. Zahlreiche neuere linguistische Arbeiten sind diesem Thema gewidmet (vgl. zu einem Überblick SCHWARZ 1992, *Einführung in die kognitive Linguistik*). In der neueren, kognitiv ausgerichteten Sprachwissenschaft, zu der auch die Generative Grammatik zählt, ist somit "der einzige wirkliche Gegenstand der Sprachwissenschaft" nicht mehr die Sprache, sondern das menschliche Sprachvermögen.

---

74 In der inhaltbezogenen Grammatik geht es nicht um die Analyse der Sprache als statisch-strukturiertes Gebilde, sondern um die "sprachliche Zwischenwelt". Diese existiert zwischen der außersprachlichen Wirklichkeit und der Sprache. Da die verschiedenen Sprachgemeinschaften die außersprachliche Wirklichkeit unterschiedlich wahrnehmen, variiert die sprachliche Zwischenwelt von Sprache zu Sprache (vgl. WEISGERBER 1962).

3 EINFÜHRUNG IN DAS STUDIUM DER ÄLTEREN DEUTSCHEN SPRACHE

Das Germanistikstudium (oder: Studium der deutschen (fr.: germanischen) Philologie) war in seinen Anfängen im frühen 19. Jh. zunächst ganz historisch orientiert, d.h. auf die Entwicklung der deutschen Sprache und Literatur von ihren Anfängen her ausgerichtet. Sprache und Literatur der jeweiligen Gegenwart wurden dabei vernachlässigt. Die Gründe für diese Blickweise (aller neueren Philologien) sind sowohl in der Auswirkung der spätromantischen Besinnung auf die jeweilige nationale Geschichte und Kultur zu suchen als auch in der seit dem 18. Jh. (bei Vico, Herder, Goethe u.a.) beginnenden Durchsetzung des Entwicklungsgedankens, der im 19. Jh. auf den geisteswissenschaftlichen Historismus wie auch auf das naturwissenschaftliche Kausalitätsdenken und Entdecken einwirkte. Mit dem historischen Begreifen von Sprache und Literatur wuchs zugleich die Einsicht, daß bestimmte Phänomene aus ihrer historischen Entwicklung besser zu begreifen sind als allein aus ihrer gegenwärtigen Erscheinung.

Im Bereich der Sprachwissenschaft konnten so auch scheinbar systemwidrige Unregelmäßigkeiten (wie z.B. die Flexion der sog. unregelmäßigen Verben) erklärt werden. Im Bereich der Literatur konnte mit der Kenntnis älterer Dichtungen vorangegangener Generationen das Verständnis für frühere Kulturzustände und ihre Veränderungen (und somit auch für literarische Produktionsbedingungen), aber auch für die Entwicklung von Gattungen, Ausdrucksformen, Stoffen, Motiven und anderen literarischen Strukturen geweckt und erweitert werden. Aus dem literarischen Vergleich zwischen vorgegebenen und neuen Literaturwerken lassen sich oft erst Maßstäbe für die literarische Wertung gewinnen.

Die einseitige nur historische Orientierung der germanistischen Sprach- und Literaturwissenschaft des 19. Jh. ist inzwischen aufgegeben; eine **synchrone** (jeweils systembezogene 'zeitgleiche') Sprachwissenschaft (Linguistik) ist im Begriff, die nur **diachrone** (historisch-vergleichende) Forschung immer mehr zu ergänzen (und zurückzudrängen).

Auch in der Literaturwissenschaft zählen inzwischen Inhalte, Gehalte und Formen der Gegenwartsliteratur sowie ahistorische und historische Analysemethoden ebenfalls zum wissenschaftlichen Repertoire. Neben diesen neueren Betrachtungsweisen gehört aber die exemplarische sprachgeschichtliche und literaturgeschichtliche Erfassung von Formen und Inhalten der älteren Sprach- und Literaturstufen des Deutschen auch heute noch zu den unerläßlichen Inhalten eines Germanistikstudiums.

3.1 Die Vorstufen der deutschen Sprache

Will man die deutsche Sprache in ihrer jetzigen Form verstehen und nicht nur die gegenwärtigen Erscheinungen konstatieren, so muß man sich ihrer Entwicklung zuwenden, denn die meisten der heutigen 'Systemwidrigkeiten' gehen bis auf Sprachregeln der germanischen (germ.) oder althochdeutschen (ahd.) Zeit zurück. Die Sprachgeschichte orientiert jedoch nicht nur über die Herkunft einzelner Lauterscheinungen, sie vermag auch das Werden und die Entwicklungstendenzen einer Sprache deutlich zu machen.

Noch vor wenigen Jahrzehnten war es in einem Germanistikstudium obligatorisch, daß man sich Kenntnisse über die Vorgeschichte und die Entwicklung der deutschen Sprache durch Seminare über die historische Grammatik und Textanalyse des Gotischen, des Althochdeutschen (evtl. auch des Altsächsischen) und des Mittelhochdeutschen verschaffte. Diese Anforderungen sind heute allerdings reduziert.

Das **Gotische** (got.), die Sprache der Bibelübersetzung des westgot. Missionsbischofs Ulfilas aus dem 5. Jh. n.Chr., die heute noch im *Codex argenteus* in Uppsala/Schweden bewahrt wird, gilt als früheste überlieferte germ. Sprache. Obwohl es sich hierbei um eine ostgerm. Sprache handelt, die keine unmittelbare Vorstufe der zum Westgerm. zählenden deutschen Sprache darstellt, dient sie vor allem der Veranschaulichung der Unterschiede des Germanischen gegenüber dem Indogermanischen (Idg.).

Auch das **Altsächsische** (as.), die Sprache der Bibelepen *Heliand* und *as. Genesis* aus dem 9. Jh., steht noch auf der germ. Sprachstufe, zeigt allerdings Unterschiede gegenüber dem Got.

Erst mit dem **Althochdeutschen** (ahd.), der Sprache des südlicheren Deutschlands im 6. - 11. Jh., und dem **Mittelhochdeutschen** (mhd.), der deutschen Sprache im 12. - 15. Jh., in der die meisten deutschen Texte des Mittelalters verfaßt sind, begegnen wir Vorstufen der heutigen deutschen Sprache, des **Neuhochdeutschen** (nhd.).

3.2 Das Indogermanische und seine Merkmale

Die deutsche Sprache zählt zur Gruppe oder Sprachfamilie der germ. Sprachen, die wiederum zum großen **indogerm.** (idg.) oder **indoeuropäischen** (ide.) Sprachstamm bzw. zur idg./ide. **Sprachfamilie** gehören, die zahlreiche Sprachen zwischen Indien und Island umfaßt. Es gehören dazu z.B. fast alle europäischen Sprachen (bis auf das Ungarische, Finnische, Lappisch-Samische, Estnische und Baskische). Die Konstruktion einer solchen idg./ide. Gemeinsprache, die am Beginn der Geschichte der betreffenden Einzelsprachen stehen soll, erfolgte aufgrund von Sprachenvergleichen durch die Sprachwissenschaftler W.Jones (1786), F.Schlegel (1808), R.Rask (1814/18) und F.Bopp (1816). Der frühe Germanist Jakob Grimm hat als erster eine Reihe von Lautgesetzen über die Differenzierung der germanischen Sprachen von anderen idg. Sprachen rekonstruiert.

Über die Herkunft und Ausbreitung der idg./ide. Protosprache gibt es verschiedene Theorien. Es wird angenommen, daß es sich um eine dialektreiche flektierende Sprache gehandelt hat, die vor rd. 5000 Jahren im Gebiet der Kurgan-Kultur nördlich des Kaspischen Meeres und dann zwischen der Ostsee und dem Schwarzen (oder Kaspischem) Meer beheimatet war und später aufgrund der Wanderung einzelner Sprachgruppen in die jetzigen Sprachgebiete getragen und weiter differenziert wurde. Auf eine gemeinsame Herkunft dieser Gruppen (Völker?) als Viehzüchter und Ackerbauern weisen noch viele 'gemeinsame' Tier- und Pflanzennamen, Zeitangaben, Mythen und religiöse Vorstellungen. Auch aus dem Fehlen der Wörter für andere Lebensbereiche (z.B. die Seefahrt) kann man auf ein gemeinsames Leben in einem Binnengebiet schließen. Die frühesten schriftlichen Zeugnisse dieser idg./ide. Einzelsprachen (sanskrit., hethit., tochar., vorgriech.) reichen bis ins 2.Jahrtausend v. Chr. zurück. Zu dieser Zeit war die idg./ide. Gemeinsprache schon in Auflösung oder bereits erheblich differenziert. Die frühen lexikalischen und morphologischen Sprachbelege der idg./ide. Einzelsprachen, aus denen man auf eine einstige gemeinsame Sprache schließt, zeigen so manche eigensprachliche Abweichung, bestätigen darin aber auch die Annahme einer gemeinsamen Vorstufe. Einige Beispiele seien hier angeführt:

nhd.	*Mutter*	*Vater*	*drei*	*neu*	*ist*	*gebäre (=trage)*
engl.	*mother*	*father*	*three*	*new*	*is*	*bear*
got.	-	*fádar*	*Þreis*	*niujis*	*ist*	*baira*
russ.	*matj*	-	*tri*	*novij*	*jestj*	*beru*
lit.	*mótyna*	-	*trys*	*nâujas*	*êsti*	
griech.	*mêtér*	*patér*	*treîs*	*néos*	*esti*	*phéro*
lat.	*mâter*	*pater*	*três*	*novus*	*est*	*ferô*
sanskr.	*mâtár*	*pitár*	*tráyas*	*návya*	*asti*	*bhárâmi*
*idg.	**mâtér*	**pëtér*	**treies*	**néuo*	**esti*	**bhéremi*

Mit * versehene Formen sind nicht schriftlich überliefert und rekonstruiert

Neben den Übereinstimmungen oder Ähnlichkeiten im Wortschatz stehen die Gemeinsamkeiten des Lautsystems und der Sprachstruktur. Das Lautsystem des Idg. unterlag wahrscheinlich am frühesten manchen Wandlungen. So läßt sich innerhalb der idg. Sprachen eine Zweiteilung bei bestimmten Wörtern feststellen, die entweder mit der Tenuis *k* oder der Dentalspirans *s* anlauten, z.B. beim idg. Zahlwort für 'einhundert', vgl. altind. *satem* : lat. *centum*. Dementsprechend spricht man von **satem- und centum-Sprachen**. Zu den Satem-Sprachen gehören vor allem die östlichen idg. Sprachen: slawisch, altindisch, iranisch, armenisch, albanisch, baltisch, pelasgisch(?); zu den Kentum-Sprachen gehören: griechisch, italisch (m. lat. u.a.), venetisch, illyrisch, phrygisch (?), keltisch, germanisch, hethitisch, tocharisch. Weitere Vokal- und Konsonantenänderungen zwischen den einzelnen idg. Sprachen haben sich wahrscheinlich schon früh vollzogen (vielleicht ähnlich dialektalen Differenzierungen).

3.3   Die Entwicklung des Germanischen

3.3.1   Die 1. (germanische) Lautverschiebung

Das **Germanische** (Ur- oder Gemeingermanisch) als die ältere und umfassendere Vorstufe der deutschen Sprache hat sich vor allem durch einen Wandel bestimmter Konsonanten und Vokale vom Idg. abgehoben. Diese Lautwandlungen, die nur durch den Vergleich der frühen germ. mit nichtgerm. idg. Sprachzeugnissen erschließbar und daher auch nicht genau datierbar sind (sie vollzogen sich evtl. schon im 2. oder 1.Jtsd. v. Chr.), beruhen wie ähnliche spätere Vorgänge in anderen Sprachen auf sprachlichen Mischungs- und Ausgleichsvorgängen bei der Unterwerfung fremder Völker, denen die Sprache der Sieger aufgezwungen wurde, die jedoch im Munde der Besiegten ihren Lautcharakter änderte (sog. **Substrattheorie**). Auch manche innerhalb der idg. Gemeinsprache bereits vorhandenen Dialektunterschiede dürften nach der Nordwestwanderung der Germanen stärker sichtbar geworden sein.

Als auffälligste Lautwandlungen des German. gegenüber dem Idg. haben die von JAKOB GRIMM entdeckten Konsonantenänderungen zu gelten, die unter dem Begriff der **1.(germ.) Lautverschiebung** (LV, engl. *Grimms law*, sog. *Standardtheorie*) zusammengefaßt werden. Es handelt sich dabei um drei idg. Konsonantengruppen, die dabei Veränderungen erfahren (vereinfacht dargestellt):

1. die idg. Tenues *p t k* und die selteneren behauchten Tenues *p' t' k'* werden im Germ. zu den stl. Spiranten *f Þ h* (*Þ* gespr. wie engl. stl. *th*), vgl. z.B. griech. *treis* : got. *Þreis*; lat. *pater* : got. *fadar*; lat. *pecus* : ahd. *fihu.*
2. die idg. behauchten Mediae (m. aspiratae) werden germ. zu sth. Spiranten *b đ ǥ*, die später meist zu den sth. Mediae *b d g* werden (*d* ahd. zu *t*), vgl. z. B. aind. *bhrâtar* : got. *brôÞar*; aind. *nâbhas* : as. *nebal*, ahd. *nebul* (nhd. *Nebel*); griech. *Xortos (khortos)* : got. *gards* (nhd. *Garten*).
3. die idg. sth. Mediae *b d g* werden germ. zu stl. Tenues *p t k*, vgl. z.B. lit. *slâbnas* : mnd. *slap* (nhd. *schlaff*); griech. *démô* : got. *timrjan* (nhd. *zimmern*); lat. *ager* : ahd. *akar, acker*; lat. *gelidus* : got. *kalds* : ahd. *kalt.*

3.3.2 Die germanische Akzentänderung und der 'grammatische Wechsel'

Bedeutsam wurde in diesem Zusammenhang für die Eigenentwicklung des Urgermanischen und der späteren germ. Einzelsprachen die Abkehr von den bisherigen idg. Akzentverhältnissen. Die idg. Gemeinsprache wies wahrscheinlich ebenso wie ihre Nachfolgesprachen (mit Ausnahme des Germ., zeitweise auch des Ital.) einen je nach Wortlänge und Wort- und Satzform freien dynamischen (stoßhaften) oder musikalischen (tönenden) **Wortakzent** auf. Der dadurch mögliche bzw. notwendige Akzentwechsel zeigt sich z.B. im (systematisierten) lat. Akzent bei *Róma : Románus : Romanórum : Romanorúmque.*

Demgegenüber ging das Germanische zur Festlegung des Wortakzents auf die erste Silbe über (**Anfangsbetonung; Initialakzent**), die meistens zugleich Wurzelsilbe des Wortes war (Ausnahme: nhd. *Antwort ; Urlaub*). Diese germ. Betonungsänderung hatte nicht nur Änderungen im Lautbestand zur Folge, sondern führte in der Weiterentwicklung des Germ. zu einer zunehmenden Reduzierung der Wortendungen und damit der morphologisch wichtigen Wortteile, die die grammatische Funktion der Wörter anzeigen (Themazeichen; Flexionsendungen). Mit diesen Reduktionen konnte sich der Bau der Sprache selbst wandeln. Die **synthetische Sprachstruktur** des Idg., in der die grammatischen Kategoriensignale am Einzelwort sichtbar waren, ging so in zunehmenden Maße verloren, daß neue Kennzeichen (z.B. Hilfsverben, Artikel) neben den Wörtern notwendig wurden, was zur **analytischen Sprachstruktur** führte. Dieser Prozeß gelangte allerdings erst im Mittelalter und in der frühen Neuzeit zur vollen Auswirkung, wobei die einzelnen germ. Sprachen auch unterschiedlich betroffen sind (das Engl. z.B. stärker als das Deutsche).

Die germ. Anfangsbetonung trat nicht sogleich mit der 1. LV auf. Das Nachwirken des wechselnden idg. Wortakzents wird noch in dem von J.Grimm so benannten, aber erst durch den dänischen Sprachforscher Carl Verner (1846-96) erklärten '**grammatischen Wechsel**' sichtbar, der noch heute im Deutschen zwischen stl. und sth. Konsonanten im gleichen Wort oder in der gleichen Wortfamilie erfolgt, vgl. z.B. *schneiden : schnitten; bedürfen : darben; gewesen : waren* u.a.m.

Nach dem **Vernerschen Gesetz** wurde ein aus der 1. LV herrührender stl. Reibelaut (*f th h*) zum sth. Reibelaut (Spiranten) und später zur reinen Media (*b d g*), wenn dieser in sth. Nachbarschaft stand (Vokal oder sth. Konsonant) und der unmittelbar vorausgehende Vokal nicht den Hauptton (Akzent) trug. Dies war vor allem im Prät.Pl. zahlreicher st.Verben der Fall, die deshalb im Ahd. und Mhd. 'grammatischen Wechsel' zeigen. Bei idg. stl. *s* trat eine analoge Entwicklung ein: Es wurde unter gleichen Bedingungen zum sth. *z*, das (durch **Rhotazismus**) im West- und Nordgerm. zu *r* überging.

In nhd. Zeit wurden die zahlreichen 'grammatischen Wechsel' um der orthographischen Einheitlichkeit willen (und aus Systemzwang) bis auf wenige Ausnahmen beseitigt.

Nach Vorstellung mancher Grammatiker ist ein ähnlicher phonetischer Wechsel zwischen stl. und sth. Spirans noch in der Aussprache von *Hannover* (stl.) : *Hannoveraner* (sth.) und *Nerven* (stl.) : *nervös* (sth.) gegeben.

Gegenüber J. GRIMMs Erklärung der Lautverschiebungen der Dentale, der sog. *Standardtheorie*, vertritt der Münchner Linguist THEO VENNEMANN seit 1984 eine andere Erklärung in der (noch umstrittenen) **Bifurkationstheorie** (=Verzweigungstheorie). Nachdem in der Indogermanistik bereits einige der GRIMMschen Annahmen, besonders zur Entwicklung der dentalen mediae aspiratae modifiziert wurden, nimmt VENNEMANN für die Dentalentwicklung eine 'innergermanische LV an, die die aus den 'paläogerm.' Þ entstandenen urgerm. stl. Dentale (t') gleichzeitig in eine 'niedergerm.' th-Reihe und eine 'hochgerm.'ts-Reihe verzweigt habe. Das Urgerm. habe sich in einer urgerm. LV aus dem 'Paläogerm.' entwickelt, das er als eine idg. Mundart neben anderen ansieht.

3.3.3 Weitere germanische Konsonantenänderungen

Als eine weitere konsonantische Besonderheit aus der Zeit der 1. LV gilt bis heute die Bewahrung unverschobener *p t k* nach idg. stl. *s* (*sp, st, sk* (mhd.>*sch*)).

Aus germ. Zeit stammt auch die **Spirantisierung** der labialen (*p, b*), gutturalen (*k, g*) und dentalen (*t, d*) **Verschlußlaute vor einem t** im Anlaut einer ursprünglichen Folgesilbe, z.B. ahd. *gift* <*gifti : geben*; nhd. *Schrift : schreiben*; nhd. *Macht, vermochte : mögen*; *Tracht : tragen*; mhd. *wesse, weste : wizzan* < *witan*; vgl. auch lat. *rectus : regere*, nhd. *richtig*.

Diese Erscheinung wird verschieden erklärt und verschieden bezeichnet (= **germ. Spirantenregelung**; Dentalangleichung, Primärberührungseffekt).

Beim Zusammentreffen zweier Dentale vollzog sich häufig eine **Assimilation** des *s* mit dem folgenden *t* zu *ss, s* (vgl. z.B. mhd. *wesse* < *weste* (nhd. *wußte*). Eine Sonderregelung ergab sich bei vorangehendem Nasal vor einer *ht*-Verbindung oder einfachem *h*. Nach einer besonders im Nordseegermanischen gültigen, aber z.T. bis heute nachwirkenden Lautregel erfolgte vor spirantischem h **Nasalausfall**, der eine **Ersatzdehnung** des vorangehenden Vokals bewirkte, vgl. z.B. mhd. *denken* : *dâhte* (nhd. *dachte*); mhd. *bringen* : *brâhte (brachte)*; mhd. *fâhen* : *fienc (fangen* : *fing)*. (= **Nasalspirantenregelung**)

Der germ. **Konsonantenbestand** erfuhr zudem im westgerm. Bereich eine Variation durch die sog. **westgerm. Konsonantengemination.** Sie führte zur Verdopplung einfacher Konsonanten (außer *r*) vor folgendem *j*, seltener vor folgendem *w, r, l, n, m*, vgl. z.B. got. *bidjan* : ahd. *bitten*; got. *sibja* : as. *sibbia* : nhd. *Sippe*; got. *akrs* : ahd. *akkar (Acker)*. Die Zahl der germ. Geminaten, von denen es bereits ältere **Affektbildungen** (Lallwörter, Kosewörter, Tiernamen) sowie **Assimilationsbildungen** gab, wurde dadurch erweitert. Sie erfuhr in der 2. (ahd.) LV sowie durch Kontraktionen und beim Übergang zum Nhd. noch weitere Änderungen.

3.3.4 Vokalwandlungen im Germanischen

Die **vokalischen Änderungen** des Germ. gegenüber dem Idg. sind weniger gravierend. So bleiben idg. *a, e, i, u, ê, î, ô, û, ai, au, eu* zunächst auch im Germ. erhalten. Nur idg. *o, â, ei, oi, ou* erscheinen germ. als *a, ô, î, ai, au*. Idg. *e* wird zudem got. zu *i*, idg. *ê* erscheint westgerm. und nordgerm. als *â*.

In späterer Zeit erfahren die germ. Vokale, besonders die Wurzelvokale, jedoch eine Reihe von Veränderungen, die teilweise im Zusammenhang mit der Stammsilbenbetonung stehen. Es handelt sich dabei vor allem um **regressive Assimilationen**, die mit Hilfe des Vokaldreiecks (s.u.) leichter erklärbar sind.

Im einzelnen vollziehen sich dabei verschiedene lautkombinatorische Wandlungen (unter Einfluß anderer Laute) zu verschiedenen Zeiten, die in der historischen Grammatik auch verschiedene Bezeichnungen tragen (Erhöhung bzw. Senkung, **Brechung, Vokalharmonie, Umlaut**). Dabei geht es jeweils um Angleichungen der Höhe der **Artikulationsstelle**.

(palatal)   (velar)

i   ü   u

ö

e   o

ä

a

Vokaldreieck nach CHR. FR. HELLWAG
= schemat. Darstellung der Artikulationsstelle von Vokalen im Mundraum

So wird idg. *e* germ./ahd. zu *i*, wenn die Folgesilbe *i, u* oder *Nasalverbindung* aufweist, vgl. z.B. lat. *medius* : ahd. *mitti*; ahd. *geban : (ich) gibu*; lat. *ventus* : ahd. *wind*. (**e-Erhöhung**). Umgekehrt werden idg. *i* zu *e* und *u* zu *o*, wenn in der Folgesilbe *e, a* oder *o* vorkommen (außer bei Nasalverbindung), vgl. z.B. lat. *bicarium* : ahd. *behhari* (nhd. *Becher*); idg. **uiros* : ahd. *wer-* (*Mann*); germ. **gultha* : ahd. *gold*; idg. **jugom* : ahd. *joch* (*Joch*); ahd. (*wir*) *hulfum : giholfan* (*geholfen*). (**Brechung** oder **Vokalharmonie**).

Dieser Wandel ist auch in Diphthongen wirksam: So wird idg. *eu* zu *iu* vor folgendem i, u, vor Nasalverbindung oder *w*, obd. auch vor Guttural oder Labial, vgl. z.B. ahd. *beotan >bieten : (ich) biutu* : mhd. *ich biute*; ahd. *leoht >lieht* (*Licht*) *: liuhten (< *liohtjan*). Idg. *eu* wird dagegen zu *eo >io >ie* 'gebrochen', wenn in der Folgesilbe *a, e* oder *o* steht, vgl. z.B. kelt./gall. *teuta* : ahd. *deot, diet* (*Volk*) : ahd. *diutisk* (sp. > *deutsch*, urspr = volkgemäß).

Als **regressive Assimilation** kann auch der **i-Umlaut** gelten, der sich in spätahd. Zeit durchsetzt (s.u.). Das Anord. und das Ags. kennen darüberhinaus noch einen u (w)Umlaut sowie andere Brechungsverhältnisse.

Zu diesen germ. Änderungen im Vokalinventar, die bis in die ahd. und mhd. Zeit wirksam bleiben (und deshalb mitunter für das Erkennen ahd. und mhd. Wortformen wichtig sind) kommen in früher Zeit noch einige neue Vokalbildungen hinzu. So entwickelt das Germ. zu den sonantischen Liquiden und Nasalen des Idg. (*m n l r*) einen **Schwundstufenvokal** *u*. Außerdem treten im Spätgerm./ Ahd. zur Erleichterung der silbischen Aussprache bei Konsonantenhäufungen **Sproßvokale** (Svarabhakti; Epenthesen) auf, nämlich *a, u*, vgl. z.B. germ. **akr* (got. *akrs*) > ahd. *akkar* (nhd. *Acker*); ähnlich **fugl > fugal* (*Vogel*).

3.3.5 Formwandlungen (Ablaut, schwache Verben, Präteritopräsentia)

Die Ausgliederung des Germanischen aus dem idg. Zusammenhang erschöpfte sich nicht in den skizzierten lautlichen Änderungen. Sie führte auch - soweit dies aus dem Vergleich mit anderen idg. Sprachen erkennbar ist - zur Ausbildung eigener grammatischer Formkategorien. Die wichtigsten davon sind:
1. die Ausbildung des Systems starker Verben mit Hilfe des Ablauts,
2. die Bildung schwacher Verben,
3. die Reduzierung des idg. Verbalsystems,
4. die Reduzierung der idg. Nominalflexionen.

3.3.5.1 Ablaut

Unter einem **Ablaut** (Begriff von JAKOB GRIMM) versteht man die regelmäßige Vokaländerung in etymologisch zusammengehörigen Wortteilen, vgl. z.B. *binden, Binde : band, Band : gebunden, Bund*. Vom Ablaut sind vor allem Wortwurzeln (Lexeme) der Substantive, Adjektive, Verben sowie Vor- und Nachsilben (Präfixe und Suffixe) vieler Wörter betroffen. Er erscheint in verschiedenen Ausprägungen: als qualitativer Ablaut (Abtönung) mit meist zwei verschiedenen **Hochstufen** (z.B. Wechsel von idg. e und o, germ. e/i und a) sowie als quantitativer Ablaut (Abstufung) mit **Grund- und Dehnstufe** des Wurzelvokals und in **Reduktions- bzw. Schwundstufe** mit Reduzierung bzw. Ausfall der Hochstufenvokale (und sekundären Ersatz durch *â* oder *u*).

Der Ablaut war - wie das Altgriechische und das Altindische zeigen - bereits im Idg. als Variationsprinzip grammatischer Kategorien üblich, als eine mögliche Unterscheidung neben anderen. Sein Vorkommen im altgriech. Verbalsystem, wo er mit unterschiedlichen Wortbetonungen verbunden ist, läßt als Ursache dieser Vokaländerungen (**Binnenmorpheme**) den wechselnden musikalischen Wortakzent (für die Abtönung) und dynamischen Wortakzent (für die Abstufung) vermuten, vgl. z.B. griech. *leípô* (= ich verlasse) : *léloipa* (habe verlassen) : *élipon* (verlassen, Part.). In der Betonung bleibt hier der Wurzelvokal *e+i* erhalten; bei Nichtbetonung der Wurzelsilbe im Aorist erscheint der dunklere 2. Hochstufenvokal *o+i*, im Partizip tritt Schwundstufe des Wurzelvokals ein, lediglich der Zusatzvokal *i* bleibt erhalten. Auch in der griech. und lat. Wortbildung taucht gelegentlich Ablaut auf (vgl. z.B. griech. *légô : lógos*).

Im Germ. wurde das Prinzip des Ablauts zur Grundlage der Tempusbildung der st. Verben gemacht und auch - bei gleichbleibender Betonung - konsequent durchgeführt. Die Grimmsche Bezeichnung **starke Verben** (st. V.) für die heute mitunter als unregelmäßig bezeichneten Verben ist auf den starken Vokalwandel im System dieser Verben zurückzuführen. Die Grammatiker nach J.GRIMM haben die verbalen Ablautmöglichkeiten in sieben Klassen zusammengefaßt und eine bestimmte Reihenfolge nach den Wurzelvokalen und ihren Folgelauten festgelegt. Da die Ablautfolge in diesen Klassen aufgrund verschiedener Lautgesetze variiert, empfiehlt es sich, aus jeder Klasse sich die **Stammformen** eines Verbs einzuprägen, die die Tempusformen dieser Verben charakterisieren: a) den *Infinitiv* (Präsensstamm und 1.Hochstufe), c) die *1.Pers.Prät.* (Prät.Stamm Sg. u. 2.Hochstufe), d) die *1.Pers. Prät. Pl.* (Prät.Stamm Pl. und Schwundstufe oder Dehnstufe), e) das *Part.Prät.* (Schwundstufe oder 1.Hochstufe). Wegen der besonderen Lautwandlungen durch Vokalharmonie ist es sinnvoll, sich auch b) die *1. Pers. Prät. Sg.* einzuprägen (vgl. z.B. mhd. *bieten : ich biute : wir bieten*).

In den ersten fünf Klassen der germ. st. Verben sind die Verben vereinigt, denen die idg. Hochstufenvokale e und o in der 1. und 2.Hochstufe zugrundeliegen (qualitativer Ablaut).

Vereinfachte Übersicht zum Ablaut der st.Verben

I. Klasse: idg. *e/o* wird durch *i* erweitert, das in der Schwundstufe allein bleibt. Idg. *ei* erscheint germ. als *î* (got. geschr. *ei*), idg. *oi* als germ. *ai*, ahd. *ei* (vor *r, h, w* aber ahd./mhd. *ê*), vgl. z.B.:

	a)		b)		c)		d)		e)
got.	*greipan*	-	*greipa*	-	*graip*	-	*gripum*	-	*gripans*
ahd.	*grîfan*	-	*grîfu*	-	*greif*	-	*griffum*	-	*gigriffen*
mhd .	*grîfen*	-	*grîfe*	-	*greif*	-	*griffen*	-	*gegriffen*
nhd.	*greifen*	-	*greife*	-	*griff*	-	*griffen*	-	*gegriffen*
got.	*Þeihan*	-	*Þeiha*	-	*Þaih*	-	*Þaihum*	-	*Þaihans*
ahd.	*dîhan*	-	*dîhu*	-	*dêh*	-	*digum*	-	*gidigan* (gramm.
mhd.	*dîhen*	-	*dîhe*	-	*dêh*	-	*digen*	-	*gedigen* Wechsel)
nhd.	*gedeihen*	-	*gedeihe*	-	*gedieh*	-	*gediehen*	-	*gediehen (gediegen)*

II. KLasse: idg. *e/o* wird durch *u* erweitert; idg. *eu* erscheint got. als *iu*, ahd. entsprechend der Vokalharmonie (Brechung) als *iu* oder *eo> io >ie*; vor *h* oder *Dental* erscheint germ. *au* (idg. *ou*) als *ô*, vgl. z.B.:

	a)		b)		c)		d)		e)
got.	*niutan*	-	*niuta*	-	*naut*	-	*nutum*	-	*nutans*
ahd.	*niezan*	-	*niuzu*	-	*nôz*	-	*nuzzum*	-	*ginozzan*
mhd.	*niezen*	-	*niuze*	-	*nôz*	-	*nuzzen*	-	*genozzen*
nhd.	*genießen*	-	*genieße*	-	*genoß*	-	*genossen*	-	*genossen*
got.	*biugan*	-	*biuga*	-	*baug*	-	*bugum*	-	*bugans*
ahd.	*biegan*	-	*biugu*	-	*boug*	-	*bugen*	-	*gibogan*
mhd .	*biegen*	-	*biuge*	-	*bouc*	-	*bugen*	-	*gebogen*
nhd.	*biegen*	-	*biege*	-	*bog*	-	*bogen*	-	*gebogen*

III. Klasse: idg. *e/o* steht vor Nasal- oder Liquidverbindung. Vor Nasalverbindung wird idg. *e* zu *i*, vor Liquidverbindung bleibt *e* erhalten (außer im Got., wo *e* stets zu *i* bzw. vor *r, h, w* zu *ai* wird und *u* zu *au*), vgl. z.B.:

got.	bindan	-	binda	-	band	-	bundum	-	bundans
ahd.	bindan	-	bindu		band	-	buntum	-	gibuntan/gibundan
mhd.	binden	-	binde	-	bant	-	bunden	-	gebunden
nhd.	binden	-	binde	-	band	-	banden	-	gebunden

got.	wairþan	-	wairþa	-	warþ	-	waurþum	-	waurþans
ahd.	werdan	-	wirdu	-	ward	-	wurtum	-	wortan
mhd .	werden	-	wirde	-	wart	-	wurden	-	worden (ohne -ge)
nhd.	werden	-	werde	-	wurde	-	wurden	-	geworden

IV. KLasse: idg. *e/o* steht vor einfachem Nasal oder Liquid. Im Prät.Pl. tritt statt der Schwundstufe die **D e h n s t u f e** auf (got. *ê* wird ahd. *â*), vgl. z.B.:i die

got.	niman	-	nima	-	nam	-	nêmum	-	numans
ahd.	neman	-	nimu		nam	-	nâmum/en	-	ginoman
mhd.	nemen	-	nim(e)	-	nam	-	nâmen	-	genomen
nhd.	nehmen	-	nehme	-	nahm	-	nahmen	-	genommen

got.	bairan	-	baira	-	bar	-	bêrum	-	baurans
ahd.	beran	-	biru	-	bar	-	barum	-	giboran
mhd.	beren	-	bire	-	bar	-	bâren	-	geboren
nhd.	gebären	-	gebäre	-	gebar	-	gebaren	-	geboren

V. Klasse: idg. *e/o* steht vor einfachem Konsonanten, der nicht Nasal oder Liquid ist. Im Pl.Prät. tritt wieder Dehnstufe des Prät.-Stammes ein, im Part.Prät. die 1.Hochstufe. Im Ahd./Mhd. sind *sitzen, bitten, liggen* **j-Präsentien** (m. urspr. j-Einschub u. entspr. Folgen), vgl. z.B.:

got.	giban	-	giba	-	gaf	-	gêbum	-	gibans
ahd.	geban	-	gibu	-	gab	-	gâbum	-	gigeban
mhd.	geben	-	gibe	-	gap	-	gâben	-	gegeben
nhd.	geben	-	gebe	-	gab	-	gaben	-	gegeben

VI. Klasse: Hier liegt **quantitativer Ablaut (Abstufung)** aus verschiedenen idg. Wurzelvokalen (*a : â, o : ô, .e : â*) vor, der germ. zur Abfolge *a - ô - ô - a* wird. Im Ahd./Mhd, kommen hier ebenfalls drei j-Präsentien vor (*heven/ heffen* (= heben), *swerren* (= schwören), *skephen* (= schöpfen/schaffen)), vgl. z.B.:

got.	*slahan*	- *slaha*	- *slôh*	- *slôhum*	- *slahans*	
ahd.	*slahan*	- *slahu*	- *sluog*	- *sluogum*	- *gislagan*	*(gr.W.)*
mhd.	*slahen/slân*	- *slahe*	- *sluoc*	- *sluogen*	- *geslagen(>schl.)*	
nhd.	*schlagen*	- *schlage* - *schlug*	- *schlugen*		- *geschlagen*	
got.	*hafjan*	- *hafja*	- *hôf*	- *hôfum*	- *hafjans*	
ahd.	*heffen*	- *heffu*	- *huob*	- *huobum,-en*	- *haban*	*(gr.W.)*
mhd.	*heffen*	- *heve*	- *huop*	- *huoben*	- *(er)haben"*	
nhd.	*heben*	- *hebe*	- *hob*	- *hoben*	- *gehoben*	

VII. Klasse: Hierzu gehören zahlreiche Verben, die im Germ. (noch i.Got.) die idg. Perfektbildung durch **Reduplikation** (Vorsatz des Wurzelanlauts + *e* (got.= *ai*) aufweisen.

got.	*fâhan*	- *fâha*	- *faifâh*	- *faifâhum*	- **fâhans*	(n-Ausf.)
ahd.	*fâhan*	- *fâhu*	- *fiang/fieng*	- *fiangun/fiengen*	- *gifangan*	*(gr.W.)*
mhd.	*vâhen*	- *vân/vâhe*	- *vienc*	- *viengen*	- *gefangen*	"
nhd.	*fangen*	- *fange*	- *fing*	- *fingen*	- *gefangen*	

got.	*lêtan*	- *lêta*	- *lailôt*	- *lailôtum*	- *lêtans*
ahd.	*lâzzan*	- *lâzzu*	- *liaz/liez*	- *liazum/liezen*	- *gilâzzan*
mhd.	*lâzen/lân*	- *lâze/lân*	- *liez/lie*	- *liezen*	- *gelâzen/ gelân*
nhd.	*lassen*	- *lasse*	- *ließ*	- *ließen*	- *gelassen*

Wurzelverben

Neben vollausgebildeten st.Verben der Verbklassen I - VII gibt es im Ahd./ Mhd. einige Verben mit fehlendem Themavokal.

Während die meisten Verben aus

> Wortwurzel + Themavokal   + Flexionsendung

vgl. z.B.   *geb* -   *e*   -   *n*   *(geben)*

gebildet werden, fehlt der Themavokal bei den Wurzelverben (athematischen Verben), die Flexionsendung folgt unmittelbar der Wortwurzel. Zu dieser Gruppe gehören *sîn, gân/gên, stân/stên, tuon.*

Das sog. verbum substantivum *sîn.*

Seine Konjugationsformen werden zudem suppletiv gebildet, d.h. sie setzen sich aus verschiedenen Wortwurzeln zusammen, vgl. z.B. die mhd. Präsensformen:

(ich) bin, (du) bist, (er) ist, (wir) sint, (ir) sît, (sie) sint. Konjunktiv: *(ich) sî, (du) sîst* usw.

Das Präteritum wird hierzu mit den Prät.Formen des st. Verbs der V.Kl. *wesen* (= sein) gebildet: mhd. *(ich) was, (du) wære, (er) was, (wir) wâren, (ir) wâret, (sie) wâren,* Part.Prät. *gewesen/gewest/gesîn.* (m. gramm. Wechsel).

gân/gên; stân/stên
Die â-haltigen Formen gelten vor allem im Alem. und Rhfrk., die ê-haltigen Formen im Bair., Frk. und Md.

Ursprünglich gab es von diesen Verben auch n-haltige Langformen (ahd. *gangan, standan*), die in der Prät.Bildung weiterwirken (vgl. z.B.:)

Präs.:	*(ich) gân/gên, (du) gâst/gêst, (er) gât/gêt* usw.
Prät.	(wie st.V. Kl. VII): *(ich/er) gienc/gie, (du) gienge, (wir) giengen* (usw.)
Präs.:	*(ich) stân/stên, (du) stâst/stêst* usw.
Prät.	(wie st.V. Vl.Kl.): *(ich/er) stuont, (du) stüende, (wir) stuonden* usw.

tuon

Präs.:	(ich) tuon, (du) tuost, (er) tuot usw.
Prät.	(Sg.= redupliz., Pl. wie Kl.V): *(ich/er) tete, (du) tæte, (wir) tâten, (ir) tâtet* usw.

Wie die st. Wurzelverben flektieren auch die **kontrahierten** Verbformen *lân (v. lâzzen), vân (v. vâhen=fangen), hân (v. hâhen=hängen), slân (v. slâhen=schlagen).*

3.3.5.2 Die Ausbildung der schwachen Verben im Germanischen

Als **schwache Verben** (sw.V.) hat J. GRIMM die ohne Ablaut mit einem t-Suffix im Präteritum gebildeten Verben bezeichnet, die heute oft als regelmäßig gebildete Verben angesehen werden. Die sw.V. sind im Gegensatz zu den ursprünglicheren st.V. Ableitungen (verba derivata) aus anderen Wörtern und als besonderes System wohl erst in germ. Zeit aus Bildungen mit Vorformen des reduplizierenden Verbs *tuon* (idg. *dho/*dhe) entwickelt worden (vgl. z.B. got. *salbôdêdun* = wörtlich: *sie salben taten* (sie salbten).

Die sw.V. unterschieden sich in der Bildungsweise des **Wortstamms** (= Wortwurzel+Themazeichen) nach ihrer ursprünglichen Funktion. So kennt das Got.

vier, das Ahd. drei verschiedene Klassen, die nach dem Themazeichen + Infinitiv-endung als *jan-*, *ôn-*, *ên-* und (nur got.) *nan*-Verben bezeichnet werden. Die sw.V. sind entweder deverbative oder denominale Bildungen (d.h. von einem anderen Verb oder einem Nomen abgeleitet).

Die 1.Kl. der sw.V. (=*jan*-Verben) umfaßt die Gruppen der deverbativen **Kausativa** (Veranlassungsverben), **Intensiva** (Verstärkungsverben) und **Iterativa** (Wiederholungsverben) und der denominalen **Faktitiva** (Bewirkungsverben). Die kausativen Verben verwenden die Wurzel des Prät.Sg. (2.Hochstufe) der st. Verben als Wortwurzel, an die die j- + Form- und Flexionsmorpheme angefügt werden (vgl. z.B. got. *dragkan*, gespr. drankan <*dragk* = Prät.St. zu got. *drigk* =drink, mhd. *tränken* (= trinken bewirken). Auf diese Weise sind sehr viele neue sw. Verben entstanden, deren 'Primärverben' wir z.T. nicht mehr kennen (vgl. z.B. got. *sandjan*, mhd. *senden* < **sant* : **sintan* (=reisen, vgl. *Gesinde*)) oder nicht mehr erkennen (vgl. z.B. nhd. *ergötzen* (= erfreuen, vergessen machen) <**gatjan* : *getan* (= (ver)gessen)).

Die Gruppen der Intensiva und Iterativa sind wesentlich kleiner. Diese Verben wurden wahrscheinlich von der Schwundstufe st. Verben gebildet, z.B. nhd. *zücken* und *zucken* von *ziehen* (Prät.Pl. ahd. *zugum*) und *bücken* von *biegen*.

Bei faktitiven Verben werden die Endungen an die nominale Wortwurzel angefügt (vgl. z.B. got. Adj. *hails* (nhd. *heil*) >*hailjan* >*heilen*.

Im Westgerm., besonders im Ahd., bewirkte das urspr. *i/j* der *jan*-Verben verschiedene Lautwandlungen (vgl. Gemination, Umlaut). Im Mhd. können solche Verben oft nur an diesen Folgen erkannt werden.

Die 2.KL. der sw.Verben (*ôn*-Verben) umfaßt ebenfalls deverbative und denominale Bildungen, die meistens eine Beschäftigung mit einem Gegenstand ausdrücken, also **instrumentalen** Charakter besitzen, der aber zugleich **iterativ** sein kann, vgl. z.B. got./ ahd. *salbôn* (= salben, mit Salbe umgehen), *fiskôn* (=fischen). Daneben finden sich auch Intensivverben, z.B. ahd. *brechôn* neben dem st.V. *brechen*, aber auch *klopfôn*, *kratzôn*, *karôn* (zu ahd. *kara* = Sorge), *betôn* (zu *beta* = Bitte). Im Ahd. wird diese Gruppe noch durch zahlreiche Neubildungen (Faktitiva, Intensiva, Iterativa) mit den Suffixen *alôn*, *ilôn* (nhd. *eln*), *arôn*, *irôn* (nhd. *ern*), *agôn*, *igôn* (nhd. *igen*) vermehrt, vgl. z.B. ahd. *betalôn* (*betteln*), *scutilon* (*schütteln*) usw.

Die sw. *ên*-Verben der 3.sw.Kl., die schon idg.(lat.) Parallelen aufweisen (vgl. z.B. lat. *tacêre*, *habêre*), sind deverbative oder denominale Bildungen mit **ingres-**

siven/inchoativen und **durativen** Bedeutungen, charakterisieren also Eintritt oder Dauer eines Vorgangs, z.B. ahd. *habên*, kontrahiert> *hân* (neben st.V. *heffen/ heben*) *=besitzen* und *halten*, ahd. *kaltên* (=kaltwerden), *fûlên* (=faulen) usw.

Im Mhd. sind diese kennzeichnenden Endsilben zu *en* abgeschwächt und daher nicht mehr als solche erkennbar. Die Bedeutungsunterschiede (der Aktionsart) bleiben jedoch meistens bestehen.

Bei einigen sw.Verben existieren neben Vollformen auch **kontrahierte Formen**: z.B. *habên> hân, sehen> sên, sagit/saget> seit, klaget> kleit* (bes. i. Bair.).

3.3.5.3 Die Präteritopräsentia

Wahrscheinlich älter als die sw.Verben, wenn auch morphologisch mit ihnen verbunden, sind die sog. **Präteritopräsentia**, Verben mit st. präteritalen Formen in präsentischer Bedeutung und neugebildeten sw. Formen für das Präteritum. Es handelt sich hier wohl nicht um verba defectiva, sondern um ursprüngliche Bildungen, die nur präterite Formen zum Ausdruck eines vergangenen, aber erst später zusammengefaßten Ergebnisses verwandten. So entsprechen etwa griech. *óida* (*=ich weiß*), lat. *vidi* (*=ich habe gesehen*) und ahd. *ich weiz*, nhd. *ich weiß* einander etymologisch, morphologisch und z.T. semantisch. Solche Verben sind zahlenmäßig gering, werden aber häufig gebraucht und haben deshalb bis heute ihren scheinbar unregelmäßigen Charakter bewahrt. Sie lassen sich anhand der präsentisch gemeinten Präteritalformen in ahd./mhd. Zeit noch den Verbklassen der st.Verben (2.Hochstufe) zuordnen. Das Got. kennt elf, das Ahd./Mhd. neun derartige Verben (*weiz, touc, darf, kan, (ge)tar, gan, scal, mac, muoz*) und einige Restformen; heute zählen noch fünf Modalverben (*wissen, dürfen, können, mögen, müssen*) zu dieser Gruppe der abweichenden Verbbildungen. In der Bedeutung ergeben sich z.T. Abweichungen zwischen den ahd./mhd. und nhd. Wortformen.

Stammformen der Präteritopräsentia

		1./3.Präs.Sg.	2.Sg.Präs.	1./3.Pl.Präs.+Infin.	Prät.Sg.	Part.Prät.
mhd.	(I)	*weiz*	*weist*	*wizzen*	*wisse, wesse wiste, weste*	*gewist*
	(II)	*touc*	?	*tugen*	*tochte*	?

(III) *kan*	*kanst*	*kunnen,künnen*	*kunde,konde*	*?*
gan	*ganst*	*gunnen,günnen*	*gunde,gonde*	*?*
darf	*darft*	*durfen,dürfen*	*dorfte>durfte*	*bedorft*
(ge)tar	*tarst*	*turren (=wagen)*	*torste,törste*	*?*
(IV) *scal,sol*	*solt*	*suln,süln*	*solde,solte*	*?*
(V) *mac*	*macht*	*mugen,mügen,magen*	*mahte,mochte*	*?*
(VI) *muoz*	*muost*	*muozen,müezen*	*muose,muoste*	*?*
		müese,müeste		

Das Verb *wellen* (=wollen)

Das ahd./mhd. Verb *wellen* (=wollen), eine einstige Optativform, hat im Laufe der Sprachentwicklung eine Modusänderung erfahren und indikativische Bedeutung erhalten, seine Form jedoch nicht geändert. Der Präsens Sg. hat daher Formen mit *i-* (*wile/wil, wile/wilt*, der Plural mit *e-* (*wellen, wellet, wellent*).

3.3.6 Die Reduzierung des indogermanischen Verbsystems im Germanischen

Die historisch vergleichende Sprachwissenschaft (Indogermanistik) setzt aufgrund des grammatischen Formenreichtums der überlieferten idg. Sprachen einen großen Formenschatz der 'idg. Gemeinsprache' voraus, der sich vor allem im Verbsystem zeigte. Das Germ. hat nach Ausweis seiner überlieferten Formen eine Reihe idg. Formkategorien aufgegeben oder nicht entwickelt, vielleicht weil es in der Weltsicht und den Lebenanforderungen seiner Sprecher einer solchen grammatischen Differenziertheit nicht bedurfte.

Diese Reduzierung wird vor allem im germ. **Tempussystem** deutlich. Statt der sechs idg. Tempora, die evtl. aus Aktionsarten entwickelt worden waren, kennt das Germ. nur noch zwei synthetisch gebildete Tempora: das **Präsens**, das zugleich das **Futur** umfaßt, und das **Präteritum**, das alle Vergangenheitsstufen vereinigt (beim Übersetzen ins Nhd. jedoch Differenzierungen verlangt!). Lediglich am Fehlen der sonst üblichen perfektivierenden Vorsilbe ahd. *ga/gi-* (mhd. *ge*) bei den ahd./mhd. Verben *kommen, finden, treffen, werden, bringen* sind noch ursprünglichere differenzierte Tempusverhältnisse erkennbar.

Auch andere verbale Kategorien gehen im Germ., besonders im Westgerm., zurück, so die grammatischen **Dualformen** (die das Got. noch kennt), die verschiedenen **Modi**, die im Germ. auf Indikativ, Optativ (Konjunktiv) und einen unvollständigen Imperativ reduziert werden, und die einzige erhaltene mediale Form im got. **Passiv**. Erst in späterer Zeit werden im Deutschen zusätzliche analytisch, d.h. periphrastisch (=umschreibend) gebildete Tempus- und Passivformen entwickelt (mit den Hilfsverbformen von *haben, sein* und *werden*).

3.3.7 Die Entwicklung der Nominalformen im Germanischen

Auch in der Nominalflexion weist das Germ. gegenüber dem Idg. Reduktionserscheinungen auf. Zwar behält es die idg. Wortstruktur bei (Bildung der meisten Wörter < Wurzel + Themazeichen + Flexionsendung), doch machen sich bereits in germ. Zeit die durch den Initialakzent bedingten **Auslautgesetze** bemerkbar, die eine klare Differenzierung der Wortklassen am Wortende immer mehr erschweren.

Das Germ. bewahrt zunächst die idg. **Substantivdeklinationen**. Aufgrund bestimmter Lautgesetze wird jedoch die idg. o-Deklination zur germ. a-Deklination, die idg. ô-Deklination zur germ. â-Deklination umgenannt.

Reduktionen erfolgen gegenüber den urspr. acht idg. **Kasusformen** in Sg. und Pl., die im Germ. zunächst auf fünf, später auf vier reduziert werden.

Das Germ. entwickelt auch eigene Formen der **Adjektivflexion**. Während im Idg. die Adj. wie Substantive flektiert werden konnten, tritt jetzt neben die als Restformen in einigen Kasus weiterlebende **substantivische** Flexion, die im Ahd./Mhd. nur in einigen endungslosen Formen erscheint, eine neue Adjektivdeklination, die die Kasusendungen der Demonstrativpronomen übernimmt und daher **pronominal** genannt wird.

Außerdem wird, besonders nach Demonstrativpronomen (den späteren bestimmten Artikeln), die Verwendung einer konsonantischen Adjektivdeklination üblich, die den Endungen der n-Deklination der Substantive entspricht.

3.3.8 Die Gliederung und Differenzierung des Germanischen

Die Sprachzustände des Germanischen können nur aus dem Got. und aus Einzel-
wörtern (Namen) in lat. und griech. Texten sowie aus den Nachfolgesprachen
rekonstruiert werden. Ob es nach der Loslösung vom Idg. eine germ. Sprachein-
heit gab, die man **Urgermanisch** oder **Gemeingermanisch** nannte, ist ungewiß.
Auch ob die von KARL MÜLLENHOFF ('Dt. Altertumskunde III',1900) vorgeschla-
gene Dreiteilung in Nord-, Ost- und Westgermanisch zutreffend ist, bleibt offen.
Als **Nordgermanisch** sah man die Vorstufe der nordischen Sprachen Dänisch,
Schwedisch, Isländisch, Norwegisch und Färöisch an; als **Ostgermanisch** die
Sprachen der untergegangenen Völker der Goten, Burgunder, Wandalen, Rugier,
Gepiden und Heruler und als **Westgermanisch** eine Vorstufe des Deutschen
(Ober-, Mittel- und Niederdeutschen), Friesischen, Niederfränkischen (Flämischen,
Niederländischen) und Englischen. Diese Aufgliederung ist aber wahrscheinlich
zu sehr nach geographischen Aspekten bestimmt. In der Zeit vor und während der
german. Völkerwanderung (2. - 6. Jh.) bestanden wahrscheinlich andere sprachliche Gruppierungen. So hat man in neuerer Zeit eine engere Einheit zwischen dem
Got. und dem Altnordischen konstatiert und deshalb vom **Gotonordischen** gesprochen. Besonders gegen die Auffassung von einer frühen westgerman. Sprach-
einheit ist manches eingewandt worden. FRIEDRICH MAURER nimmt stattdessen
aufgrund des TACITUS-Berichts ('Germania', Kap.2a) von den drei Kultgemein-
schaften der Germanen (Ingväonen, Istväonen, Erminonen) drei sprachliche 'Ver-
kehrgemeinschaften' innerhalb der damals in Norddeutschland lebenden Germanen an, und zwar **Nordseegermanen** (sp.: Angeln, Sachsen, Friesen), **Weser-
Rhein-Germane**n (sp.: Franken, Hessen) und **Elbgermane**n ((Semnonen, Lango-
barden, Hermunduren, Markomannen, Quaden, Alemannen). Die zeitlich unterschiedliche Ausgliederung dieser Dialektgruppen, deren Stammesnamen zuweilen
wechseln, aus dem Gesamtverband des Germanischen und vom Nord- und Ost-
(Oder-Weichsel-) Germanischen bedingte unterschiedliche Übereinstimmungen
zwischen den verschiedenen Gruppen, z.B. zwischen dem Alemannischen und
Nordseegermanischen.

   Faßt man die verschiedenen Theorien zur Gliederung des Germanischen im
Hinblick auf das Deutsche kritisch zusammen, so läßt sich sagen, daß das **Deut-
sche** das Ergebnis eines im 5. Jh. (nach Abwanderung der Angelsachsen nach
Britannien) einsetzenden Integrations- und Ausgleichsprozesses zwischen dem

festländischen Nordseegermanischen (Sächsischen), dem Weser-Rhein-Germanischen und dem Elbgermanischen (dem späteren Oberdeutschen) ist, der in den ahd. und späteren Dialekten noch teilweise weiterwirkt.

3.4 Das Althochdeutsche

3.4.1 Die 2. (althochdeutsche) Lautverschiebung

Die eigentliche deutsche Sprachgeschichte setzt erst mit der Ausgliederung der vordeutschen 'Dialekte' aus einem größeren germanischen Sprachzusammenhang durch die **2.** oder **hochdeutsche (hd.) Lautverschiebung** ein, durch die die ahd. Sprachstufe begründet wurde.

In der 2. LV wurden - ähnlich der 1. LV - die germ. stl. Verschlußlaute (Tenues) **p t k** (aus idg. b d g) und die sth. Verschlußlaute **b d g** in ihrer Lautqualität verändert oder durch Spiranten ersetzt. Die Veränderungen richteten sich jeweils nach der Stellung dieser Konsonanten im Einzelwort.

Germ. **p t k** werden
- im Wortanlaut, im Inlaut und Auslaut nach den Konsonanten *l, r, m, n* und in der Verdopplung (Gemination) zu den Affricatae (=Tenues+Spirant) [**pf**] (geschr. oft ph), [**ts**] (geschr. zz, z, tz) und [**kh**] (geschr. kch, kh, ch);
- im Inlaut zwischen Vokalen und im Auslaut nach Vokal zu den stl. Doppelspiranten **ff zz** (=stl.[ss]) **hh** (ch), die später im Auslaut und nach langem Vokal vereinfacht werden, vgl. z.B.: nd. (=germ.) *perd, tâl, kind, pape, water, maken* : hd. *pferd, zahl, kind* (alem. *kchind*), *pfaffe, wasser, machen*. (Das diakritische Zeichen z kennzeichnet in ahd. und mhd. Texten stets die Affrikata [*ts*] oder die Spirans [*s*] aus der 2. LV, nicht idg. *s*.

Die germ. Mediae **b d g** werden in der 2. LV gleichzeitig zu den Tenues **p t k** verschoben, wovon sich jedoch nur die Verschiebung von *d* zu *t* im Hd. durchsetzt, wogegen die übrigen Verschiebungen (*b > p, g > k*) nur zeitweise im Obd. gültig bleiben.

Der Beginn der 2. LV (und damit der deutschen Sprache) wird meistens um 600 n.Chr. angesetzt (von TH. VENNEMANN schon um 300 n.Chr.). Die bei Wurmlingen/Württbg. gefundene, aus dieser Zeit stammende Lanzenspitze zeigt in der

Runeninschrift *IDORIH* (*rih* =got. *reiks*, ahd. *rîch*, nhd. *reich*) bereits die Verschiebung von *k* > *h*. Da die Erscheinungen der 2. LV in ahd. Zeit wie noch heute im Alem. am stärksten, in nördlicheren Gegenden jedoch schwächer sichtbar sind, hat man bisher angenommen, daß sie vom Obd, (BAESECKE: vom Langobardischen, MITZKA: vom Alem.) ausgegangen sind und sich nach Norden nicht ganz bis zur heutigen nd./hd. Dialektgrenze (**Benrather Linie**) wellenförmig verbreitet haben. Neuerdings wird jedoch die Möglichkeit einer Polygenese, einer gleichzeitigen Durchsetzung bestimmter sprachimmanenter Tendenzen in verschiedenen Dialekten, oder die Entstehung im frk. (ripuar.) Sprachgebiet nicht ausgeschlossen (so von HÖFLER, MOSER, SCHÜTZEICHEL). TH.VENNEMANN (s.o.= **Bifurkationstheorie**) erklärt die mit der 2. LV (bei ihm: 'hochgerm.'LV) entstandene 'Staffellandschaft' nicht aus einer nach Norden abgeschwächten LV, sondern vielmehr umgekehrt aus einer 'partiellen Zurückdrängung' des Hochgerm. durch die machtpolitisch dominierenden, ursprünglich niedergerm. sprechenden Franken.

Wie das Ursprungsgebiet so ist auch die Entstehungsursache der 2. LV umstritten. Die **Substrattheorie** (s.o.) bietet auch hier eine Erklärungsmöglichkeit, zumal sich gewisse Tenuesverschiebungen bereits im 6. Jh. bei germ. Wortformen im langobardisch besetzten Oberitalien zeigen.

3.4.2 Weitere Konsonantenänderungen in althochdeutscher Zeit

Die ahd. Periode ist gekennzeichnet durch eine Reihe weiterer Laut- und Formwandlungen.

Nach der 2. LV bedingt die **ahd. Spirantenschwächung** weitere Änderungen im ahd. Konsonantismus. Sie führt zum Verlust der Stimmlosigkeit der aus der 1. LV stammenden stl. Spiranten *th (I)* und *f*, zu ihrer Schreibung als *d* und *v* (auch *u*), zum Ausfall von *h* und *w* im Anlaut vor bestimmten Konsonanten (*hw, hr, hl, wr, wl*) und zum Wegfall der Behauchung bei der Artikulation stl. Verschlußlaute in einigen deutschen Gebieten. Aus den stl.Tenues (*p t k*) wurden so stl. *Lenes*, sog. 'weiche' Konsonanten, die noch heute manchen dt. Mundarten und der Umgangssprache einiger großer Gebiete im binnendeutschen Raum (rhfrk., ofrk., thür., obs.,ostfäl.) eigen sind.

Das Bairische (bair.) und Alemannische (alem.) machen zudem am Ende der ahd. Zeit die Verschiebung von $b > p$ und von $g > k$ weitgehend rückgängig, so daß nur die Verschiebung von $d > t$ größere Geltung erhält und bis heute bewahrt ist.

3.4.3 Vokalische Änderungen

Auffallender und wirkungsvoller sind die Änderungen im ahd. Vokalismus. Hier sind vor allem drei Erscheinungen zu nennen:
1. die ahd. Monophthongierung von germ. *ei* und *au*,
2. die ahd. Diphthongierung von germ. *ê* und germ. *ô*,
3. der Umlaut von *a, o, u, au* durch folgendes *i* oder *j*.

Diese Lautwandlungen werden nur in bestimmten Lautkombinationen wirksam. So wird in der **ahd. Monophthongierung** der germ. Diphthong ai nur vor *h* (<idg. *k*), *r, w* zum ahd. Monophthong ê, während er sonst als *ei* erscheint. Germ. **au** wird vor *h* (<idg. *k*) sowie allen Dentallauten (*s, t, d, z, n, r, l*) zu ahd. ô, bleibt im übrigen erhalten, wird dann jedoch seit dem 9. Jh. als *ou* geschrieben.

Der nur partiellen ahd. Monophthongierung steht die umfangreichere **ahd. Diphthongierung von germ. ê2 und germ. ô** gegenüber, die zur erstmaligen Ausbildung **fallender Diphthonge** (=Kombinationen von hoher und niedriger Artikulationsstelle) führt. Aus den überlieferten Schreibungen läßt sich erkennen, daß germ. ê2 und ô am Ende des 8. Jh. wohl überdehnter und dann zweigipflig (=éè, óò) gesprochen wurden, wobei durch die Anfangsbetonung eine zunehmende **Dissimilation** (Entähnlichung) auftrat, die die Schreibung *ea* bzw. *oa*, dann *ia* bzw. *ua* bedingte. Schließlich führte eine neue **Assimilation** zur Hebung des Zweitlautes und somit zu *ie* und *uo*. Diese neuen Diphthonge bleiben bis zum Ende der mhd. Zeit allgemein üblich (im Hochalem. bis heute) und werden erst im Frühnhd. zu den Monophthongen î bzw. û. Das Langobard., das Anfrk., As. und z.T. das Mfrk. sowie Nebensilbenlaute nahmen an dieser Diphthongierung nicht teil.

Der Ausbildung dieses neuen *ie* (<ê) steht die z.T. gleichzeitige Entwicklung eines *ie* aus idg./germ. *eu* vor folgendem *a* oder *o* oder *e* gegenüber.

Der **Umlaut (Vokalpalatalisierung)** ist im Nordgerm. stärker entwickelt worden. Er gewinnt im Ahd. auch von N und NW her mehr und mehr an Boden, wobei das Obd. ihn zunächst nur zögernd übernimmt (vgl. heute die ON Osnabrück : Innsbruck). Er erscheint im Ahd. zunächst als Wandlung von **a > e** vor urspr. *i* oder *j* der Folgesilbe, vgl. z.B. frühahd. *gasti > gesti* (Gäste), *thankjan > denken*). Velare Konsonantenverbindungen (*ht, hs, w, r,* z.T. *l*) wirken oft umlauthindernd. Auch *â* wird zunächst nicht umgelautet. Im Gegensatz zu diesem Primärumlaut, der sich um 800 durchsetzt, bezieht der sog. **Sekundärumlaut**, der erst vom 10. Jh. an in der Schrift erscheint, aber wahrscheinlich schon früher realisiert wurde, auch die übrigen Vokale (**u, uo, o, ou > iu/ü, üe, ö, öu**) und die bisher unumgelauteten **a, â (> ä, æ)** mit ein, wobei allerdings die letzteren nur zu offenem e (geschr. **ä, æ**) verändert wurden.

Bei den sw. jan-Verben zeigt sich eine Durchführung des Umlauts und der westgerm. Konsonantengemination im Präsens, dagegen unterbleiben sie im Präteritum der meisten lang- und mehrsilbigen und einiger kurzsilbiger jan-Verben, die ein i oder j im Präteritum schon vor Eintritt des Umlauts verloren hatten oder ihr Präteritum ohne i/j bildeten (vgl. z.B. ahd. *zellen - zalta, setzen - satzte, decken - dackte/dahte,* nhd. *senden : sandte, kennen : kannte*)). JAKOB GRIMM hat hier eine nachträgliche Korrektur des Umlauts vermutet und deshalb vom **Rückumlaut** gesprochen, eine Bezeichnung, die - obwohl unzutreffend - als Arbeitsbegriff geblieben ist.

3.4.4 Dialektgliederung des althochdeutschen Sprachgebiets

Die unterschiedlich starke Durchsetzung der 2. LV in frühahd. Zeit ('**Staffellandschaft**'), soweit sie aus Textzeugnissen der ahd. Zeit wie auch aus späterer Zeit erkennbar ist, ermöglicht eine Gliederung des ahd. Sprachgebiets nach verschiedenen **Sprach- bzw. Schreiblandschaften**, die teilweise noch späteren Dialektgliederungen entsprechen und danach benannt wurden.

Als hd. Sprachgebiet gilt dabei das Gebiet, in dessen Dialekten sich die 2. LV mehr oder weniger intensiv durchgesetzt hat. Dieser hd. Sprachraum ist seit der ahd. Zeit im NW und N durch die nd./hd. (<anfrk.-as./ ahd.) Sprachgrenze bestimmt, die schon in ahd. Zeit mit den Verschiebungslinien des k im Inlaut und Auslaut nach Vokalen (vgl. z.B. *maken : machen, ik : ich*) identisch war, allerdings wahrscheinlich südlich der entsprechenden heutigen Dialektgrenze, der **Benrather bzw. Uerdinger Linie**, verlief.

Das nordwestliche **Niederfränkische** (nfrk.) und das nördlichere und nordöstlichere **Altsächsische** (as.), die Vorstufen des Niederländischen und Niederdeutschen, wurden von der 2. LV nicht berührt. Das südlich dieser Sprachgrenze anzutreffende **Mittelfränkische** (mfrk.) mit dem **Ripuarischen** (ripuar.) im Bistumsgebiet Köln und dem **Moselfränkischen** (moselfrk.) im Bistumsgebiet Trier haben in ahd.Zeit nur in begrenztem Maße an der 2. LV und an der ahd. Sprachentwicklung teilgenommen. Erst im Laufe des Mittelalters setzten sich hier hd. Sprachformen vom Süden her immer stärker durch.

3.5   Das Mittelhochdeutsche

Als **mittelhochdeutsch** (mhd.) wird die historische Entwicklungsstufe des Hochdeutschen zwischen dem Ahd. und dem Nhd. (Frühnhd.) bezeichnet.

Das Mhd. ist vor allem als Sprache zahlreicher Dichtungen, besonders der höfischen Literatur um 1200, von besonderem Wert. In den historischen Grammatiken sowie in den rekonstruierten kritischen Textausgaben des Mhd. wird meistens der Sprachstand um 1200 zugrundegelegt, der gewisse Vereinheitlichungstendenzen einer mhd. 'Dichtersprache' sichtbar werden läßt.

Für die textnahe Lektüre und das möglichst genaue Verständnis mhd. Texte erweist sich die Kenntnis der grammatischen Grundlagen dieser Sprachstufe als sinnvoll. Ihre Vermittlung geht daher gewöhnlich der intensiveren Beschäftigung mit mhd.Texten voraus.

Die meisten sprachlichen Voraussetzungen des Mhd. wurden in germ. und ahd. Zeit geschaffen und müssen daher in der mhd. Grammatik bewußt gemacht werden. Folgende Lautregeln, die im Mhd. weiterwirken, wären hierfür zu erarbeiten bzw. zu wiederholen:
1. Grundkenntnisse über idg. und germ. Sprachen, 2. die Regeln des Initialakzents und des 'grammatischen Wechsels', 3. der Dentalangleichung, 4. der Nasalspirantenregelung, 5. der westgerm. Konsonantengemination, 6. der Ablautregeln im System der st.Verben, 7. der Bildung und Flexion der sw.Verben und der Sonderformen, 8. der Präteritopräsentia, 9. der Vokalangleichungen (Erhöhung u. Brechung, Umlautbildung), 10. der ahd. Monophthongierungen und Diphthongierungen.

3.5.1 Lautänderungen in mittelhochdeutscher Zeit

Das Mhd. unterscheidet sich vom Ahd.:

1. durch die **Abschwächung** der vollklingenden Vor-, Neben- und Endsilbenvokale **i, u, o, a, e** zu schwachtonigem e (geschr. meist *e*), (außer in Ableitungssilben wie *ung, nis, lîch, heit, keit, inne, in* u.ä.), vgl. z.B. ahd. D.Pl. *tagun* : mhd. *tagen*, ahd. *ich nimu* : mhd. *ich nim(e)*, ahd. *ginoman* : mhd. *genomen*.

2. durch die graphische Durchsetzung des **Sekundärumlaut**s (s.o.),

3. durch die graphische und lautliche Wandlung von **sk > sch**,

4. durch die Kennzeichnung der sog. **Auslautverhärtung** sth. zu stl. Plosiva (*b, d, g > p, t, k*) und Spiranten (*h*), vgl. z.B. ahd. *geben : gab >* mhd. *gap, binden : band > bant, sehen : sah >sach, der tag > der tac : des tages.*

5. durch die schriftliche Fixierung **phonetischer Assimilationen**, besonders bei Nasalen, Labialen, Dentalen und Liquiden, vgl. z.B. ahd./mhd. *aneboz > amboz, an deme > am(e), dîneme > dîme, wintbrâ(we) > wimper, inbiz > imbiz, ambet > amt, tumber > dummer, zimbar, zimber > zimmer, entvâhen > empfâhen, empfangen, entkleiden > enkleiden, zwinelinc > zwillinc, einlif > eilif > elf, bezzisto > beste, lezzisto > leste > letzte, sanft > sacht, niftel > nichte, after > achter, gerüefte > gerücht, kumft (<kumen) > kunft, vernumft (<vernemen) > vernunft, dörpaere > dörpel > tölpel, honang > honag > honec > Honig, kuning > kunig > künec > König, vertagedingen > verteidigen, ze den wîhen nahten > wîhnahten > Weihnachten.*

6. durch die **Einfügung unorganischer Gleit- und Abschlußlaute**, besonders von t (oft erst im Spätmhd./Frühnhd.), vgl. z.B. ahd. *ackus > ackes > axt, obez > obst, bâbes > Papst, ieman > iemant, jemand, enberen (=nicht haben) > entbehren, engegen > entgegen, ordenlîch > ordentlich, iezuo > ieze > jetzt, sus > sus(t) >sonst, minner > minder (z.B. in minderwertig) u.a.m.*

7. in der Durchsetzung von **Kontraktionen** bei **age/ege- igi- > ei**, vgl. z.B. ahd. *magad*, Genit. *magadi > megidi > meid; gegin > gein* (=gegen); *sagen : segist, segit > seist, seit; gitregidi* (=das Getragene) *> Getreide; ligen : ligist, ligit > lîst, lît, leit*); bei **ibi, idi- > î**, vgl. Z.B. *gibit > gît; quidit (<quedan = sagen) > quît.*

8. **Änderungen im Formenbestand**: Die Abschwächung der volltonigen Endsilbenvokale, die bisher noch Unterscheidungen zwischen den Substantivklassen

bzw. Verbklassen ermöglichten, führt zum **Zusammenfall mehrerer Form-klassen.**

So sind die Infinitivendungen der sw. *jan-, ôn-* und *ên-*Verben einheitlich auf *-en* reduziert. Eine Unterscheidung der sw.Verben ist so allenfalls durch Gemination bzw. Affrikata und Umlaut bzw. Rückumlaut bei ehem. *jan-*Verben möglich.

Auch in der Deklination (vgl. Tabelle S. 170f.) sind einstige *ja-* bzw. *jo-*Stämme sowie i-Stämme nur noch am Umlaut erkennbar, die u-Deklination ist völlig in andere Deklinationen übergegangen. Von den Kasus der n-Deklination entbehren nur die Nominative Sg. und der Akk.Sg.Neutr. der sonst üblichen *-en-*Endung, durch ihre e-Endung stimmen sie nunmehr mit der femininen o-Deklination (z.B. ahd. *geba* : mhd. *gebe*) überein, was zur Vermischung beider Deklinationen führte. Zahlreiche Feminina flektieren seitdem im Sg. stark nach der o-Deklination (Endung aller Kasus auf e) und im Plural schwach nach der n-Deklination (Endung aller Kasus auf en) und bilden so eine **Mischklasse.**

Die ahd. *ir-*Pluralformen (vgl. *lamb : lembir*), die anfangs nur einer kleinen Gruppe von Tiernamen zukamen, werden im Spätmhd. immer häufiger, zunächst bei anderen Neutra (z,B, *hûs : hiuser*). später auch bei Masculina (z.B. *geist : geister, Mann : Männer*). Aus Systemzwang werden die Wurzelvokale dieser Wörter auch weiterhin umgelautet, obwohl *-er* nicht mehr umlautbildend ist.

3.5.2 Besonderheiten des mittelhochdeutschen Satzbaus

Die mhd. Syntax weicht noch stark vom heutigen Satzbau ab. Hier können nur einige wichtige Merkmale aufgezeigt werden. Näheres findet man im Syntaxteil der 'Mhd. Grammatik' von PAUL/ MOSER/ SCHRÖBLER, Tübingen 1969 u.ö.

1.**Kasusabweichungen:** Gegenüber dem heutigen Deutsch weicht das Mhd. oft in der Kasuszuordnung der Verben ab, besonders im Genitiv und Dativ, vgl. z.B. *ime richten, ruofen* (=ihn richten, rufen); *des festes beginnen* (das Fest beginnen), *des tages vergezzen* (den Tag vergessen) usw.

Genitiv

Der mhd. Genitiv besitzt - in Voranstellung oder Nachstellung zum Bezugswort - die größte funktionale Vielfalt gegenüber der heutigen Verarmung. Es sind vor allem vier Funktionen des Genitivs, die im Mhd. häufig begegnen: der genitivus obiectivus, subiectivus, possessivus und partitivus.

Der **Genitiv als Objekt**, der heute selten ist (vgl. z.B. *Wir gedenken der Toten*), ist im Mhd., wo ihn zahlreiche Verben erfordern (z.B. *(be)dürfen, bîten* (warten), *gedingen* (hoffen), *geniezen, hüeten, jehen, pflegen, swern* (schwören), *mir gebricht* (fehlt) usw.), weit häufiger. Der **subjektbezogene Genitiv** erscheint weniger häufig, etwa bei substantivierten Verben (vgl. z.B. *sînes neven sterben* = sein Neffe starb, der Tod seines Neffen). Der **possessive Genitiv** (z.B. mhd. *des küniges bote* = Der Bote des Königs) ist heute noch häufig. Besonders wichtig ist im Mhd. der **partitive Genitiv**, der ein Teil einer Ganzheit oder Menge ausdrückt, z.B. von *vil, lützel* (wenig), *ledec, vol, bar, vrî,* (vgl. z.B. *vrî der sorgen* = frei von Sorgen). Ähnliche Relationen mit dem Genitiv findet sich im **Genitiv des Maßes** (z.B. *dicker eines tûmen* = breiter als ein Daumen), **der Ursache** (z.B. *si wart der vröuden rôt* = sie errötete vor Freude), **der Qualität** (z.B. *ein samîtes mandelîn* = ein Mantel aus Samt), **der Erklärung/Definition** (z.B. *ein bluome der jugent* = eine Blüte der Jugend), **der Identität** (z.B. *des kampfes strîten* = der Kampf), **der Steigerung** (z.B. *künic aller künege* = Gott) und **der Relation/ des Aspekts** (z.B. *er was der jâre ein kint* = im Hinblick auf sein Alter war er ein Kind).

Dativ

Auch der Dativ erscheint im Mhd. häufiger als heute, so als **Objekt bei Verben** (z.B. *lieben* (=wert sein), *leiden* (=verhaßt sein), *vernemen* usw.) und bestimmten **Adjektiven** (z.B. *liep, niuwe, verre* usw.), als **freie Verbergänzung** (vgl. z.B. *ich stuont mir nehtint spâte* = ich stand spät abends).

Nebensätze

Die Benutzung längerer Satzgefüge (Hypotaxen) ist zwar im Mhd. noch relativ selten, doch gibt es neben dem parataktischen Satzbau auch verschiedene Formen der Nebensatzkonstruktionen, wobei die Anordnung von Haupt- und Nebensatz mitunter von den heutigen Regeln abweicht (besonders bei mehreren Nebensätzen in Versen).

Die wichtigsten Arten der durch Konjunktionen eingeleiteten Nebensätze sind:

1. **Relativsätze**, eingeleitet durch Demonstrativ/Relativpronomen wie: *der, diu, daz* (und ihre Kasus), auch *der, dir, dar, da, swer* (=wer auch immer, jeder), *swaz, swelcher, da, dar* (=wohin), *dannen* (woher), *swâ* (=wo immer), *swar*

(wohin immer), gelegentlich auch durch *und* oder *so*. Relativsätze sind meistens an das Bezugswort und dessen Satz oder Satzglied angeschlossen, mitunter auch vorangestellt;

2. **indirekte Fragesätze**, eingeleitet durch Fragepronomen (*wer/ waz, welch, weder*), Frageadverbien (*wâ, war, wannen, wanne, wenn, wan* (wann), *wie*) oder *ob*;

3. **Inhalts- und Satzgliedsätze** mit *daz* (vgl. z.B. *waz half in daz er künic was* = was half es ihm, daß er König war);

4. **Temporalsätze**, eingeleitet mit *dô* (als, indem, nachdem), *sô* (als, sowie, dann - wenn), *alsô* (sowie, als, ganz wie), *swanne/ swenne* (wann immer, dann - wenn), *unz* (bis, solange wie), *biz (daz)* (solange wie, bis), *bidaz/bedaz* (währenddessen, indessen, bevor), *indes, innen des, underdes* (während, indessen), *ê, ê daz* (bevor, ehe), *nû, nû(n) daz* (als nun, wie nun, nachdem nun), *die wîle* (während, solange wie/bis), *swie* (dann - wenn, sowie), *unt* (als, wic);

5. **Konditionalsätze**, eingeleitet mit *ob, und, swenne* (wenn), selten mit *eht/ oht, et, ot* (wenn nur <*eckert, eckort* = nur) oder ohne Konjunktion durch bloße Voran- oder Nachstellung des Nebensatzes (vgl. z.B. *gîstü mir dîn swester, sô wil ich ez tuon*);

6. **Konzessivsätze**, eingeleitet mit *doch, swie, ob, also, als, und, sît* (obgleich, obwohl, wenn auch, da doch) oder durch Voranstellung oder Nachstellung des Satzes ohne Konjunktion (ähnlich wie bei Konditionalsätzen);

7. **Kausalsätze**, eingeleitet durch *durch daz, für daz, umbe daz* (deshalb weil, um des...willen, daß), *wand(e), want(e), wan* (weil), *sît, sît daz* (da, weil), *nû* (da nun);

8. **Finalsätze**, eingeleitet durch *durch daz, ûf daz, daz* (damit, auf daß);

9. **Konsekutivsätze**, eingeleitet durch *daz, (al)sô daz* (so daß, in der Weise daß);

10. **Modalsätze**, eingeleitet durch *sô* (wie, so wie, dementsprechend wie), *sô ie +* Komparativ - *sô ie +* Komparativ (je...desto, in welchem Maße mehr - in solchem Maße mehr), *al(sô)* (ebenso wie), *sam, alsam* (in gleicher Weise wie), *swie* (im Vergleich), *unt* (selten: wie), *danne* (b.Komparativsätzen (=als).

Negationen

Die mhd. Verneinungsformen unterscheiden sich beträchtlich von heutigen Negationen. Mhd. wird die Negationspartikel **proklitisch** (vorgesetzt) als *en/in-* und **enklitisch** (nachgesetzt) als *ne* mit dem Verb verbunden, und zwar ohne Zusatz bei den Verben *lâzen, tuon, wizzen, ruochen* und den Modalverben, mit einem weiteren Negationswort (meist *niht*) bei allen anderen Verben. Doppelte Verneinung gilt mhd. als verstärkte Verneinung, nicht als Bejahung.

niht kann auch substantivisch gebraucht werden (=nichts), dann zumeist mit einem partitiven Genitiv.

Weitere Verneinungen sind *nie, niemer, nimmer* (niemals), *niender* (nirgends, nirgendwo, durchaus nicht, keineswegs), *nieman, niemen* (keiner, niemand), *nehein, dekein, kein, enchein* (kein, *dehein* aber auch =irgendein), *deweder, neweder* (keiner von beiden), *noch* (als Konjunktion = und nicht, auch nicht, nicht einmal), *noch - noch, neweder - noch* (weder - noch).

Als Negation können auch untertreibende Angaben gelten (sog. 'mhd. Ironie'): *lützel, wênec* (wenig = nichts), *lützel ieman* (niemand, keiner), *kleine* (=nicht), *selten* (=niemals), *ein bône, ein wint, ein blat, ein bast* (= nichts).

3.6 Das Frühneuhochdeutsche und das Neuhochdeutsche

3.6.1 Lautmerkmale des Frühneuhochdeutschen

Die Germanistik des frühen 19. Jh. setzte den Beginn des Neuhochdeutschen um 1500 an und sah (wie manche protestantischen Humanisten) fälschlich in Martin Luther den Begründer der nhd. Sprache. Erst seit W.Scherer wird von den meisten Germanisten eine frühneuhochdeutsche (frühnhd.) Zwischenphase unterschieden, die etwa die Zeit von 1350 - 1650 umfaßt, in ihrer Abgrenzung jedoch regional verschieden ist, entsprechend der Durchführung der vokalischen Lautänderungen gegenüber dem Mhd. Diese sind vor allem:

1. die **nhd. Diphthongierung** von mhd. î, û, iu/ü > nhd. *ei, au, äu/eu*, (Merksatz: *mîn niuwez hûs* > *mein neues Haus*),
2. die (md.) **Monophthongierung** von mhd. *ie, uo, üe* > nhd. î (oft weiter ie geschr.), û, ü, (Merksatz: *liebe guote brüeder* > [*lîbe gûte brüder*] liebe gute Brüder),
3. die **Dehnung offener** (d.h. vokalisch endender) **Silben** (z.B. mhd. *der tac* >nhd. [*der tâg*] =der Tag, mhd. *nemen* > nhd. *nehmen*).

Die **nhd. Diphthongierung** ging im 13. Jh. vom SO des deutschen Sprachgebiets aus, erfaßte dann das Bair./Österr., Ostfrk., Böhm., Ostmd., Hess./Rheinfrk., Schwäb. bis zum 16. Jh. und ging auch in die nhd. Schriftsprache ein, unterblieb jedoch im Alem., Ripuar., Zentralthüring. und im gesamten nd.Gebiet.

Die **md. Monophthongierung** der mhd. Diphthonge unterblieb dagegen in einigen süddt. Sprachgebieten (Alem., Schwäb., z.T. im Bair.).

Auch die **Dehnung offener Silben**, die auch in flektierten Formen wirksam ist und dann systemgemäß auf geschlossene Siben übergreift (vgl. z.B. mhd. *tac, tages* > *[tâges]* > *[tâg]*), ist nicht in allen deutschen Landschaften gleichmäßig durchgeführt. Auch einige Wörter mit geschlossenen Silben erfahren diese Dehnung (z.B. *bart* > *[bârt]*, ebs. *mir* > *[mîr]*, *im(e)* > *[îm]* = *ihm* u.a.).

Einige andere Wörter erfuhren gleichzeitig Verkürzungen, vgl. z.B. mhd. *muoter* > nhd. *Mutter*, mhd. *nâchgebûre* > nhd. *Nachbar*, mhd. *dâhte* > nhd. *dachte*, mhd. *gienc* > nhd. *ging*).

Graphische Zeichen für die Vokaldehnungen (z.B. h, Doppelvokal) und Kürzungen tauchen erstmals im 15. Jh. auf, nehmen im 16. u. 17. Jh. zu, sind aber bis heute nicht regelmäßig durchgeführt worden.

3.6.2 Die Entstehung der neuhochdeutschen Schriftsprache

Nachdem die mhd. Vereinheitlichungstendenzen in der Schreibung mit dem Zerfall der staufischen Reichseinheit und der zunehmenden territorialen Zersplitterung Deutschlands im 13./14. Jh. zurückgingen, setzten sich im 15./16. Jh. neue schriftsprachliche Einigungstendenzen in den fürstlichen und städtischen Kanzleien, besonders in Südostdeutschland, durch, die von Martin Luther in seinen Reformationsschriften und Bibelübersetzungen aufgegriffen und durch den Buchdruck verstärkt wurden. Luther, der stets um die angemessene Sprachform seiner Schriften gerungen hat, nahm auch unverschobene nd. Sprachformen auf und setzte sie gegen obd. Wörter durch (z.B. *fett* (st. *feist*), *Treppe* (st. *Stiege*) u.a.m.). Bis ins 18. Jh. existierten noch drei verschiedene Schreib- und 'Druckersprachen' in Deutschland: eine ostmd. (prot., Meißnische), eine obd. (kathol.) und eine südwestdt. (reform., Züricher). Unter dem Einfluß von Martin Opitz und der ostmd. **Sprachgesellschaften** im 17. Jh. und Gottscheds, Lessings und der meisten Dich-

ter des 18.Jhs. setzte sich - nach einigen sprachlichen Ausgleichen - die ostmd.
Schreibform durch.

3.6.3 Zur deutschen Sprachentwicklung vom 16. Jh. bis heute

In der frühnhd. Zeit vollzogen sich keine weiteren grundsätzlichen Laut- und
Formwandlungen, wohl aber eine Reihe von sprachlichen Ausgleichen, die im
ganzen doch die Erscheinungsform der Schriftsprache veränderten. So werden nun
bestimmte Ausspracheveränderungen sichtbar, etwa der Halbvokale *i/j* und *u/w*,
z.B. bei den Adjektiven der wa-Stämme, z.B. mhd. *grâ : grâwer* > *grau : grauer*,
mhd. *gêl : gelwer* > *gelb : gelber* usw.. Auch setzen sich regional **Rundungen
und Entrundungen** durch und werden auch in der Schrift sichtbar, z.B. mhd.
leffel, helle, zwelf > *Löffel, Hölle, zwölf*, mhd. *küssen, küssîn* (<*frz. coussin*) >
Kissen. **Systemangleichungen** vollziehen sich besonders bei den **st.Verben**, wo
sich der Wurzelvokal des Infinitivs auch in der 1.Pers. Präs. Sg. durchsetzt (vgl.
z.B. mhd. *geben : ich gibe* > *ich gebe* usw.) und ein einheitlicher Wurzelvokal in
den Prät. Formen üblich wird, vgl. z.B. mhd. *rîten : reit : riten : geriten* >nhd.
reiten : ritt : ritten : geritten, mhd. *werden : wirde : wart : wurden : worden* >
nhd. *werden : werde : wurde : wurden : geworden*). Auch wurden manche st.Ver-
ben zu sw.Verben, behielten aber z.T. ein st. Part.Prät (vgl. mhd. *mal(e)n : muol :
gemaln* > nhd. *mahlen : mahlte : gemahlen*). In den **Prät.- und Futurformen**
werden **analytische Differenzierungen** mit Hilfe der Hilfsverben *haben* und *sein*
gebildet.

Im Satzbau wird die **Endstellung finiter Verbformen in Nebensätzen** üblich;
auch **Satzklammern** setzen sich allmählich durch. In der Gelehrtensprache des
17. und frühen 18. Jh. nimmt der **hypotaktische Satzbau** zu; Gegenbewegungen,
die einen einfacheren, übersichtlicheren Satzbau fordern, bleiben nicht aus. In den
Sprachgesellschaften des 17./18. Jh. wird u.a. der Kampf gegen Fremdwörter aufgenommen, den später sprachpuristische Bewegungen weiterführen. Andererseits
nimmt seit dem 18. Jh. die Übernahme oder Verdeutschung fremden Wortguts
vor allem in den Bereichen von Politik, Technik, Wirtschaft und Sport kräftig zu.
Neue Fachsprachen mit eigenen Wortschätzen entstehen und wirken auf die Gemeinsprache ein. Als neue Sprachformen kommen z.B. die Funktionsverben in
Mode (vgl. z.B. *in Bewegung setzen, in Gang kommen* u.ä.). Entwicklungen zu

sprachlichen Aufschwellungen stehen heute solche zur sprachlichen Ökonomie und Abkürzung gegenüber.

3.7 Hinweise zum Übersetzen mittelhochdeutscher Texte

Für die meisten Germanistikstudenten dient die Beschäftigung mit den sprachgeschichtlichen Grundlagen des Mhd. vor allem dem eigenen besseren Verständnis mhd. Texte. Zwar existieren bereits nhd. Übersetzungen für manche mhd. Texte, doch sollte jeder ausgebildete Germanist in der Lage sein, mhd. Texte im Original zu lesen (mit gelegentlicher Heranziehung von M. LEXERs *Mhd. Taschenwörterbuch*). Vor allem deshalb gehören Seminare, in denen solche Texte übersetzt und grammatisch analysiert werden, zu den notwendigen und obligatorischen Lehrveranstaltungen jedes Germanistikstudiums.

Das Übersetzen älterer Texte der eigenen Sprache auf einer früheren Sprachstufe kann allerdings weder mit dem Übersetzen aus einer modernen Fremdsprache noch dem aus einer antiken Sprache gleichgesetzt werden. Es ist in gewissem Sinne zugleich leichter und schwieriger als diese von der Schule vertrauten Übersetzungsübungen. Leichter insofern, als der Germanistikstudent nicht alle Vokabeln lernen muß, manche ihm vielmehr aus seiner deutschen Muttersprache oder der bereits erlernten deutschen Gegenwartssprache vertraut erscheinen; schwieriger insofern, als er damit Einsichten in die historische Sprachentwicklung des Deutschen verbinden muß, um die Abweichungen vom heutigen Deutsch zu verstehen. Das mhd. Wörterbuch bietet dazu kaum Hilfen.

Es empfiehlt sich, beim Übersetzen aus dem Mhd. (Ahd., As. o.ä.) einige Regeln zu beachten, die diesen Vorgang erleichtern können:

1. Ältere Texte sollen möglichst in gutes Nhd. übertragen werden, nicht nur in Stichworte.
2. Die Übertragung sollte so wörtlich wie möglich und so frei wie nötig erfolgen, d.h. der Text sollte vollständig und zugleich modern übersetzt werden.
3. Es sollte keine Nachbildung in Reimen oder Strophen erfolgen; auch Zeilen sollten, falls nötig, umgestellt werden.
4. Beim Erkennen des Textsinns sollten die Sprachformen möglichst von der Gegenwart aus zurückgehend erschlossen werden, d.h. vom Nhd. zum

Frühnhd. und seinen Wandlungen und so zum Mhd.; weitere im Mhd. vorkommende Besonderheiten sollten von früheren Entwicklungen her erklärt werden (z.B. Ablautungen, Brechungen, Umlaute).

5. Ältere Wörter, die mit nhd. Wörtern homonym (gleichlautend) erscheinen, sollten nach Möglichkeit durch Synonyme ersetzt werden, um den Wortsinn nicht zu verfehlen (bei evtl. Bedeutungsänderungen).

6. Da im Mhd./Ahd. nur zwei Tempusformen existieren, müssen beim Übersetzen Umsetzungen in die sechs Tempusformen des Nhd. erfolgen.

7. Der Stil älterer Texte sollte nicht unbedingt nachgeahmt werden (z.B. die schlichte Parataxe des Frühmhd.), aber auch nicht verfälscht werden (etwa durch Hypotaxen).

8. Unklare oder mehrdeutige Stellen sollten in Anmerkungen oder evtl. Zusätzen erläutert werden.

3.8 Übersichtstabellen und Beispiele (Auswahl)

Lautentwicklung einiger Konsonanten der deutschen Sprache

	stl. Verschlußlaute			sth. Reibelaute			sth. Verschlußlaute			Kombinationen		
idg.	p / p'	t / t'	k / k'	bh	dh	gh	b	d	g	g/kt	b/pt	dt
germ.	f	Þ (th)	h	ƀ / b	đ / d	ǥ / g	p	t	k	ht	ft	tt/st
ahd.	f / v	th / d	h	(p)b	t	(k)g	pf ff	tz z zz	kh k / hh	ht	ft	st/ss
mhd.	f/v	d	h	b	t	g	pf/ff	tz,z,ss	k ch	ht	ft	st/ss
nhd.	f/v	d	h	b	t	g	pf/ff,f	tz,z,ß	k ch	cht	ft	st/ss

Lautentwicklung der deutschen Vokale und Diphthonge

idg.	a,o,e	e	i	u	â,ô	ê,êi	î	û	au,ou	oi.ai	ei	eu
germ.	a	e/i	i/e	u	ô	ê	î	û	au	ai	î	eu/iu
ahd.	a/e	e/i	e/i	u/o	ua/uo	â/ea> ia> ie	î	û	ou/ô	ei/ê	î	iu/ eo >io >ie
mhd.	a/e/ä	e/i	e/i	u/o uo/ ü/ö üe	uo,üe	â æ ie	î	û/ü iu	ou/ô öu/oe	ei/ê ei/ê	î î	iu/ie
nhd.	a/ä(e) â/û	e/i ê/î	u/ü/ö ô/û/ô	û/u ü	â/ä/ a/û î,i	ei	au/ eu	au/ô äu/ô	ei/e ai	ei	eu/î

Die Hauptformen der ahd., mhd. und nhd. Verbflexion

	ahd.	mhd.	nhd.	ahd.	mhd.	nhd.	ahd.	mhd.	nhd.
	ziehen			*senden*			*(ver)mögen*		
Präsens (Ind.)	ich ziuhu	ziuhe	ziehe	sendu	sende	sende	mag	mac	mag
	du ziuhis(t)	ziuhest	-st	-is(t)	-est	-est	macht	macht	magst
	er ziuhit	ziuhet	-t	-it	-et	-et	mag	mac	mag
	wir ziohen	ziehen	-en	-en	-en	-en	magun	mugen	mögen
	ir ziohet	ziehet	-t	-et	-et	-et	mugat	muget	mögt
	sie ziohent	ziehent	-en	-ent	-ent	-en	mugant	mugent	mögen
Präteritum	ich zôh	zôch	zog	santa	sande	sandte	mohta		mochte
	du zugi	züge	zogst	santôs(t)	-est	-dtest	-tôst		mochtest
	er zôh	zôch	zog	-ta	-de	-dte	-ta		mochte
	wir zugun	zugen	zogen	sandum	-en	-dten	-tun		mochten
	ir zugut	zuget	zogt	sandut	-et	-dtet	-ut		mochtet
	sie zugun	zugen	zogen	sandun	-en	-dten	-un		mochten
Part.Prät.	gizogan	gezogen	gezogen	gisendit	gesendet	gesandt	gimoht		gemocht

Übersicht über die Substantivflexionen im Ahd., Mhd. und Nhd.

	mask. a-Stämme			mask. ja-Stämme			mask. wa-Stämme			neutr. a-Stämme		
	ahd.	mhd.	nhd.	ahd.	mhd.	nhd.	ahd.	mhd.	nhd.	ahd.	mhd.	nhd.
Sg.												
N	tag	tac	Tag	hirti	hirte	Hirte	sê(o)	sê	See	wort	wort	Wort
G	tages	-es	-es	-es	-es	-en	sêwes	-wes	-s	-es	-es	-es
D	tage	-e	-(e)	-e	-e	-en	sêwe	-we	-	-e	-e	-(e)
A	tag	-	Tag	-i	-e	-en	sê(o)	-sê	See	wort	wort	Wort
(I)	tagu			hirtu						wortu		
Pl.												
N	taga	tage	Tage	hirta	hirte	Hirten	sêwe	sêwe	Seen	wort	wort	Worte*
G	tago	-e	-e	-io	-e	-en	-we	-we	-n	-o	-e	-e
D	tagum	-en	-en	-um	-en	-en	-wum	-wen	-n	-um	-en	-en
A	taga	-e	-e	-a	-e	-en	-wa	-we	-n	-wort	-wort	-e

*auch Pl. m. er+Umlaut möglich

	neutr. ja-Stämme			neutr. wa-Stämme			es/os(ir)-Stämme		
	ahd.	mhd.	nhd.	ahd.	mhd.	nhd.	ahd.	mhd.	nhd.
Sg.									
N	kunni	künne	-	kneo	knie	Knie	lamb	lamp	Lamm
G	kunnies	künnes	-	knewes	kniewes	Knies	lambes	lambes	Lammes
D	kunnie	künne	-	knewe	kniewe	Knie	lambe	lambe	Lamm(e)
A	kunni	künne	-	kneo	knie	Knie	lamb	lamp	Lamm
Pl.									
N	kunni	künne	-	kneo	knie	Knie	lembir	lember	Lämmer
G	kunnio	künne	-	knewo	knie(we)	Knie	lembiro	lember(e)	Lämmer
D	kunnim	künnen	-	knewum	kni(w)en	Knien	lembirun	lembern	Lämmern
A	kunni	künne	-	kneo	knie	Knie	lembir	lember	Lämmer

	mask. i-Stämme			mask. n-Stämme			neutr. n-Stämme			fem. n-Stämme		
	ahd.	mhd.	nhd.	ahd.	mhd.	nhd.	ahd.	mhd.	nhd.	ahd.	mhd.	nhd.
Sg.												
N	gast	gast	Gast	hano	hane	Hahn	herza	herze	Herz	zunga	zunge	Zunge
G	-es	-es	-es	-en	-en	-es	-en	-en	-ens	ûn	-en	Zunge
D	-e	-e	-(e)	-en	-en	-(e)	-en	-en	-en	ûn	-en	Zunge
A	gast	gast	Gast	hanon	-en	Hahn	herza	herze	Herz	zungûn	-en	Zunge

Pl. mhd./nhd.

N	*gesti*	*geste*	*Gäste*	*hanon*	*-en*	*Hähne*	*herun*	*-en*	*-en*	*zungûn*	*zungen*
G	*-io*	*-e*	*Gäste*	*-ôno*	*-en*	*Hähne*	*-ôno*	*-en*	*-en*	*-ôno*	*-en*
D	*-im*	*-en*	*Gästen*	*-ôm*	*-en*	*Hähnen*	*-ôm*	*-en*	*-en*	*ôm*	*-en*
A	*gesti*	*geste*	*Gäste*	*-on*	*-en*	*Hähne*	*-un*	*-en*	*-en*	*zungûn*	*-en*

femin.o-Stämme			femin.jo-Stämme		femin.wo-Stämme			fem.i-Stämme		
ahd.	mhd.	nhd.	ahd.	mhd./nhd.	ahd.	mhd.	nhd.	ahd.	mhd.	nhd.

Sg.

N	*lêra*	*lêre*	*Lehre*	*suntia*	*sünde*	*varwa*	*-we*	*Farbe*	*kraft*	*kraft*	*Kraft*
G	*lêra*	*lêre*	*Lehre*	*suntia*	*sünde*	*varwa*	*-we*	*Farbe*	*krefti*	*krefte*	*Kraft*
D	*lêru*	*lêre*	*Lehre*	*suntiu*	*sünde*	*varwu*	*-we*	*Farbe*	*krefti*	*-e*	*Kraft*
A	*lêra*	*lêre*	*Lehre*	*suntia*	*sünde*	*varwa*	*-we*	*Farbe*	*kraft*	*kraft*	*Kraft*

Pl.

N	*lêrâ*	*lêre*	*-en*	*sunt(i)â*	*sünde*	*varwâ*	*-we*	*Farben*	*krefti*	*-e*	*Krafte*
G	*lêrôno*	*-en*	*-en*	*-ôno*	*sünden*	*-ôno*	*-wen*	*-en*	*-io*	*-e*	*Kräfte*
D	*lêrôm*	*-en*	*-en*	*-ôm*	*sünden*	*-ôm*	*-wen*	*-en*	*-im*	*-en*	*Kräften*
A	*lêrâ*	*lêre*	*-en*	*-iâ*	*sünde*	*-â*	*-we*	*-en*	*-i*	*-e*	*Kräfte*

Die st. Adjektivflexion im Mhd.

		msk./neutr.	femin.	Pluralformen
Sg.	N	*blint/er,blint/ez*	*blint/iu*	(m.,neutr.) *blinde* (f.) *iu*
	G	*blindes*	*blinder(e)*	*blinder(e)*
	D	*blindem(e)*	*blinder(e)*	*blinden*
	A	*blinden blindez*	*blinde*	*blinde/blindiu*

Die sw. Adjektivflexion (nach best. Artikel) entspricht der sw. Substantivflexion (=n-Deklination).

Die Flexion der Personalpronomen im Mhd. u. der mhd. Artikelformen

Sg.	N	*ich*	*du*	*er*	*siu/si ez*	Pl.	*si/sie der*	*diu*	*daz*	Pl.	*die*
	G	*mîn*	*dîn*	*(sîn)*	*ir(e) es*		*ir(e) des*	*der*	*des*		*der*
	D	*mir*	*dir*	*im(e)*	*ir(e) im(e)*		*im/in dem(e)*	*der*	*dem(e)*		*den*
	A	*mich*	*dich*	*in(en)*	*sie/si ez*		*si/sie den*	*die*	*daz*		*die*

Beispiele zur Übersetzung und grammatischen Texterläuterung aus dem Mhd.:
Text u. Übersetzung: *Herzog Ernst* (hrsg. von BERNHARD SOWINSKI, Stuttgart
1970 (Reclams UB 8352/7) V.79 - 92

Sus <u>vertreip</u> der jungelinc gemeit	*des wart sîn dicke wol <u>gedâht</u>*
diu jâr sîner <u>kintheit</u>,	*ze aller slahte guote.*
daz er versuchte <u>fremdiu lant</u>.	*er <u>was</u> in diemuote*
des wart er wîten <u>erkant</u>	*getriuwe unde milde.*
über manic künicrîche,	*des wurten im die schilde*
da er vil lobelîche	*vil wîten gesamenôt,*
sich ze rede <u>hâte brâht</u>.	*so er <u>ir bedorfte ze</u> sîner nôt.*

Übersetzung: So verbrachte der aufgeweckte Junge die Jahre seiner Jugend,
indem er fremde Länder kennenlernte. Deshalb wurde er weithin anerkannt in
vielen Königreichen, wo er sich auf solch löbliche Weise den Menschen bekanntgemacht hatte. Seiner gedachte man daher oft bei jeder Art von Lob. Er war in
Bescheidenheit getreu und freigebig. Deshalb sammelten sich viele Schildträger
(Krieger) für ihn, wenn er ihrer in der Not bedurfte.

Grammatische Erläuterung der unterstrichenen Wörter:

vertreip ist 3.Pers.Sg.Prät. des st.Verbs 1.Kl. *vertrîben*. Stammformen: *vertrîben -
vertrîbe - vertreip - vertriben - vertriben*. Das *ei-* in der Wurzel beruht auf
germ. *ai* (idg. *oi*), das nur vor *r, h, w* zu *ê* monophthongiert wird. *p* ist durch
Auslautverhärtung entstanden.

kintheit besteht aus den Wortteilen *kint + heit*, wobei letzteres ursprünglich ein
selbständiges Wort mit der Bedeutung 'Art und Weise, Wesen' (got. *haidus*)
war, das schon ahd. als abstrahierende Ableitungssilbe fungierte. *kint* (nhd.
Lenisierung > *d*) geht währscheinlich auf eine alte Partizipform (mit *t*) des
schon ahd. geschwundenen germ. Verbs **ken, kun, kan* zurück, das mit idg.
*gen (vgl. lat. *gens, gignere, genitum*) und ahd. *kunni*, mhd. *künne* = 'Sippe,
Geschlecht' verwandt ist. Die Nasalverbindung bedingte Erhöhung des idg. *e >
i*. Alle Abstrakta auf *-heit* (ebs. *-keit, -schaft*) werden als fem. *i*-Stämme flektiert.

fremdiu lant: lant ist Akk.Neutr. der a-Deklination (G: *des landes*), *t* beruht auf Auslautverhärtung. *fremdiu* ist st. (pronominal) flektiertes Adj. Da bei allen Neutra N und Akk. identisch sind, gilt dies auch für die Adj.Flexion.

erkant ist Part.Prät. des sw. Verbs *erkennen*, das eine Kausativbildung zum st.Prät.Präs. *kan/kunnen* ist. Das Partizip weist hier wie alle Prät.Formen dieses Verbs sog. **Rückumlaut** (=unterbliebenen Umlaut) auf, d.h. der im Präsensstamm ursprünglich vorhandene *i*- oder *j*-Laut (vgl. got. *kanjan*) ist so früh ausgefallen, daß kein Umlaut eintreten konnte; ebenso unterblieb in solchen Prät.Formen die Gemination.

hâte ist 3.Pers. Sg.Indik. der kontrahierten Kurzform *hân*, die vom sw.Verb 3.Kl. *habên* abgeleitet ist. Die Kurzform des Verbs, dessen finite Formen heute in der Flexion alternativ neben Langformen erscheinen, wurden im Mhd. besonders zum Ausdruck analytischer Verbformen als Hilfsverben verwandt.

brâht ist Part.Prät. des Verbs *bringen*, das im Präs.-Stamm stark flektiert, im Prät. aber schwach gebildet wird (Mischklasse). Nur vereinzelt kommen im Ahd. und Mhd. st. Prät.Formen vor (*brang - brungen*). Bei der Bildung von *brâht* ist eine idg./germ. Form **brangta* vorauszusetzen, die durch Spirantenregelung (Primärberührung) zu **branhta*, dann durch Nasalausfall vor Spirans (Nasalspirantenregelung) mit gleichzeitiger Ersatzdehnung zu *brâhta* wurde. *brâht* gehört neben *kommen, funden, troffen, worden* zu den Partizipien ursprünglich perfektiver Verben, die kein *ge*-Präfix besitzen.

gedâht weist eine ähnliche Lautentwicklung auf, nur ist hier ein sw. Verb (got. *thankjan*) vorauszusetzen, das im Prät. Ausfall des Themavokals *i*, Spirantenregelung (*kt > ht*), Nasalausfall und Ersatzdehnung zeigt. Zum Infinitiv *denken* steht es im sog. Rückumlaut.

was ist 3.Pers.Sg.Prät.Indik. des st.Verbs V.Kl. *wesen*, das jedoch schon in ahd. Zeit, stärker im Mhd. als Suppletivum für die Konjugation des Verbs *sîn* im Prät. verwandt wird. Im Ahd. und Mhd. weist *wesan/wesen* **grammatischen Wechsel** auf (*was:wâren*), der auf dem **Vernerschen Gesetz** beruht, nach dem idg. stl. *s* bei nachfolgender Betonung (häufig im Pl. des Prät.) zu sth. *z* im Germ. wurde, das im Westgerm. und Nordgerm. durch Rhotazismus zu *r* wurde.

ir ist Genitiv Pl. des Pl.Personalpronomens *sie*; als Satzglied ist es Genitiv-Objekt, das von *bedürfen* abhängig ist.

bedorfte ist 3.Pers.Sg.Prät.Indik. des Prät.Präs. III.Kl. mhd. *bedurfen, bedürfen,* das wiederum verstärkte Bildung von *durfen/ dürfen* (1.Pers.Präs.: darf) ist. Die Prät.Formen beruhen hier wie Infinitiv und Präs.Pl.Formen auf einer Schwundstufe *durf-.* Durch Vokalharmonie (Brechung) trat hier Senkung von *u > o* vor folgendem *a* ein (ahd. *dorfta*).

ze ist eine abgeschwächte Form der Präposition *zuo.*

3.9 Historische Sprachbetrachtung in anderen Disziplinen

Alle Bereiche der historischen Sprachwissenschaft des Deutschen sind vor einigen Jahren in dem umfangreichen Handbuch *'Sprachgeschichte'* (hrsg. v. W. BESCH, O. REICHMANN, S. SONDEREGGER 1984) gewürdigt worden.

Neben der historischen Grammatik und der Sprachgeschichte sind es vor allem die Bereiche der germanistischen **Wortforschung**, die auf historische Grundlagenuntersuchungen angewiesen sind. Oft werden die Zusammenhänge der Wortbildung und des Bedeutungswandels erst aus den Ursprüngen und Anfängen bestimmter Wortentwicklungen deutlich. Im Wortschatz einer Sprache spiegelt sich auch ihr Leben eindrucksvoller als in den Laut- und Formenwandlungen, da durch die Wortforschung die Zusammenhänge zwischen der Sprachgemeinschaft, ihrer Geschichte und ihrer Sprache besser sichtbar werden.

Die historische Wortforschung besteht aus einer Reihe von Einzeldisziplinen, auf die im folgenden kurz hingewiesen werden soll.

3.9.1 Etymologie

Eine solche Teildisziplin der historischen Wortforschung ist die Etymologie. Sie sucht die Ursprünge und Grundbedeutungen der Wörter zu erforschen, die jeweils auf ihr **Etymon** (griech. = das Wahre), das Wurzel- oder Stammwort, zurückgeführt werden. Schon im Altertum suchte man - wenn auch recht unkritisch und willkürlich - Etymologie zu treiben (vgl. PLATONs *Kratylos*-Dialog). Für das Mittelalter hatten die *'Etymologiae'* des spanischen Theologen ISIDOR VON SEVILLA (636), der nach den in den Wörtern verborgenen **sensus spiritualis**, den seit der Schöpfung in ihnen versiegelten heilsgeschichtlichen Sinn, suchte, eine große

Bedeutung. Auch die Grammatiker der Barockzeit trieben assoziative Wortanalysen. Erst mit JAKOB GRIMMS *'Deutscher Grammatik'* und seinen historischen Wortgleichungen wurde die Erkenntnis von Sprachverwandtschaften und lautgesetzlichen Entwicklungen und somit eine wissenschaftlich überprüfbare Etymologie möglich.

Die wichtigsten Erkenntnisse über die etymologischen Grundlagen einzelner Wörter findet der Germanist heute in den verschiedenen etymologischen Wörterbüchern.

3.9.2 Wortkunde: Wortentstehung und Wortschatzerweiterung

Die Frage nach der ursprünglichen Entstehung von Wörtern hat die Gelehrten zu allen Zeiten beschäftigt. Eine abschließende Klärung ist wohl kaum zu erwarten. Zumeist schließt man sich der Erklärung des Psychologen Wilhelm Wundt (1832-1920) an, nach der Wörter aus Lautgebärden entstanden sind, wie sie wahrscheinlich den Frühmenschen eigen waren und sich in Interjektionen (Ausrufwörtern) erhalten haben. Die größte geistige Leistung der Frühmenschen bestand dann in der wiederholbaren festen Zuordnung bestimmter Lautkombinationen zu bestimmten Gegenständen und Erscheinungen der Wirklichkeit, also in der Namengebung der Dinge, die bereits die Schöpfungsgeschichte der *Bibel* (Gen 2,19f.) als erste geistige Tat der Menschen hervorhebt (vgl. auch PLATONS *Kratylos*-Dialog und J.G.HERDERS Sprachentstehungstheorie). Sie ist nach anderen frühen Texten und Deutungen nicht ohne göttliche Hilfe erreicht worden.

Über die Form dieser ersten Namengebungen ist ebenfalls viel herumgerätselt worden. Es ist anzunehmen, daß es sich dabei zumeist um zufällig entstandene, situativ bestimmte Erinnerungswörter gehandelt hat, die von Einzelnen gebildet und wiederholt wurden und schließlich allgemeine Anerkennung durch eine sich allmählich vergrößernde Sprachgemeinschaft erhielten, die diese Wörter mit den entsprechenden Sinnzuordnungen übernahm.

Dieser Vorgang der **'Urschöpfung'** von Wörtern ist auch schon früh als Nachahmung bestimmter Natur- und Tierlaute erklärt worden. Solche Schallnachahmung (**Onomatopoie**) kann aber nur für eine geringe Zahl von Wörtern als Grundlage angenommen werden (z.B. Wörtern wie nhd. *Kiebitz, Glucke, Fink, Uhu* u.dgl. sowie Wörtern wie *klingeln, bimmeln, gluckern, knallen* usw.). Neuerdings werden auch manche Wortentstehungen mit den Stufen des kindlichen Lauterwerbs in Verbindung gebracht (z.B. *Papa, Mama* u.ä.).

Die 'Urschöpfung' hat sich wahrscheinlich nur auf die Wortwurzeln, d.h. die sinntragenden Lautelemente (**Lexeme**) bezogen. Man hat vermutet, daß das früheste Idg. oder die vorangehenden Sprachen reine Wurzelsprachen waren. Die Bildung weiterer Wörter aus diesen 'Grundwörtern' durch Variationen bestimmter Laute (z.b. Ablautbildungen, Flexionen), durch Kombination mit anderen Wörtern oder Wortteilen (Komposita, Ableitungen) wird einen zweiten wichtigen Schritt in der menschlichen Sprachentwicklung gebildet haben. Möglicherweise wurden dabei auch die verschiedenen **Sprachtypen** (z.b. isolierender, flektierender, agglutinierender, klassifizierender, inkorporierender Sprachbau) festgelegt. So wurde die Möglichkeit geschaffen, das sich zunächst im Chaos der Benennungen spiegelnde Chaos der Dinge und Sinneseindrücke im Wortschatz zu gruppieren, zu gliedern und so zum Kosmos der Sprache umzuwandeln.

Wie groß jeweils der Wortschatz einer Sprachgemeinschaft auf früheren Sprachstufen war, bleibt uns natürlich unbekannt. Man hat allerdings Vermutungen über das Fortleben älterer Wörter in späteren Sprachen angestellt. So hat man die in der Indogermanistik üblichen Wortgleichungen (vgl.3.2) zu solchen Schätzungen herangezogen. Man kann etwa annehmen, daß im Deutschen ein Wort aus der idg. Zeit stammt, wenn es in allen oder zumindest in mehreren nicht unmittelbar benachbarten idg. Sprachen vorkommt. Man schätzt danach, daß über ein Viertel der 'Grundwörter' (Erbwörter) des Deutschen auf idg. Verhältnisse zurückgehen. Sie bilden die Grundlage zahlreicher Ableitungen und Zusammensetzungen. Dazu gehören vor allem Wörter der Verwandtschaft, der Körperteile, der landschaftlichen und meteorologischen Gegebenheiten, bestimmter Wald- und Feldpflanzen (Buche, Gerste, Hirse, Birke, Fichte, Föhre, Ahorn, Eiche usw.), bestimmter Haustiere (Ziege, Rind, Pferd, Hund, Schwein), bestimmter Produkte und Früchte und des Haus- und Ackerbaus sowie einfacher Geräte. Hinzu kommen zahlreiche Adjektive über die damals auffallenden Eigenschaften und Verben der wichtigsten Vorgänge und Handlungen. Da sich in einer Sprache das Weltbild und die Lebensverhältnisse der Menschen zumindest ansatzweise spiegeln, hat man auch die Wortschatzverhältnisse zur Deutung der Lebensverhältnisse der idg. Zeit herangezogen und das Fehlen der Wortgleichung als Fehlen der Sache gedeutet. Doch bedarf eine derartige 'linguistische Paläontologie' der Korrektur durch Archäologie, Urgeschichte und Völkerkunde. Man schätzt, daß in der germ. Zeit etwa ein weiteres Viertel des heutigen Grundwortschatzes hinzugekommen ist. Auch für derartige Schätzungen bedient man sich der Wortgleichungen aus mehreren germ. Sprachen. Der germ. Wortschatz spiegelt deutlich veränderte Lebensverhältnisse, Fortschritte im Bereich des Ackerbaus, der Viehzucht und des Gemeinschaftslebens, auch schon in der Technik. Zahlreiche Haustiernamen (so jetzt auch vom Geflügel), Namen von Geräten, Früchten, Hausgegenständen, aus Seefahrt und Fischfang kommen hinzu. Zahlreich sind auch die Wörter des Kriegs, Waffen- und Rechtswesens, die z.T. auch in germ. Vornamen vorkommen. Schließlich sind auch Wörter für sittliche und religiöse Vorstellungen erhalten.

3.9.3 Lehnwörter und Fremdwörter

Schon in germ. Zeit werden auch die Vorgänge der **Wortentlehnungen** aus anderen Sprachen und in andere Sprachen deutlicher. So haben die germ. Sprachen zahlreiche Wörter aus dem Lat. und dem Keltischen übernommen; man vergleiche etwa die vielen Wörter lat. Ursprungs für Stadt- und Hausbau (z.B. *Ziegel, Fenster, Estrich, Kalk, Mauer, Straße, Pflaster, Keller, Pforte* usw.) oder für Früchte und Produkte (z.B. *Wein, Kirschen, Kohl, Rettich, Kürbis* usw.). Germ. Wörter wanderten andererseits auch in nichtgerm. Nachbarsprachen. So enthält z.B. das Finnische frühe germ. Wörter (z.B. *kuningas* = König, *rengas* = Ring, *kansa* = Volk (<*hansa* = Schar).

Mit der Wortübernahme aus anderen Sprachen ergibt sich eine zusätzliche Möglichkeit zur Erweiterung des Wortschatzes einer Sprache. Wie die erwähnten Beispiele zeigen, erfolgte (und erfolgt noch heute) die Übernahme eines fremden Wortes zumeist mit der damit bezeichneten Sache oder einem neuen Begriff, soweit man dafür keine eigensprachliche Bezeichnung vorfand oder wählte (was etwa in neuerer Zeit üblich wurde). In älterer Zeit wurden fremde Wörter auch der eigenen Sprachentwicklung unterworfen. So wurde z.B. lat. *tegula* > ahd. *ziegel*, lat. *porta* > *Pforte* usw. Man kann aus solchen Entwicklungen auch auf das Alter der Übernahme schließen, die etwa bei den genannten Beispielen vor der 2. LV liegen muß. Für derartige fremden Wörter, die der deutschen Sprachentwicklung angeglichen wurden, hat man die Bezeichnung **Lehnwörter** gewählt, während man heute noch unverändert gebliebene Übernahmen aus anderen Sprachen als **Fremdwörter** bezeichnet. Beide Bezeichnungen sind eigentlich fragwürdig, denn das Wort 'entlehnen, Lehn' hängt ja mit 'leihen' zusammen, das eine Rückgabemöglichkeit einschließt, was bei Wörtern ja kaum möglich ist. Richtiger (aber unschön) wäre es, von 'Importwörtern' zu sprechen. Bei den 'Lehnwörtern' ist aber dieser Importcharakter aufgrund der Lautwandlungen oft kaum bewußt (vgl. z.B. nhd. *Kirsche* <lat. *ceresia*, nhd. *Pflaume* < lat. *prûnum*).

Wortentlehnungen hat es immer gegeben, solange sprachliche, kulturelle und wirtschaftliche Kontakte zwischen Völkern mit verschiedenen Sprachen bestanden. In der deutschen Sprachgeschichte kann man allerdings von bestimmten Wellen der Wortschatzübernahme sprechen. So folgte z.B. der frühen Übernahme lat. Wortgutes vor der 2. LV (s.o.) eine zweite Übernahme im Zusammenhang mit der Christianisierung der deutschen Stämme und der Einführung neuer kirchlicher Wörter (z.B. *Altar, Kirche, Kapelle, Priester* usw.). Dieser Vorgang, der inzwischen recht gut erforscht ist, zeitigte verschiedene Formen der Wortübernahme. So lassen sich neben den reinen Lehnwörtern für neue Begriffe (z.B. *angelus* > *Engel*) auch **Lehnbildungen** (Nachbildungen lat. Wörter, z.B. *misericordia* > *(B)armherzigkeit*), **Lehnübertragungen** (Übersetzung von lat. Wortteilen (z.B. *oratorium* > *betehûs*), **Lehnschöpfungen** (Nachbildungen nach lat. Vorbild, z.B. *experientia* > ahd. *bifindunga, philosophus* > ahd. *unmezuuizzo* (m.Übers.fehler b. *philo*!), **Bedeutungsentlehnungen** bzw. **Lehnbedeutungen** (Bedeutungswandlungen alter Wörter aufgrund neuer Begriffe, z.B. *Himmel, Hölle, Geist, Glaube, Beichte* usw.) feststellen.

Eine erste Welle der Übernahme frz. Wörter erfolgte um 1200 im Zusammenhang mit der Durchsetzung der höfischen Adelskultur in Deutschland. Auf französischer Grundlage beruhen Wörter wie mhd. *aventiure* > *Abenteuer, prîs* > *Preis,* nhd. *Turnier, Lanze, Flöte, Tanz* usw., ferner Lehnübersetzungen wie *Ritter* (<mnl. *riddere* : frz. *chevalier*), *höfisch (: courtois), dörper* sp. > *tölpel* dissimiliert (: *vilain*) usw.

Italienzüge und Kreuzzüge führen zum Einsickern italienischer und arabischer Wörter wie *spazieren, Schach, Joppe, Spinat, Sirup, Zucker, Damast* u.a.m.

Die Ostbesiedlung und der Einfluß Böhmens führen zur Übernahme slawischer Wörter wie *Grenze, Quark, Gurke, Säbel, Kummet, Dolch, Trabant* u.a.

Bis in die frühe Neuzeit bleibt das Lat. die Gelehrtensprache, aus der wiederholt Wörter und Begriffe als Lehnwörter ins Deutsche gelangen (z.B. *Orden, Puls, Papier, Prozeß, Disputation, Medikament*). Manche dieser Wörter verlieren erst später ihre lat. Endung (so z.B. lat. *argumentum* > *Argument*).

Im 15. - 17. Jh. gelangen weitere fremde Wörter ins Deutsche. So
- aus dem Italienischen Fachwörter des Bankwesens, z.B. *Kapital, Kredit, Konto,*
Kasse, Muster u.a., sowie der Musik, z.B. *Violine, Sonate, Madrigal, Baß, Alt*
usw.
- aus dem Griechischen Wörter der Gelehrtensprache wie z.B. *Bibliothek, Atlas,*
Architekt u.a.,
- aus dem Niederländischen kaufmännische und geographische Bezeichnungen
wie *Packen, Stoff, Kante, Düne, Küste, Schleuse* u.a.
Eine zweite Welle des Eindringens frz. Wortgutes erlebt Deutschland in der à la
mode-Zeit im 17. und 18. Jh., als es im Adel und höheren Bürgertum als vor-
nehm galt, französisch statt deutsch zu sprechen. In dieser Zeit gelangten sehr
viele frz. Ausdrücke ins Deutsche, besonders im Bereich des Militärs (z.B. *Offi-*
zier, Leutnant, Armee, Kompanie usw.), der Mode (z.B. *Puder, Perücke, Kostüm,*
Garderobe, Friseur usw.), der Wohnung (z.B. *Etage, Balkon* (urspr.< *Balken),*
Appartement, Möbel u.a.), der Eßkultur (z.B. *Restaurant, Soße, Dessert* u.a.), der
Verwandtschaft (*Onkel, Tante, Kusine, Papa, Mama*).
   Im 19. und 20. Jh. kommt es zu verstärkten Übernahmen aus der englischen
Sprache, etwa im Bereich der Politik (z.B. *Parlament, Präsident, Opposition,*
Debatte), des Sports (z.B. *Tennis, Hockey, Boxen, kraulen, Trainer*), der Wirt-
schaft (z.B. *Streik, Job, Bestseller, Service, Trend*), der Kleidung (z.B. *Sweater,*
Pullover/ Pulli, Slip, Tweed, (blue) jeans), der Gesellschaft (z.B. *Party, Single,*
fair, Lady, Gentleman, Hobby, Fan, Playboy, Establishment, Teenager, sexy), der
Technik (z.B. *Reprint, Paperback, Sound, Live-Sendung, Remake, Power*) und
inzwischen in vielen anderen Bereichen.
   Es sollte nicht übersehen werden, daß manche Fremdwortwellen auch die
eigene sprachliche Kreativität angeregt haben, die zu **Verdeutschungen** mancher
fremder Wörter geführt hat. So wurden in den ’**Sprachgesellschaften**’ des 17. Jh.
neben manchen verunglückten Bildungen, wie z.B. *Gesichtserker* f. *Nase,* auch
neue Bezeichnungen durchgesetzt (z.B. *Leidenschaft* f. frz. *passion*). Allerdings
hat es im Laufe der Zeit auch manche übertriebene puristische Fremdwortfeind-
lichkeit, aber auch politische Sprachregelungen dazu gegeben. (So verlangten die
Nazis den Gebrauch des neutraler wirkenden Fremdworts *Propaganda* für die
eigene, das deutsche, konnotationsreichere Wort *Hetze* für fremde Agitation).

3.9.4 Andere Formen der Wortschatzerweiterung

Als weitere Quellen für **Wortschatzerweiterungen** sind Dichtersprachen einzelner Autoren sowie Mundarten und Fachsprachen zu erwähnen.

Der Einfluß einzelner **Dichtersprachen** auf den Wortschatz der Gemeinsprache ist nur schwer festzustellen. Als ein Beispiel einer erfolgreichen Einwirkung kann allerdings die Neubelebung mancher veralteter Wörter mal. Ritterdichtung wie z.B. *Brünne, Recke, Harnisch* u.ä. in der Dichtung der Romantik gelten.

Zwischen den **Mundarten** und der Schriftsprache bestand zu allen Zeiten ein Verhältnis gegenseitigen Gebens und Nehmens. Bereits Luther hat - wie oben (3.6.2) dargelegt - schon nd. Wörter in die durch ihn beeinflußte nhd. Schriftsprache übernommen. Andere Autoren sind ihm darin gefolgt. Aber auch auf andere Weise sind immer wieder mundartliche Wörter und Wörter aus den von den Mundarten beeinflußten **Umgangssprachen** in das Schriftdeutsch gelangt. So sind heute Wörter wie *Samstag, Leberkäs, Knödel, Bockbier* keine nur bairischen Wörter mehr, wie auch nd./md. Wörter wie *Kartoffel, Zigarettenkippe, Müll* auch in Süddeutschland geläufig geworden sind. Wörter wie *Rollmops, Schieber, Göre, schnuppe, keß, knorke, Tingeltangel* stammen aus dem Berliner Großstadtjargon, andere wie *Schlager, Tusch, Spitzel, Trottel, fesch* (aus engl. *fashionable)* gelangten aus dem Wienerischen in die Schriftsprache.

Zu den soziologisch interessanten **Gruppensprachen (Soziolekten)**, wie sie heute von der Soziolinguistik erforscht werden, zählte einst u.a. die Sondersprache der Studenten. Da die Studenten früher oft mit allerlei fahrendem Volk zusammenkamen, hatte diese **Studentensprache** auch manche Wörter aus der sog. **Gaunersprache** übernommen, die wiederum aus der Sprache jüdischer Händler und so aus dem **Jiddischen** oder **Hebräischen** stammten. Einige dieser Ausdrücke kommen noch heute in der Umgangssprache, evtl. auch in der Schriftsprache vor, z.B. *schäkern* (zu hebr. *schikkêr* =täuschen), *Schmiere stehen* (zu hebr. *schemîrâ* = Bewachung), *Pleitegeier* (zu hebr. *pelêtâ* = Entrinnen und zu hebr. - gei(h)êr* = geher).

Wie schon früher die einzelnen **Berufssprachen** den Wortschatz beeinflußten (vgl. z.B. Wörter wie *fruchtbar, Ertrag, aufgabeln* (aus der Bauernsprache), *Abbau, Ausbeute, fördern, Fundgrube* (aus der Bergmannssprache), *verbohrt, ungehobelt, schnurgerade* (aus der Tischlersprache), so wirken auch die verschiedenen **Fachsprachen**, die sich immer mehr spezialisieren, zunehmend auf die Schrift-

und Umgangssprache ein. So werden z.B. Wörter wie *Infarkt, Rezept, Visite, Suicid* längst nicht mehr nur von Medizinern gebraucht, *Komplex, Depression, Trauma* nicht nur von Psychologen, *Reifenprofil, Kompression* und *Bremskraftverstärker* sind nicht mehr nur kraftfahrtechnische Begriffe.

3.9.5 Wortbildung

Die Wortbildungslehre untersucht die bei der Bildung vorhandener und neuer Wörter wirksamen Gesetzmäßigkeiten, Möglichkeiten und Realisationen, sowohl unter prozessualen als auch unter analytischen Aspekten. Dementsprechend sind hier sowohl synchronische als auch diachronische Blickweisen und Methoden möglich. Da die synchrone Wortbildung an anderer Stelle behandelt wird (s.2.3.2), sollen hier nur Aspekte der diachronischen Wortbildung erläutert werden.

Die Zahl der durch 'Urschöpfung' entstandenen **Grundwörter** (Wurzelwörter, Simplizia) muß sich schon in früher Zeit als unzureichend erwiesen haben, um die Umwelt- und Eigenwelteindrücke der Menschen zu kennzeichnen. Zudem suchte man im Idg. und Germ. wohl schon früh die zusammengehörigen Erscheinungen der Wirklichkeit und des Bewußtseins durch verwandte Wörter auszudrücken. Eine Möglichkeit dazu bot sich in den Ableitungen und Zusammensetzungen, wie sie in allen idg. Sprachen vorkommen und wohl schon frühzeitig gebildet worden sind und weiterhin gebildet werden.

Als **Zusammensetzung (Kompositum)** versteht man die Verbindung (Morphemkonstruktion) zweier oder mehrerer Wörter (Grundmorpheme bzw. Lexeme), die auch selbständig vorkommen können und noch vorkommen (vgl. z.B. *Zeitpunkt, neunzehn*).

Eine **Ableitung (Derivation)** ist dagegen eine Abwandlung (Variation) eines Grundwortes (einer Basis) durch andere oder weitere Bildungselemente (Morpheme), die nicht selbständig im Satz vorkommen können (z.B. *Leitung*).

Eine erste Gruppe von Ableitungen ohne Zufügungen sind die **impliziten Ableitungen**, die häufig von Verben gebildet wurden, z.B. *gehen > Gang, fließen > Fluß, Floß, besuchen > Besuch*). Dadurch konnte der Wortschatz innerhalb von **Wortfamilien** (Wörtern mit etymologisch gleichen Wortwurzeln) erweitert werden (vgl. z.B. *ziehen > zücken, zucken, Zug, Zügel, Zucht, Zeug, Zeuge, Erziehung, Zögling, Herzog* u.a.m.).

Bei den **expliziten Ableitungen** mit Hilfe von Präfixen oder Ableitungssuffixen (**Derivatemen**) gibt es solche, die ursprünglich selbständige Wörter waren (z.B. *heit,* got. *haidus* noch: = Art, Stand), und solche, deren semantischen Gehalt wir nicht mehr erkennen (z.B. das *t* < **ti* mancher Verbalabstrakta wie *Fahrt, List, Macht*), die eine mit dem Lexem gegebene Grundbedeutung in eine neue grammatische Form (hier in Substantive) umwandelten und das Gemeinte unter einem anderen Aspekt oder Zusammenhang ausdrückten (hier: als Resultat des Fahrens, Lernens, Vermögens zusammenfaßten).

Als Ableitungssilbe kann ein Kompositionsglied aus einer Zusammensetzung jedoch erst dann werden, wenn seine Eigenbedeutung im Verhältnis zu anderen Kompositionsgliedern abgeschwächt (= demotiviert und grammatikalisiert) ist und als selbständiges Wort nicht mehr gebraucht wird. Es kann dann als **idiomatisiertes** Gebilde nicht mehr semantisch in selbständige Einheiten zerlegt werden. Dieser Vorgang der Demotivierung kann auch bei vorderen Elementen von Zusammensetzungen auftreten (vgl.z.B. *Himbeere* < *Hindin* (=Hirschkuh)-*Beere*). Solche Wörter können dann manchmal Gegenstand **volksetymologischer** Umdeutungen (s.u.) werden.

Die Wirksamkeit der Ableitungssuffixe ist allerdings meistens zeitlich begrenzt. Es lassen sich so zu verschiedenen Zeiten **produktive** (pr.) und **unproduktive** (unpr.) Derivateme unterscheiden (vgl.2.3.2). Die diachrone Wortbildungslehre gruppiert die Ableitungssuffixe nach ihrer Funktion und etymologischen Bildung. Es lassen sich so differenzieren:

bei Substantiven:

1. **nomina agentis** (Berufsnamen, Geschehensträger): auf **-e** (unpr.): z.B. *Bote, Hirte*; auf **-el** (unpr.<ahd.*ila*): *Büttel* < *bieten, Krüppel* <*as. kriupan* = kriechen; auf **-ent** (pr.,<lat.): *Absolvent*; auf **-er** (pr.,<ahd. *ari* <lat.*arius*): *Bäcker, Tester*; auf **-ler** (pr.,<*el+er): Bettler* (ahd. *betalari*), *Häusler*; auf **-erin** (pr., <*er+in): Reporterin*; auf **-in** (pr.,<ahd. *inna* <*injo* = sog. **movierte Femina**): *Königin, Ärztin.*

2. **Zugehörigkeits- u. Herkunftsbezeichnungen:** auf **-ing** (unpr.): *Fläming (Flame), Thüring(er), Pfennig* (<ahd.*phanting*); auf **-ling** (pr.,<*el+ing): Schreiberling*; auf **-er** (pr.): *Berliner.*

3. **nomina actionis** bzw. **resultationis** (Geschehens- u. Ergebnisbezeichnungen, Verbalabstrakta): auf **Binnen- oder Nullmorphem** (Ablaut oder Wurzel, unpr.): *Sprung, Schlag*; auf **-sal,-sel** (unpr.): *Mühsal, Füllsel*; auf **-ter** (unpr.): *Gelächter*; auf **icht** (unpr.): Kehrricht; auf **-t** (<germ.*ti*, unpr.): *Licht, List*; auf **-ung** (pr.): *Lesung, Gewinnung*; auf **-e** (pr.): *Gabe, Schreibe*; auf **-er** (pr.?): *Schnitzer, Kratzer*; auf **-ei** (<frz.*ie*,pr.): *Lauferei*; auf **-nis** (unpr.): *Geständnis*; auf **-en/Infinitiv** (pr.): *das Laufen, Schreiben*; auf **-de** (unpr.): *Zierde, Behörde*.

4. **nomina instrumentalia** (Geräte, Mittelbezeichnungen): auf **-el** (ahd. *ila*, unpr.): *Meißel, Griffel*; auf **-er** (pr.): *Drücker, Bohrer*, aber: *Hammer* <ahd. *hamar*; auf **-ung** (unpr.?): *Nahrung, Kleidung*.

5. **nomina qualitatis** (Eigenschaftsbezeichnungen, z.T. Verbal- oder Adjektivabstrakta): auf **-e** (<got.*ein*, ahd. *î*, unpr.?): *Höhe, Dichte, Gier, Huld* (m. e-Ausfall); auf **-e** (got.*ja*, oft m. kollekt. *ge-*, pr.?): *Netz, Brett, Getue, Gejage*; auf **-nis** (<ahd. *nissi, nussi*, unpr.): *Wildnis, Finsternis*; auf **-heit** (got. *haidus* = Art u.ä., pr.): *Schönheit, Hoheit*; auf **-keit** (<mhd. *ic/ec+heit* >*keit*, pr.): *Ewigkeit, Brauchbarkeit*; auf **-schaft** (<got. *skafts*, ahd. *scaf*, mhd. *schaft* = Gestalt, Eigenart, pr.): *Gefangenschaft*; auf **-tum** (got. *doms*, ahd.*tuom* = Sinn, Urteil, Herrschaft, unpr.): *Irrtum, Wachstum, Bistum*.

6. **nomina collectiva** (Kollektivbezeichnungen): auf **ge-** (idg./lat. *con*, ahd. *ga/ gi*, mhd. *ge*, pr.): *Gesicht, Geschäft, Gerede*; auf **-werk** (z.T. allmähl. Entw. z.Suffix): *Schuhwerk, Handwerk*; auf **-heit** (s.o.,pr.): *Christenheit, Menschheit*; auf -**schaft** (s.o., pr.): *Studentenschaft, Belegschaft*.

7. **Diminutiva** (Verkleinerungen u.Verniedlichungen): auf **-chen** (< germ.*(e)kin*, pr.): *Kindchen, Brüderchen*; auf nd. **-ken** (pr): *Hüsken, Söhneken, An(e)ke*; auch **palatalisiert (mouilliert)**: *Antje, Smutje*; auf nd. **-eke** (unpr.): *Reineke*; auf **-el** (got.*ila*, ahd.*ilo*, unpr.): *Knöchel, Ärmel, Hügel*; auf **-ling** (<germ.*ila+inga*, unpr.): *Sperling, Pfifferling*; auf nd. (mecklbg.) **-ing** (unpr.): *Hüsing* (Haus), *Vadding* (Vater); auf **-ein** (<ahd. *în*, unpr): *Vög(e)lein* (<ahd. *fugilîn*), *Mädchen* (<ahd. *magatîn*); auf **-lein** (<germ.*ila+în*, unpr.?): *Zünglein, Kindlein*; > alem.> **-l**, schwäb./bair.>**-el,-erl** (pr.): *Häusl, Häuserl, Madel* (Mädchen).

Adjektive: Ableitungen

- auf **-en** (<ahd.*în*, unpr.): *eichen, golden*;
- auf **-ern** (<ahd.*irin*): *hölzern*;
- auf **-ig** (<ahd.*ig/ag*, lat.*icus*,pr.): *mutig, gestrig*;
- auf **-icht** (<ahd.*icht/acht*, unpr.): *töricht*;
- auf **-isch** (<ahd.*isk*, got. *isks*, pr.): *närrisch*;
- auf **-lich** (<ahd. *lîch*, got. *leiks* = Leib, Körper, vgl. *Leiche*, pr.): *bildlich, freundlich*;
- auf **-entlich** (<unorg.*t+lich*, pr.?): *eigentlich, öffentlich*;
- auf **-sam** (got. *sama* =derselbe> fähig, möglich, unpr.?): *kleidsam, heilsam*;
- auf **-bar** (:ahd. *beran* = tragen >möglich, pr.): *dankbar, fruchtbar, untragbar*;
- auf **-haft** (:got. *haftan* = heben, mhd. *haft* = behaftet, unpr.?): *meisterhaft, schleierhaft*;
- auf **-artig** (pr.): *großartig, unartig*;
- auf **-weise** (pr.): *dummerweise*;
- auf **-mäßig** (pr.): *mengenmäßig, unmäßig.*

Wie bei den Substantiven (vgl. z.B. *-werk*), so gibt es auch bei den Adjektiven Übergänge vom Kompositum zur Ableitung, z.B. bei Bildungen mit **-voll, -leer, -reich, -arm, -wert, -(ge)recht, -fertig, -fähig, -frei, -selig, -gemäß**. Häufig werden auch **Fremdwörter** mit den entsprechenden adj. Suffixen verwendet, so mit **-abel, -iv, -ent, -ant, -al, -akt, -ar, -an, -än, -il, -ibel, -id, -esk, -ikos, -ell**.

Die historische Wortbildungsforschung sucht bei den Ableitungen wie bei den Komposita auch den Zeitpunkt des Auftretens bestimmter Wortbildungstypen zu ermitteln. Zweigliedrige Komposita und Ableitungen tauchen z.B. schon unter den germ. Völkernamen bei lat. Schriftstellern auf (z.B. *Markomanni, Alamanni, Ingväones, Istväones*). Auch das Got. kennt eine größere Zahl zweigliedriger Wortbildungen. Bevorzugt wurden in früher Zeit Kombinationen im Nominativ bzw. aus Wortstamm+Nominativ (n. J. Grimm sog. 'echte' Komposita), später kommen Zusammensetzungen aus Genitiv+Nominativ und andere Kombinationen hinzu.

Es gibt in der Sprachgeschichte Zeiten recht produktiver und weniger produktiver Wortbildungen. Zu den produktiven gehören etwa die Zeit der Christianisierung (6.-10. Jh.), der Mystik, des Barock, der Empfindsamkeit, des 19. und 20. Jh. Die Dichtung wie die Fachwortschätze haben daran besonderen Anteil. Nicht alle neuen Wortbildungen gelangen allerdings vom Status des Okkasionellen in den des Usuellen (vgl.1.3.1).

Sonderformen der Wortbildung

Neben Ableitungen und Zusammensetzungen, aus denen heute die meisten Neuwörter (Neologismen) gebildet werden, gibt es eine Reihe anderer Formen der Wortbildung, die hier nur kurz charakterisiert werden sollen.

1. die **Zusammenbildungen**: Man versteht hierunter Neubildungen aus syntaktischen Wortfügungen, die selbst noch kein Kompositum bilden (vgl. z.B. *den Grundstein legen* > *die Grundsteinlegung; Legung* allein kommt nicht vor). Ähnlich werden gebildet: *Erblasser, Zuhilfenahme, Menschwerdung, überwintern* u.a.

2. die **Rückbildungen** (retrograde oder inversive Ableitungen: Hier handelt es sich um kürzere analoge Bildungen aus vorhandenen längeren Wörtern. So werden analog den Ableitungen mit Binnenmorphem oder Stammvokal neue Substantive aus bereits vorhandenen Verben gebildet (z.B. ahd. *opfar* < *opharôn*, nhd. *Erwerb* < *erwerben, Ausdruck* < *Ausdruckung* < *ausdrucken*. Auch grammatische Rückbildungen sind möglich, vgl. z.B. *Abendland* < *Abendländer, elend* < *elendig(lich)*.

3. **Wortmischungen** (Kontaminationen): Bei diesen Neubildungen werden nicht ganze Wörter, sondern nur Wortteile bewußt oder unbewußt zusammengefügt. Unbewußte Kombinationen finden sich oft an Mundartgrenzen (z.B. *Erdapfel* + *Grundbirne* > *Erdbirne* (f. Kartoffel)). Solche Wortkreuzungen finden sich in umgangssprachlichen Streckformen wie z.B. *Laterne* + *Lüchte* > *Latüchte*, mhd. *moor* + mndl. *maras* > *Morast*, nhd. *schlimm* + hebr. *mazol* (=Geschick) > *Schlammassel*. Bekannt sind auch haplologische dichterische Bildungen in ironisch-satirischer Absicht, z.B. *Marlitt* + *Literatur* > *Marliterattur* (O.Ernst), *Kokain* + *Kainszeichen* > *Kokainzeichen* (Heine), *wesentlich* + *existentiell* > *wesentiell* (Morgenstern).

Auch sprachökonomische Verkürzungen (Klammerformen) sind hier einzuordnen, z.B. *Füllfederhalter* > *Füllhalter* > *Füller, Ölbaumzweig* > *Ölzweig*. Die Werbung nützt solche sprachlichen Möglichkeiten ebenfalls, vgl. z.B. *Persil* <*Perborat* + *Silikon*.

4. **Wortkürzungen**: Hier wären zu nennen: a) Buchstabenkürzel, z.B. *AGFA* < *Aktiengesellschaft für Anilinfabrikation, SPD* <*Sozialdemokratische Partei Deutschlands*; b) Wortellipsen, z.B. *Ober* < *Oberkellner, Auto(mobil), Super(kraftstoff)* usw.

5. **Volksetymologische Wortbildungen:** Manche Wörter verdanken Form und Aussage einem volkstümlichen Erklärungsbedürfnis, das W.Förstemann **Volksetymologie** genannt hat. Vor allem sind davon Wörter betroffen, deren Etymologie (vgl.3.9.1) vielleicht nur dem Sprachforscher bekannt ist, deren Sinn zudem nicht durch Nachbarwörter (Wortfamilien) gestützt ist. Es kann sich dabei um alte Wörter oder um Fremdwörter handeln. So wurde das *Einbecker Bier* > *Bockbier*, der *vrithof (vrit* = eingefriedeter, geschützter Bereich) > *Friedhof,* die *grassmiege* > *Grasmücke*; der (mhd.) *schritschuo* > *Schlittschuh* (Einwirkung v. *Schlitten?*), das *Trottoir* > *Trittuar* usw.

3.9.6 Wörterbucharbeit (Lexikologie/Lexikographie)

Die Sammlung des Wortschatzes einer Zeit, eines Bereiches oder einer Sprache insgesamt erfolgt in der Regel in Wortschatzkarteien und in Wörterbüchern. Sie sind wichtige Hilfsmittel jedes Germanisten. Sie können unter verschiedenen Aspekten angelegt sein: onomasiologisch (als Auflistung von Begriffs- und Sachbezeichnungen und ihrer Geschichte), semasiologisch (als Sammlungen von Wörtern und ihrer Bedeutungswandlungen), historisch (als Auflistung des Wortschatzes unter diachronen Aspekt, z.B. einer Zeitstufe o.ä.), als Synonymwörterbücher (mit Angabe synonymer Ausdrücke), als Dialektwörterbücher u.a.m. (vgl. O.REICHMANN, *Sprachgeschichte* I,1984:460ff.).

Das umfangreichste und bedeutendste Wörterbuch der deutschen Sprache, das *'Deutsche Wörterbuch'* (DWB) ist von JAKOB und WILHELM GRIMM begründet worden und zwischen 1854 und 1960 in 16 Bänden (32 Teilen) erschienen. Die von den Gebrüdern GRIMM verfaßten, inzwischen veralteten Bände A - D werden momentan in Arbeitsstellen der Akademien in Berlin und Göttingen neu bearbeitet. Das DWB umfaßt schätzungsweise 500000 deutsche Wortformen und erläutert in umfangreichen Artikeln die Wortgeschichte der deutschen Wörter (seit dem 16. Jh.). Die Angaben werden jeweils reichlich mit Beispielen zu den verschiedenen Bedeutungen belegt, die aus der nhd. Literatur und Umgangssprache entstammen. Das DWB ist unentbehrlich für Arbeiten zum Bedeutungsumfang und Bedeutungswandel.

Zur Ergänzung des DWB, besonders älterer Bände, kann der Germanist auf eine Reihe weiterer Wörterbücher zurückgreifen, von denen hier nur die wichtigsten genannt und kurz charakterisiert seien:

HERMANN PAUL: *Deutsches Wörterbuch*, bearb. v. H.HENNE u. W.OBJARTEL, 9. neubearb.Aufl. 1992. Dieses erstmals 1896 erschienene einbändige Wörterbuch bietet Angaben über die Geschichte und den Gebrauch von rd. 15000 wichtigen dt. Wörtern.

TRÜBNERS *Deutsches Wörterbuch*, bearb. v. A. GÖTZE, hrsg. von W.MITZKA, Bd. 1-8, Berlin 1936-1957. Hier werden ähnlich wie im DWB, aber knapper Wortgeschichten zu wichtigen dt. Wörtern geboten.

GERHARD WAHRIG: *Das große deutsche Wörterbuch*. Gütersloh 1966. Dieses einbändige Wörterbuch, das auch, leicht gekürzt, als dtvTaschenbuch (dtv 3136) erhältlich und so leicht zugänglich ist, enthält bei knappen Angaben Hinweise zum Gegenwartswortschatz, seiner Bedeutung, Geschichte und zum Gebrauch vieler Wörter.

Wörterbuch der deutschen Gegenwartssprache, hrsg. von R.KLAPPENBACH und W. STEINITZ, Berlin 1961ff. Bd. 1-8. Dieses Wörterbuch orientiert sich am schriftsprachlichen und umgangssprachlichen Wortschatz der Gegenwart und enthält auch Angaben zur Stilhöhe der Wörter.

Ähnlich orientiert ist: HEINZ KÜPPER: *Wörterbuch zur deutschen Umgangssprache*, I-IV, Hamburg 1963ff. (auch dtv 3034/35). Kürzer: H. KÜPPER: *Handliches Wörterbuch der deutschen Alltagssprache*. Hamburg 1968.

Ganz onomasiologisch (nach Begriffsgruppen) gegliedert sind:

F. DORNSEIFF: *Der deutsche Wortschatz nach Sachgruppen*. Berlin [6]1965 und: H.WEHRLE/H.EGGERS: *Deutscher Wortschatz*. Ein Wegweiser zum treffenden Wort. Stuttgart [12]1961.

Es gibt ferner Wörterbücher: der dt. Tiernamen (v. W. WISSMANN (Hg.)); der dt. Pflanzennamen (v.H.MARZELL); der Rechtssprachgeographie (v. E. V. KÜNSSBERG); ein Dt. Rechtswörterbuch - Wb. d. älteren dt. Rechtssprache (hrsg. v. d. Dt. Akad. Berlin); ein Handwb. des dt. Aberglaubens (hrsg. v. E. HOFFMANN-KRAYER u. H. BÄCHTOLD-STÄUBLI); ein Rückläufiges Wörterbuch d. dt. Gegenwartssprache (=n. Wortenden geordnet) v. E. MATER; eine dt. Sprachstatistik (v. G. MEIER).

3.9.7 Historische Semantik (Semasiologie)

Mit der Wörterbucharbeit, insbesondere der Arbeit am DWB, eng verbunden ist die historische Bedeutungsforschung (**Semantik**) oder **Semasiologie**, die den Wandel der Bedeutung der Wortzeichen untersucht. Bekanntlich lassen sich alle Wörter als sprachliche Zeichen differenzieren nach dem, was sie bezeichnen (*signifié*), und dem, wie sie es bezeichnen (*signifiant*). Beide Seiten sind historisch bedingt und können sich ändern. Die Änderungen der **Signifikanten** untersucht die historische Grammatik, die der **Signifikate** die historische Semantik. Sie setzt sich auch mit Problemen des **Sprachwandels** auseinander, der auf verschiedene Ursachen zurückgeführt wird (z.b. auf den Generationenwechsel (n.h.PAUL), auf den Wandel in der emotionalen Bedeutung der Wörter (den **Konnotaten**) (n. H.SPERBER), auf Abstrahierungen u.a.).

Der **Bedeutungswandel** kann quantitativer wie qualitativer Art sowie partiell wie total sein. So kann ein Wort in der gesellschaftlichen Einschätzung seine **Bedeutung erweitern** (z.b. mhd. *vrouwe* = Adlige, Herrin > nhd. *Frau* (als Gegensatz zu 'Mann'), **verengen** (z.b. mhd. *hôchzît* = jedes Fest > nhd. *Hochzeit* = Fest der Eheschließung), **verbessern** (z.b. ahd. *marscal(k)* = Pferdeknecht > nhd. *Marschall* = höchster General) oder **verschlechtern** (z.b. mhd. *gift* = jede Gabe, nhd. *Gift* = schädliche Arznei o.ä.).

Ein Wort kann auch seine konkrete Bedeutung verlieren und eine abstrakte annehmen. So bezeichnete z.b. mhd. *zwec* einen Nagel (vgl. noch nhd. *Reißzwecke*), z.b. in einer Schießscheibe und wurde so > 'Ziel' und erlangte schließlich eine abstrakte finale Bedeutung (*Zweck* = Sinn, Funktion).

Es gibt verschiedene Ansätze in der historischen Semantik, die derartige Bedeutungswandlungen zu erklären versuchen. Zu den bekanntesten gehört die ursprünglich historisch orientierte **Wortfeldtheorie** JOST TRIERs, der unter **Wortfeldern** die bedeutungsähnlichen Wörter gleicher Art in bestimmten 'Sinnbezirken' verstand. Bedeutungswandlungen wurden so als Verschiebungen innerhalb von Wortfeldern erklärt. Wenn man beispielsweise eine Bewertungsskala mit sechs Zeugnisnoten auf fünf reduziert, so ergibt sich eine völlig neue Gültigkeit der Einzelnoten. Die unscharfe Theorie TRIERs, die an mhd. Intelligenzwörtern wie *wîse, kluoc, listic* u.dgl. aufgewiesen wurde, ist inzwischen u.a.mit strukturalistischen Analysen von semantischen Merkmalen an Bedeutungsfeldern des heutigen Wortschatzes verbessert worden (u.a. von K. BAUMGÄRTNER, vgl.2.5).

Die Beachtung der Wortschatzentwicklung der deutschen Sprache ist sicher interessant, wird allerdings während des Germanistikstudiums leider zu wenig berücksichtigt.

3.9.8 Redewendungen und Sprichwörter

Einen besonderen Forschungsbereich, der zwischen der Wortforschung und der Syntax anzusiedeln ist, aber auch den Bereich der sprachlichen Bildlichkeit berührt, bildet die Erforschung der festen **Redewendungen**, wie es sie in jeder Sprache gibt. Diese Forschung, die auch als **Phraseologie** oder **Idiomatik** bezeichnet und synchron wie diachron betrieben wird, untersucht die festgewordenen Wortverbindungen, die ursprünglich zur Veranschaulichung bestimmter Vorgänge und und Zustände gebildet wurden und noch heute als lexikalisch-syntaktische Kombinationen verwendet werden (z.b. *zugrunde gehen, ein Stein vom Herzen fallen, ins kühle Naß, ein armer Schlucker*).

Viele Redewendungen entstammen älteren Fach- und Sondersprachen und bewahren so kultur- und sozialgeschichtlich interessante Bilder (vgl. z.B. *eine Lanze brechen* (<Ritterleben), *auf den Busch klopfen* (<Jägerei), *Oberwasser haben* (für die Wassermühle).

Derartigen Redewendungen stehen auch die in neuerer Zeit aufgekommenen **Funktionsverben** nahe, die eine präpositionale Wendung (meistens ein Verbalsubstantiv) mit einem Bewegungsverb verbinden, wobei die Semantik durch das Substantiv bestimmt wird (vgl. z.B. *in Gang setzen, zur Sache kommen, auf etwas Bezug nehmen*). Im Unterschied zu den Phraseologismen, die in allen Elementen semantisch wirksam bleiben, haben Funktionsverben nur eine eingeschränkte Semantik.

Ein anderer Bereich, der über die Wortforschung hinausgeht und fast einen eigenen literarischen Bereich bildet, sind die **Sprichwörter**, Sätze also, die in bildhafter Form eine bestimmte Lebenserfahrung ausdrücken. Sie gehen oft auf frühere Kulturen zurück und spiegeln oft alte Zustände (vgl. z.B. *Der Krug geht solange zum Wasser, bis er bricht*). Sie sind schon früher gesammelt worden (z.B. im Alten Testament (Buch der Sprüche, Jesus Sirach)) und wurden oft über Jahrhunderte fortgeerbt und so auch im Rahmen der **Volkskunde** als eine **archaische Volkspoesie** erforscht.

Mit dem Sprichwort verwandt sind die 'Geflügelten Worte' (so der Buchtitel
GEORG BÜCHMANNs), Zitate also, die aus der Literatur entstammen und durch
Wiederholungen sprichwortartigen Charakter erlangt haben (vgl. z.B. SCHILLERS
(*Wilhelm Tell* V,1513f.) "*Die Axt im Haus erspart den Zimmermann*"). Im Gegen-
satz zu den Sprichwörtern sind hier also die Verfasser bekannt, auch werden nicht
nur Sätze dazu gezählt, sondern auch begriffliche Neuprägungen z.B. Hesiods
'*Goldenes Zeitalter*'.

3.9.9 Historische Dialektologie

Die Dialektologie, die sich mit der Erforschung der noch als regional differenzier-
ten Zweitsprachen oder Subcodes (*low varieties* in **diglossalen** Systemen) üblichen **Dialekte** oder **Mundarten** beschäftigt, wird sowohl unter synchronen wie
diachronen Fragestellungen betrieben. Synchron werden z.B. der heutige Gebrauch und die lautliche Abgrenzung der einzelnen Dialekte nach **Isoglossen**
(Lautgrenzen) sowie der mundartlich verschiedene Wortgebrauch untersucht,
wobei man sich sowohl direkter Methoden (Sprecherbefragungen) als auch indirekter Methoden (Fragebogenauswertungen) bedient und so eine besondere
Sprachgeographie (m. Laut- und Wortgeographie) und eigenen Karten- und
Atlantenwerken emtwickelt hat. Die bedeutendsten Kartenwerke sind dabei der
von GEORG WENKER 1879ff. entwickelte '*Deutsche Sprachatlas*' (DSA) und der
von WALTER MITZKA 1939 begründete '*Deutsche Wortatlas*' (DWA), die heute
noch in eigenen Instituten in Marburg betreut werden.

Historische Sprachdaten wurden in älteren Dialektuntersuchungen (Ortsgram-
matiken) oft zum Vergleich der Lautveränderungen herangezogen. Auch die regionalen **Mundartwörterbücher** suchen historische Belege miteinzubeziehen.
Auf diese Weise ist es möglich, Erkenntnisse sowohl über Wortentwicklungen als
auch über den früheren regionalen Sprachgebrauch und einstige Sprachgrenzen zu
gewinnen.

3.9.10   Namenkunde

Die Namenkunde (Onomastik) ist eine im besonderen Maße historisch orientierte Disziplin. Ihr geht es nicht um die Erforschung der Gattungsbezeichnungen (Appellativa), sondern der Eigennamen (nomina propria), wie sie als Stammes-, Völker-, Ruf-, Familien-, Orts-, Flur- und Gewässernamen vorkommen. Diese sind oft sehr alt. Als Quellen dafür dienen häufig alte Chroniken, Reiseberichte, Urkunden, Urbare. Flurkarten, Bürgerlisten und Kirchenbücher, weniger die heutige Namengebung (anders bei Ruf- und Straßennamen, die oft auch an moderne Moden und Machtverhältnisse gebunden sind).

1. **Völker- und Stammesnamen**: Hierbei geht es vor allem um die Namen der germ. Völker und Stämme, die sie sich selbst gegeben haben (vgl. z.B. die *Franken* = die Freien) oder die ihnen von anderen gegeben wurden (z.B. *Alemannen* = in Frankreich alle Deutschen).

2. **Rufnamen**: Die Ruf- (RN oder Vornamen) unterlagen und unterliegen zu allen Zeiten am stärksten bestimmten Moden und Traditionen. Da in frühen Zeiten dem Namen eine magische Kraft zugeschrieben wurde, wählte man häufig Namen, die bestimmte Leit- oder **Wunschvorstellungen** ansprachen. Nach idg. Tradition waren die germ. Namen meistens zweigliedrig, also frühe Komposita. Unter den Bestandteilen dominieren Wörter des Kampfes, z.B. *brand* (Schwertklinge), *ekka* (Schneide der Waffe), *Gund, hilti, hadu, badu, wig-* (Kampf), auch verdoppelt in *Hiltigund, diet-* (Volk), *hard* (stark), *mar* (berühmt), *Ger-* (Speer). Da die Glieder verschieden kombinierbar waren, ergaben sich zahlreiche Variationsmöglichkeiten. Wahrscheinlich waren neben den Langformen auch Kurzformen (meist aus dem ersten Glied) möglich, z.B. *Kunz < Kuonrat, Eppo < Eberhard*, wie sie im Gegensatz zum Urkundengebrauch oft in Heberollen u.ä. erscheinen. Bis zum 9./10. Jh. bevorzugte man alliterierende Namen für die gesamte Sippe, z.B. im *Nibelungenlied*: *Gunthar, Gernot, Giselher, *Grimhild, *Gibicho*). Mit der Verchristlichung gingen die germ. RN mehr und mehr zurück, alttestamentliche RN, aber auch literarische RN (z.B. *Siegfried, Hagen*) drangen vor. Seit dem 13. Jh. kamen (wohl mit den Prediger- und Bettelorden) **Heiligennamen** in Mode, nach der Reformation auch wieder alttestamentliche RN oder fromme Neubildungen (z.B. Gottlieb u.ä.). In jüngster Zeit werden oft auch ausländische Namen sowie RN von Film- und Sängeridolen gewählt. Namenneubildungen sind durch die Vorschriften der Standesämter Grenzen gesetzt.

3. **Familiennamen** (FN): Die heutigen FN sind erst im MA. entstanden und unterlagen bis in die Gegenwart noch manchen Veränderungen. Aufgabe der FN-Forschung ist es, die Namenstypen, ihre Herkunft, Entstehung, Verbreitung und deren Ursachen zu ermitteln. Hier begegnen sich oft wissenschaftliche und familiengeschichtliche Interessen. Die ersten FN finden sich als **Beinamen** in obd. Urkunden des 10. Jh. Solche Beinamen konnten sich auf Herkunft, Beruf, Eigenarten, Kleidung, Geräte, Häuser u.ä. beziehen. Sie werden aber erst zu FN, wenn sie mehreren Mitgliedern einer Familie eigen und erblich sind. Dies trifft man erst seit dem 13. Jh. in größeren Städten an Rhein und Donau an. Neben dem Unterscheidungsbedürfnis scheinen auch soziologische Gründe eine Rolle gespielt zu haben. So gewöhnte sich der Adel nach der Erblichkeit der kleineren Lehen (1037) zuerst an die Sitte, die Kennzeichnung der Herkunft zuzusetzen; die Patrizier in den Städten folgten.

Die ältesten FN sind wahrscheinlich die **Patronymika** (Vatersnamen). Sie wurden aus dem Rufnamen des Vaters abgeleitet, entweder durch Zusatz von **son** > **sen** (z.B. *Petersen, Johannsen*), durch Anhängen eines **Genitiv - s** (z.B. *Hinrichs, Schmidt > Schmitz*), durch **i- oder ae-Zusatz** (bei latinisierten Bildungen wie z.B. *Henrici, Jacoby, Andreae*), durch **Ableitungen mit -ing** (z.B. *Klausing, Brüning*), durch **er-Suffix** (z.B. *Heinricher*), durch **Diminutivsuffixe** (z.B. *Claesgen, Henzli*).

Die zweitgrößte Gruppe sind die **Herkunftsnamen**. Dabei kann es sich um Wohnstättennamen oder um Herkunftsbezeichnungen handeln. Den Anfang machte der Adel mit seinen Burgbezeichnungen; doch ist der Zusatz **von** erst seit dem 17. Jh. verbindlich und gilt als **van** am Niederrhein und in Holland auch für bäuerliche und bürgerliche Namen. Die Weglassung mancher ursprünglicher Herkunftspräposition führte zur reinen Ortsbezeichnung als FN, wie dies etwa im Rheinland häufig ist (vgl. z.B. *Reifferscheidt, Wipperfürth, Bamberg*). Auch appellative Orts- und Flurnamen kommen vor (vgl. z.B. *Bach, Born, Stein*), mitunter auch mit **Zusatz von -er, -ler, -rer** (z.B. *Steiner, Bächler, Bühler*) oder **Zusatz von -mann** (z.B. *Bachmann, Feldmann*). Auch **Hausnamen**, wie sie früher üblich waren (heute noch bei Gaststätten und Apotheken), konnten zu FN werden (vgl. z.B. *Rose, Krone*). **Stammes- und Berufsnamen** bilden eine weitere Untergruppe (vgl. z.B. *Sachse, Böhme, Beier/Beyer, Fleischer, Metzger, Fleischhauer* usw.). Mitunter sind FN auch aus **Neck- und Spottnamen** entstanden (vgl. *Großkopf,*

Dick, Klein, Lüttmann, Frech, Hasenfuß, Kühn, Störtebeker (= Stürz den Becher = Säufer).

4. **Ortsnamen** (ON): ON reichen - je nach Alter des Ortes - oft weit zurück; sie stoßen sowohl auf philologisches als auch auf kommunales und historisches Interesse. Bei der Erforschung muß man auf alle Erwähnungen zurückgreifen, die den ON bezeichnen. Dabei wird man oft Veränderungen und sogar Namenwandlungen feststellen. Die älteste ON-Schicht sind die **keltischen ON**; so wird aus einem kelt. **Tolbiacum* der rheinische ON *Zülpich*; es folgen dann die **lat.** ON: vgl. z.B. *Confluentes* > *Koblenz; Colonia (Claudia Ara Agrippinensium)* > *Köln.* Die **germ.** ON auf *-aff(a), -ah(a), -lar, -loh, -mar, -tar, -ithi, -ari, -stedt, (-stade)* rechnet man der Zeit bis 300 n.Chr. zu, *-leben, -ingen, -by, -bogen* der Zeit bis 600 n.Chr., *-hausen, -sen, -heim, -um, -em, -dorf, -au, -bach, -berg* der **fränkischen Ostsiedlung** bis ins 9. Jh., ON auf *-rode, -reuth, -schwende, -ried, -büttel* u.a. fallen dagegen in die Zeit zwischen 800 und 1300. Natürlich können auch früherer Namentypen später noch benutzt werden.

ON geben auch Auskunft über Form und Art der Besiedlung. So lassen *-ingen*-ON (alem./bair. *-ing,* md. *-ungen*) auf verwandte Siedler (Sippen) schließen, *-heim*-ON (frk./bair. *-ham,* nd. *-hum, -um,* moselfrk. *-em*) und nd. *-büttel* auf Einzelsiedlungen, *-reut, -rode, sang, brand, hag(en), schwende, grün, schlag, -stock* auf Waldrodungen, meistens während der Binnenkolonisaion im 11. - 13. Jh.. Hinweise auf kirchliche Gründungen bieten ON auf *-zell, -kirchen,* auf die Bodengestalt ON mit *-berg, -bühl, -hövel, -tal;* auf den Bewuchs verweisen ON auf *-forst, -hart, -wede, -rohr, -anger, -wang* u.a.; ON auf *-furt, -förde, -wat, -wedel, -steig* verweisen auf Flußübergänge und Wege, *-beck, -bach, -ach, -a* auf Gewässer und Sümpfe und ON auf *-burg, -dorf* (nd. *-trop, -trup, -torp), -heim, -weig, -wig, -leben* (=Erbe) u.a. auf menschliche Ansiedlungen.

Östlich von Elbe und Saale finden sich zahlreiche ursprünglich slaw. ON (z.B. auf *-in, -ow, -itz, -witz, -nitz* u.ä.).

5. **Gewässernamen** (GwN): Nach Ansicht mancher Forscher spiegeln sich in den GwN die ältesten lokalen Namenüberlieferungen Mitteleuropas. Vor allem Flußnamen (FlN) wie *Rhein (<*Reinos?), Main (<*Moin?), Elbe (<*Albia), Oder (<*Odra), Weser (<*Wisura?), Saale (<*Sala)* gehen vermutlich auf voridg. Wasserwörter zurück, andere stammen aus späterer Zeit.

3.9.11   Sprachliche Bildlichkeit (Metaphorik)

Einen Grenzbereich zwischen Wortgeschichte, Bedeutungslehre und Stilistik bildet
die Erforschung der sprachlichen **Bildlichkeit**, die unter wechselnden Fragestellungen von verschiedenen Seiten aus erfolgen kann. Während die Wortgeschichte
die einzelnen Wörter und Wortbilder in ihrer Entstehunmg und in ihrem Wandel
untersucht, obliegt es der Bedeutungsforschung, die Arten der Bedeutungsver-
schiebung und den Weg des Bedeutungswandels zu verfolgen, wohingegen sich
die Stilistik für die Funktion solcher Sprachbilder und bildlicher Ausdrucksformen
in einem größeren Textzusammenhang interessiert. Allerdings werden sich in der
Praxis die verschiedenen Aspekte und Methoden häufig vereinigen müssen.

Es gibt verschiedene Ursachen, durch die die Bildlichkeit einer Sprache bedingt und bestimmt wird. An erster Stelle wäre wohl das Bestreben nach größerer
Veranschaulichung des Gemeinten zu nennen, das zur Verwendung sprachlicher
Bilder im Kommunikationsprozeß führt. Die meisten Sprecher neigen dazu, sinnenhaft Erlebtes auch möglichst sinnenhaft wiederzugeben. Sprachliche Bilder
dienen jedoch auch dazu, komplizierte Vorgänge, abstrakte Zusammenhänge in
einfacherer anschaulicher Form zu verdeutlichen. Schließlich sind bildhafte Aus-
drucksweisen oft auch aus Gründen der stilistischen Variation bestimmt.

Ein großer Teil unserers Wortschatzes besteht aus (erstarrten) bildlichen Wörtern und Wendungen, die ursprünglich eine Einzelsituation kennzeichneten, später
jedoch für Wiederholungen oder Variationen ähnlicher Gegebenheiten üblich
wurden und dabei einen Teil ihrer Bedeutung einbüßten. Solche Wörter vermitteln, für sich genommen, oft sogar andere Vorstellungen als im hier gegebenen
semantisch-syntaktischen Zusammenhang. Das eben gebrauchte Wort 'Wendungen' z.B. meint sonst eine Drehung oder Umkehrung, hier aber ein Synonym für
(sprachlichen) Ausdruck. Ein Wort kann so mitunter eine konkrete und eine ab-
straktere Bedeutung aufweisen, bewahrt dann allerdings im Abstrakten noch eine
Rest konkreter Bildhaftigkeit. Wir gebrauchen täglich viele solcher ursprünglich
konkreten, später abstrakteren Formulierungen.

Der Vorgang bildhafter Ausdrucksweise wird am einfachsten beim **Vergleich**
sichtbar. Hier wird der jeder Verbildlichung zugrundeliegende Prozeß der Sub-
stituierung (Ersetzung) weniger anschaulicher Vorgänge oder Gegebenheiten unter
ein anschaulicheres Bild noch durch ein Vergleichswort (*wie, als, also, als ob,
-artig, entsprechend, gemäß, gleich*) hervorgehoben. Vergleiche werden oft spon-

tan und situationsentsprechend gebildet, obwohl es auch feste Vergleiche gibt, die mitunter auf literarische Bildvorstellungen zurückgehen (z.B. *schlau wie ein Fuchs, dumm wie ein Esel*). Aus solchen Vergleichen gehen dann leicht Übertragungen der verglichenen Eigenschaften auf die gemeinte Person hervor (z.B. *der dumme Esel* = Mensch).

Diese Form der **Bildübertragung** von einem **Bildspender** (z.B. einem Tier) auf einen **Bildempfänger** (z.B. Menschen) nennt man **Metapher** (<griech. *metaferein* = etw. übertragen). Eine Metapher wäre also ein (um das Vergleichswort) verkürzter Vergleich (so n. Quintilian). Unsere Sprache ist reich an Metaphern, wobei zwischen 'verblaßten' oder 'erstarrten' **Metaphern** (auch: Gebrauchsmetaphern, Exmetaphern) und bewußt gebildeten Metaphern (**Stilmetaphern**) zu unterscheiden ist. Die ersteren finden sich vor allem im Wortschatz der Alltagssprache, und zwar weniger im Wortschatz des Notwendigen, als vielmehr im Bereich des Zusätzlichen, die letzteren im Bereich des Literarischen.

Mitunter erweist sich die Metaphernbildung auch als Notwendigkeit in der Wortbildung, etwa um Dinge genauer zu differenzieren oder zu charakterisieren, was sich dann häufig in Zusammensetzungen zeigt (vgl. z.B. *bockbeinig, hundemüde, Netzhaut, Seitenschiff, Familienoberhaupt*). Reich an metaphorischen Bildungen sind einzelne Fachsprachen, z.B. die der Drucker (vgl. z.B. *Zwiebelfisch, Leiche, Fliegenköpfe* f. bestimmte Druckfehler), sowie die Sprache der Technik, die besonders bei Neubenennungen auf Metaphern zurückgreift (vgl. z.B. *Schraubenmutter, Achsenfutter, Rohrmantel, Sprungfeder*). Gerade hier erweist sich die Metaphorik als notwendige Hilfe zur Erweiterung der Terminologie.

Schon frühzeitig hat auch die Dichtung die Möglichkeit metaphorischer Bildungen genutzt, um ihre Aussagen stärker zu veranschaulichen oder bestimmte Begriffe, Gegenstände o.ä. und ihre Bedeutungen besonders hervorzuheben oder zu weiten. Der auf Alliteration der Hauptbegriffe beruhende germ. **Stabreimvers** (vgl. 4.3.3) z.B. führte zu zahlreichen metaphorischen Variationen einzelner Wörter, um variierende Alliterationen zu ermöglichen (vgl. z.B. Heliand 667f. *that sie that fridubarn godes funden habdun/hêlagna hebencuning.* = Daß sie das Friedenskind Gottes gefunden hatten, den heiligen Himmelskönig). Die ausgeprägteste Form solcher Bildungen sind die **Kenningar** der altnord. Dichtung (z.B. *Schwerterspiel* f. Kampf, *Ringgeber, Burghirte* f. König). Auch die Barocklyrik schwelgt häufig in metaphorischen Bildungen, wobei besonders 'kühne Metaphern' mit großer Distanz zwischen dem Bildspender- und dem Bildempfängerbereich beliebt

waren. Darüberhinaus gehören metaphorische Bildungen zum immanenten Formenschatz der Dichtung in allen Zeiten. In neuerer Lyrik (z.B. seit Trakl) ver-
schwimmt die Metapher häufig zur bloß assoziativ evozierenden **Bildchiffre**,
ohne daß dabei die semantische Zweipoligkeit des Vergleichs immer gegeben ist.
Wahrscheinlich älter als die Wortmetaphern, wenn auch in der Bildung mit
ihnen verwandt, sind die **Personifikationen**, die Verlebendigungen, insbesondere
auch Vermenschlichungen, von Gegenständen und Begriffen. Man kann annehmen, daß diese sprachliche Ausdrucksform, die ähnliche Funktionen wie die Metapher erfüllt, Relikt einer frühen animistischen Denkform ist, in der der Mensch
seine Umwelt als beseelt empfand. Noch heute treten daher Naturerscheinungen
häufig als Subjekte zu Verben auf, die sonst ein menschliches oder tierisches
Subjekt verlangen (z.B. *Der Sturm heult; Der Baum bewegt die Äste; 'Der Wald
steht schwarz und schweiget'* (M. CLAUDIUS)). Solche ursprünglicheren Verlebendigungen sind in unserer Sprache um zahlreiche analoge Bildungen vermehrt
worden (vgl. z.B. *Der Berg erhebt sich; Die Waffe versagt; Die Burg schaut ins
Tal*).

Personifizierende Bildungen liegen auch in Benennungen lebloser Gegenstände
mit Endungen der *nomina agentis* auf *-er* vor: vgl. z.B. *Schraubenzieher, Hosen-
träger, Fernseher*). Metaphorisch sind dagegen Übertragungen menschlicher Kör-
perbegriffe auf tote Gegenstände, z.B. *Fuß* oder *Nase des Berges, Arme des He-
bels* u.ä.

Als eine Abwandlung der Metapher kann man die **Synästhesie** ansehen, den
sprachlichen Ausdruck der Vorstellung von der Vermischung verschiedener Sin-
nesqualitäten (z.B. in der Alltagssprache bei *knallrot, dunkle Töne, süßer Duft*; in
der Dichtung (b. Brentano): "*Golden wehn die Töne nieder..*"). Zuweilen sind
solche Vermischungen bereits in einigen Wörtern angelegt; so kennzeichnete *hell
(: hallen)* z.B. ursprünglich nur einen Klangwert, erst später kam der Blickwert
(z.B. *helle Farben*) hinzu.

4 EINFÜHRUNG IN DAS STUDIUM DER ÄLTEREN DEUTSCHEN LITERATUR

4.1 Die Beschäftigung mit der älteren deutschen Literatur

Das Literaturstudium der Germanistik umfaßt die ältere und die neuere deutsche Literatur. Mit der älteren deutschen Literatur ist meistens die deutsche Literatur des Mittelalters (MAs) gemeint.

Die deutsche Literatur des MAs bildet einen wichtigen Teil der gesamten deutschen Literatur und gehört somit zum Forschungs- und Lehrbereich der deutschen Literaturwissenschaft. Aufgrund einer Reihe spezifischer Eigenarten unterscheidet sie sich jedoch von der neueren deutschen Literatur und erfordert deshalb eigene Arbeitsweisen, mit denen sich jeder Germanistikstudent zumindest exemplarisch vertraut machen sollte. Die wichtigsten Unterschiede zur neueren Literatur lassen sich wie folgt zusammenfassen:

1. Die deutsche Literatur des MAs ist in einer uns heute kaum geläufigen Sprachform abgefaßt (Frühnhd., Mhd., Ahd., As., Mnd.).
2. Die Literatur des MAs ist in anderer Weise produziert und rezipiert worden (mündl. Vortrag, Pergamenthss., Papierhss. (ab 15. Jh.)).
3. Es gab eine allmähliche Entwicklung der Literatur des MAs in quantitativer und qualitativer Hinsicht.
4. Der mittelalterlichen (mal.) Literatur liegen andere soziologische und kulturelle Verhältnisse zugrunde.
5. Für die mal.Literatur gelten andere ästhetische und literarische Normen (Stabreim, Endreim, Strophen- und Reimpaardichtung, z.T. andere Gattungen).

Diese Andersartigkeit erschwert den wissenschaftlichen Umgang mit der deutschen Literatur des MAs, macht die Beschäftigung mit ihr aber zugleich besonders reizvoll, sobald man die anfänglichen Schwierigkeiten dabei überwunden hat. Für eine intensive Beschäftigung mit ihr sprechen folgende Argumente:

1. Die deutsche Literatur des MAs ist Teil der deutschen Gesamtliteratur und -kultur und verdient so als Teil unserer Vergangenheit besondere Beachtung.

2. Sie spiegelt u.a. die Anfänge der deutschen Literatur sowie einzelner Literatur-
   gattungen und ist darin besonders interessant.
3. An ihr lassen sich bestimmte Probleme literarischer Gestaltung und Wertung
   aufgrund einfacherer und archaischer Strukturen mitunter besser erkennen als
   in neuzeitlichen Entwicklungen.
4. Die Beschäftigung mit vergangenen und somit fremdgewordenen ungewohnten
   Literaturen und Kulturen vermag unsere Erkenntnisfähigkeit zu sublimieren
   und zu steigern.
5. Mal. Texte verdeutlichen ein anderes Verhältnis zur Kreativität und zur Tradition als neuzeitliche Texte seit dem späten 18. Jh.
6. Die Beschäftigung mit Texten älterer Sprachstufen erfordert zusätzliche Refle-
   xionen über sprachliche Probleme.
7. Die deutsche Literatur des MAs hat seit Beginn des 19. Jh. besondere germanistische Forschungen gezeitigt, die nicht vernachlässigt oder abgebrochen werden sollten.

Es versteht sich von selbst, daß angesichts der Fülle der Literatur, die ein Germanist lesen sollte, eine Beschäftigung mit mal. Literatur zunächst nur exemplarischen Charakter haben kann, d.h. sich auf eine besonders erkenntnisfördernde
Auswahl beschränken muß.

4.2   Historische und gesellschaftliche Voraussetzungen

Nach dem Abschluß der germ. Völkerwanderung waren die politischen und gesellschaftlichen Verhältnisse der folgenden Jahrhunderte in Westeuropa weitgehend durch die merowingisch-karolingische Herrschaft geprägt. Unter Karl d. Gr.
(768-814) erlangte das Frankenreich seine größte Machtfülle und geistige Blüte,
die auch für die Begründung der deutschen Literatur im ostfränkischen Reichsteil
maßgebend wurde. Diese kulturelle Entwicklung wurde größtenteils durch die mit
und nach der Christianisierung entstandenen Benediktinerklöster geleistet, zu
deren Arbeit im Sinne des Mottos des Ordens ('Ora et labora') auch die schuli-
sche Unterweisung und das Abschreiben von antiken und zeitgenössischen Hss.
gehörte. Verwaltet wurde das in Gaue aufgeteilte karolingische Riesenreich durch
eine große Zahl von Gaugrafen, die meistens dem fränkischen oder heimischen
Adel entstammten und von königlichen Sendgrafen (missi dominici) inspiziert

wurden, die zugleich im Namen des Königs Recht sprechen durften. Teilweise bestand auch eine die Grafschaften übergreifende Stammesordnung fort, an deren Spitze Stammesherzöge standen. Sie erlangte besonders im ostfränkischen und späterem deutschem Reich in der Folgezeit größere Bedeutung.

Die merowingisch-karolingisch begründete Herrschaftsordnung des MAs war eng mit dem **Lehnssystem** gekoppelt, das, aus dem römischen Gutssystem und der Vasallität und dem germ. Gefolgschaftswesen und der Beuteverteilung nach Eroberungen hervorgegangen, zur Vergabe des Landes an den am Kampf beteiligten Adel zu Nutzung und Verwaltung führte. Diese zunächst nur befristete Lehensvergabe, die auch zu weiteren Aufteilungen und Unterlehen, aber auch zu Aberkennungen und Rückfall an den König führen konnte, wurde schließlich zum erblichen und auch veräußerbaren Besitz der jeweiligen Adligen, die als Lehensträger dem König oder oberen Lehnsherrn auf Reichs- und Fürstentagen und im Kampf Folge leisten mußten. Mit der Landverwaltung waren zugleich bestimmte Rechte und Gerichtsbarkeiten über die rechtlich tieferstehende Bevölkerung der Gebiete verbunden. Die Durchsetzung der Lehnsherrschaft war zugleich mit einer zunehmenden Entrechtung und ökonomischen Ausnutzung der z.T. ursprünglich freien Bauern verbunden, die zur Arbeit für den Grundherrn und später zu Naturalien- und Geldabgaben an ihn gezwungen wurden. Als Hörige (Eigenholde) waren ihnen Orts-, Standes- und Berufswechsel ohne Zustimmung des Grundherrn versagt. An diesem Feudalsystem (lat. *feudum* = Lehen) hatte auch die Kirche, deren Besitzungen aufgrund von Schenkungen und Stiftungen (oft für die Absicherung der Geber im Jenseits) zeitweise ständig zunahmen, in Form von Bistümern, Klöstern, Stiften und Pfarreien bedeutenden Anteil. Als man im späteren MA. dazu überging, das Sein als Ordnung zu mustern und die gegebenen Verhältnisse oft als gottgewollt ansah, wurde auch die Ständeordnung als von Gott gesetzter *ordo* angesehen, den man nicht verändern sollte (vgl. z.B. Wernhers *Helmbrecht).* Während die Bauern, die zumeist in Dörfern zusammenlebten, bis in die Neuzeit von jeder Bildung, außer der kirchlichen Unterweisung, ausgeschlossen blieben (von seltenen Ausnahmen abgesehen), erhielten Adel (und später auch Bürger) in zunehmendem Maße die Möglichkeit, an Bildungseinrichtungen der Klöster und Kirchen teilzuhaben oder durch einzelne Kleriker Unterricht zu erhalten, was allerdings eher die Damen als die Herren des Adels auf den Burgen nutzten.

Die Bildungsbemühungen (zu denen auch die Literaturvermittlung gehörte) gingen in ottonischer, salischer und früher staufischer Zeit vor allem von den

Klöstern aus. Nur in den alten römischen und den seit dem 10. Jh. neuentstehen-
den Städten waren deren Dom- und Stiftsschulen ebenfalls an der Vermittlung
von Wissen und kulturellen Techniken (besonders Schreiben und Lesen) beteiligt.
Mit der Gruppe der **Ministerialen** (beamtenähnlichen Dienstleuten des Königs
oder der Fürsten) wurde die Schicht des alten Geburts- und Erbadels im 11./12.
Jh. durch einen neuen Dienstadel erweitert, der zwar rechtlich nicht gleichgestellt,
kulturell aber mitunter dem Geburtsadel überlegen war. Man vergleiche etwa die
Selbstcharakterisierung des Ministerialen Hartmann von Aue im Anfang von *Der
arme Heinrich* (v.1ff.):

> *Ein riter sô gelêret was*
> *daz er an den buochen las*
> *swaz er daran geschriben vant.*
> *der was Hartmann genannt,*
> *dienstman was er ze Ouwe...*

Das Bewußtsein, einer gemeinsamen Schicht anzugehören, die unter dem Begriff
des *riters (miles)* den Geburts- und Dienstadel von den höchsten bis zu den niederen Rängen umfaßte, war vor allem durch die kirchliche Kreuzzugspredigt gefördert worden. Sie rief alle Angehörigen des Adels, vornehme wie niedere, dazu
auf, als *militia Christi* das Hl. Land zu befreien. Dieses gemeinsame Adelsbe-
wußtsein spiegelt sich dann auch in der höfischen Literatur, die so Ausdruck einer
eigenen **Adelskultur** wird.
    Obwohl die Feudalordnung und die Vorherrschaft des Adels auf dem Lande
bis ins 18. und frühe 19. Jh. bestehen blieb (im 17. und 18. Jh. durch absolutisti-
sche Könige und Fürsten eingeschränkt), ging die um 1200 bestehende literarische
Vorherrschaft adliger Autoren schon seit dem 13. Jh. in eine adlig-bürgerliche
Mischliteratur über und schwand im 15. Jh. völlig. Der Zerfall der (ohnehin stets
lockeren) staufischen Reichseinheit und Königsherrschaft unter Friedrich II. führte
zur Stärkung der Territorialfürsten, aber auch der **Städte**, die die Freiheit von den
fürstlichen oder bischöflichen Stadtherren zugesprochen erhielten oder ertrotzten.
Durch Handel und Handwerk wuchsen sie an Menschen wie an Reichtum und
setzten demokratische Selbstverwaltungen ihrer Bürger durch. Die zahlreichen
Kleriker an Kirchen und in Klöstern förderten Frömmigkeit und Kunst, regten
aber auch zu Bloßstellungen mancher Mißstände in Schwänken und Satiren an.

Bürgerliche Autoren ahmten höfische Dichtungen und Lieder nach oder schufen in Gesellschaftsliedern, verschiedenen Spruchdichtungen, Minneallegorien, Fastnachtspielen u.a. eigene Formen. Etwa gleichzeitig mit dem Beginn des Buchdrucks regten sich im frühen Humanismus Bestrebungen, sich von der bisherigen mal. Kultur zu lösen und sich der neu gedeuteten Antike zuzuwenden. Mit der Reformation ging dann auch die mittelalterliche Einheit im Glauben und in der Liturgie verloren.

4.3 Abgrenzungen, Perioden und ihre wichtigsten Daten

Der Begriff 'Mittelalter', der im 17. Jh. aufkam, als man die eigene Zeit als 'Neuzeit' empfand, meint die Zwischenzeit zwischen der römischen Antike bzw. der germanischen Völkerwanderung und dem 16. Jh. Da jedoch die deutsche Literatur erst seit Ende des 8. Jh. in Texten begegnet, ist es sinnvoll, die Zeit vom Beginn des handschriftlichen Literaturbetriebs bis zu dessen Ende und den Beginn des Buchdrucks um 1500 als die Zeit der mal. Literatur zu fassen. Allerdings empfiehlt es sich, hierbei keine starren Abgrenzungen vorzunehmen und z.B. bestimmte Erscheinungen des 16. Jh., die früher begonnen haben, noch einzubeziehen (etwa Fastnachtspiel, Meistergesang).

Ähnliches gilt für Abgrenzungen innerhalb dieses Zeitraums, die teilweise schon durch sprachliche und soziologische Unterschiede bedingt sind.

Es erscheint sinnvoll, sich vor oder gleichzeitig mit der Beschäftigung mit Texten der mal. Literatur einen Überblick über die wichtigsten Perioden, Gattungen, Werke und Autoren zu verschaffen, um eine ungefähre Einordnung der zu lesenden oder gelesenen Einzeltexte vornehmen zu können.

4.3.1 Die althochdeutsche Zeit (ca. 780 - 1050)

Unter Karl d. Gr. (768-814) verzeichnen wir die ersten Zeugnisse der deutschen Literatur, die von schreibkundigen Mönchen in den Scriptorien einzelner Benediktinerklöster (Fulda, St.Gallen, Reichenau, Murbach, Weißenburg, Corvey u.a.) überliefert wurden. Als deutsche Literatur werden dabei alle Texte in deutscher (ahd. oder as.) Sprache verstanden, also auch die zunächst überlieferten deutschen

Übersetzungen lat. Texte in Form von *Glossen, Wörterbüchern* sowie kirchlichen Gebrauchstexten (*Tauf-, Beicht-, Gebetsformeln, Benediktinerregel, Psalmen, Bibeltexten* (besonders *Tatians*). Im 9. Jh. kommen volkssprachige Dichtungen hinzu: das stabreimende as. Evangelienepos *Heliand* und die Bruchstücke einer *as. Genesis*dichtung sowie die ahd. Evangeliendichtung *Krist* des Weißenburger Mönchs Otfrid (um 865), die zugleich Deutungen im **mehrfachen Schriftsinn** (litteral-historisch, allegorisch-heilsgeschichtlich, moralisch, eschatologisch) enthält. Außerdem werden die Fragmente eines weltlichen Heldenliedes, des *Hildebrandsliedes*, ein christliches Heldenlied, das ahd. *Ludwigslied* (882) und Fragmente des *Wessobrunner Schöpfungshymnus'* sowie einzelne *Zauber- und Segenssprüche* (besonders die beiden *Merseburger Zaubersprüche*) überliefert. Im 10. Jh. verstummt die deutschsprachige Literatur fast völlig, stattdessen entsteht eine mittellatein. Literatur auf deutschem Boden (z.B. *Ruodlieb*, Werke Hrosvitas von Gandersheim u.a.). Um 1000 entfaltet Notker III. von St.Gallen noch einmal eine rege Übersetzertätigkeit.

4.3.2 Die frühmittelhochdeutsche Zeit (1050 - 1180)

In der 2. Hälfte des 11. Jh. setzt eine neue Literaturbewegung ein, vor allem mit religiös belehrenden und ermahnenden Texten in mhd. Reimpaarversen, die sich besonders an Laien wenden.

Heilsgeschichtliche Darstellungen, z.B. das *Ezzolied* (um 1065), Legendendichtungen, z.B. das *Annolied* (um 1080?), alt- und neutestamentliche Bibelepik (*Genesis, Exodus, Judith* u.a., *Leben Jesu* der Frau Ava u.a.m.), dogmatische Darlegungen, z.B. das *Anegenge*, die *Rede vom Glauben*, eschatologische Dichtungen (*Jüngstes Gericht, Antichrist*) und Mariendichtungen prägten die erste Phase dieser **Geistlichendichtung**, die von einer religiösen Einflußnahme auf den Laienadel bestimmt ist.

Um die Mitte des 12. Jh. gewinnt mit der **Geschichtsepik** die weltlich orientierte Dichtung erstmals poetischen Rang. Das bedeutendste Werk, die *Kaiserchronik* mit rd. 17000 Versen, erzählt episodenhaft die Geschichte des römischen Kaisertums von der Gründung Roms bis zu Konrad III. Das *Rolandslied* des Pfaffen Konrad schildert den Kampf Karls d. Gr. und seiner Paladine gegen die Sarazenen in Spanien sowie den Tod Rolands nach einem Verrat; es vermittelt so erstmals die Ethik der Kreuzzüge in der Literatur. Das *Alexanderlied* des Pfaffen Lamprecht berichtet vom Aufstieg und Untergang Alexanders d. Gr. Der deutsche Dichter wendet sich gegen den Vorwurf der Lüge, der (seit Plato) weltlichen Dichtern oft gemacht wurde, wobei er sich auf seine Quelle (Alberich v. Besancon) beruft und erklärt: *louc er, so liuge ich* (Log er, so lüge ich auch). Dieser Vorwurf könnte allenfalls für jene weltlichen Dichtungen gelten, die aufgrund ihrer oft phantastischen Abenteuer den Namen **Spielmannsepik** erhalten haben, ohne daß man Spielleute als Autoren dieser Werke nachweisen kann (*König Rother, Herzog Ernst, Salman und Morolf, Oswalt, Orendel*). Am Ende dieser Periode und am Beginn der nächsten steht Heinrich von Veldekes Äneasdichtung (*Eneit*), die mit ihren reinen Reimen und der Betonung der Minne neben der ritterlichen Kampfesethik den Übergang zur **höfischen Epik** des Hochmittelalters schafft.

4.3.3 Höfische Dichtung (1180 - 1300)

Mit Veldekes *Eneit* und dem etwa gleichzeitig entstandenen *Erec* Hartmanns von Aue (um 1180) beginnt die klassische mhd. Dichtung, in der die **höfische Epik** neben der **Minnelyrik** und der **Heldendichtung** den Schwerpunkt der deutschen Dichtung um 1200 bildet. Diese Dichtung, die mit dem ritterlichen Handeln ihrer Helden zugleich die Ideale und Wertvorstellungen des Rittertums (*gotes hulde, êre, triuwe, zuht, mâze, staete, minne, erbermde* u.ä.) in den Mittelpunkt rückt, ist erstmals als adlige Laiendichtung Ausdruck ritterlich-adligen Selbstbewußtseins sowie einer neuartigen Welt- und Diesseitsorientierung, die Gott und der Welt dienen will. Formales Vorbild wie Stofflieferant für einen Großteil dieser Dichtung ist Frankreich, das außer den Dichtungen um den sagenhaften Keltenkönig Artus und seine Tafelrunde, zu der man erst nach ritterlicher Bewährung im Bestehen von *aventiuren* gelangte, auch für den **Minnesang** zum Vermittler wird, jene große lyrische Dichtungsströmung, die zahllose adlige und nichtadlige Dichter vom Kürenberger (um 1150) bis zu Oswald von Wolkenstein (1377-1445) beeinflußte und zu kunstvollen Liedern der Verehrung adliger Damen anregte. Mit Walther von der Vogelweide und Heinrich von Morungen erreichte diese Bewegung ihren Höhepunkt; mit den Liedern Neidharts (von Reuenthal) erfuhr sie eine neue Akzentuierung durch den Einbezug sozialer Spannungen zwischen

Rittern und Bauern. Walther von der Vogelweide nahm darüberhinaus in seinen **Spruchdichtungen** zu Ereignissen der Reichsgeschichte wie zu moralischen Problemen Stellung und wurde so zum Vorbild und Anreger für zahlreiche **Spruchdichter** nach ihm, die wie er selbst allerdings auf die Gunst fürstlicher **Mäzene** angewiesen waren (und 'deren Lied singen' mußten). Als Mäzene Walthers und anderer Dichter sind besonders die Herzöge von Österreich und der Landgraf von Thüringen hervorgetreten. Auch Wolfram von Eschenbach, Verfasser des *Parzival, Willehalm, Titurel* und einer Reihe von Minneliedern (*tageliet*), der zweite große höfische Epiker nach Hartmann von Aue (m. *Erec, Iwein, Gregorius, Armer Heinrich* und Minneliedern), war zeitweise Günstling des Thüringer Landgrafen. Über den dritten großen Epiker nach 1200, über Gottfried von Straßburg, der (nach Eilhart von Obergs erster *Tristrant*-Dichtung um 1170) in seinem *Tristan* die Minneidee verherrlichte, wissen wir wenig, obwohl er uns in seinem Werk eine erste Literaturübersicht über höfische Dichtungen vermittelt hat. Weitere höfische Romane stammen von dem Stricker, von Rudolf von Ems und Konrad von Würzburg, Autoren, die auch Werke in anderen Gattungen (Legenden, Mären, Chroniken) verfaßten. Als didaktische Autoren sind schließlich noch neben dem Stricker Thomasin von Zerclaere mit seiner umfangreichen ritterlichen Ethik *Der welsche Gast* und Freidank mit seinen Spruchdichtungen (*Bescheidenheit*) zu erwähnen.

Eine andere Form der Epik findet sich in der strophisch formulierten und höfisch umgesetzten **Heldenepik**, deren stoffliche Grundlagen ältere **Heldenlieder** und Sagen sind, die mitunter bis in die Völkerwanderungszeit zurückreichen. Im mhd. *Nibelungenlied* (um 1200), in der *Kudrun* (um 1240) und in den etwas jüngeren Epen um Dietrich von Bern (um 1300) begegnen uns solche Gestaltungen.

Als neue Gattungen tauchen im 13. Jh. auch die **Märendichtungen** auf, kleinere Versnovellen höfischen, schwankhaften oder didaktischen Inhalts in Reimpaaren (darunter auch der bekanntere, Raubrittertum, Landflucht und Räuberei anklagende *Helmbrecht* Wernhers des Gärtners).

4.3.4 Die Dichtung des Spätmittelalters (1300 - 1500)

Mit dem Zerfall der Macht und des Ansehens des deutschen Kaisertums und der territorialen Zersplitterung ging auch der Rückgang der höfischen Dichtung einher, der sich u.a. zunächst in epigonalen Nachahmungen und stofflichen Aufschwellungen ohne ethische Grundideen kundtat. Selbst die **Bibel- und Legendenepik** erlebte solche Aufschwellungen, besonders in den Dichtungen des deutschen Ritterordens. In den **Minneallegorien** wurde die Minneidee in kasuistischen Disputen zergliedert. Die unterhaltsame **Märendichtung** erlebte nun ihre große Blüte. Als recht produktiv erwiesen sich auch die zahlreichen religiösen und didaktischen Autoren des Spätmittelalters, deren Werke besonders dann Anklang fanden, wenn sie mit Fabeln und Erzählungen verknüpft wurden, so bei Ulrich Boner (*Der Edelstein*), Hugo von Trimberg (*Der Renner*), Heinrich Wittenwiler (*Der Ring*) und den Schachallegorien (*Schachzabelbüchern*). Als geistig und sprachlich kreativ erwiesen sich die Autoren und Autorinnen der deutschen **Mystik** (Meister Eckart, Mechthilt von Magdeburg, Gertrud von Helfta, Heinrich Seuse, Johannes Tauler u.a.). Recht volksnah waren die dramatischen Umsetzungen der biblischen Passions-, Oster- und Weihnachtsgeschichten und Legenden in zunächst lateinischen, dann volkssprachigen **Spielen**, den Vorstufen späterer Dramen, zu denen im 15. Jh. die **Neidhartspiele** und die **Fastnachtspiele** hinzukamen. Der späte Minnesang, der sich in der Neidhartnachfolge, in ländlicher Idyllik oder blumenreicher Rhetorik erschöpft hatte und in subjektiv-biographischen Liedern (z.B. Hugo von Montforts, Oswalds von Wolkenstein) ausgeklungen war, fand in bürgerlichen **Volks- und Gesellschaftsliedern** und im **Meistergesang** manche lebensfrohe Nachahmung. **Chronikdichtungen** und **historische Volkslieder** spiegeln anekdotische Erzählfreude, bürgerliches Selbstbewußtsein und sachliche Detailtreue. Die Mahnung zur Vergänglichkeit, durch Seuchen und Katastrophen immer wieder bewußt gemacht, fand in **Kirchen- und Geißlerliedern, Sittenspiegeln, Totentänzen** oder in Prosatexten wie etwa dem *Ackermann* des Johannes von Tepl bewegten literarischen Ausdruck. Die mitunter recht gegensätzliche Stoffülle wie der Gattungsreichtum lassen die deutsche Literatur des Spätmittelalters als eine kaum überschaubare, aber interessante literarische Landschaft erscheinen.

4.4 Arbeitsweisen der Literaturwissenschaft des Mittelalters

Die Literaturwissenschaft des MAs (Mediävistik, Altgermanistik) hat seit ihrem
Bestehen verschiedene Methoden entwickelt, um eine kritische Texterfassung und
ein angemessenes Textverständnis zu erreichen. Wie in der neueren Literaturwissenschaft, mitunter schon etwas früher, sind diese Methoden nacheinander zu
verschiedenen Zeiten entwickelt worden. Wenn man diese Methoden nicht als
einander ausschließende, sondern als einander ergänzende Ansätze ansieht, ist es
möglich, die untersuchten Texte möglichst vielseitig zu erfassen und zu deuten.
Im folgenden sollen die wichtigsten Methoden knapp erläutert werden; auf Parallelen in der neueren Literaturwissenschaft sei verwiesen.

4.4.1 Textkritik, Textedition und Kodikologie

Zu den wichtigsten Voraussetzungen jedes philologisch-wissenschaftlichen Umgangs mit Literatur gehört die Bereitstellung zuverlässiger Texte. Die Methode
der literarischen **Textkritik** und der Rekonstruktion und Herausgabe philologisch
zuverlässiger **Textausgaben** nach den vorhandenen **Handschriften** (Hss.) ist
erstmals in der Altphilologie entwickelt worden. Die ersten altgermanistischen
Editionen mittelalterlicher Dichtungen, wie sie etwa von Bodmer, Breitinger,
Tieck, von der Hagen veranstaltet wurden, konnten noch nicht als zuverlässige
Ausgaben gelten, da sie zu viele nicht angemerkte subjektive Änderungen enthielten. Derartige Eingriffe in die überlieferte Textgestalt der Hss. erweisen sich oft
als notwendig, da die mittelalterlichen Abschreiber aus Nachlässigkeit, Flüchtig-
keit, aus Lesefehlern, Wort- und Zeilensprüngen (*aberrationes oculi*), evtl. Hör-
fehlern, Mißverständnissen, Angleichungen des Textes an den eigenen Wortschatz, die eigene Mundart o.ä. **Schreibfehler** verursachten, besonders dann,
wenn zwischen der Textabfassung und -aufzeichnung durch den Autor (bzw.
dessen Schreiber) ein größerer Zeitabstand bestand.

   Es traf sich gut, daß schon in der Frühzeit der Germanistik der Altphilologe
Karl Lachmann (1793-1851) eine Reihe kritischer Ausgaben bedeutender deutscher Dichtungen des MAs veranstaltete und mit seinen **Editionsgrundsätzen**
zunächst methodisch richtungweisend wurde, auch wenn seine mechanische Übertragung altphilologischer Editionsprinzipien auf mal. deutsche Texte mit ihren oft

uneinheitlichen sprachlichen Voraussetzungen heute kritischer gesehen wird. Zu den wichtigen Neuerungen Lachmanns gehörte, daß fortan **kritische Textausgaben** sowohl die Überlieferung der zugrundegelegten Hss. als auch die **Textkorrekturen (Konjekturen)** und -ergänzungen (**Emendationen**) durch die Herausgeber in einem 'textkritischen **Apparat**' entweder unterhalb oder im Anhang des Textes enthielten und so editorische Änderungen überprüft werden konnten. Die germanistische Textkritik arbeitet in der Regel nach den in der altphilologischen Textkritik entwickelten drei Stufen:

1. der **Rezension**: der Sammlung, kritischen Sichtung und Bewertung der gesamten Textüberlieferung, wobei nachträgliche Zusätze (Interpolationen) ausgeschieden und die Verwandtschaft und Abhängigkeit (Filiation) der Hss. mit Hilfe von gemeinsamen 'Leitfehlern' ermittelt wird. Die nicht vorhandene, aber erschlossene Ausgangsform aller vorhandenen Hss. heißt **Archetypus**. Eine Hs., die diesem am nächsten steht und Grundlage weiterer Textarbeit wird, ist die '**Leithandschrift**'. Sie muß nicht immer die älteste Hs. sein. Die Abhängigkeit der Hss. vom Archetypus wird in einem **Stemma** graphisch dargestellt. Schwierig ist dies, wenn nur eine oder nur zwei Hss. vorhanden sind oder wenn Hss. einander kontaminiert (d.h. zusammengefallen, wechselseitig korrigiert) sind.

2. der **Examination**: der kritischen Prüfung und Bewertung der Textüberlieferung (der Lesarten) sowie Ermittlung der Fehler (*Korruptelen*) und unerklärbaren Stellen (*crux*) und

3. die Vornahme von **Konjekturen** und **Emendationen**, wobei oft eine *lectio difficilior*, eine dem Abschreiber unverständliche, aber nicht ersetzte originale Lesart, zum Ausgangspunkt der Textkorrektur wird.

Die überlieferten Pergamenthss. werden mit großen Buchstaben gekennzeichnet, entweder in der Reihenfolge ihrer Entdeckung, ihres Alters oder nach den Herkunftsorten; Papierhss. (seit dem 15. Jh.) mit kleinen Buchstaben. Recht bekannte Pergament-Hss. sind die vier großen Hss. der mhd. Lyrik:

A = Die kleine Heidelberger Lieder-Hs. (UB Heidelberg),

B = Die Weingartner Lieder-Hs. (UB Stuttgart),

C = Die Große Heidelberger oder Manessische Hs. (m. rd. 140 Dichter-Bildern).

E = Die Würzburger Lieder-Hs. (UB München).

Das Alter einer Hs. wird meistens mit Hilfe der **Paläographie**, der vergleichenden Schriftkunde, ermittelt, die die Hss. mal. Dichtungen mit datierbaren Hss. (z.b. Urkunden) vergleicht.

Kritische Textausgaben, die bei wissenschaftlichen Arbeiten stets zugrundegelegt werden sollten, findet man in den meisten wissenschaftlichen Editionen älterer Dichtungen, z.b. in der *Altdeutschen Textbibliothek (ATB)*, den *Deutschen Klassikern des MAs'* und anderen Reihen. Gelegentlich werden Texte nur als 'diplomatischer Abdruck' einer Hs. ediert, z.b. wenn nur eine Hs. existiert oder eine andere Hs. zu einer vorhandenen Ausgabe hinzukommt und noch bekanntgemacht werden soll.

Von einer Reihe mal. Hss. existieren inzwischen Faksimile-Ausgaben (z.B. in der Göppinger Reihe *'Litterae'*). An ihnen können Textvergleiche mit einzelnen Ausgaben vorgenommen werden.

Mit der Textkritik verwandt, oft als eine ihrer Voraussetzungen notwendig, erweist sich die Sonderdisziplin der **Kodikologie (Handschriftenkunde)**. Sie untersucht vor allem die Beschaffenheit mal. Hss.

4.4.2 Die Ermittlung von Fakten zur mittelalterlichen Literatur

Ein anderes ertragreiches Erbe des 19. Jh., das entgegen mancher Vorurteile nicht überlebt ist, ist die notwendige Suche nach historischen, politischen, sozialen und biographischen Fakten, wie sie vor allem im Positivismus des 19. Jh. gepflegt worden ist. Überlebt sind heute nur dessen mechanistisch-materialistische Weltanschauung und der einseitige Glaube an die alleinige Gültigkeit der ermittelten und zu ermittelnden Fakten in der Literatur- und Sprachwissenschaft. Doch kann jede literarische Deutung durch derartige Einzelheiten präzisiert und erweitert werden; ohne die historisch-biographischen Grundlagen stünde sie gleichsam im luftleeren Raum.

Literaturwissenschaftliche Faktensammlung kann in verschiedener Absicht und Richtung betrieben werden. Sie kann einerseits Ursachenforschung sein, die die historischen, geistigen, gesellschaftlichen (politischen, sozialen) und biographischen (persönlichen, bildungsmäßigen) Voraussetzungen literarischer Werke, ihrer Formen und Inhalte, erfaßt; sie kann aber andererseits auch Intentions- und Wirkungsforschung sein, indem sie die Absichten des Autors und ihre Realisierung sowie das Verhältnis des Autors zu seiner Zeit und Welt und deren Spiegelung im Werk untersucht, was wiederum Kenntnisse über die Lebensverhältnisse eines Autors voraussetzt, die nicht allein aus dem Werk gewonnen werden sollten, da dies einem Zirkelschluß gleichkäme. Es können so unterschiedliche Formen von Welthaltung und unterschiedliche Wirkungsabsichten eines Autors sichtbar werden, unterschiedliche Darstellungsweisen und unterschiedliche Realismus-Auffassungen (um diesen vieldiskutierten Begriff einmal zu gebrauchen). Besonders problematisch ist dann die Auswertung und Deutung der ermittelten Fakten. Es bleibt etwa zu fragen, inwieweit Autor und Werk durch die ermittelten Zeit- und Wirklichkeitsverhältnisse beeinflußt oder gar determiniert worden sind oder sich davon lösen konnten und wollten. Auch bleibt der Standpunkt des Betrachters zu hinterfragen. Inwieweit bleibt er neutral und objektiv, inwieweit ist er voreingenommen oder verwechselt notwendige Untersuchungsziele mit den Untersuchungsergebnissen. So wurde z.B. ein beträchtlicher Teil marxistisch orientierter Literaturforschung dadurch diskreditiert, daß sie lediglich dazu diente, das von F.Engels entworfene und als Dogma geltende Geschichtsschema von den sich ablösenden Klassengesellschaften zu bestätigen.

Dabei ist auch zu beachten, daß es zwischen der Faktensammlung und -auswertung mittelalterlicher und neuzeitlicher Literatur recht große Unterschiede gibt. Während die Forschung bei neuzeitlichen Autoren oft recht subtil Einzelheiten über die Autoren und die Entstehung und Wirkung ihrer Werke ermitteln kann, das 'Ererbte, Erlebte und Erlernte', das es nach W.Scherer zu erforschen gilt, ist der Mediävist oft froh, wenn er die ungefähre Entstehungszeit und historische und formale Zuordnung einer Dichtung bestimmen kann. Dabei muß er wie in einem Puzzlespiel die unterschiedlichsten Angaben bedenken, die Zeugenaussagen in mittelalterlichen Urkunden ebenso wie die (seltene) Erwähnung historischer Persönlichkeiten oder Zeitereignisse (oder Anspielungen darauf) in einzelnen Werken, formale Eigenheiten (etwa Stilnachahmungen) ebenso wie die hsl. Überlieferung der Texte. Einer kritischen Reflexion bedürfen dabei auch das Ausmaß und die Form der Spiegelung und Darstellung historischer und sozialer Wirklichkeit, die in mal. Dichtungen mitunter kaum oder auch in reichem Maße, naiv affirmativ oder bewußt kritisch, offen oder subtil versteckt vermittelt wird. Die Einzelheiten darüber werden umso reicher, je mehr wir uns der Neuzeit nähern. Doch bleiben auch manche spätmal. Werke noch rätselhaft genug. Fragen nach Auftraggebern und Publikum der Autoren müssen bei wachsenden Erkenntnissen oft neu gestellt werden. Eine andere Form der Faktenermittlung richtet sich auf die Elemente der Dichtungen selbst, untersucht bestimmte Motive, Topoi (Gemeinplätze), Stilfiguren, Konstruktionsformen u.ä. und macht so die Texte in bestimmten Traditionszusammenhängen und Gattungsnormen transparent, wobei verdeutlicht werden kann, daß mittelalterliche Autoren andere Auffassungen von Kreativität und Selbständigkeit besaßen als neuzeitliche Autoren des 19. und 20. Jh.

Eine neuere Weiterentwicklung derartiger Forschungsansätze kann in der mentalgeschichtlichen Forschung gesehen werden, die möglichst viele historische, theologische, philosophische, bildungsmäßige, ökonomische, soziale und biographische Fakten heranzieht, um die Denkweise und Darstellungsweise eines Autors verständlich zu machen. Es ist zu wünschen, daß solche Ansätze methodisch und systematisch noch weiter entwickelt werden.

4.4.3 Metrische Analysen

Über eintausend Jahre waren **Versgestaltung** und **Reim** wichtige Kennzeichen in der deutschen Literatur. Erst im letzten Jahrhundert haben sie ihre Verbindlichkeit auch in der Lyrik eingebüßt, nachdem die **Prosa** schon seit dem Spätmittelalter in anderen Bereichen der Dichtung zugenommen hatte. In den ersten Jahrhunderten der deutschen Literatur wurde nur die an Vers und Reim gebundene Sprache als der Dichtung würdig anerkannt. Es sind dabei jedoch unterschiedliche Formen zu beachten.

Während die **antike Literatur** in ihrer Metrik auf Zahl und Arten der 'Versfüße'und ihren Wechsel von Langsilben (L) und Kurzsilben (K) achtete (vgl. **Jambus** = KL, **Trochäus** = LK, **Daktylus** = LKK, **Anapäst** = KKL), galt in den germanischen Literaturen stattdessen der Wechsel von betonten und unbetonten Silben bzw. von **Hebung** und **Senkung** als wichtigstes Verskriterium. Dabei wurden zwei verschiedene Arten der Zeilenfüllung und des Zeilenendes entwickelt: der Stabreim und der Endreim.

Im **Stabreim**, wie ihn die frühdeutsche Literatur des 9. Jh. aus dem Germ. übernommen hat, kommt es darauf an, daß in jeder Zeile bestimmte Wurzelsilben (Hauptsilben der Wörter) miteinander **alliterieren** ('staben'), d.h. mit Vokalen oder gleichen Konsonanten anlauten. Diese Silben wurden besonders betont und rhythmisch hervorgehoben. Es versteht sich, daß diese Art der Dichtung besonders für den Sprech- oder Sangvortrag geeignet war.

In den meisten Fällen handelte es sich um **Langzeilen**, die jeweils aus zwei **Halb-** oder **Kurzzeilen** bestanden. In jeder Halbzeile befand sich mindestens ein Wort bzw. eine Silbe, die mit einer Entsprechung in der anderen Halbzeile 'stabte', vgl. z.B. den Anfang des ahd. *Hildebrandsliedes*:

"(*Ik gihôrta dat seggen) dat sich u̲rhêttun ǣnon muotîn /*
H̲iltibrant enti H̲adubrant untar h̲eriun tuêm."

Zeichenhaft verdeutlicht ergibt das folgendes Schem (a = alliter. Silbe, x = nichtallit. betonte Silbe): xa - ax / aa - ax . In dieser Weise können Stabreimzeilen variieren.

Unter lat. Einfluß wurde noch im 9. Jh. (erstmals b. Otfrid von Weißenburg) der **Endreim** eingeführt, der die lautliche Übereinstimmung zweier benachbarter Zeilenschlüsse vom letzten betonten Vokal an erstrebte (vgl. z.B. *finden : binden, gut : Mut* u.dgl.), was in der Frühzeit des Endreims oft nur in der Form von **Assonanzen** (bloßem Gleichklang der Vokale, z.B.: *tât : fand*) erreicht wurde. Während die Zeilenfüllung in den Stabreimzeilen bis auf die Alliterationssilben nebensächlich blieb, wurde nun eine geregelte Zeilenfüllung angestrebt. Dabei setzten sich zwei verschiedene Typen der Zeilenkombination durch: der **Reimpaarvers** in den meisten epischen und didaktischen Dichtungen und die verschiedenen **Strophenformen** in Minnesang und Spruchdichtung und in der Heldenepik.

Am einfachsten strukturiert ist der zumeist vierhebige **Reimpaarvers** mit seinen Endreimen. Diese formale Norm wurde aber erst in der höfischen Epik allgemein verbindlich. Vorher finden sich oft Beispiele mit langem **Auftakt** (Silben vor der Vierhebigkeit) und langer oder kurzer Versfüllung sowie Assonanzen statt **reinen Reimen**, vgl.z.B. *Ezzolied* (um 1065) 1ff.(Hebungen m. Akzentzeichen):

Der guote bíscoph gúntere uone bábenbèrch
der híez máchen ein vil gúot wérch:
er híez di síne pháphèn
ein gúot líet máchèn.

Man vergleiche damit z.B. Hartmann von Aues *Erec* (um 1180) 18ff.:

Érèc der júnge mán
sîn vróuwèn vrágen begán
ob érz ervárn sóldè.

Auch diese *Erec*-Stelle weist scheinbar metrische Unregelmäßigkeiten auf; sie beruhen jedoch auf der Gepflogenheit mhd. Dichter, Eigennamen (*Érèc*) oder jeweils wichtige Wörter (*vróuwèn*) durch zweigipflige Betonung hervorzuheben. Man teilt die **Verszeilen** in der metrischen Analyse nach **Takten** ein, wobei jede relevante Hebung mit der nachfolgenden Senkung bzw. den Senkungen einen Takt bildet. Vor dem ersten Takt stehende Silben werden als **Auftakt** bezeichnet. Meistens bilden zwei Silben einen Takt (nach 1250 fast regelmäßig); Schema: = | x́x |; mitunter kann auch eine **lange Silbe**, zumeist mit langem Vokal, Diphthong oder Konsonantenkombinationen (eine sog. **beschwerte Hebung**) oder ein einsilbiges Wort einen Takt füllen = | - |, auch können einzelne Takte oder Halbtakte in Kurzsilben aufgelöst werden = | x́◡◡ | oder | ◠◡◡◡ |. Nichtbesetzte Silben im Takt können als **Pausen** ausgewiesen werden (= ∧); Zeilenanfang und Zeilenende werden durch Doppelstrich gekennzeichnet (= ‖).

Die obige Hartmann-Stelle ließe sich auf diese Weise wie folgt schematisch darstellen:

‖ - | x́x | x́x | x́∧ ‖   ‖ x | - | x́∧ | x́◡◡ | x́∧ ‖   ‖ x | x́x | x́∧ | - | x́∧ ‖

Neben den Arten der Vers- und Taktfüllung ist der **Versschluß** (die **Kadenz**) interessant, zumal er bei gesungenen Texten oft den Melodiebogen abschließt (meistens mit sog. **Melisma**).

In der mhd. Metrik unterscheidet man drei verschiedene Formen der Kadenz:

1. die ein- oder mehrsilbig **volle Kadenz**, wenn der letzte Takt durch eine betonte Silbe (+Pause) oder durch eine betonte und mehrere unbetonte Silben gefüllt ist (Schema: | x́∧ ‖ oder | x́◡◡ ‖;
2. die **klingende Kadenz**, wenn der vorletzte Takt durch eine lange Silbe (bzw. zwei kurze Silben) eines Wortes und der letzte Takt durch die Restsilbe des Wortes (m. Nebenton) gefüllt ist (Schema: | - | x́∧ ‖ oder | x́x | x́∧ ‖;
3. die **stumpfe Kadenz**, wenn der letzte Takt nicht gefüllt ist und dementsprechend im Schema nur Pausenzeichen zeigt (Schema: | ∧∧ ‖). Bei vierhebigen Reimpaarversen sind solche Verse nur dreihebig.

In der mhd. Lyrik und strophischen Heldenepik können auch sechshebige und gelegentlich auch längere Verszeilen vorkommen. Vgl. z.B. *Kudrun* Str.193:

Dô schíeden sích die géstè   *der künic und síne mán.*
die édelen iúncvróuwèn   *vúorte mán dán*
gégen Nórwǽgè   *ín des vûrsten rîchè.*
nâch ir grôzen léidè   *sô stúont ir dínc vil genǽdiclîchè.*

Schematisch ließe sich diese Strophe wie folgt darstellen:

```
‖ x | x́x | x́x | ⌣ | x̌∧ |            | x | x́⌣⌣ | x́x | x̌∧ | ∧∧ ‖
‖ x | x́⌣⌣ | ⌣ | ⌣ | x̌∧ |          | x́x | x̌∧ | x̌∧ | ∧∧ ‖
‖ x́x | ⌣ | ⌣ | x̌∧ |                 | x́x | x́x | ⌣ | x̌∧ | ∧∧ ‖
‖ x́x | x́x | ⌣ | x̌∧ |               | x | x́x | x́⌣⌣ | x́x | | ⌣ | x̌∧ | ∧∧ ‖
```

Während hier die ersten zwei Langzeilen jeweils 8 Takte mit 7 Hebungen aufweisen, sind es in der dritten Langzeile 8 Hebungen, in der vierten Langzeile dagegen 10 Takte mit 9 Hebungen, da die letzte Halbzeile, abweichend zu den übrigen, 6 Takte mit 5 Hebungen aufweist. Die Kadenzen sind jeweils in der vorderen Halbzeile klingend, in den hinteren Halbzeilen stumpf.

Zum Vergleich folge noch ein Beispiel aus der mhd. Lyrik: Walther von der Vogelweides "*Herzeliebez frouwelin*" (L49,25):

Hérzelíebez frówelín   ‖ x́x | x́x | x́x | x̌∧ ‖
got gébe dir híute und íemer gúot!   ‖ x— | x́⌣⌣ | x́⌣⌣ | x́x | x́∧ ‖
Kúnd ich báz gedénken dín,   ‖ x́x | x́x | x́x | x́∧ ‖
des héte ich wílleclíchen múot.   ‖ x | x́⌣⌣ | x́x | x́x | x́∧ ‖
Wáz mac ích dir ságen mé,   ‖ x́x | x́x | x́x | x́∧ ‖
wan dáz dir níeman hólder íst?   *owé da vón ist mír vil wé.*
‖ x | x́x | x́x | x́x | x́ x | x́ x | x́ x | x́ x | x́∧ ‖

Diese auf ANDREAS HEUSLER (Dt. Versgeschichte Bd. 1) zurückgehende **Versanalyse** ist stark von der Rhythmik des gesprochenen Textvortrags abhängig, den man entsprechend üben sollte. Sicherheit erwirbt man meistens erst nach einiger

Zeit. Gelegentlich kann auch die Akzentverteilung strittig sein; man sollte dann auch Alternativen versuchen.

4.4.4 Geistes- und ideengeschichtliche Einordnung und Deutung

Zu den geschichtlichen Zusammenhängen, die in mal. Dichtungen wirksam werden, gehören auch die Ideen und geistigen Strömungen, die mehr oder weniger auf die Autoren eingewirkt haben und in ihren Werken erkennbar sind. Auf diese Einwirkungen soll hier noch besonders hingewiesen werden. Es ist sinnvoll, wenn man sich während des Studiums mal. Texte von Fall zu Fall mit ihnen vertraut macht. Die geistes- und ideengeschichtliche Entwicklung im Mittelalter ist verständlicherweise eine andere als in der Neuzeit. Weit stärker als heute war das Denken der Menschen metaphysisch-religiös und autoritäts- und traditionsgebunden ausgerichtet.

Als die Komponenten, die in den Anfängen der deutschen Literatur auf diese eingewirkt haben, hat man die drei Traditionsbahnen von **Germanentum, Antike** und **Christentum** hervorgehoben.

Germanisches Denken, germanische Ethik und ihre Wertvorstellungen haben sicher noch länger bei den Stämmen des Frankenreiches und später des 'Heiligen Römischen Reiches deutscher Nation' weitergewirkt, als es nach der teils freiwilligen, teils erzwungenen Christianisierung in den Texten sichtbar wurde. Die Tatsachen etwa, daß noch im 10. Jh. die *Merseburger Zaubersprüche* mit ihren heidnischen Inhalten aufgezeichnet wurden und daß Sippendenken, Rache bei Beleidigungen und die starke Betonung von Kampf und Ehre noch lange Zeit eine große Rolle spielten, läßt doch darauf schließen, daß neben einem oft nur äußerlichen Christentum germanisches Lebens- und Wertgefühl vor allem beim Laienadel und bei den Bauern prägend waren.

Diese germanischen Traditionen im Denken und Handeln wurden schon früh mit der **antiken Kultur** konfrontiert und von ihr auch beeinflußt, zunächst im Nachbarverhältnis mit dem Römischen Reich, später bei der Eroberung der römischen Grenzprovinzen und schließlich intensiver über die Vermittlung des Christentums, das selbst in vielem von den Kulturen der Mittelmeerländer beeinflußt war. Neben technischem Gerät, handwerklichem Tun und kulturellen Errungenschaften der Römer waren es vor allem die Kulturtechniken des Lesens und

Schreibens und damit die Möglichkeiten, Vergangenes, Gegenwärtiges und Erwartetes festzuhalten und zu vermitteln, die zu den bedeutendsten Übernahmen aus der Antike gehörten. Im Bildungssystem der *septem artes liberales* mit dem **Trivium** von Grammatik, Rhetorik und Dialektik als Grundbildung und dem **Quadrivium** vier weiterer Fachgebiete (die im Laufe des MAs auch wechselten) sowie mit der Übernahme römischer Staats- und Rechtsvorstellungen hat das antike Erbe bis in die Neuzeit weitergewirkt.

Das **Christentum** selbst als die stärkste geistige Kraft, die vom 5.- 8. Jh. an auf Denken und Fühlen der Menschen im Frankenreich und in Deutschland eingewirkt hat, war keineswegs eine unveränderliche religiöse Bewegung; es erscheint vielmehr als ein Sammelbecken verschiedener miteinander konkurrierender und einander ergänzender wie auch ablösender Strömungen und Haltungen, die oft durch unterschiedliche Bildungseinflüsse und -methoden bestimmt waren. Als im 6. Jh. die Franken (und z.T. nach ihnen andere westgerm. Stamme) den römisch-katholischen Glauben annahmen, waren die inneren Streitigkeiten und Richtungskämpfe in der Kirche weitgehend beigelegt. Der Arianismus mit seiner Betonung der nur menschlichen Natur Christi, den noch die Westgoten angenommen hatten, war bereits überwunden. Der in der Ostkirche bestehende Bilderstreit, der z.Zt. Karls d.Gr. beigelegt wurde, berührte die westliche Kirche kaum. Die theologische Diskussion wurde hier für lange Zeit durch die **Patristik** bestimmt, die Lehren der Kirchenväter (*patres*), deren einflußreichster für das MA. der hl. Augustinus (354-430) war, aus dessen zahlreichen Schriften sowohl die Lehren des christlichen Glaubens und Lebens als auch die Sicht der Antike wie der Geschichte bestimmt wurden, die wiederum auch auf die Dichtung der Zeit (z.B. auf Otfrid) zurückwirkte, etwa mit der Lehre von den zwei Reichen im *'Gottesstaat' (De civitate Dei)*. Von besonderem Einfluß als Prediger wie auch als Kommentator biblischer Texte waren auch der Papst Gregor d.Gr. (540?-604), der spanische Theologe Isidor von Sevilla (560?-636) sowie der Angelsachse Beda Venerabilis (672-735) und die karolingischen Theologen Alcuin (735?-804) und Hrabanus Maurus (780?-856), der Abt von Fulda und spätere Erzbischof von Mainz.

Nach der Jahrtausendwende, die aus einer konventionell engen Auslegung der Weltalterlehre die Sorge um das Weltende und eschatologisches Denken förderte, das noch in der geistlichen Didaktik des 12. Jh. nachwirkte, verlagerte sich die geistige Orientierung mehr und mehr nach Frankreich, wo die Schulen von Paris und Chartres die frühscholastische Methode der patres-Auslegung durch mehr spekulative Ansätze über Gott und die Welt erweiterten. Auch innerkirchliche Entwicklungen dürften auf die Literatur der Zeit eingewirkt haben. So hat man früher gemeint, daß die vom burgundischen Kloster Cluny um 1050 ausgehende Klosterreform auch auf Teile der mhd. geistlichen Dichtung des 12. Jh. eingewirkt habe und hat deshalb von einer 'cluniazensischen Literatur'gesprochen.

Noch schwieriger ist die Zuordnung von Gedanken einzelner geistlicher Dichtungen des 12. Jh. zu den großen Theologen und Philosophen der Zeit, von denen hier nur die beiden Kontrahenten Abälard, der Hauptvertreter einer rationalistischen Theologie, und Bernhard von Clairvaux, der große Anreger mystischen Denkens, genannt seien. Die mit beiden verbundenen geistigen Richtungen und ihr Einfluß auf die deutsche Literatur des MAs sind noch nicht zureichend erforscht. Sie sind allenfalls auch nur indirekt und in vereinfachter Weise wirksam geworden, wie dies etwa H.RUPP (1958) aufgewiesen hat. Dennoch sollte man die geistigen Hintergründe nicht unberücksichtigt lassen, z.B. den Einfluß Bernhards auf die deutsche Mystik. Einen vermittelnden Einfluß hatten dabei auch die im 12./13. Jh. entstandenen neuen Mönchsorden der Cisterzienser, Dominikaner und Franziskaner, die u.a. auch zur Adaption eines neuen Christusbildes und zur gotischen Frömmigkeit beitrugen.

Zu den die Zeit prägenden geistig-kulturellen Bewegungen des 12. Jh. gehören aber auch die stärker diesseitig orientierten Ideen der **Minne** und der **höfischen Frauenverehrung** wie des **höfischen Verhaltens**, die, vom Hof der Eleanore von Poitou (1122-1204) ausgehend, über den Hof ihrer Tochter Marie de Champagne (+1198) schließlich auch nach Deutschland gelangten, in die deutsche Adelskultur eindrangen und sich dann in Minnesang und höfischer Epik spiegelten.

Eine mehr philosophische Frage, die das MA. von der Frühscholastik bis zum SpätMA. bewegte und zu immer neuen Deutungen evozierte, die sich gelegentlich auch in der Literatur spiegelten, war das **Universalienproblem** und die damit verbundene Frage, ob auch den Allgemeinbegriffen (*Universalia*) eine Existenz zukam, wie die Vertreter des **Realismus** in der Tradition Platons und Aristoteles' meinten, oder nur den Einzeldingen und ihren Begriffen, wie die Vertreter des **Nominalismus** betonten. Daß mit diesem erkenntnistheoretischen Problem auch der Zugang zum naturwissenschaftlichen Denken gefördert wurde, das sich erst allmählich gegen die **allegorische Naturdeutung** in der *Physiologus*-Tradition durchsetzen mußte, die z.B. wirkliche oder ihnen zugeschriebene Eigenschaften der Tiere **allegorisch-heilsgeschichtlich** auslegte, sei nur angemerkt.

Das SpätMA. ist wegen der Fülle der verschiedensten Tendenzen und Erscheinungen historisch schwierig zu erfassen. Auch geistesgeschichtlich und literaturgeschichtlich bestimmt eine Vielfalt der Richtungen und Formen das Bild, das so im Kontrast zu den früheren Perioden steht, die ein relativ einheitliches Gepräge hatten. Daß die Gegensätzlichkeit der Erscheinungen gleichsam zum Wesen dieser Zeit gehörte, hat schon den Philosophen und Kardinal Nikolaus von Kues (1401-1464) zu seinem Dictum und Buchtitel von der *coincidentia oppositorum*, vom Zusammenfall der Gegensätze (in Gott), veranlaßt. Während man einerseits in der Theologie und Philosophie dieser Jahrhunderte die Aussagen über die Heilsgeschichte, über das Sein und die Moral in großen Summen und Specula zusammenzustellen suchte, in der Dichtung epigonale Formen tradierte und aufschwellte, zwang man andererseits Gegensätzliches in Prozeßformen, Dialogen und in ernsthaft-komischen Mischtexten zu neuen Textgebilden. Die Kombination von Heiligem und Profanen etwa in den Osterspielen, in Schwanken und Parodien und in didaktischen Groß- und Kleinformen spiegelt so das polar bestimmte Lebensgefühl dieser Zeit, die zum einen eine recht fromme Zeit war, häufig auch mit extremen äußerlichen Glaubensbekundungen (Wallfahrten, Reliqienkulten, Ablässen, Stiftungen, Geißlern und anderen Büßern), zum anderen aber auch eine harte und grausame Epoche, in der Seuchen, Fehden, Brandschatzungen, Folterungen, Verstümmelungen nicht selten waren und neue Tendenzen, wie etwa die Ansätze des Humanismus und der Renaissance, nur zögernd sichtbar wurden.

Der Literaturwissenschaftler wird daher umso vorsichtiger bei der Zuordnung der zu untersuchenden Texte zu bestimmten geistigen Bewegungen verfahren müssen.

4.4.5 Textbezogene Interpretation

Zu den wichtigsten Arbeitsbereichen auch der Erforschung mal. Literatur gehört die textbezogene Interpretation, die die Eigenart und das Zusamenwirken der verschiedenen ästhetisch relevanten Strukturelemente der einzelnen Texte beschreibt. Diese Aufgabe kann in einzelnen Schritten der **Analyse**, aber auch in zusammenfassenden **Synthesen** oder Gesamtdeutungen erfolgen. Sie wird je nach der Beschaffenheit des Textes verschieden ausfallen. Aber auch innerhalb komplexerer Texte können sich verschiedene Ansätze der Interpretation ergeben.

In einem epischen Text etwa können zunächst der Verlauf und Aufbau der Handlung, die Gestaltung, Entwicklung und Motivation der Figuren, die Rolle der dominierenden Ideen und Leitvorstellungen, des möglichen Zeit- und Gesellschaftsbezugs sowie Darstellungsstil und Sprachstil solche Ansatzpunkte zur Einzelanalyse wie zur Gesamtinterpretation bieten. Dabei wird man - ähnlich wie bei neueren Texten - explizit oder nur intentional nach dem Zusammenhang der Einzellemente mit der Gesamtaussage fragen können und - ähnlich einem **hermeneutischen Zirkel** - die Funktion der Einzelteile aus dem Ganzen deuten und das Ganze aus der Wirkung der Teilelemente erklären. Allerdings wird man ein solches Vorgehen nur bedingt im Sinne neuzeitlicher **Hermeneutik** und Verstehenslehre rechtfertigen können, da uns die poetologischen Grundlagen mal. Texte weitgehend unbekannt sind und eine Übertragung heutiger werkimmanenter Interpretationsmethoden auf derartige Texte nur versuchsweise möglich erscheint und nicht immer befriedigende Ergebnisse zeitigt. Der Interpret mal. Texte muß sich daher immer wieder fragen, ob die literarischen Erwartungen, die er an den Text stellt, auch für mittelalterliche Verhältnisse gerechtfertigt sind oder entsprechend modifiziert werden müssen. So kann man beispielsweise bei den Figuren der mittelalterlichen Epik nicht oder zumindest nicht immer erwarten, daß ihr Handeln aus dem Charakter abgeleitet werden kann und daß bestimmte Charakterentwicklungen gegeben sind. Mittelalterliche Figuren sind in der Regel statisch und funktional angelegt; sie realisieren innerhalb des Textgeschehens eine bestimmte Rolle, deren Erfüllung gelingt oder mißlingt oder erst nach mehreren Versuchen gelingt.

Die **Figurenrolle** kann mitunter aufgrund bestimmter Erzähltraditionen widersprüchlich erscheinen. So ist z.B. von einer neuzeitlichen Figurenerwartung aus es kaum einsichtig, wie im *Nibelungenlied* aus der sittsam liebenden Kriemhilt des ersten Teiles die rücksichtslose Rächerin (*valandinne* = Teufelin) des zweiten Teiles werden kann. Auch wird das Handeln der Figuren keineswegs immer nach neuzeitlicher Blickweise zureichend motiviert. Wenn z.B. in Hartmann von Aues *Erec* Enîte, die Frau Erecs, auf der erzwungenen Aventiurenfahrt von ihrem Mann bestraft wird, so muß dem nicht, wie es neuzeitliches Kausaldenken verlangt, eine Schuld Enîtes zugrundeliegen, nach der von manchen Interpreten immer wieder gesucht wird. Auch das Sagen- und Märchenhafte, das heutigen Kausalvorstellungen widerspricht, hat in der mal. Literatur durchaus seinen Platz (z.B. in Hartmanns *Iwein* oder in anderen Artusdichtungen).

Schließlich können mal. und heutige Textintentionen mitunter beträchtlich divergieren. So verdeutlicht nach dem Epimythion (Epilog) von Wernhers des Gärtners *Helmbrecht* das Märe die Verstöße eines aufsässigen Bauernburschen gegen das 4.Gebot, während wir heute hierin eher die Probleme und Folgen eines bäuerlichen Ständewechsels und des Niedergangs des Rittertums sehen.

Ähnlich problematisch kann die Interpretation mhd. Minnelyrik ausfallen. Auch hierbei sollte man nach Klärung des gesellschaftlichen Hintergrunds und eventueller biographischer Voraussetzungen das Zusammenwirken der relevanten Strukturelemente untersuchen, etwa der Sprechersituation, der Sprechhaltung des Sängers als lyrisches Ich, den Gestus der Selbstaussage, die Art des Partnerbezugs und der Anreden, der Aussagesteigerung, der Minneauffassung, der Partnerzeichnung, der Sprachform und des Sprachrhythmus, evtl. auch sprachlicher Bilder und rhetorischer Figuren.

Jeder Interpret mal. Minnelyrik sollte sich jedoch hüten, diese Gedichte als eine Art Erlebnislyrik im Sinne nachgoethischer Texte aufzufassen oder mit neuerer Liebeslyrik gleichzusetzen (obwohl auch diese oft Topoi und Klischees und keinen echten unmittelbaren Partnerbezug aufweist). Minnelyrik ist weitgehend konventionelle Rollenlyrik mit einem gewissen Unterhaltungswert für die höfische Gesellschaft, der diese Lieder vorgetragen wurden. Auch dort, wo der Schein einer Echtheit des Empfindens sichtbar wird, etwa in Walthers 'Mädchenliedern', erfüllt diese Lyrik ihre gesellschaftliche Funktion. Wo einzelne Minnesänger ihren Liedern dennoch den Charakter echten Gefühlsausdrucks verliehen, zeugt dies von der sprachlichen Sensibilität und Kunstfertigkeit ihrer Verfasser, die durch individuelle Strophen- und Reimformen noch unterstrichen werden konnte,

Ähnliches gilt für die **mhd. Spruchdichtung**, in der die Autoren zu aktuellen Zeitproblemen (z.B. der Königswahl , der Kreuzzugsteilnahme, der Freigebigkeit) oder zu ethischen und moralischen Fragen Stellung nehmen. Auch hier wird neben der Klärung der historischen Relevanz die Struktur der Aussagen wie der Form zu klären sein. Zu bedenken ist dabei auch, daß es sich größtenteils um Auftragsdichtungen handelt, die durch einzelne Mäzene der Dichter veranlaßt wurden.

Selbst die im MA. noch reichlich vorhandene **didaktische Dichtung** verlangt Strukturinterpretationen, wobei Inhalt und Aufbau der vermittelten Gedanken oder Lehren zu diesen Strukturelementen gehören, ebenso der Zusammenhang mit epischen Beispielelementen. Bei Bibel- oder Legendendichtungen vermag zudem der Vergleich mit den zugrundegelegten Quellen die Aussagen über den Aufbau wie den Darstellungs- und Sprachstil erleichtern.

Eine formale Eigenheit besonderer Art stellen z.B. die **Prologe** bei vielen epischen oder didaktischen Dichtungen des MAs dar.

Sie beginnen häufig mit einer Anrufung Gottes oder der Heiligen (in Analogie zu antiken Musenanrufungen?) oder erläutern zunächst allgemeine Absichten oder Gedanken des Autors (im *prologus praeter rem*), bevor sie dann auf das Werk selbst Bezug nehmen (im *prologus ante rem*). Ebenso wie der Prolog, so kann auch der **Epilog** (das Epimythion) rhetorisch kunstvoll gestaltet sein.

4.4.6 Rhetorische und stilistische Analysen

Mal. Dichtungen sind nicht nur in der äußeren Form und im Inhalt verschieden; auch in der stilistischen Prägung, die den Gehalt durch Hervorhebungen u.ä. unterstreicht, lassen sich Unterschiede ermitteln, wenn auch z.b. der vierhebige Reimpaarvers in der Epik einen Text stärker normiert als die neuzeitliche Prosa. Die mal. Dichter kannten auch nicht das Ideal des Individualstils, wie sich im späten 18. Jh. ausgebildet hat. Sie suchten vielmehr den Regeln zu folgen, die ihnen durch die tradierte Rhetorik im Trivium des Schulunterrichts vermittelt worden waren. Diese Rhetorik fußte auf den Grundlagen der antiken Rednerkunst, die auch im MA. mehr oder weniger gültig blieben. Obwohl sie ursprünglich nur für die notwendigen Reden in den griechischen Stadtstaaten entwickelt worden waren, war man schon in der Antike dazu übergegangen, sie auch bei der Gestaltung poetischer Texte zu berücksichtigen. Es sind vor allem die Lehren über die genera dicendi und über den angemessenen Gebrauch des rhetorischen Schmucks (*ornatus*), der Figuren und Tropen, die man in den jeweiligen Dichtungen zu beachten suchte. Die Lehren von den **genera dicendi** (oder *genera elocutionis*) besagten, daß es verschiedene Stufen in der Anwendung der rhetorischen Stilmittel des *ornatus* gab: einen **leichten Stil** (*genus humilis* oder *subtile*) mit weniger Schmuck, besonders in der Form von Figuren, einen **mittleren Stil** (*genus medium*) mit einem stärkeren Maß an Figuren, auch einigen Tropen, und einen **schweren Stil** (*genus grande* oder *difficilis, sublime*) mit einem reichen Schmuck, auch an Tropen.

Die lat. Rhetorik hatte am Werk Vergils auch die Anwendungsbereiche der drei *genera dicendi (stilus)* verdeutlicht: der leichte Schmuck war für die Lyrik vorgesehen, wie man sie in Vergils Gedichten *(Bucolica)* realisiert sah; den mittleren Schmuck sah man in Vergils *Georgica* mit ihren Lehren über den Landbau gegeben; der schwere Schmuck kam dem epischen Hauptwerk, der *Aeneis*, zu. Im MA. wurde diese **Dreistillehre** mitunter zu einer **Zweistillehre** reduziert, mittlerer und schwerer Stil fielen dann zusammen. Auch machten die mal. Autoren in unterschiedlichem Maße von den rhetorischen Möglichkeiten Gebrauch. Hartmann von Aue z.B. hat nach Ansicht Gottfrieds von Straßburg seine Texte gut mit Figuren geschmückt (4226 *mit rede figieret*) und den Sinn des Textes *(der aventiure meine)* mit kristallklaren Worten *(sîniu cristallînen wortelîn)* ausgedrückt, während der Stil Wolframs von Eschenbach danach dunkel, unruhig und ungeordnet wirke. Gottfried selbst dagegen liebte es, seine Aussagen reich mit Tropen (Metaphern, Metonymien) und Figuren zu beladen. Insofern kam durch den Anteil und die Art des rhetorischen Schmucks doch eine Art **Individualstil** zustande.

Für den Germanisten ist es sinnvoll, die rhetorischen Figuren und Tropen zu kennen, um sie in den mal. Texten wiederzuerkennen. Hier sei nur eine kurze Übersicht darüber geboten:

Rhetorische Figuren entstehen durch die Kategorien der **Zufügung** *(adiectio)*, **Kürzung** *(detractio)*, **Umstellung** *(transmutatio)* und - bei den Tropen - durch **Sinnverschiebung** in der Bezeichnung *(immutatio)* einzelner Wörter, Satzteile und Sätze.

Figuren der *adiectio* sind Wiederholungen des Gleichen oder Häufungen des Verschiedenen:
- etwa als **geminatio** (=..xx..:z.B....*und immer, immer wieder..*),
- als **reduplicatio** *(anadiplose)*(=..x/x:.*kommet/ o kommet doch all*),
- als **gradatio** *(climax)*(Wdh. in Steigerungen, = ..x/x..y/y...z/z..)
- als **redditio** *(kyklos*, Einrahmung, z.B. /x...x/vgl. *Der König traf den König)*,
- als **anapher** (Wdh. an Zeilenanfängen, x.../x...,vgl. *er nam wambîs unde swert,/er nam mandel unde roc,/er nam die geiz* (Helmbr.671),
- als **epipher** (Wdh. an Zeilenenden, ...x/...x/, vgl. *Ihr überrascht mich nicht,/erschreckt mich nicht* (Maria Stuart I,6,87),
- als **complexio** (Kombination von anapher u. epipher: x...x/x..y/),
- als **annominatio** *(paronomasia*=Wortspiel, vgl.*got gebe dir..guot)*,

- als **polyptoton** (flexiv. Wortwdh., z.B. WALTHER L105,30: *Lob ich in, sô lobe er mich*),
- als **figura etymologica** (Stammwdh., vgl. *sein Leben leben*),
- als **synonymia** (Wdh. gl. Bedeutung, z.B. *nackt und bloß*),
- als **reflexio** (Wdh. i.Dialog, vgl.z.B."*Ihr kommt spät!*""*Spät komme ich..*"),
- als **enumeratio** (Häufung i.Kontakt, z.B. SCHILLER: *Alles rennet, rettet, flüchtet...*),
- als **distributio** (Häufung i.Abstand,vgl.: *zu hoffen und zu wagen*), die auch als **Parallelismus** (*isocolon*, vgl. z.B. Helmbr.1f.*Einer seit, waz er gesiht,/ der ander seit waz im geschiht*) oder als **Chiasmus** (Überkreuzstellung, vgl. z.B. *Ihr Leben ist dein Tod, dein Tod ist ihr Leben*, MStuart) möglich ist,
- oder als **hypallage (enallage) adiectivi**, vgl. z.B. GOETHEs: *des Knaben lockige Unschuld* (statt: die Unschuld des lockigen Knaben).

Figuren der *detractio* sind:
- die **ellipse** (Auslassung notw.Elemente, z.B. *Wie konnte er?*),
- das **zeugma** (Verbindung v. zwei oder mehr Ergänzungen m. einem Verb, vgl. z.B. SCHILLER: *Der See kann sich, der Landvogt nicht erbarmen*.

Figuren der *transmutatio* sind:
- die **inversio** (*anastrophe*, Umstellung v.Satzgliedern, vgl. z.B. GOETHE: *Jeden freuet die seltene der zierlichen Bilder Verknüpfung*),
- das **hysteron proteron** (Vorwegnahme des Späteren, vgl. GOETHE, *Faust: Ihr Mann ist tot und läßt sie grüßen!*).

Zu diesen Wortfiguren kommen noch eine Reihe von rhetorischen Satzkonstruktionen hinzu (z.B. **amplificationes** (Erweiterungen), **epiphrases** (Umschreibungen), **Antithesen** u.a.). Als Kombination des semantischen Gegensatzes wäre hier noch das **Oxymoron** zu nennen (in Wörtern wie *süßsauer* z.B.). In der mal. Literatur spielen auch die **Topoi** (Gemeinplätze, wie z.B. der *locus amoenus* = der liebliche Ort) eine wichtige Rolle, die wie E.R.CURTIUS (*Europ. Literatur u. latein.MA*, 1948) nachgewiesen hat, oft aus der Antike übernommen sind.

Den Figuren, die meistens zum einfachen Schmuck gehören, folgen die sinnverändernden **Tropen**, deren wichtigste die **Metaphern** (vgl.3.10) und die **Metonymien** sind. Die Metonymien lassen sich wiederum unterteilen in die **Synekdochen**, die Sinnverschiebungen innerhalb eines Begriffsinhalts kennzeichnen (z.B. ein Teil für das Ganze (*pars pro toto*), der Art für die Gattung u.ä.), und die

Metonymien im engeren Sinne, die Verschiebungen der Benennungen außerhalb des Begriffsinhalts vornehmen (z.b. im Wechsel von Ursache und Wirkung, Gefäß und Inhalt, Herkunft und Resultat u.ä.). Hinzu kommen noch andere semantische Verschiebungen, z.b. **Hyperbel** (Übertreibung), **Litotes** (Untertreibung, Verkleinerung), **ironia** (Ausdruck des Unernsten od. Gegenteils), **Antonomasie** (Umbenennung).

Der Stil mal. Dichtungen wird nicht nur durch das Vorhandensein bestimmter rhetorischer Schmuckelemente bestimmt, sondern auch durch literarisch-sprachliche Eigenheiten, wie sie auch in neueren Texten vorkommen. Dazu zählen sowohl makrostilistische Formungen (wie z.b. Gattungsstil, Erzählhaltung, Dialogformen u.a.) als auch mikrostilistische Besonderheiten (z.b. Satzbauformen, Wortwahl, Klangelemente, Metrik u.a.).

Die Stilanalyse kann sich dabei auf einzelne Elemente wie auch auf die Gesamtheit der Stilmittel eines Textes konzentrieren. Auf diese Weise kann verdeutlicht werden, inwieweit ein mal. Autor seinen Text bewußt oder unbewußt gestaltet hat. Die Stiluntersuchung kann so eine wertvolle Ergänzung der 'textbezogenen Interpretation' bieten (vgl. B.SOWINSKI, Stilistik, 1991).

4.4.7 Gattungsdifferenzierung

Die deutsche Literatur des MAs weist eine Fülle recht unterschiedlicher literarischer Gattungen auf. Sie kennt auch bestimmte Gattungstraditionen; allerdings keine zeitüberdauernden Gattungsnormen und keine poetologischen Festlegungen der Gattungen, wie sie erst seit dem 16./17. Jh. üblich wurden. Die Vorbilder der literarischen Gattungen stammen entweder aus der germ. oder der lat. Tradition (z.T. über ags. Vermittlung) oder der frz. Literatur, mitunter sind sie auch im eigenen Bereich entwickelt worden. Im Verlauf der sieben Jahrhunderte mal. Literaturgeschichte ist so eine große Zahl literarischer Werke entstanden, die sehr verschiedenen Gattungen zugeordnet werden können.

Sieht man von der kirchlichen Gebrauchsprosa in **ahd. Zeit** einmal ab, so existieren in dieser Periode nur **epische Werke**, die germ. Tradition (*Hildebrandslied*, epische Einleitung der *Zaubersprüche*) oder lat. bzw. ags. Vorbildern folgen (Bibelepik, *Ludwigslied*). In der **mlat. Literatur** des 10.-12. Jh. wird dies fortgesetzt (*Waltharius, Ruodlieb*). Im späten 11. und im 12. Jh. ändert sich das

Bild. Im Bereich der **didaktischen Literatur**, die im MA eigene Traditionen besitzt, tritt zur Bibelepik die **dogmatisch belehrende** und die **ermahnende (paränetische) Dichtung** hinzu; die Epik wird durch **Legendendichtungen** (*Annolied*), **Chronikdichtungen** (*Kaiserchronik*, **Weltchroniken**, sp. auch **Städtechroniken**), **Geschichtsepen** (*Rolandslied, Alexanderlied*), sog. **Spielmannsepen**, später durch die **Artusepik**, durch **Tristanepen** (Eilharts v.Oberg, Gottfrieds v.Straßburg), **Heldenepen** und **Tierdichtungen** (Heinrichs d.Glîchezaeres, Fabeln) ergänzt.

Mit dem **Minnesang** seit der Mitte des 12. Jh., der aus heimischen wie von lat., arab., provencal. und frz. Einflüssen lebt, gewinnt die **Lyrik** als Gattung eigene Geltung. Während die frühen Lieder des 'Kürenberger' (*in kürenberges wîse*) an Strophen heimischer Heldenepik erinnern (Nibelungenstrophe), greift der rheinische Minnesang die Form der frz. **Kanzone**, z.T. aus **Kontrafakturen** (Nachahmungen), auf und entwickelt deren dreiteiligen Aufbau aus zwei **Stollen** und einem **Abgesang** mitunter recht kunstvoll weiter. Die lat. Lyrik des Archipoeta und der *Carmina Burana* bleiben hierbei auch nicht ohne Einfluß. Seit Neidhart dringen auch volkstümliche **Tanzliedformen** in den Minnesang ein. Auch in den **Spruchdichtungen** seit Herger/Spervogel (um 1180) und Walther von der Vogelweide entsteht ein eigener Formenreichtum, der zudem durch neue religiöse Lyrik (z.B. den **Leich**) noch ergänzt wird. Die lyrischen und didaktischen Gattungen werden im Spätmittelalter erweitert, so z.B. in **Reimreden** (besonders des Teichners). Die seit dem 12. Jh. neben der kirchlichen Didaktik existierende **adlige Lehrdichtung** wandelt sich später zur bürgerlichen didaktischen Dichtung, in der besonders Episches und Didaktisches verschmolzen wird (z.B. in Wittenwilers '*Ring*'). In den **Minnereden** und **Minneallegorien** des Spätmittelalters werden fiktive Belehrungen und Gerichtssitzungen mit Erzählungen verknüpft. Neben didaktischer Kleinepik und Beispieltexten nehmen belehrende und schwankhafte **Märendichtungen** immer mehr zu. In den **Neidhartschwänken** entstehen Schwanksammlungen, die schließlich dramatisiert werden und eine **weltliche Dramatik** neben den **Fastnachtspielen** entstehen lassen. In den **Dramatisierungen** der **Osterfeiern**, aber auch der **Passions-, Weihnachts-** und mancher **Legendenerzählungen** wird das Geschehen zu immer größeren Spielen entfaltet. In **Totentänzen** aber auch in rhetorisch besonders reich gestalteten **Prosa-Prozeßdialogen**, wie dem *Ackermann*, wird das Erleben des Todes (der in den Pestjahren 1347-50 besonders reiche Ernte hielt) erschütternd dargestellt. An das

Heldenlied und die Helden- und Spielmannsepik wird in jüngeren **Balladen** (*Jüngeres Hildebrandslied, Herzog Ernst, Hürnen Seyfrid*) angeknüpft. Höfische Epen und neue weltliche Legenden werden in verkürzte und sentimentalisierte Prosafassungen umgesetzt, die später als '**Volksbücher**' romantisiert wurden.

Die knappe Übersicht konnte nur die wichtigsten Gattungen und literarischen Formen nennen. Dies gilt vor allem für die Formenfülle der spätmittelalterlichen Literatur, die nur angedeutet werden konnte.

4.4.8 Rezeptionsforschung zur Literatur des Mittelalters

Das Interesse für die Aufnahme und Wirkung von Literatur ist erst in jüngster Zeit in der Literaturwissenschaft wach geworden. Es kann verständlicherweise bei neueren Texten eher und leichter untersucht werden als bei mal. Texten, wo es nur wenige Belege für die Reaktion des Publikums auf diese Dichtungen gibt. Diese Belege verdienen daher eine umso sorgfältigere Auswertung, zumal es sich dabei oft um indirekte Bekundungen des Publikumsinteresses handelt. Stärker als in der Neuzeit spielt dabei auch der Zufall eine Rolle. Das ist z.B. bereits bei einem der wichtigsten Zeugnisse für die Rezeption eines Textes der Fall, nämlich der **hsl. Überlieferung.**

Die Folgerung, daß der Text, von dem die meisten Hss. existieren, Wolfram von Eschenbachs *Parzival* mit seinen 16 vollständigen Hss. und 71 Hss.-Fragmenten, auch der bekannteste und beliebteste gewesen sein muß und daß somit seine Aussagen am stärksten rezipiert wurden, kann nur bedingt richtig sein, da die Erhaltung und Überlieferung mal. Hss. von vielen Unwägbarkeiten abhängig war. Dementsprechend kann auch die gegenteilige Folgerung, nach der eine spärliche oder nur unikale und oft nur recht späte Überlieferung (wie z.B. beim *Kudrun*-Epos) von geringem Werkinteresse zeuge, nur relative Gültigkeit haben. Es ist z.B. kaum vorstellbar, daß Hartmann von Aues Frühwerk *Erec*, von dem nur eine unvollständige Hs. aus dem sog. '*Ambraser Heldenbuch*' des Kaisers Maximilian I. und ein kleines Fragment aus Wolfenbüttel erhalten sind, kaum gelesen und überliefert worden seien, während Hartmanns zweites Epos *Iwein* mit seinen 32 Textzeugnissen ein Erfolgsroman war.

Neben der Zahl der überlieferten Hss. läßt auch deren Beschaffenheit Schlüsse auf die Rezipienten zu. Schön geschriebene und illustrierte Pergamenthss., wie sie etwa die Heidelberger Liederhs. C, die sog. *Manessische Hs.*, für den Minnesang und die Berliner Veldeke-Hs. oder die Hundshagensche Nibelungenlied-Hs. für die Epik darstellen, lassen eher auf reiche und vornehme Auftraggeber und Besitzer schließen als bescheidene PapierHss., was sich z.B. am Gegensatz der beiden *Helmbrecht*-Hss., der kalligraphisch eindrucksvollen Hs. *A* aus dem *'Ambraser Heldenbuch'* und der bescheidenen Berliner Papier-Hs. *b*, kontrastvoll verdeutlichen läßt.

Zu solchen mehr äußeren Indizien für die Rezeption eines Werkes kommen inhaltliche hinzu. Es gab zwar im MA. weder eine Literaturkritik noch entsprechende Publikationsmedien im heutigen Sinne. Gelegentlich wird aber in späteren Werken auf frühere kritisch Bezug genommen. So wird z.B. in der dem *Nibelungenlied* (um 1200) folgenden *Klage* (um 1240?) Kriemhild als schreckliche Rächerin dadurch entlastet, daß hier Hagen die meiste Schuld zugewiesen wird. Ein bekannteres Beispiel literarischer Autorenkritik bietet Gottfried von Straßburg in seiner Literaturumschau anläßlich Tristans Schwertleite (*Tristan* v.4621ff,), wo er Veldeke, Hartmann und Walther preist, einen weiteren Autor, in dem man Wolfram von Eschenbach vermutet, aber nur als *vindaere wilder maere,/der maere wildenaere* (v.4665f.= Erfinder kunstloser Geschichten, Wilderer in der Dichtung) kennzeichnet. Ein anderes Beispiel mal. Literaturkritik und - rezeption bietet der Didaktiker Thomasin von Zerclaere in seinem *Welschen Gast* (v.1041ff.), der die höfischen Romane als Jugendlektüre kritisiert, aber Wolframs *Parzival* dabei ausnimmt. Bei Thomasin (v.11163ff.) findet sich auch die einzige Kritik der Strophe Walthers von der Vogelweide über die Opferstöcke des Papstes Innozenz III. (L 34,14). Das Fortleben mancher Autoren in anderen Werken, z.B. Wolframs, Walthers, Reinmar v. Zweters im *Wartburgkrieg* (um 1260) wie auch in Autorenkatalogen der Meistersinger sowie in literarischen Exkursionen anderer Autoren, wäre hier ebenfalls zu nennen. Auch die Kontrastdarstellung zu bestimmten literarischen Mustern kann eine bestimmte Form der Rezeption verkörpern. So hat man z.B. in der *Kudrun* einen Gegenentwurf zum *Nibelungenlied* gesehen. Auch kann die Kennzeichnung einer literarischen Figur außerhalb ihres Textes von einer bestimmten Rezeption zeugen, wie dies z.B. die Charakterisierung des jungen Helmbrecht als Narr im Vorspruch zur Hs. b des gleichnamigen Märes Wernhers des Gärtners beweist.

Einen völlig anderen Bereich der Rezeption mal. Dichtungen bildet deren **Rezeption in der Neuzeit**, d.h. seit ihrer Wiederentdeckung im späten 18. und frühen 19. Jh.. Die Untersuchungen dieses interessanten Komplexes zeigen im ganzen wie im einzelnen, daß hierbei nicht nur wissenschaftliche Interessen eine Rolle spielten. So ist z.B. Walther von der Vogelweide in der Zeit der Bismarckschen Reichseinigung wiederholt als 'Künder der Einheit des Reiches', also gewissermaßen als Vorläufer Bismarcks, gefeiert worden, und das *Nibelungenlied* mußte 1943 in Görings Appell zum heroischen Widerstand der Stalingradkämpfer herhalten. Die Untersuchung der Rezeption literarischer Werke kann so auch zur Aufdeckung ideologischer Umdeutungen und Fehlinterpretationen führen.

5 Einführung in die Neuere Deutsche Literaturwissenschaft

Vorbemerkung: Da diese Einführung für Studienanfänger gedacht ist, die mit zum Teil recht unterschiedlichen Voraussetzungen an die Universität kommen, muß sie sich auf die wichtigsten Gegenstände und Fragestellungen beschränken. Hier kann also nicht die ganze (ohnehin kaum überschaubare) Komplexität des Fachs erfaßt werden. Folglich kommt ein solcher Überblick auch nicht ohne Verkürzungen und Vereinfachungen der dargestellten Sachverhalte und Probleme aus und ist darauf angewiesen, auf exemplarische Weise komplizierte Sujets und Zusammenhänge zu veranschaulichen. Angestrebt ist hier in erster Linie eine Hinführung zu einer Materie, die sich erst im Verlauf eines ganzen Studiums annähernd (aber gewiß nie vollständig!) erschließen läßt.

5.1 Gegenstands- und Aufgabenbereiche

5.1.1 Zur Geschichte des Literaturbegriffs

Den Gegenstand der Literaturwissenschaft zu benennen, ist scheinbar leicht: die Literatur. Dieser Begriff hat jedoch eine lange und wechselvolle Geschichte und entzieht sich bis heute einer einheitlichen Definition. Ebensowenig herrschte und herrscht allgemeine Übereinstimmung bezüglich der Aufgabenbereiche der *Litera-tur*wissenschaft. Der Begriff **Literatur** geht auf das lateinische *litteratura*, abgeleitet von *littera* = Buchstabe, zurück. Gemeint war damit zunächst die Unterscheidung schriftlicher Äußerungen von mündlichen. Noch heute spricht man von **Literalität** und **Oralität**. In der Antike galt *litteratura* für alles Geschriebene und wurde in sämtlichen wissenschaftlichen Disziplinen verwandt. Im MA. bezeichnete man damit dann speziell weltliche Texte im Gegensatz zu *scriptura* für religiöse Schriften. In der **Renaissance** erhielt *Litteratur* den Bedeutungsakzent der Gelehrsamkeit bzw. Belesenheit. Die **Humanisten** behielten noch den universellen Literaturbegriff bei.[1] In Frankreich kam im 17. Jh. der Ausdruck **belles-lettres, Schöne Wissenschaften** auf. Darunter wurde noch immer neben der Philosophie (Erkenntnistheorie, Logik, Physik, d.h. alle naturwissenschaftlichen Kenntnisse der Zeit) die **Poesie**, die als Gelehrtentätigkeit galt, gezählt. Die Auflösung dieser Einheit zeichnete sich aber schon ab, und im 18. Jh. wurde dann unter dem Objektbegriff Literatur die Unterabteilung **Schöne Literatur** spezifiziert. Kant erkannte schließlich der Literatur Autonomie im Sinne einer zweckfreien **schönen Kunst** zu. Die deutschen **Frühromantiker** entwickelten einen neuen Poesiebegriff, der neben den Literaturbegriff trat und sich nicht nur auf die anderen Künste bezog, sondern auf das ganze Leben. Ca. zwei Jahrzehnte später zeigte sich jedoch eine Einengung des Begriffs Poesie, so daß sie schließlich als weitgehend identisch mit **Lyrik** verstanden wurde. Parallel dazu setzte sich, spätestens beim **Jungen Deutschland** und im **Vormärz**, der Begriff Literatur für Kunstliteratur durch, übrigens auch in den europäischen Nachbarländern. Gleichzeitig brachte freilich das enorme Anwachsen der Literaturproduktion eine definitorische Abgrenzung der **Unterhaltungsliteratur** mit sich, für die man in unserem Jahrhundert auch die Termini **Trivialliteratur** (Marianne Thalmann, 1923) und **Massenliteratur** eingeführt hat. Mit der Trennung 'hoher' bzw. 'anspruchsvoller' Literatur von 'niederer' in der ersten Hälfte des 19. Jhs. ging eine größere Verbreitung des Begriffs **Dichtung** (den es auch schon im 18. Jh. gegeben hatte) einher. U.a. von Hölderlins Auffassung vom Dichter als einem gottbegnadeten Sänger ausgehend, betonten schließlich die deutschen **Geistesgeschichtler**[2] Anfang des 20. Jhs. die Opposition von Dichtung und Literatur besonders stark. Der mythisch-irrationale Beigeschmack der Worte Dichter und Dichtung, der auch mit dem Rückzug in die 'deutsche Innerlichkeit' zusammenhängt, stand sehr oft mit einer nationalkonservativen Haltung im Einklang. So nannte Thomas Mann in seinen *Betrachtungen eines Unpolitischen*, die er während des Ersten Weltkriegs verfaßte, seinen Bruder Heinrich abschätzig einen *Zivilisationsliteraten*. (In den zwanziger Jahren bekannte er sich dann allerdings ebenfalls zur westlichen Demokratie, die Heinrich Mann von Anfang an verteidigt hatte.) Die pathetische Hochstilisierung des Dichtungsbegriffs wirkte lange nach. So schrieb noch 1961 Gero von Wilpert in seinem vielbenutzten *Sachwörterbuch der Literatur*:

---

1 Vgl. hierzu und zum Folgenden Rosenberg: Eine verworrene Geschichte, S. 94ff

2 Vgl. Kap. 5.4.4

Dichtung [...] ist die höchste Kunstform der Sprache. In ihr verschmelzen die in der Sprache gegebenen Bedeutungsvorstellungen [...] mit der Stimmungshaftigkeit und vielschichtigen Sinnfülle der Worte und Klänge zu letztgültiger und unauflöslicher Formeinheit und dienen der wesenhaften Erhellung und bildstarken Verdichtung tiefster Seinsgründe. Dichtung schafft eine in sich geschlossene Eigenwelt von größter Höhe und Einstimmigkeit mit eigenen Gesetzen [...] sie ist nicht als 'Ausdruck' von etwas anderem zu erforschen, sondern 'selig in sich selbst'.[3]

In einem Plädoyer *Gegen die Mystifikation der Dichtung und des Dichters* sprach sich Karl Otto Conrady 1974 gegen den vorurteilsbeladenen Gebrauch dieser Begriffe aus, weil man damit *Leerformeln bemüht, um Bedeutung zu behaupten,* und riet, sie, wenn überhaupt, *streng wertneutral zu verwenden.*[4]

Zur genaueren Erläuterung ist an dieser Stelle ein kurzer Rückblick erforderlich. Rainer Rosenberg hat darauf aufmerksam gemacht, daß die Entwicklung der Begriffe Literatur, Poesie und Dichtung seit der zweiten Hälfte des 18. Jhs. eng mit der Herausbildung des **Werkbegriffs** verbunden war. Das **Werk** wurde als Modell eines *lebendigen Organismus* angesehen, *als ein in sich geschlossenes Ganzes, ein eigener Mikrokosmos.*[5] Der Dichter war demzufolge eine Art Weltschöpfer im kleinen. Ein solches Verständnis kam natürlich den oben beschriebenen Mythisierungstendenzen sehr entgegen. Das *organizistische Werkmodell* wurde durch den seit den 60er Jahren immer stärker zur Geltung kommenden **Strukturalismus** verworfen und durch einen rein deskriptiven **Textbegriff** ersetzt, ohne die Konnotation des Schöpferischen.[6] Er schließt sämtliche **Textsorten** ein, die grundsätzlich mit allen Analyseverfahren behandelt werden können, ohne daß dabei besondere Kategorien wie **Literarität** oder **Poetizität** verlorengehen müssen. Auf weitere Spezifizierungen durch **semiotische** und **systemtheoretische** Ansätze wird an anderer Stelle eingegangen.[7] Hier sei lediglich am Rande noch darauf hingewiesen, daß die diversen Wandlungen des Literaturbegriffs nicht nur durch die Literaturwissenschaft, sondern oft auch durch Schriftsteller oder Grup-

---

3 Wilpert: Sachwörterbuch, S. 110

4 Conrady: Gegen die Mystifikation, S. 119 u. 122

5 Rosenberg: Eine verworrene Geschichte, S. 121

6 Genauer dazu Knobloch: Zum Status und zur Geschichte des Textbegriffs, S. 77 ff

7 Vgl.Kap. 5.4.9.1 und 5.4.9.3

pen herbeigeführt worden sind, beispielsweise von avantgardistischen Strömungen des 20. Jhs..

Eine grundlegende Veränderung des Literaturbegriffs hat sich in den letzten Jahrzehnten nicht zuletzt durch die Möglichkeiten der audiovisuellen Medien ergeben. Neue Gattungen wie **Spielfilm, Hörspiel** oder **Fernsehspiel** sind hinzugekommen und haben eine immer größere Bedeutung und Breitenwirkung erlangt. Zu beachten ist nicht allein, daß zunehmend mehr 'Konsumenten' literarische Werke (bedauerlicherweise) überhaupt nur noch durch Kino- und Fersehverfilmungen kennenlernen, sondern gleichermaßen die Tatsache, daß Texte, die für eine multimediale Verwendung bestimmt sind, ganz andere Anforderungen an die **Autoren** stellen. So hat man in neuerer Zeit bereits oft 'filmische Strukturen' in moderner Prosa konstatiert. (Dabei sollte allerdings nicht vergessen werden, daß es ähnliche Prozesse auch schon früher gegeben hat. Offenkundig ist, um nur dieses eine Beispiel zu nennen, die *szenische* Struktur der Erzählung *Die Marquise von O...* (1810) aus der Feder des Dramatikers Heinrich von Kleist.) Ein weiterer wichtiger Aspekt ist, daß die neuen Mediengattungen in der Regel nicht mehr nur von einem einzelnen Autor stammen, sondern das 'Werk' mehrerer 'Produzenten' sind. Die *Autorschaft ist pluralisiert.*[8] Das führt notwendigerweise zu einer Revision des herkömmlichen Werk- und Autorbegriffs, die gegenwärtig intensiv diskutiert wird.[9]

Aus alledem ergibt sich, um zum Ausgangspunkt zurückzukehren, die Konsequenz, daß der Gegenstandsbereich der heutigen Literaturwissenschaft möglichst weit gefaßt sein muß. Er hat ästhetisch 'hochwertige' und 'geringwertige', **fiktionale** und **nicht fiktionale**, individuell und im Team erarbeitete Texte einzuschließen, auch solche, in denen die Sprache eine Verbindung mit anderen Ausdrucksformen eingeht, wie etwa bei **Schlagern, Comics, Radiofeatures, Videoprodukten** oder **Filmen.** Selbstverständlich gehören dazu gleichermaßen **Kinder-, Reise-** und **Mundartliteratur, dokumentarische** und **Gebrauchsliteratur (Reportagen, Flugschriften, politische Reden, Predigten, journalistische Texte, Essays,**

---

8   Rosenberg: Eine verworrene Geschichte, S. 127

9   Vgl. Kap. 5.1.5

Biographien, Autobiographien) und anderes mehr.[10] Alle sich anbietenden Analyseverfahren sind zu prüfen und zulässig, sofern sie einen angemessenen Zugang zu ihrem Gegenstand ermöglichen. Unabdingbar ist, daß die Literaturwissenschaft ihre Objekte wie ihre Methoden einer fortwährenden selbstkritischen Reflexion unterzieht, für neue Erkenntnisse und Entwicklungen stets offen bleibt.

5.1.2 Textkritik und Edition. Bibliographische Hilfsmittel

In welcher Form auch immer, der **Text** ist der zentrale Gegenstand der Analyse und Interpretation. Es ist eine unverzichtbare Voraussetzung, daß dieser Text authentisch ist. Bei der Gegenwartsliteratur dürften sich in dieser Hinsicht kaum Schwierigkeiten ergeben, renommierte Verlage pflegen darauf zu achten. Bei Texten früherer Epochen kann sich das jedoch unter Umständen weitaus komplizierter gestalten. Oft gibt es mehrere, voneinander abweichende Fassungen, sei es, daß der Urheber selbst Umarbeitungen durchgeführt hat, sei es, daß vom Verlag oder von anderer Seite (etwa von Familienmitgliedern aus falscher 'Besorgnis' um den 'Nachruhm' des Autors) vor dem Druck eigenmächtig Änderungen vorgenommen worden sind oder daß sich unbeabsichtigte Druckfehler eingeschmuggelt haben. Jeder Buchstabe, jedes Satzzeichen und jede Absatzeinteilung ist von Bedeutung, wenn man keine Verzerrungen oder Sinnentstellungen hinnehmen will. Probleme entstehen in diesem Zusammenhang beispielsweise auch durch **Doppeldrucke** und **Nachdrucke**, die nicht vom Verleger des Originals veranstaltet werden, oder durch **Raubdrucke** von unrechtmäßig angeeigneten **Manuskripten.** Deshalb muß aller literaturwissenschaftlichen Tätigkeit eine sorgfältige Textprüfung vorangehen, die die Herausgabe eines korrekten und gesicherten Texts ermöglicht. Zuverlässigkeit ist hier oberstes Gebot, sonst kann es später leicht zu Mißverständnissen und eventuell folgenschweren Fehlern kommen. Normalerweise gehört die Erstellung authentischer Texte nicht zu den studentischen Aufgaben, wohl aber die Einsicht in deren Notwendigkeit sowie die Kenntnis der einschlägigen Verfahren und ihrer Terminologie.

---

10 Ein wesentliches Betätigungsfeld der Literaturwissenschaft kann hier nur am Rande erwähnt werden: die **Komparatistik,** die vergleichende Literaturwissenschaft, die über die Grenzen der Nationalliteraturen hinausgeht.

Eine philologische *Schlüsselstellung*[11] nimmt die **Textkritik** ein. Die neuere Literaturwissenschaft hat in der ersten Hälfte des 19. Jhs. von älteren Disziplinen, der Theologie und insbesondere der Klassischen Philologie, die Methoden der Textkritik übernommen[12] und weiterentwickelt. Pionierarbeit leistete Karl Lachmann mit seiner Lessing-Ausgabe von 1838-40. Zu den wichtigsten Grundsätzen der neueren **Editionsphilologie**, also der *Lehre von der Konstituierung und Kommentierung der (literarischen) Texte*,[13] gehört der Rückgriff auf alle verfügbaren Überlieferungsträger, sogen. **Zeugen**, wie eigenhändige Niederschriften des Autors, Abschriften, Diktate und autorisierte bzw. nicht autorisierte Druckfassungen. Originalversion(en) und Abweichungen werden in der Ausgabe vermerkt und gekennzeichnet. Erfaßt werden sie nach bestimmten **Siglensystemen**, die je nach den Erfordernissen variabel sein können. *Mit einiger Verbindlichkeit werden [...] in neueren Editionen folgende Siglen verwendet:*

H^1, H^2, H^3	... *eigenhändige Niederschriften des Autors (in chronologischer Folge numeriert)*
h^1, h^2, h^3	... *Niederschriften von fremder Hand*
D^1, D^2, D^3	... *rechtmäßige Drucke*
D^a, D^b, D^c	... *unrechtmäßige Drucke*
D^α, D^β, D^γ	... *Doppeldrucke*
$J(oder Z)^1$, J^2, J^3	... *Drucke in Zeitschriften, Almanachen usw*[14].

Bedeutsam ist hierbei noch eine weitere Unterscheidung: 1. die **Varianten**, die die von einem Autor selbst vorgenommenen Textänderungen oder Neufassungen aufführen und so einen für die Interpretation aufschlußreichen Einblick in die Entstehungsgeschichte eines Textes erlauben, ihm dadurch gleichsam eine gewisse *Tiefenschärfe*[15] verleihen; 2. die **Lesarten**, das sind *vom Autor unabhängige, etwa durch Sprachentwicklungen oder Schreiber-Gewohnheiten hervorgerufene 'Lesungs'-Eigenarten eines Textes gegenüber einem anderen Text desselben Wer-*

---

11 Kanzog: Einführung in die Editionsphilologie, S. 12

12 Vgl. Kap. 4.4.1

13 Kraft: Editionsphilologie, S. 9

14 Geiger/Klein/Vogt: Hilfsmittel, S. 13

15 Kanzog: Einführung in die Editionsphilologie, S. 12

kes.[16] Wenn all diese Kriterien in einer Edition berücksichtigt sind, spricht man von einer **historisch-kritischen Ausgabe.** Solche Ausgaben

sind <u>historisch</u> insofern, als sie sowohl die Überlieferungsgeschichte als auch die Entstehungsgeschichte von Texten bzw. Textzeugen so exakt wie möglich beschreiben, also sowohl über die Genealogie wie über die Genese von Texten Klarheit verschaffen; sie sind <u>kritisch</u> insofern, als sie auf der kritischen Sichtung (**Recensio**) aller erreichbaren Überlieferungsträger (**Textzeugen**), ihrer kritischen Prüfung (**Examinatio**) und möglicherweise der Berichtigung (**Emendatio**) von durch die Kritik erkannten eindeutigen Fehlern aufbauen. Daß die Darstellung der Geschichte eines Werkes und seiner Überlieferung mit der **Textkritik** in einer unlösbaren, sich wechselseitig erhellenden Beziehung steht, liegt auf der Hand; daher der Bindestrich[17] im Namen.

Eine historisch-kritische Ausgabe enthält also neben dem Text einen mitunter sehr umfangreichen **Apparat.** Herbert Kraft hat dafür das folgende *Gliederungsschema* erstellt, das natürlich gegebenenfalls leicht modifiziert werden kann:

I. Text

II. Anmerkungen

   Vorbemerkungen

     1) Zur Gliederung der Ausgabe

     2) Zum Editionsverfahren

   Überlieferung

     1) Handschriften

       a) Übersicht

       b) Beschreibung

     2) Drucke

   Quellen

   Dokumente zur Entstehungsgeschichte

   Entstehungsgeschichte

   Varianten

   Erläuterungen

   Register.[18]

---

16 Oellers: Edition, S. 129

17 Ebd.: Edition, S. 128 (Unterstreichungen von mir. H.K.)

18 Kraft: Editionsphilologie, S. 14

Vor ein besonderes Problem sieht sich ein Editor gestellt, wenn von einem Autor eine sogen. **Ausgabe letzter Hand** vorliegt. Sie kann nicht ohne weiteres als alleingültige Grundlage ausgewählt werden. Zwar entspricht sie durchaus dem Willen eines Autors zu einem (in der Regel späten) Zeitpunkt seines Lebens, doch sind andererseits erste Fassungen bzw. Erstausgaben eines Werks unentbehrlich für die Dokumentation der verschiedenen Stufen in der literarischen Entwicklung des Verfassers. Eine historisch-kritische Ausgabe muß dies selbstverständlich mit berücksichtigen.

Es gibt noch längst nicht zu jedem Autor solche allen Ansprüchen genügende Editionen. Für Studierende ist es gleichwohl wichtig, sich zu informieren, wie und wo man sie findet. Dazu gibt es einschlägige **bibliographische Hilfsmittel.** Eine knappe Auflistung befindet sich am Schluß dieses Kapitels. Da historisch-kritische Ausgaben zumeist sehr teuer und voluminös sind, empfiehlt es sich, in der Praxis auf **Studienausgaben** zurückzugreifen. Sie enthalten einen textkritisch geprüften, zitierfähigen Text mit oft wertvollen Kommentaren, verzichten aber auf den umfangreichen **Apparat.** Eine Gegenüberstellung kann dies am Beispiel Goethes verdeutlichen: Historisch-kritisch ist die sogen. *Weimarer Ausgabe*: Goethe, Johann Wolfgang: Werke. Hg. im Auftrage der Großherzogin Sophie von Sachsen. 143 Bde. in 4 Abt., Weimar 1887-1919. Handlicher und erschwinglicher ist die Studienausgabe: Goethe, Johann Wolfgang: Werke. Hg. von Erich Trunz. 14 Bde. Hamburg: Wegner 1948-60. [*Hamburger Ausgabe*. Sie erscheint inzwischen im Münchner Verlag C.H.Beck.]

In vielen Fällen existieren heute auch Taschenbuchausgaben, denen authentische Texte zugrundeliegen. In **Seminararbeiten** können sie bedenkenlos verwendet werden, zumal ja auch die meisten Dozenten sie in ihren Lehrveranstaltungen einsetzen. Bei **Examensarbeiten** und **Dissertationen** ist jedoch, wenn möglich, eine historisch-kritische Ausgabe vorzuziehen.

*

Es versteht sich von selbst, daß die sinnvolle Benutzung von Bibliotheken zu jeder Art wissenschaftlichen Arbeitens unabdingbar dazu gehört. Daher wird dringend empfohlen, möglichst zu Beginn des Studiums an einer Führung durch die Instituts- bzw. Universitätsbibliothek teilzunehmen, um sich deren Aufbau und Funktionieren erklären zu lassen. Darüber hinaus muß jeder selbst die wichtigsten literaturwissenschaftlichen Handbücher, Nachschlagewerke und Bibliographien genauer ansehen, damit er im Bedarfsfall weiß, was er wo und wie finden kann (etwa für eine schriftliche Hausarbeit).

1. Bücherkunden:

Blinn, Hansjürgen: Informationshandbuch Deutsche Literaturwissenschaft. Frankfurt/M. Dritte, völlig neu bearb. und erweiterte Ausg. 1994 (=Fischer Wissenschaft 10327)

Paschek, Carl: Praxis der Literaturermittlung Germanistik. Teil I: Grundbegriffe und Methodik. Teil II: Systematisches Verzeichnis. Bern/Frankfurt/M./New York 1986 (=Germanistische Lehrbuchsammlung 48)

Raabe, Paul: Einführung in die Bücherkunde zur deutschen Literaturwissenschaft. Unter Mitarb. v. Werner Arnold u. Ingrid Hannich-Bode. Stuttgart 10., durchges. Aufl. 1984 (=Sammlung Metzler 1)

2. Personalbibliographie

Hansel, Johannes: Personalbibliographie zur deutschen Literaturgeschichte. Studienausgabe. Berlin: 2., neu bearb. u. erg. Aufl. Erich Schmidt 1974

3. Autoren- und Werklexika

Allgemeine deutsche Biographie [ADB]. Hg. durch die historische Commission bei der Königl. Akademie der Wissenschaften. 56 Bde. Leipzig: Duncker & Humblot 1875-1912. Unv. Nachdruck Berlin: Duncker & Humblot 1981

Neue Deutsche Biographie [NDB]. Hg. v. d. Histroischen Kommission bei der Bayr. Akademie der Wissenschaften. 16 Bde. (A-Melanchton). Berlin: Duncker & Humblot 1953-1990

Kosch, Wilhelm: Deutsches Literatur-Lexikon. Biographisches und bibliographisches Handbuch. 4 Bde. Bern: ^{2}1949-1958

Deutsches Literatur-Lexikon. Biographisch-bibliographisches Handbuch. Begründet v. Wilhelm Kosch. Hg. v. Bruno Berger u. Heinz Rupp. 3., völlig neu bearb. Aufl. [Bisher:] Bd. 1-15 (A-Schnydrig). Bern: Francke 1968-1992, Ergänzungsbd. I: A- Bernfeld, 1994

Literatur-Lexikon. Autoren und Werke deutscher Sprache. 15 Bde. Hg. v. Walther Killy. München: Bertelsmann 1989-1992 [Bd. 1-12: Autoren A-Z. Bd. 13-14: Begriffe, Realien, Methoden A-Z. Bd. 15: Register]

Lexikon der Weltliteratur. Hg. v. Gero v. Wilpert. Bd. 1.: Biographisch-bibliographisches Handwörterbuch nach Autoren und anonymen Werken. Stuttgart: Kröner 3. erw. Aufl.

1988. Bd. 2: Hauptwerke der Weltliteratur in Charakteristiken und Kurzinterpretatio-
nen. Stuttgart: Kröner 3. vollst. neubearb. Aufl. 1993

Autorenlexikon deutschsprachiger Literatur des 20. Jahrhunderts. Hg. v. Manfred
Brauneck. Reinbek b. Hamburg: 2. überarb. u. erw. Aufl. 1991 (=rororo 6302)

Kindlers Neues Literatur Lexikon. Hg. v. Walter Jens. Chefredaktion Rudolf Radler. 20
Bde. München: Kindler 1988-1992

Kritisches Lexikon zur deutschsprachigen Gegenwartsliteratur. [KLG]. Hg. v. Heinz Ludwig Arnold. [Bisher:] 8 Bde. München: edition text+kritik 1978-94 [Loseblattsamm-
lung, die fortlaufend erweitert u. aktualisiert wird.]

4. Handbücher und Reallexika

Reallexikon der deutschen Literaturgeschichte. Begr. v. Paul Merker u. Wolfgang Stamm-
ler. 4 Bde. u. 1 Registerbd.. 2. neu bearb. Aufl. Bd. 1-3 hg. v. Werner Kohlschmidt u.
Wolfgang Mohr. Bd. 4-5 hg. v. Klaus Kanzog u. Achim Masser. Berlin: de Gruyter
1958-1988

Metzler Literatur Lexikon. Begriffe und Definitionen. 2., überarb. Aufl. hg. v. Günther u.
Irmgard Schweikle. Stuttgart 1990

Sachwörterbuch der Literatur. Hg. v. Gero von Wilpert. Stuttgart 7., verb. u. erw. Aufl.
1989 (=Kröners Taschenausgabe 231)

5. Bibliographien

Internationale Bibliographie zur Geschichte der deutschen Literatur von den Anfängen bis
zur Gegenwart. Erarb. unter Leitg. u. Gesamtred. v. Günter Albrecht u. Günter Dahlke.
T. 1-4 (in 5 Bdn.) Berlin: Aufbau 1969-1982. T.4: Zehnjahreserg.bd. 1965-1974

Goedeke, Karl: Grundriß zur Geschichte der deutschen Dichtung. Aus den Quellen. 2.
bzw. 3. ganz neu bearb. Aufl. [Bisher:] Bd. 1-16, Lfg. 1-3 (in 23 Bdn.) Dresden:
Ehlermann; Berlin: Akademie-Verlag 1884-1984. Reprint Bd. 1-15 Nendeln: Kraus
1975

Hirschberg, Leopold: Der Taschengoedeke. Bibliographie deutscher Erstausgaben. 2 Bde.
München 1970 (=dtv WR 4030/4031)

Wilpert, Gero von u. Adolf Gühring: Erstausgaben deutscher Dichtung. Eine Bibliographie zur deutschen Literatur 1600-1960. Stuttgart 2., erw. Aufl. Kröner 1992

Handbuch der Editionen. Deutschsprachige Schriftsteller Ausgang des 15. Jahrhunderts bis
zur Gegenwart. Bearb. v. Waltraud Hagen (Leitg. u. Gesamtred.), Inge Jensen, Edith
Nahler, Horst Nahler. Berlin: Volk und Wissen 1979. Lizenzausg. München: Beck
1979; 2. Aufl. 1981

Bibliographie der deutschen Sprach- und Literaturwissenschaft. Hg. v. Clemens Köttel-
wesch. Frankfurt/M. 1957 ff
Germanistik. Internationales Referatenorgan mit bibliographischen Hinweisen. Hg. v. W.
Barner u.a.. Tübingen: Niemeyer 1960 ff [erscheint viermal jährlich]

6. Hinweise zur Verfertigung von Hausarbeiten
Bangen, Georg: Die schriftliche Form germanistischer Hausarbeiten. Empfehlungen für
die Anlage und äußere Gestaltung wissenschaftlicher Manuskripte unter besonderer
Berücksichtigung der Titelangaben von Schrifttum. Mit einem Geleitwort v. Hans-
Egon Hass. Stuttgart: 9. durchges. Aufl. 1990 (=Sammlung Metzler 13)
Meyer-Krentler, Eckhardt: Arbeitstechniken Literaturwissenschaft. München: Fink ³1993
(=UTB 1582)

5.1.3 Gattungen

Das Gattungsproblem ist, nach Wolfgang Kayser, das *älteste Problem der Literaturwissenschaft*.[19] Aber längst bevor es eine Litera*twissenschaft* gab, existierten
bereits Gattungen und Überlegungen über deren Wesen und Beschaffenheit. Der
Begriff **Gattung** (als Oberbegriff zu einer Vielzahl von Unterteilungen) dient,
ähnlich wie in den Naturwissenschaften, der Systematisierung und Klassifizierung
des vorhandenen Materials, das sich in immenser Fülle und Vielfalt darbietet. Das
Verständnis des Begriffs als lediglich *beschreibendes* Ordnungs- und Gliederungs-
prinzip hat sich jedoch erst vergleichsweise spät herausgebildet. In der Nachfolge
der *Poetik* des Aristoteles (weniger bei ihm selbst), vor allem in der Renaissance,
hatte er durchaus **normativen** Charakter, d.h. es wurden den Gattungen innewoh-
nende Gesetzmäßigkeiten angenommen, und diese erhielten einen vorbildhaft-
verbindlichen Status. Sie galten als Maßstab und Muster, als den historischen
Wandel überdauernde Konstanten. Ein zentraler Aspekt war dabei die **Mimesis**,
die Nachahmung der Natur, besonders des menschlichen Handelns. Den höchsten
Rang nahm die **Tragödie** ein als eine dramatische Gattung, die die Protagonisten
selbst sprechen läßt und damit auch beispielgebend war für das **Epos**, eine Mischform aus dichterischer Rede und Personenrede. Den Begriff **Lyrik** für rein dichte-

---

19 Kayser: Das sprachliche Kunstwerk, S. 332

rische Rede gab es bei Aristoteles noch nicht. Erst im 16. Jh. prägte sich in Italien die Tendenz aus, Lyrik als gleichrangig neben Tragödie und Epos anzuerken-
nen, in Deutschland noch später. Aristoteles' Unterscheidung zwischen Menschen
von hoher Tugend, die er der Tragödie zuordnete, und Menschen geringer Tugend, die in der Komödie ihren Platz hatten, wurde von Horaz in seiner *Ars poetica* ins Ständische verfestigt, indem nur Personen von hohem Stand (Könige,
Heerführer) auch hoher Tugenden für fähig gehalten wurden und nur in Tragödie
und Epos (mit entsprechend hohem Stil) auftreten durften. Den übrigen waren die
niederen Gattungen wie **Komödie** oder **Satyrspiel** vorbehalten. Daraus wurden in
den **Regelpoetiken** der **Humanisten** starre Grundsätze, die eindeutig die Funktion
hatten, die ständische Hierarchie der feudalabsolutistischen Gesellschaftsstruktur
zu unterstützen und zu bestätigen. Auch das jetzt obligatorische Gesetz der **drei
Einheiten** (der Handlung, des Orts und der Zeit) gab es so bei dem eher empirisch als normativ denkenden Aristoteles noch nicht. Volkssprachige Literatur wie
etwa der zeitgenössische **Meistersang** oder das **Fastnachtsspiel**, wurden (anders
als in Italien) bis ins 17. Jh. von den deutschen Regelpoetiken nicht anerkannt.
Martin Opitz bildete in seinem einflußreichen *Buch von der deutschen Poetery*
(1624) getreu *die in den [deutschen] Einzelterritorien vorherrschenden Tendenzen
einer absolutistischen Staatsform im Konstrukt seiner poetischen Regelhierarchie
ab.*[20] Auch Gottsched, der Dichtung noch als Wissenschaft auffaßte, behielt in
seiner *Critischen Dichtkunst vor die Deutschen* (1730) die ständische Gebunden-
heit sowie das Nachahmungsprinzip bei.

Indessen zeichnete sich im Verlauf des 18. Jhs. ein Wandel ab, verursacht und
getragen hauptsächlich vom erstarkten Selbstbewußtsein des sich emanzipierenden
Bürgertums. Die Ständeklausel wurde aufgehoben. Nach dem französischen Beispiel der **comédie larmoyante** entstand das **rührende Lustspiel.**[21] Christian
Fürchtegott Gellerts *Zärtliche Schwestern* (1747) sind eine *tugendhafte Komödie*.
Nach englischen Vorbildern bereitete Lessing mit *Miß Sara Sampson* (1755) und
in seiner Dramentheorie dem **bürgerlichen Trauerspiel** den Weg und brachte
umgekehrt in *Minna von Barnhelm* (1767) den Adel in einem **Lustspiel** auf die
Bühne. Lessing lehnte die strenge Regelhaftigkeit der französischen Klassiker

---

20 Drux: Opitz, S. 189

21 Vgl. Alt: Tragödie der Aufklärung, S.149 ff

Corneille und Racine ab und empfahl im 17. seiner *Briefe, die neueste Litteratur betreffend,* (1759) Shakespeare als beispielhaft. Endgültig abgelöst wurde das **normative** Prinzip durch den Aufklärer Johann Jakob Engel, der mit seinen *Anfangsgründen einer Theorie der Dichtungsarten* (1783) eine 'philosophische' Gattungstheorie auf anthropologischer Grundlage vorlegte. Bei ihm findet sich auch die Gattungsmischung legitimiert, die nach ihm Herder aufgriff. Dieser ging zugleich vom Prinzip der Naturnachahmung ab und sah in starken *Empfindungen* den Quell der Poesie. Erst in der zweiten Hälfte des 18. Jhs. bildete sich *der Kollektivsingular 'Lyrik' als Sammelbegriff für unterschiedliche Gedichtformen* heraus und wurde *neben Epik und Drama* als *eine dritte 'Säule'*[22] gestellt.

Die Klassiker wiederum standen der Gattungsmischung skeptisch gegenüber und suchten nach dem Typischen. Mit Poesie meint Goethe Dichtung allgemein, wenn er in seinen *Noten und Abhandlungen. Zu besserem Verständnis des West-östlichen Divans* schreibt: *Es gibt nur drei echte Naturformen der Poesie: die klar erzählende, die enthusiastisch aufgeregte und die persönlich handelnde: Epos, Lyrik und Drama.*[23] In ähnlichem Sinne ist bei Hegel von drei *Darstellungsweisen* die Rede. Schiller sprach in seinen ästhetischen Abhandlungen von (elegischer, satirischer und idyllischer) *Empfindungsart.* Der **Romantiker** Friedrich Schlegel formulierte: *Epos = objektive Poesie, Lyrik = subjektive, Drama = Objektiv-Subjektive.*[24] Im **Biedermeier** wurde diese Dreiteilung nur sehr bedingt akzeptiert, man forderte in Anlehnung an die Tradition des Humanismus und der Aufklärung z.B. die Beibehaltung einer vierten Hauptgattung, der **didaktischen Dichtung**, die von manchen Theoretikern des ausgehenden 18. Jhs., namentlich von Johann Georg Sulzer, sogar als die ranghöchste eingeschätzt worden war. Seit dem **poetischen Realismus** in der zweiten Hälfte des 19. Jhs. aber setzte sich das triadische Modell von Epik, Lyrik und Drama weitgehend durch.

Noch 1946 äußerte Emil Staiger in seinem Buch *Die Grundbegriffe der Poetik* die feste Überzeugung, daß *die Frage nach dem Wesen der Gattungsbegriffe aus eigenem Antrieb auf die Frage nach dem Wesen des Menschen führt. So wird aus*

---

22 Voßkamp: Gattungen, S. 254

23 Goethes Werke, Bd. 2, S. 187

24 Schlegel: Literary Notebooks, 1797-1801. Hg. v. Hans Eichner. London 1957. Nr. 1750. S. 175. Zit. nach Voßkamp: Gattungen. S.254

*der Fundamentalpoetik ein Beitrag der Literaturwissenschaft an die philosophi-
sche Anthropologie.*[25] Staiger unterscheidet episch, lyrisch und dramatisch von
den Termini Epik, Lyrik und Drama und betont, daß *lyrischer Stil (=Erinnerung),
epischer Stil (=Vorstellung)* und *dramatischer Stil (=Spannung)* jeweils in allen
drei Hauptgattungen vorkomme: *Daß* [...] *irgendwo eine Dichtung anzutreffen sei,
die rein lyrisch, rein episch oder dramatisch wäre, ist nicht von vornherein aus-
gemacht. Unsere Untersuchung wird im Gegenteil zu dem Ergebnis gelangen, daß
jede echte Dichtung an allen Gattungsideen in verschiedenen Graden und Weisen
beteiligt ist.*[26] Indem Staiger das Epische, Lyrische und Dramatische zu menschlichen Grundbefindlichkeiten in Beziehung setzt, tritt die historische Dimension
des Gattungsverständnisses hinter anthropologischen und existenzialistischen Zielsetzungen zurück.

In Abwendung von den bisher skizzierten normativen, geschichtsphilosophi-
schen und anthropologischen Trias-Modellen stehen im Mittelpunkt der aktuellen
Gattungsdiskussion kommunikationsorientierte sowie struktur- und funktionsge-
schichtlich ausgerichtete Konzepte.[27] Vorherrschend ist jetzt die Grundannahme,
daß literarische Gattungen geschichtlich bedingt und geschichtlich situierbar sind.
Bereits die **Russischen Formalisten** (ca. 1915-25) hatten eine Konzeption der
literarischen Reihe und der *literarischen Evolution* entwickelt. Darauf aufbauend
beschäftigten sich seit dem Ende der 20er Jahre die **Prager Strukturalisten** mit
literarischen Typenbildungen, indem sie bei der Untersuchung von Konstanten
und Abweichungen *bestimmte systembildende Dominanten*[28] in den Mittelpunkt
stellten. Zu wenig wurden dabei jedoch die historischen und sozialen Aspekte
berücksichtigt. Vor allem die historische Komponente hat Hans Robert Jauß in
seinem **rezeptionsgeschichtlichen** Ansatz mit einbezogen.[29] Er behält die sy-
stemprägenden Dominanten der Strukturalisten bei, erweitert aber den Rahmen
um die geschichtliche Dimension, indem er den in ständigem Wandel begriffenen
Erwartungshorizont des Lesepublikums als die Gattungen gleichermaßen mit-

---

25 Staiger: Grundbegriffe der Poetik, S. 12

26 Ebd., S. 10

27 Im folgenden stütze ich mich hauptsächlich auf Voßkamp: Gattungen, S. 256 ff

28 Ebd., S. 256

29 Vgl. Kap. 5.4.8

prägend erkannte. Nach seiner Auffassung findet eine Wechselwirkung zwischen Gattungsentwicklung und Erwartungshorizont statt.

Darüber hinaus geht Wilhelm Voßkamp in seinem **sozial- und funktionsgeschichtlichen** Ansatz. Sein Konzept zeichnet sich aus durch *einen hohen Grad an Differenziertheit und Problembewußtsein gegenüber dem Zusammenhang von Gattungsevolution und gesellschaftlichem Wandel.*[30] Textproduktion und -rezeption sind für Voßkamp Hauptfaktoren der literarischen Kommunikation, die wiederum integrierter Bestandteil des allgemeinen gesellschaftlichen Kommunikationssystems sind. Ausgehend von der **Systemtheorie** des Soziologen Niklas Luhmann[31] spricht er von der *Selektionsstruktur literarischer Gattungen.*[32] Die dominanten Konstanten in Text- und Lesererwartungen spielen dabei eine entscheidende Rolle. *Selektiv verhalten sich literarische Gattungen einerseits zum literarischen, andererseits zum sozialen Kontext,*[33] so daß sowohl die literarhistorische als auch die realgeschichtliche Konstellation jeweils präzise mit zu erfassen ist. Bei der Gattungsbeschreibung arbeitet Voßkamp mit dem Begriff der *Institutionen.*[34] Die geschichtliche *Sozialabhängigkeit* im Auge behaltend, definiert er: *Die Herausbildung literarischer Gattungen kann als Folge eines Auskristallisierens, Stabilisierens und institutionellen Festwerdens dominanter Strukturen beschrieben werden.*[35] Daraus folgt, daß sich unter *dem Blickwinkel ihres Institutionencharakters [...] Gattungen generell als geschichtliche Bedürfnissynthesen bezeichnen* lassen, *in denen bestimmte historische Problemstellungen bzw. Problemlösungen oder gesellschaftliche Widersprüche artikuliert und aufbewahrt sind.*[36]

Voßkamp demonstriert sein Verfahren anhand einer exemplarischen Untersuchung der Gattung **Bildungsroman**. Dessen Entstehung und Entwicklung hängt

---

30 Jendricke: Sozialgeschichte der Literatur, S. 54

31 Vgl. Kap. 5.4.9.1

32 Voßkamp: Gattungen, S. 258

33 Ebd.

34 Vgl. dazu Voßkamp: Methoden und Probleme der Romansoziologie, bes. S. 31. Ferner ders.: Gattungen als literarisch-soziale Institutionen

35 Voßkamp: Gattungen, S. 259

36 Ebd.

eng mit der Situation und dem Selbstverständnis des ökonomisch starken, aber politisch schwachen und bedeutungslosen deutschen Bürgertums seit dem Ende des 18. Jhs. zusammen. Aus der politischen Ohnmacht dieser Gesellschaftsschicht resultierte das Streben nach *individueller* Selbstverwirklichung und Vervollkommmnung. Die Beschreibung dieses Prozesses (der auch die Tendenz zur Verinnerlichung impliziert) ist das markanteste Charakteristikum des Bildungsromans. Er schildert die Auseinandersetzung des Individuums mit der Wirklichkeit, wobei (bis ins 20. Jh. hinein) insgesamt die Tendenz zur Versöhnung des einzelnen mit der Realität im Verlauf seiner Persönlichkeitsherausbildung überwiegt, seltener unterwirft sich der Protagonist der Wirklichkeit oder scheitert an ihr. In diesem Sinne definiert Voßkamp den Bildungsroman als *eine 'Antwort' auf historische Bedürfnisse und Dispositionen bürgerlicher Leser. Der Roman bietet seinen Adressaten Möglichkeiten der Identitätsbildung im Muster dargestellter, stufenweise sich selbst vollendender Individualität.*[37] Voßkamp betont aber zugleich, daß es sich hier nicht um einen monokausalen Vorgang handelt, der Bildungsroman also nicht lediglich die spezifische Situation des Bürgertums repräsentiert, sondern daß umgekehrt auch die Rezeption dieser Gattung im geschichtlichen Wandel auf das Selbstverständnis des Bürgertums zurückgewirkt hat. Wichtig ist für ihn, *das komplizierte Interaktionsverhältnis zwischen literarischer Fiktion und historischer Realität*[38] herauszuarbeiten.

5.1.4 Epochen

Ein ebenso komplexes Phänomen wie die Gattungen stellen die **Epochen** dar. Der Begriff stammt aus dem Griechischen und bedeutet ursprünglich 'Haltepunkt', 'Hemmung', und meint den Zeitpunkt eines einfluß- und folgenreichen Ereignisses. Im allgemeinen Sprachgebrauch versteht man darunter jedoch einen Zeitabschnitt, der möglicherweise durch ein solches 'epochales' Ereignis eingeleitet oder beendet wurde. Epochenbegriffe haben, wie die Gattungsbegriffe, eine klassifikatorische Funktion. Sie sollen der Einteilung und periodischen Gliederung der sonst

---

37 Voßkamp: Gattungen, S. 261

38 Ebd., S. 263

unüberschaubaren Materialfülle der Literaturgeschichte dienen. Die heute gängigen litcraturwissenschaftlichen Epochenbezeichnungen sind auf höchst unterschiedliche Weise zustande gekommen. Oft sind sie aus anderen Wissenschaftsdisziplinen übernommen worden: **Reformation** etwa aus der Religionsgeschichte, **Aufklärung** aus der Philosophiegeschichte, **Renaissance** und **Barock** aus der Kunstgeschichte (Oskar Walzel sprach von der *wechselseitigen Erhellung der Künste*). Gelegentlich waren sogar einzelne Werke namengebend: **Sturm und Drang** beispielsweise ist hergeleitet von dem Titel eines Schauspiels von Maximilian Klinger, dem der Autor selbst allerdings ursprünglich den Titel *Wirrwar* (1777) gegeben hatte. Die Umbenennung erfolgte durch den 'Genieapostel' Christian Kaufmann. Das Wort **Biedermeier** geht zurück auf die lyrischen Karikaturen von Ludwig Eichrodt: *Gedichte des schwäbischen Schullehrers Gottlieb Biedermeier und seines Freundes Horatius Treuherz* (1850). Es war parodistisch gemünzt auf das unpolitische Philistertum; der abschätzige Beigeschmack ging danach allmählich verloren. Als Epochenbegriff kam Biedermeier erst Anfang des 20. Jhs. auf und war zunächst nur eine kunsthistorische Stilbezeichnung für Möbel und Kunsthandwerk der 80er Jahre des 19. Jhs., wurde dann ausgedehnt zu einem allgemeinen kulturgeschichtlichen und im engeren Sinne literarischen Epochenbegriff. An diesem Beispiel zeigt sich ferner, daß Epochenbezeichnungen vielfach wesentlich später angewandt und akzeptiert wurden: der **Barockbegriff** für die deutsche Literatur des 17. Jhs. setzte sich erst in den 20er Jahren unseres Jhs. durch, wie überhaupt die *weitgehende Vereinheitlichung der Epochenvorstellungen in dem uns heute geläufigen Periodisierungsschema [...] erst von der geistesgeschichtlich orientierten Literaturwissenschaft zustande gebracht*[39] worden ist.[40]

In Anlehnung an das in der Geschichtsschreibung häufig benutzte monarchische Prinzip ('Zeitalter Friedrichs des Großen') entstand der Begriff **Goethezeit.** Und an das annalische Verfahren der Historiographie erinnert auch der Terminus **Vormärz** für die oppositionelle, gesellschaftskritische Literatur *vor* der bürgerlichen Revolution, die in Deutschland im *März* 1848 begann. Mitunter haben sich literarische Strömungen selbst ihre (meist programmatischen) Namen gegeben,

---

39 Rosenberg: Epochen, S. 276

40 Vgl. Kap. 5.4.4

etwa die **Romantik**, der **Surrealismus**, der **Futurismus** oder der **Dadaismus**. Die **Jakobiner** benannten sich gemäß ihrer politischen Zielsetzung nach französischen Revolutionären. Mitglieder der (nicht sehr kohärenten) Schriftstellergruppe **Junges Deutschland** bezeichneten sich zeitweilig als *La jeune Allemagne* (es gab auch eine *Jeune France*). Zuerst tauchte die Bezeichnung in der Schweiz um Guiseppe Manzini auf, der deutsche Emigranten als Sektion **Junges Deutschland** des von ihm geplanten revolutionären Geheimbunds **Das junge Europa** konstituieren wollte. Schließlich widmete der Kieler Literaturprofessor Ludolf Wienbarg sein Buch *Ästhetische Feldzüge* (1834) *Dem jungen Deutschland* (in demonstrativer Abgrenzung gegen das 'alte').

Vielschichtig ist die Bedeutung des Begriffs **Klassik**. Das Wort ist abgeleitet vom lateinischen 'classicus' für einen Angehörigen der höchsten Steuerklasse im antiken Rom. Im heutigen Sprachgebrauch ist ein Klassiker ein Autor bzw. Werk von unstrittig hohem Rang und fortdauerndem Bestand (gemeint ist aber manchmal sogar ein Schlager, ein Film oder ein populärer Unterhaltungsroman). Dem liegt ein – berechtigtes oder unberechtigtes – Qualitätsurteil zugrunde, nicht aber der Bezug auf eine bestimmte historisch fixierbare Epoche. Auch in der bildenden Kunst und in der Literatur ist der Begriff Klassik zunächst weder zeitlich noch räumlich festgelegt und wird in der Geschichte der verschiedenen Völker jeweils für die Epoche angewendet, die als ihre künstlerisch fruchtbarste gilt. Hier zeigt sich ein weiteres Problem, wenn man über die nationale Grenzen hinausblickt: Zwischen der französischen und der deutschen literarischen Klassik liegt beispielsweise mehr als ein Jahrhundert, und sie hatten ein ganz unterschiedliches Selbstverständnis. Schließlich wird das Wort 'klassisch' oft auch gebraucht im Sinne von 'vollkommen' bzw. 'mustergültig' (meist, aber keineswegs immer, gemessen am Maßstab der Antike). In der deutschen Literaturgeschichtsschreibung wäre der Epochenbegriff **Weimarer Klassik** daher präziser, weil diese Stadt um 1800 das bedeutendste literarische Zentrum war, wo sich außer Goethe und Schiller, zumindest zeitweilig, auch Wieland und Herder aufhielten. Übrigens gebrauchten die deutschen Klassiker *das Wort 'Klassik', auf die eigene Zeit und Leistung bezogen, noch nicht.*[41] Die zeitliche Eingrenzung der Weimarer Klassik richtet sich wiederum nach dem annalistischen Prinzip: Ihr Beginn wird mit Goe-

---

41 Conrady: Goethe, Bd. II, S. 228

thes Italienreise 1786 angenommen, ihr Ende mit Schillers Tod 1805. Exemplarisch läßt sich an der Klassik auch ein weiterer Aspekt der Epochenproblematik erläutern. Wenn man nur die 'hochrangigen' Werke zugrundelegt, läßt man die große Masse der übrigen Literaturproduktion außer acht, ganz abgesehen davon, was in welchem Maße von dem zeitgenössischen Lesepublikum rezipiert worden ist. (Von Walter Benjamin stammt ein schönes *Hörmodell* mit dem vielsagenden Titel *Was die Deutschen lasen, während ihre Klassiker schrieben,*1932.) Die Subsumierung eines breiten Spektrums literarischer Erscheinungen unter einen Oberbegriff zwingt zu Vereinfachungen und Verallgemeinerungen, gelegentlich zu Hilfskonstruktionen: Autoren wie Hölderlin, Jean Paul oder Kleist lassen sich weder der Klassik noch der Romantik eindeutig zuordnen und werden deshalb in vielen Literaturgeschichten in Einzelkapiteln behandelt. Manchmal findet auch innerhalb einzelner Epochen noch eine weitere zeitliche Abgrenzung statt: **Frühaufklärung**, **Spätaufklärung** oder **Frühromantik** und **Spätromantik**. Mitunter sind lokale Differenzierungen, die sich auf literarische Zentren beziehen, signifikant: **Jenaer**, **Heidelberger**, **Berliner Romantik**. Der Begriff **Realismus** hat zwei grundsätzlich zu unterscheidende Bedeutungen: Zum einen meint er eine zeitlich nicht fixierte *Schreibweise*, zum anderen die literarhistorische Epoche zwischen 1850 und 1890. Für letztere sind überdies Charakterisierungen wie **poetischer**, **programmatischer** oder **bürgerlicher Realismus** ins Gespräch gebracht worden.

Die periodische Gliederung erfolgt in der Regel unter dem Gesichtspunkt markanter und dominanter 'Epochenmerkmale'. Sie kann folglich immer nur Ausschnitte erfassen und 'Profile', die sich deutlicher als andere herausheben. Und wenn sie für ihre Eingrenzung das Kriterium der Innovation wählt, also sich nach dem Publikationsdatum eines 'epochemachenden' Werks richtet, tritt eine zusätzliche Schwierigkeit auf, nämlich daß die Literaturgeschichtsschreibung *die Gleichzeitigkeit des 'Ungleichzeitigen' nicht abbilden kann. Die Kontemporaneität von deutscher Klassik und Romantik muß in eine zeitliche Abfolge übersetzt werden.*[42] Wie die zeitliche Abfolge, so kann auch die inhaltliche Bestimmung einer literarischen Phase, der ein Epochenetikett verliehen wird, lediglich eine Orientierungshilfe sein. Aber bei der Verwendung muß die Relativität solcher Einteilun-

---

42 Rosenberg: Epochen, S. 272

gen der Literaturgeschichte in Epochensequenzen immer mit reflektiert werden. Verabsolutierungen wären viel zu ungenau und darum eher nachteilig. Auch der von den **Geistesgeschichtlern** gern apostrophierte Begriff der einander folgenden **Epochenstile** besitzt nur *einen gradualistischen und nicht einen antipodischen Charakter.*[43]

Trotz aller geltend gemachten Einschränkungen sind pragmatische Klassifikationen zum Zweck der Übersichtlichkeit letztlich unverzichtbar, wenn man sich der Problematik bewußt bleibt. Sie sind unentbehrlich auch und gerade angesichts der unzweifelhaften Tatsache, daß literarische Entwicklungen eng mit der geschichtlichen Entwicklung verflochten sind. Im selben Maße, wie Geschichte und demzufolge Literaturgeschichte zukunftsoffen sind, wird auch die Epochendiskussion grundsätzlich unabgeschlossen bleiben. Zwar wird einerseits von **poststrukturalistischer** Warte aus diese Diskussion als wissenschaftlich wenig sinnvoll und hilfreich angesehen, indem man die *Arbitrarität von Epochenkonstitutionen*[44] kritisiert. Andererseits plädiert der **Systemtheoretiker** Niklas Luhmann doch für eine Beibehaltung des (neu definierten) Epochenbegriffs. Er geht aus von einer Ablehnung traditioneller *'Entwicklungstheorien' [...], die in der Epochensequenz selbst ein historisches 'Gesetz' sehen, [...] nach dem sich der historische Prozeß richtet. Auf Umwegen über Evolutionstheorie und evolutionäre Errungenschaften* gelangt er dann aber doch *zu ganz ähnlichen Vorstellungen.*[45] Unter *evolutionären Errungenschaften* versteht er beispielsweise die Erfindung der Schrift, des Buchdrucks und möglicherweise die *neuen, Elektronik-basierten Medien der Informationsverarbeitung.*[46] Luhmann führt aus: *Wenn es hochzentralisierte evolutionäre Errungenschaften gibt, von denen nahezu alles andere abhängt, führt deren Evolution zu 'Sattelzeiten' und damit zu Epochentrennungen; oder sie er-*

---

43 Krauss: Grundprobleme der Literaturwissenschaft, S.125

44 Auffassung von Hans Ulrich Gumbrecht in einer Formulierung von Ursula Link-Heer. In: Gespräch über Epochen am Freitag, dem 13., 1984. In: Epochenschwellen und Epochenstrukturen, S. 504

45 Luhmann: Das Problem der Epochenbildung, S. 24

46 Ebd., S.21

möglichen es zumindest, die Gesellschaft in ihrer zeitlichen Erstreckung als Sequenz von Epochen zu beschreiben.[47] An anderer Stelle faßt er zusammen:

> Nähert man sich [...] dem Problem der Epochenbildung, der Epochenabgrenzung und des Epochenwandels, so liegt zunächst auf der Hand, daß es sich für die Evolutionstheorie um ein Spezialproblem handelt; also nicht, wie in den älteren Entwicklungstheorien, um die Form, in der die Einheit des historischen Prozesses sich herstellt bzw. erkannt werden kann. Epochen sind nicht evolutionsnotwendig. Sie sind, anders als Strukturen selbst, keine Bedingung der Möglichkeit von Strukturveränderungen. Sie sind weder für Variation, noch für Selektion, noch für Restabilisierung, noch für die Trennung oder für die zufallsabhängige Rekombination dieser evolutionären Mechanismen unerläßlich. Andererseits führt die soziokulturelle Evolution offensichtlich nicht zu einer langsamen, gleichmäßigen, kontinuierlichen Formenentwicklung. Man kann in ihren Resultaten Klumpenbildungen beobachten. Es kann Zeiten relativ häufiger und tiefgreifender Strukturänderung geben und dann wieder Zeiten relativer Stagnation. Ein Beobachter kann daraufhin Epochen sehen.[48]

Im Rahmen der **Systemtheorie** unterscheidet Gerhard Plumpe zwischen *Makroperiodisierung*, wie sie sich etwa aus den von Luhmann genannten *evolutionären Errungenschaften* ergibt, und *Temporalsequenzen kürzerer Reichweite* und definiert *Periode* als **eine zeitweise stabilisierte System-Umwelt-Konstellation;** *einmal im Sinne zeitweilig stabilisierter Selektionsverfahren; zum andern im Sinne relativ gleichbleibender Leistungen.*[49] Plumpe exemplifiziert seine Auffassung in knappen *Anmerkungen zum deutschen Realismus im 19. Jahrhundert* und erklärt den *Realismus als Kompensation*[50] der vom liberalen Bürgertum empfundenen und selbst theoretisch legitimierten politischen Inkompetenz.

*

Im Verlauf eines Germanistik-Studiums ist es unerläßlich, sich einen Überblick über die Geschichte der deutschen Literatur zu verschaffen. Aus der Vielfalt des Angebots seien hier drei Möglichkeiten herausgegriffen:

---

47 Luhmann: Das Problem der Epochenbildung, S. 19

48 Vgl. ebd., S. 16 f

49 Plumpe: Systemtheorie und Literaturgeschichte, S. 259

50 Ebd., S. 258

- Frenzel, Herbert A. und Elisabeth: Daten deutscher Dichtung. Chronologischer Abriß der deutschen Literaturgeschichte. 2 Bde. München [26]1991 (=dtv 3003/3004) [Knappste Charakterisierung der wichtigsten Werke, nach Epochen geordnet, in der Reihenfolge des Erscheinens. Jeder Epoche ist ein kurzer Abriß vorangestellt.]

- Deutsche Literaturgeschichte. Von den Anfängen bis zur Gegenwart. Von Wolfgang Beutin, Klaus Ehlert, Wolfgang Emmerich, Helmut Hoffacker, Bernd Lutz, Volker Meid, Ralf Schnell, Peter Stein und Inge Stephan. Stuttgart: Metzler 4.,überarb. Aufl. 1992 [Umfassendere Darstellung auf über 600 Seiten, die auch den sozialen und politischen Kontext sowie literaturtheoretische und rezeptionsgeschichtliche Aspekte mit einbezieht.]

- Die deutsche Literatur. Ein Abriß in Text und Darstellung. Hg. von Otto F. Best und Hans-Jürgen Schmitt. 16 Bde. Stuttgart: Reclam [2]1982 f. (=RUB 9601-9661) [Jeder Band enthält als Einleitung eine ausführlichere Vorstellung der Epoche(n) und dann eine reichhaltige Sammlung (meist in Auszügen) von wichtigen theoretischen Äußerungen von Zeitgenossen zu Gattungsfragen und anderen Problemen sowie von Primärtexten aus der jeweiligen Epoche. Die Bände können auch einzeln zum Studium herangezogen werden.]

5.1.5 Autor - Text - Leser

Diese drei gehören eng zusammen, bedingen einander. Ein Autor ist nur der, der einen Text (oder mehrere) geschrieben hat bzw. schreibt. Ohne Autor gäbe es keinen Text. Und ein Text erhält seine eigentliche 'Realisierung' erst dadurch, daß er gelesen wird (sieht man einmal von den Ausnahmefällen ab, daß ein Autor 'nur für seine Schublade' schreibt oder ein Text aus sonstigen Gründen niemand anderem zugänglich ist). Zwischen Autor, Text und Leser besteht sozusagen ein dialogisches Verhältnis, sie sind Faktoren eines Kommunikationssystems.[51] Es ist also durchaus sinnvoll, bei allen Einzeluntersuchungen diese triadische Konstellation im Blick zu behalten.

---

51 Wie bereits oben erläutert, sollten die Begriffe *Autor* und *Werk* bzw. *Text* möglichst wertneutral gebraucht werden. Vgl. Kap. 5.1.1

Das Wort **Autor**, abgeleitet vom lateinischen 'auctor', dem Substantiv zu 'augere'(=vermehren), bedeutet ursprünglich Förderer, Urheber, Überlieferer, auch *Gewährsmann einer Sache.*[52] Nach dem Verständnis der Regelpoetiken hatte bis ins 17. Jh. hinein ein Autor auch 'auctoritas', Autorität, indem er unter Beweis stellte, daß er kunstgerecht zu dichten vermochte. Der Grad seiner Anerkennung richtete sich nach dem Grad seiner Gelehrtheit und Virtuosität. Die *von 'Geschmack' zeugende Arbeit des Autors galt [...] als Beleg gelungenen Vollzugs einer allgemeinen Regel.*[53] Im letzten Drittel des 18. Jhs. erst wurde der Autor aufgrund des expandierenden literarischen Marktes zu einer juristischen Person mit einem gesetzlich verbrieften Urheberrecht auf sein 'geistiges Eigentum' (das er allerdings zumeist an seinen Verleger abzutreten hatte). Erforderlich und ermöglicht wurde diese Entwicklung nicht zuletzt auch dadurch, daß sich eine neue Auffassung von Autorschaft durchsetzte. Sie gründete sich nun auf *Individualität* [...] *Der Autor erscheint als ein Schöpfer von Sinn.* Dazu bedurfte er besonderer Begabung. Im Idealfall war er ein sich selbst die Regeln schaffendes **Genie**, ein *Autonomiebegründer.*[54] Sein **Werk** galt als eine Art 'Schöpfung im kleinen', ein Mikrokosmos, ein mit bestimmtem Sinn erfülltes bzw. sinnstiftendes Gebilde, das dem Autor als Person zugerechnet wurde. Den Sinn herauszulesen, zu entschlüsseln und nachzuvollziehen, war die Aufgabe der **Leser**. Der Sinn ist zwar dem Text immanent, gewinnt sein eigentliches 'Leben' aber erst dadurch, daß der Leser ihn re-konstruiert. In diesem Modell ist die Lektüre in zweifacher Hinsicht mit *'Bildung'* verbunden: *Der Lektüreprozeß selbst wird verstanden als die zumindest approximative Erarbeitung des Textsinns, als Sinn-Bildungsprozeß; und dieser erarbeitete Textsinn ist zugleich zu verstehen als Bildungserweiterung des Lesers.*[55] Auf dem gleichen Prinzip basiert das von der **geistesgeschichtlichen** Literaturwissenschaft Anfang dieses Jhs. ausformulierte **hermeneutische** Verfahren der Interpretation. Und im wesentlichen haben auch die meisten späteren literaturtheoretischen Konzepte mehr oder weniger dezidiert daran festgehalten. Jürgen Schütte hat die wichtigsten Aspekte der *Literaturinterpretation* differen-

---

52 Vgl. Ingold/Wunderlich: Nach dem Autor fragen, S. 9

53 Fohrmann: Über Autor, Werk und Leser, S. 577

54 Plumpe: Autor und Publikum, S. 381

55 Fohrmann/Müller: Einleitung: Diskurstheorien und Literaturwissenschaft, S. 9

ziert und recht umfassend dargelegt.[56] Was das **Lesepublikum** betrifft, so ist auch hier ein sozial-ökonomischer Aspekt zu beachten. War es bis zur Wende vom 18. zum 19. Jh. nur eine relativ kleine, elitäre Schicht (ca. 15-20% der Bevölkerung), die lesekundig und daher überhaupt in der Lage war, die Lektüreangebote als Privileg wahrzunehmen, so konnte erst im Zuge der dann energisch vorangetriebenen Alphabetisierung Literatur als massenhaft verbreitete *Ware* ihr stetig wachsendes Gewicht als ökonomischer Faktor entfalten.

In neuster Zeit haben verschiedene **poststrukturalistische Theorien** auf dem Gebiet des Autor-Text-Leser-Verhältnisses Versuche einer fundamentalen Revision unternommen.[57] Das kann hier nur skizzenhaft angedeutet werden. Des öfteren ist dabei vom *Tod des Autors* die Rede. Besonderen Einfluß hat dabei der Philosoph Michel Foucault ausgeübt. In seiner berühmten Rede *Was ist ein Autor?* geht er aus von einer Ablehnung der traditionellen Auffassung vom Autor als dem *Angelpunkt für die Individualisierung in der Geistes-, Ideen- und Literaturgeschichte, auch in der Philosophie- und Wissenschaftsgeschichte.*[58] Dadurch werde die Erkenntnis einer faktisch gegebenen Tendenz gleichsam transzendental blockiert: *Das Verschwinden des Autors, ein Ereignis,*[59] das seit dem französischen Lyriker Mallarmé(1842-98) anhalte. In seiner **Diskurstheorie** macht es sich Foucault zur Aufgabe, *den durch das Verschwinden des Autors freigewordenen Raum ausfindig zu machen, der Verteilung der Lücken und Risse nachzugehen und die freien Stellen und Funktionen, die dieses Verschwinden sichtbar macht, auszukundschaften.*[60] Dabei erkennt er dem Autornamen, bezogen auf den Diskurs, lediglich eine *klassifikatorische Funktion* zu: *mit einem solchen Namen kann man eine gewisse Zahl von Texten gruppieren, sie abgrenzen, einige ausschließen, sie anderen gegenüberstellen. Außerdem bewirkt er eine Inbezugsetzung der Texte zueinander. [...] Schließlich hat der Autorname die Funktion, eine bestimmte*

56 Vgl. Schütte: Einführung in die Literaturinterpretation. Dieses Buch sei allen Literaturstudenten zur Lektüre empfohlen.

57 Ich stütze mich im folgenden vor allem auf Jürgen Fohrmann: Über Autor, Werk und Leser

58 Foucault: Was ist ein Autor?, S. 10

59 Ebd., S. 14

60 Ebd., S. 15

Seinsweise des Diskurses zu kennzeichnen.[61] Genau genommen verschwindet der Autor bei Foucault nicht, er wird nur nicht mehr als schöpferische Quelle *vor* dem Werk gesehen, sondern reduziert auf die Funktion eines Ordnungsagenten *innerhalb* eines schon vorhandenen Diskurses, den er von anderen abgrenzt.[62] Es handelt sich sozusagen um ein *negatives Spiel der Verknappung des Diskurses.*[63] Foucault wendet sich *gegen jede Form von Individualisierung, die das Subjekt als fundierenden Ausgangspunkt zu begreifen sucht.*[64] Eine ähnliche Verschiebung erfährt bei ihm auch der **Werkbegriff.** Er sieht das Werk nicht mehr als in sich geschlossenes Sinngebilde. *Das Werk ist zuallererst Text, Textur, ein Gemachtes, Gewobenes. Es ist ein künstlicher Abschluß vom Kontext, eine schließlich beliebig gefügte Einheit, brüchig, nicht homogen, und es ist kein Symbol, es bezeichnet kein pars-pro-toto Verhältnis.* Ein Text *ist nur der Versammlungsort verschieden-artigster Äußerungen, und es erscheint ausschließlich interessant, warum diese Äußerungen in ein und derselben Textur eine Klammer erfuhren.*[65]

Die **Dekonstruktionstheorie** Jacques Derridas geht aus von einer grundsätzli-chen Kritik und Ablehnung der abendländischen Metaphysik, die das Vorhanden-sein einer transzendentalen sinn- und ordnungsstiftenden Instanz und dementspre-chend eine sinnerfüllte Logosordnung annimmt. Gestützt auf die **strukturalisti-sche Linguistik** Ferdinand de Saussures und ihre Unterscheidung von *Signifikant* und *Signifikat,* leugnet Derrida die Existenz eines transzendentalen Signifikats auch in schriftlich fixierten Texten. Dessen Abwesenheit ist vielmehr konstitutiv für Texte. Diese bestehen aus Zeichen, deren Zufälligkeit Derrida einerseits be-tont, und deren Bedeutung er andererseits lediglich darin sieht, daß sie sich von anderen Zeichen unterscheiden. Die Anwesenheit von Zeichen verweist zugleich auf die Abwesenheit anderer Zeichen. Bedeutung entsteht also nur durch Unter-scheidung. Es handelt sich um ein *Spiel* von Bedeutungen, das immer unabge-schlossen bleibt und auf das sich jeder neue Leser bzw. Interpret auf neue Weise einläßt. Paul de Man vertritt einen ähnlichen Ansatz und betont die *figurative*

---

61 Foucault: Was ist ein Autor?, S. 17

62 Vgl. Japp: Der Ort des Autors, S. 231 ff

63 Ebd., S. 232

64 Fohrmann: Über Autor, Werk und Leser, S. 582

65 Ebd., S. 283

Macht der Sprache. Literatur versteht er vor allem als *Figuration*. Entsprechend hat die Literaturwissenschaft *sich dieser Figuration und nicht dem vorschnellen Bezug auf eine externe Referenz zu widmen.* Die Lektüre fügt dem Text nichts hinzu, sondern konstituiert ihn erst *in seiner Widersprüchlichkeit und aus seiner Widersprüchlichkeit heraus.*[66] Eine bündige Definition dieser poststrukturalistischen Textauffassung gibt Nikolaus Wegmann:

> Text ist nicht mehr zu verstehen als eine Art 'Durchgangsstation', vielleicht gar als transparentes Medium vorsprachlicher Intention. Der Text wird selbst zum Ort für die Produktion von Bedeutung. Bedeutung jedoch nicht verstanden als definitiv fixierter Textsinn, sondern als die Möglichkeit von Bedeutung. Der Text produziert ein unabgeschlossenes und zugleich unabschließbares Potential für Bedeutung. Treibstoff dieser Maschine ist die Sprache, allerdings eine Sprache, die keineswegs zuerst als Mittel der Verständigung gedacht wird. Das Wesentliche an ihr erschließt sich aus der Schrift. Denn so wie in der differentiellen Buchstabenkombination Bedeutung durch den Abstand, durch den Unterschied zu anderen Buchstaben entsteht, so bedarf auch sowohl das Denken als auch die Menge der Laute einer Sprache der differentiellen Artikulation. [...] Verschriftung als Bezeichnung für den Produktionsprozeß der Maschine Text funktioniert unabhängig und uneinholbar von einem Subjekt, das sich als Schöpfer von Bedeutung behaupten will.[67]

5.2 Grundbegriffe der Textanalyse

Die Einteilung der Literatur in Gattungen ist nicht nur im systematisierenden und klassifizierenden Sinne erforderlich. Gleichermaßen muß berücksichtigt werden, daß die je eigentümliche Formiertheit von literarischen Texten, die einer Gattung (Genre, Textsorte etc.) zugeordnet werden, auch durch unterschiedliche Analyseverfahren zu beschreiben und interpretieren sind. Gewiß gibt es dabei auch gattungsübergreifende Fragestellungen, aber doch eben auch gattungsspezifische.

---

66 Fohrmann: Über Autor, Werk und Leser, S. 588

67 Wegmann: Zurück zur Philologie?, S. 352

5.2.1 Erzählende Prosa

In Kleists Erzählung Die Marquise von O... (1810) ist von einem brisanten Fall die Rede: Eine Witwe von untadeligem Leumund ist in Kriegszeiten ohne ihr Wissen schwanger geworden. Aus *Familienrücksichten* ersucht sie durch ein Zeitungsinserat den Täter, sich zu melden. Sie verspricht, ihn zu heiraten, um ihrem Kind den Vater zu geben. Von ihren Eltern, bei denen sie mit ihren beiden Kindern lebt, wird sie gleichwohl für schuldig gehalten und verstoßen. Als tatsächlich Schuldiger stellt sich jedoch ausgerechnet jener russische Offizier heraus, der sie beim Sturm auf die Zitadelle, deren unterlegener Kommandant ihr Vater war, vor den Zudringlichkeiten einer Horde gemeiner feindlicher Soldaten gerettet hatte. Die Eltern müssen ihr Abbitte leisten. Nach langem Zögern und einer sich über ein Jahr hinziehenden Bewährungsprobe des Grafen F. heiratet die Marquise ihn schließlich.

Kleist hat seiner Erzählung einen Untertitel beigegeben: *(Nach einer wahren Begebenheit, deren Schauplatz vom Norden nach dem Süden verlegt worden).*[68] Als Ort des Geschehens wird in der Erzählung die oberitalienische Stadt M... genannt. Mit diesen Informationen ist der **Inhalt** der Geschichte umrissen, also Handlungsgerüst und Personenkonstellation. Würde man die Inhaltsangabe auf die allerknappste Form reduzieren, hätte man die **Fabel**. (Dieser Terminus ist nicht zu verwechseln mit der kurzen literarischen **Gattung Fabel**, in der, meist von Tieren verkörpert, menschliche Verhaltensweisen in satirisch-didaktischer Absicht vorgeführt werden.) Indem Kleist im Untertitel auf eine *wahre Begebenheit* anspielt, suggeriert er, daß er lediglich einen bereits vorhandenen **Stoff** literarisch gestaltet habe. Der Stoff ist *schon außerhalb der Dichtung*[69] vorgeprägt. Das kann ein historisches Geschehen, ein tatsächliches Ereignis sein, muß aber nicht. Möglich ist auch ein Stoff, der dem Autor aus mythologischen bzw. religiösen Quellen oder aus einer anderen literarischen Vorlage bekannt geworden ist (*Nibelungen, Faust, Romeo und Julia* – Stoffe, die ja sehr oft literarisch behandelt worden sind). Als **Motive** bezeichnet man die *kleineren, keimträchtigeren und bewegli-*

---

68 Kleist: Sämtliche Erzählungen, S. 104
69 Frenzel: Stoffe der Weltliteratur, S. V

cheren stofflichen Einheiten[70] (Ehre, Liebe, Treue, Ehebruch, Bruderzwist, Rache). Motive sind noch nicht von vornherein festgelegt, sondern vielseitig ver-
wendbar und werden erst im Kontext des jeweiligen Stoffs konkretisiert und
miteinander verflochten. In der *Marquise von O...* sind beispielsweise Generatio-
nenkonflikt, Mutterliebe, Gattenliebe und Versöhnung wichtige Motive, die Kleist
auf spezifische Weise ausgestaltet und zueinander in Beziehung gebracht hat.
Diese einmalige Kombination hat Kleist mit einer bestimmten Absicht arrangiert.
Seine Intention, das eigentliche **Thema**, ergibt sich erst daraus. Dies könnte man
hier mit seinen eigenen Worten als *'Verzeihen um der gebrechlichen Einrichtung
der Welt willen'*[71] umreißen. Durch diese Formulierung ist das Thema natürlich
nur oberflächlich charakterisiert, denn Kleists Erzählstrategie, die Wahl seiner
Stilmittel, die gesellschaftskritischen und literarischen Anspielungen etc. sind
untrennbar mit seiner 'Aussageabsicht' verbunden. Das läßt sich nur in einer
umfassenden Untersuchung des Textes erhellen.

Ob sich tatsächlich eine solche Begebenheit ereignet hat, ist vergleichsweise
unwichtig. Außerdem ist es sehr wahrscheinlich, daß sie eher in Kleists preußi-
scher Heimat anzusiedeln ist; die Verlagerung nach Italien ist wohl eine raffinierte
Erfindung, wie auch die Namensabkürzungen Ähnlichkeit mit lebenden Personen
nur vortäuschen sollen. Marginal ist ferner, daß Kleist von verschiedenen literarischen Vorgängern Anregungen aufgegriffen hat. Die Episode von einer unwissent-
lich schwanger gewordenen Frau, die öffentlich den Erzeuger ihres Kindes suchen
läßt und ihm eine Ehe in Aussicht stellt, konnte er beispielsweise in Michel de
Montaignes *Essai über die Trunksucht* (1588) lesen. Und eine gefühlsbeladene
Versöhnungsszene zwischen Vater und Tochter (infolge einer unerlaubten Liebes-
beziehung der Tochter)[72] findet sich auch bereits in Rousseaus Briefroman *La
Nouvelle Héloïse* (1764). Entscheidend ist die unverwechselbare thematische und
erzähltechnische Ausgestaltung des Stoffs und seiner Motive zu einer neuen Einheit durch Kleist.

Er präsentiert seine Geschichte keineswegs linear durch Schilderung des Ge-
schehensablaufs in chronologischer Reihenfolge. Am Anfang der Erzählung wird

---

70 Frenzel: Motive der Weltliteratur, S. V

71 Kleist: Sämtliche Erzählungen, S. 143

72 Vgl. Kircher: Heinrich von Kleist, S. 81 ff

durch die Heiratsannonce der Protagonistin beim Leser gespannte Erwartung geweckt, unmittelbar danach wird aber erst einmal in Form einer **aufbauenden Rückwendung**[73] die zum Verständnis erforderliche Vorgeschichte nachgeholt (die erste Ehe, das zurückgezogene Witwendasein, die Vorfälle bei der Eroberung der Zitadelle, die ersten Anzeichen der Schwangerschaft). Zwischendurch berichtet der Graf in einer **eingeschobenen Rückwendung**, wie es ihm während einer längeren Abwesenheit vom Hause des Kommandanten ergangen ist. Dieser Abschnitt macht immerhin drei Fünftel des gesamten Texts aus. Dann erst kommt der Erzähler wieder auf das skandalöse Inserat zurück und stellt im folgenden in einem zweiten Spannungsbogen die Rehabilitation der Marquise, die Aufdeckung des 'wahren' Sachverhalts und das Happy End dar. Das Abweichen von der Chronologie bewirkt die **analytische Form** dieser Erzählung. Man kann sagen, daß ihr ein **Kriminalschema** zugrundeliegt. (In einem gattungs*typischen* **Detektivroman** rekonstruiert meistens der Detektiv zum Schluß in einer **auflösenden Rückwendung**, wie er zur Ermittlung des Täters gekommen ist.) Auf spannungs- und stimmungserzeugende **Vorausdeutungen** hat Kleist verzichtet. Man unterscheidet dabei zwischen zwei Arten. Eine **zukunftsgewisse Vorausdeutung** liegt beispielsweise vor, wenn es zu Beginn des *Michael Kohlhaas* heißt: *Dieser außerordentliche Mann würde, bis in sein dreißigstes Jahr für das Muster eines guten Staatsbürgers haben gelten können. [...] Das Rechtgefühl aber machte ihn zum Räuber und Mörder.*[74] Eine **zukunftsungewisse Vorausdeutung** wäre etwa der Satz: 'dann kam es zu einer Begegnung, die schicksalhaft für sie werden sollte...'.

Das **Zeitgerüst**[75] einer Erzählung spielt also eine wichtige Rolle. Hier wird wiederum differenziert: **Erzählte Zeit** nennt man die Zeit, über die sich eine Geschichte erstreckt, die Zeit von der oder über die erzählt wird. In der *Marquise von O...* sind das mehr als zwei Jahre. Als **Erzählzeit** hingegen bezeichnet man die *Spanne, die von der sprachlichen Realisierung, von der Lektüre gefüllt wird.*

---

73 Die folgenden Termini stammen von Eberhard Lämmert. Vgl. Vogt: Aspekte erzählender Prosa, S. 120 ff

74 Kleist: Sämtliche Erzählungen, S. 9

75 Die Grundbegriffe stammen von Günther Müller, die Differenzierungen von Eberhard Lämmert. Vgl. Vogt: Aspekte erzählender Prosa, S.95 ff

Vielleicht wäre es *präziser* [...],*von 'Lesezeit' zu sprechen*.[76] Bei der *Marquise von O...* sind das ca. zwei Stunden. Die Relation zwischen Erzählzeit und erzählter Zeit bestimmt das **Erzähltempo**, das innerhalb eines Textes beträchtlich wechseln kann. Sind Erzählzeit und erzählte Zeit gleich lang, handelt es sich um **zeitdeckendes** Erzählen, z.B. bei den **Dialogen**, die Kleist mehrmals an Handlungshöhepunkten in den **Erzählerbericht** einfügt. Da insgesamt aber die erzählte Zeit ungleich länger ist als die Erzählzeit, hat **Zeitraffung** stattgefunden. Diese auch vom Film her bekannte Technik kann auf verschiedene Weise bewerkstelligt werden. Eine von Kleist grandios genutzte Möglichkeit ist das **Verschweigen** bzw. die **Auslassung**. Der zentrale Dreh- und Angelpunkt der gesamten Handlung, die Vergewaltigung der nach ihrer Rettung ohnmächtig gewordenen Marquise durch den Grafen, wird überhaupt nicht erzählt. An dieser Stelle steht lediglich ein Gedankenstrich. Dann geht es weiter mit den Worten *bald darauf* [...].[77] Mit dieser oder ähnlichen Wendungen wie *Mehrere Wochen* [...] *verstrichen* oder *Inzwischen war* [...] werden die für den Geschehensablauf unerheblichen Zeitabschnitte gerafft. Die Raffungsintensität kann sich entweder in **Schrittraffung** oder in **Sprungraffung** ausdrücken. An anderen Erzähltexten läßt sich zusätzlich unterscheiden zwischen **sukzessiver Raffung** (nur besonders wichtige Ereignisse werden zur Überbrückung eines Zeitabschnitts der Reihenfolge nach herausgehoben) und **iterativ-durativer Raffung** (immer wiederkehrende oder stetig andauernde Tätigkeiten, etwa des weitergehenden Alltags, werden aufgezählt, um von einem Kulminationspunkt der Handlung zum anderen überzuleiten). Bezüglich des Erzähltempos gibt es noch eine dritte Variante: das **zeitdehnende** Erzählen, bei dem die Erzählzeit länger ist als die erzählte Zeit. Dies kann man vor allem bei der Wiedergabe von **Bewußtseinsströmen** oder bei minuziösen Gegenstandsbeschreibungen beobachten.

Die Wahl erzähltechnischer Mittel ist freilich nicht um ihrer selbst willen interessant. Entscheidend ist in erster Linie, ob und inwiefern damit inhaltliche Aspekte unterstützt oder gar überhaupt nur dadurch zum Ausdruck gebracht werden. Eine solche indirekte Funktion kann beispielsweise durch **Symbole** bewirkt werden. Ein Symbol (griech. Wahrzeichen, Merkmal) ist etwas Konkretes, das für

---

76 Vogt: Aspekte erzählender Prosa, S. 101

77 Kleist: Sämtliche Erzählungen, S. 106

einen abstrakten Zusammenhang steht, z.B. Kreuz für Christentum). In Kleists *Die Marquise von O...* findet sich eine kleine, höchst aufschlußreiche 'Erzählung in der Erzählung'. In Form einer **eingeschobenen Rückwendung** schildert der heftig um die Marquise werbende Graf seine Fiebervision nach einer Kriegsverletzung:

> Hierauf erzählte er mehrere, durch seine Leidenschaft zur Marquise interessanten, Züge: wie sie beständig, während seiner Krankheit, an seinem Bette gesessen hätte; wie er die Vorstellung von ihr, in der Hitze des Wundfiebers, immer mit der Vorstellung eines Schwans verwechselt hätte, den er, als Knabe, auf seines Onkels Gütern gesehen; daß ihm besonders eine Erinnerung rührend gewesen wäre, da er diesen Schwan einst mit Kot beworfen, worauf dieser still untergetaucht, und rein aus der Flut wieder emporgekommen sei; daß sie immer auf feurigen Fluten umhergeschwommen wäre, und er Thinka gerufen hätte, welches der Name jenes Schwans gewesen, daß er aber nicht im Stande gewesen wäre, sie an sich zu locken, indem sie ihre Freude gehabt hätte, bloß am Rudern und In-die-Brust-sich-werfen; versicherte plötzlich, blutrot im Gesicht, daß er sie außerordentlich liebe [...][78]

Zu diesem Zeitpunkt ist die Täterschaft des Grafen noch nicht bekannt. Die zuhörende Familie kann (oder will) daher dieses verschlüsselte − symbolische − Geständnis des Grafen nicht 'decodieren', wohl aber die Leser vermögen es. Indizien gibt es genug. Zunächst ist bereits der Name des Schwans symbolisch: Thinka ist die Abkürzung von Kathinka, der Koseform des russischen Jekaterina=Katharina=die Reine. Wenn der Graf seine Vorstellung von der Marquise, um deren Unschuld er ja weiß, mit der des Schwans *verwechselt*, läuft das auf eine Gleichstellung der beiden hinaus. Auch sprachlich werden der Schwan und die Marquise durch den Wechsel der Pronomen zueinander in Beziehung gesetzt: Der Graf spricht von *dem* Schwan, *den* er mit Kot beworfen, und *der* immer rein wieder aufgetaucht sei, und dann fährt er fort, daß *sie* immer auf feurigen Fluten umhergeschwommen sei. Mit der Verwendung des Schwan-Symbols hat der Erzähler unausgesprochen einen die ganze Erzählung überspannenden Verweisungszusammenhang hergestellt.

In manchen Erzähltexten kehren bestimmte Textelemente mehrfach an verschiedenen Stellen wieder. Das kann ein Symbol sein oder ein einprägsames Bild oder auch eine sprachliche Wendung. Ein Musterbeispiel für diese Technik ist Thomas Manns Novelle *Der Tod in Venedig*. Der Tod, der den Protagonisten

---

78 Kleist: Sämtliche Erzählungen, S. 116. Vgl. dazu Kircher: Heinrich von Kleist, S. 119 ff

Aschenbach am Ende erwartet, taucht dort mehrmals in leicht veränderter Menschen-Gestalt auf: Gleich zu Beginn sieht Aschenbach vor einem Münchner Friedhof(!) einen Mann mit totenkopfähnlicher Physiognomie: [...] *seine Lippen schienen zu kurz, sie waren völlig von den Zähnen zurückgezogen, dergestalt, daß diese, bis zum Zahnfleisch bloßgelegt, weiß und lang dazwischen hervorbleckten.*[79] In Venedig, vor der Abfahrt des Fährschiffs, wird Aschenbach von einem stutzerhaft aufgeputzten Greis belästigt, der seine Todesnähe durch falsche, aufgetragene Jugendlichkeit zu kaschieren sucht (kurz vor seinem Ende wird Aschenbach das gleiche tun). Bald danach wird er von einem Gondoliere, der ein paarmal vor Anstrengung seine weißen Zähne entblößt, übergesetzt.[80] Später trifft Aschenbach noch auf einen Straßensänger mit bleichem Gesicht, der mehrmals seine starken Zähne sehen läßt.[81] Immer wieder wird in nur leicht variierter Verkörperung auf das Thema Tod hingedeutet. Das ist natürlich nur ein einziger Aspekt der kunstvollen Komplexität dieser Erzählung. Es mag aber sichtbar geworden sein, daß auf diese Weise ein subtiles Beziehungsnetz über den Text gespannt ist, das nicht expressis verbis, sondern auf einer darüberliegenden Bedeutungsebene auf die Thematik der Novelle zurückverweist. Solche sich wiederholenden, immer wiederkehrenden Motive mit strukturierender und be-deutender Funktion nennt man **Leitmotive**. Diese Technik ist aus der Musik übernommen und besonders von Richard Wagner verwendet worden.

Bisher war unproblematisiert, dem alltäglichen Sprachgebrauch entsprechend, vom **Erzähler** die Rede. Das bedarf einer Präzisierung. Mit Recht nennt man die Verfasser berühmter **Erzählungen (Romane, Novellen, Kurzgeschichten** usw.) 'große ErzählerInnen'. Aber nicht in jedem ihrer Texte wird auf die gleiche Weise erzählt. Der 'Erzähler' Kleist ist mit diesem Etikett zunächst einmal nur von dem Dramatiker oder Journalisten Kleist unterschieden. In jedem einzelnen Text 'funktioniert' das Erzählen auf jeweils ganz spezifische Weise. In der neueren Forschung spricht man deshalb zumeist genauer von **Erzählfunktion** (Käte Hamburger) oder von **Erzählsituationen** (Franz K. Stanzel).[82] Es sei allerdings sofort

---

79 Th. Mann: Die Erzählungen. Bd. 1, S.339

80 Vgl. ebd., S. 354

81 Vgl. ebd., S. 387

82 Vgl. dazu Vogt: Aspekte erzählender Prosa, S. 49 ff

dazu gesagt, daß sowohl die Terminologie als auch das Begriffsverständnis durchaus umstritten sind. (In **poststrukturalistische** Konzeptionen passen sie sowieso kaum noch.[83]) Stanzel klassifiziert nach **typischen Erzählsituationen.** Es sind im wesentlichen drei: die auktoriale, die personale bzw. als Untergruppe die neutrale und schließlich die Ich-Erzählsituation.

1. Die **auktoriale Erzählsituation** bietet dem Erzählen den größten Spielraum. Sie ist gekennzeichnet durch souveränen Umgang mit Raum und Zeit, wenn etwa die Handlung sich über einige Generationen erstreckt (Thomas Manns *Buddenbrooks*) oder gleichzeitige Ereignisse auf weit auseinanderliegenden Schauplätzen geschildert werden. Mehrere Personen können vom selben Standpunkt aus durch psychologische Innensicht charakterisiert werden. Abschweifungen, Kommentare, Wertungen der Figuren oder ihres Verhaltens, Leseranreden, Hinweise auf das Erzählen selbst und andere Erzählgesten gehören ebenfalls dazu. Die ältere Forschung verwandte hierfür noch personifizierende Termini wie *'allwissender'* bzw. *'omniszienter'* oder *'olympischer Erzähler'.*

2. Es kann aber auch erzählt werden, ohne alle diese 'Freiheiten' zu nutzen, also in absichtlicher Beschränkung. Indem beispielsweise eine Person, die an der Handlung beteiligt ist, als Medium gewählt und nur aus ihrer Perspektive, doch immer noch in der 3. Person Singular, erzählt wird. Sie muß deshalb nicht zwangsläufig im Mittelpunkt stehen, sondern kann auch eine Randposition innehaben. In dieser **personalen Erzählsituation** gilt die psychologische Innensicht dann lediglich für diese eine Figur, deren subjektive Einschätzung des Geschehens steht im Vordergrund. Das verstärkt beim Leser den Eindruck der Unmittelbarkeit. Zur Charakterisierung der übrigen 'Akteure' stehen Möglichkeiten wie wörtliche Rede, Briefe oder die Beschreibung ihrer Gestik und Mimik zur Verfügung. Auf die hier dominierende subjektive Akzentuierung verzichtet die **neutrale Erzählsituation** bewußt. Erzählt wird von einer gänzlich unbeteiligten Warte aus, als wenn eine Kamera von außen und neutral das Geschehen registrierte. Dies kann unter Umständen die innere Anteilnahme der Leser besonders stark provozieren. Das imposanteste Beispiel der Weltliteratur ist Flauberts *Madame Bovary* (1857).

---

83 Vgl. Kap. 5.1.5

3. In der **Ich-Erzählsituation** wird in der 1. Person Singular erzählt. Es tritt also tatsächlich ein – fiktiver – 'Erzähler' in Erscheinung, der die Leser glauben machen will, alles 'selbst erlebt' zu haben. Dennoch wäre es verfehlt, dieses 'Ich' für ein reales zu halten oder gar mit dem Autor zu identifizieren. Dieser hat 'sein Ich' nur erfunden und geht damit recht willkürlich um. Auch in **Memoiren** (s. Thomas Manns *Felix Krull*) oder **autobiographischen Texten** ist 'Vorsicht' geboten: Oft genug sind *Dichtung und Wahrheit* eng ineinander verwoben. Jedenfalls ist die Perspektive deutlich verengt, die Distanz zum Geschilderten weitgehend aufgehoben, um Glaubwürdigkeit zu erzeugen. Subjektivität und Unmittelbarkeit kommen besonders stark zur Geltung. Reizvoll kann es sein, wenn innerhalb eines Romans in Ich-Form ein gealtertes, erfahren und weise gewordenes **erzählendes Ich** sich selbst im Rückblick auf die eigene Jugend als **erlebendes Ich** schildert und dabei die früheren Verhaltensweisen kritisch, ironisch oder wehmütig kommentiert.

Die genannten **typischen Erzählsituationen** schließen andere erzählerische Experimente keineswegs aus. So hat beispielsweise ein Vertreter des französischen **Nouveau Roman**, Michel Butor, seinen Roman *Die Modifikation* (1957) durchgehend in der 2. Person Plural (*vous*, frz. Anrede 'Sie') geschrieben. Ein interessanter und tragfähiger, jedoch selten beschrittener Weg. Auch muß eine erzählerische Anfangssituation im Verlauf eines Textes nicht unbedingt konsequent durchgehalten werden. Gerade der zeitweilige Wechsel, etwa von der auktorialen in die personale Erzählsituation, kommt häufig vor und kann bestimmte Effekte erzielen.

Um noch einmal zum Erzählen in Kleists *Marquise von O...* zurückzukehren, sei eine kleine Passage beliebig herausgegriffen: *Er bestieg ein Pferd und sprengte nach V... hinaus. Als er am Tore abgestiegen war, und in den Vorplatz treten wollte, sagte ihm der Torsteher, daß die Frau Marquise keinen Menschen spräche.*[84] Erzählt wird im Präteritum. Aber eigentlich hat man beim Lesen nicht den Eindruck, daß von etwas Vergangenem die Rede ist. Vielmehr glaubt man, das Geschehen unmittelbar mitzuerleben, gleichsam als Zeuge. Diese meist unbewußte Lesehaltung wird noch deutlicher bei dem folgenden, 'merkwürdig' paradoxen Satz, in dem der Tag benannt wird, an welchem der noch unbekannte Täter sich

---

84 Kleist: Sämtliche Erzählungen, S. 128

offenbaren soll: [...] *morgen war der gefürchtete Dritte*.[85] Nur bei sehr genauem Hinsehen fällt eine solche Formulierung überhaupt auf. Käte Hamburger hat für dieses Phänomen den Begriff **Episches Präteritum** geprägt. *Das epische Präteritum* [...] *bezeichnet anders als das historische Präteritum des Wirklichkeitsberichtsberichts keine reale, historische Vergangenheit, sondern fiktive Gegenwärtigkeit, eine Präsenz des erzählten Geschehens in unserer Einbildungskraft. In einem fiktionalen Erzähltext verändert, oder besser noch: verliert das Präteritum seine temporale Qualität* [...].[86] In einem Zeitungsartikel wird man also eine Formulierung wie *morgen war* kaum finden. Sie ist Indiz für die **Fiktionalität** des Textes. Auch Kleists Hinweis auf die *wahre Begebenheit* im Untertitel seiner Erzählung ist Bestandteil der Fiktion, keine Wirklichkeitsaussage. Nicht nur wegen der Ortsverlagerung. Denn auch wenn sich ein ähnlicher Vorfall tatsächlich ereignet haben sollte, ist er sicher in der Realität nicht in allen Einzelheiten so abgelaufen, wie Kleist ihn geschildert hat. Platons berühmtes Wort, daß *die Dichter lügen*,[87] ist also dahingehend zu verstehen, daß es sich bei einer literarischen Fiktion um eine 'eigene Wirklichkeit' handelt, vielleicht könnte man sagen: eine 'potentielle Wirklichkeit'. Bereits in der *Poetik* des Aristoteles heißt es, *daß es nicht Aufgabe des Dichters ist mitzuteilen, was wirklich geschehen ist, sondern vielmehr, was geschehen könnte*,[88] was möglich wäre. Die Möglichkeiten literarischer Fiktionen liegen ja gerade in der *Freisetzung von den Beschränkungen des Wirklichen*.[89]

Wie nun wird in der *Marquise von O...* erzählt? Die **Erzählfunktion** ist schon in der Gewichtung einzelner Handlungsteile, im Arrangieren und Selektieren (oder Verschweigen) der Geschehnisse spürbar. An einigen Stellen wird aber sogar ausdrücklich auf die Erzählfunktion hingewiesen, und zwar nicht zufällig am Übergang vom ersten zum zweiten Hauptabschnitt. Dort wird wieder angeknüpft an die Zeitungsannonce, *die man am Eingang dieser Erzählung gelesen hat*. Und

---

85 Ebd., S. 139. Unterstreichung von mir. H.K.

86 Vogt: Aspekte erzählender Prosa, S. 29

87 Vgl. Landwehr: Fiktion oder Nichtfiktion, S. 497

88 Aristoteles: Poetik, S. 29

89 Landwehr: Fiktion oder Nichtfiktion, S. 500. Vgl. dazu auch Vogt: Aspekte erzählender Prosa, S. 13 ff

wenige Sätze weiter: Der Forstmeister gab dem Grafen *die Geschichtserzählung dessen, was unsere Leser soeben erfahren haben.*[90] Das sind keine Unterbrechungen, sondern eher Hervorhebungen der Fiktion, die zugleich eine textstrukturierende Funktion haben. Es wurde schon gesagt, daß Kleist größere Zeitabschnitte durch **Raffung** überbrückt und an einigen Handlungshöhepunkten die Gespräche der Personen in **direkter Rede** wiedergibt. Oft aber 'referiert' er die Familiendiskussionen in **indirekter Rede**. Dadurch steigert er das **Erzähltempo**, indem er verknappend nur das Wichtigste zusammenfaßt. Das ist charakteristisch für die **auktoriale Erzählsituation**, denn auch daran läßt sich eine selektierende Wirkung erkennen. Dieser **Redebericht** hat ebenfalls **raffende** Funktion. **Psychologische Innensicht**, wie sie in der auktorialen Erzählsituation leicht praktikabel ist, verwendet Kleist hingegen kaum, sieht man einmal von dem folgenden vielzitierten Satz ab: *Durch diese schöne Anstrengung mit sich selbst bekannt gemacht, hob sie sich plötzlich, wie an ihrer eigenen Hand, aus der ganzen Tiefe, in welche das Schicksal sie herabgestürzt hatte, empor.*[91] Kleist verzichtet auf die Innensicht, weil die innere Spannung der Erzählung gerade darin liegt, daß in der Schwebe bleiben soll, ob die Marquise weiß, von wem sie schwanger ist, oder nicht. Aus dem gleichen Grund fehlt auch die **erlebte Rede**, die ja Bewußtseinsvorgänge zum Ausdruck bringt und das Erzähltempo verzögert. Dafür ein kurzes Beispiel aus dem *Tod in Venedig* von Thomas Mann: *Was war ihm das zarte Glück, von dem er vorhin einen Augenblick geträumt, verglichen mit diesen Erwartungen? Was galt ihm noch Kunst und Tugend gegenüber den Vorteilen des Chaos?*[92] Die 3. Person Singular hat die erlebte Rede mit der indirekten Rede gemeinsam, der Modus Indikativ und die Wortstellung hingegen erinnern an die direkte Rede. Die inneren (und im Inneren bleibenden) Vorgänge und die Emphase des Protagonisten lassen sich auf diese Weise besonders gut darstellen.

In der modernen Erzählprosa sind noch andere Stilmittel zur Wiedergabe von Bewußtseinsprozessen entwickelt worden. So ist etwa Arthur Schnitzlers *Leutnant Gustl* (1901) von Anfang bis Ende ein **innerer Monolog** ohne jeglichen Zwischenkommentar. Die Erzählung beginnt folgendermaßen:

---

90 Kleist: Sämtliche Erzählungen, S. 127

91 Ebd., S. 126

92 Mann: Die Erzählungen, S. 392

Wie lange wird denn das noch dauern? Ich muß auf die Uhr schauen ... schickt sich wahrscheinlich nicht in so einem ernsten Konzert. Aber wer sieht's denn? Wenn's einer sieht, so paßt er gerade so wenig auf, wie ich, und vor dem brauch' ich mich nicht zu genieren ... Erst viertel auf zehn? ... Mir kommt vor, ich sitz' schon drei Stunden in dem Konzert. Ich bin's halt nicht gewohnt ... Was ist es denn eigentlich? Ich muß das Programm anschauen ... Ja, richtig: Oratorium? Ich hab' gemeint: Messe. Solche Sachen gehören doch nur in die Kirche [...].[93]

In Ich-Form läßt der 'Erzähler' seinen oberflächlichen und zerstreuten Protagonisten (für sich) selbst sprechen, ohne daß dessen Gedanken ausgesprochen würden. Grammatik, Syntax und Interpunktion sind korrekt. Daran ist eine ordnende **Erzählfunktion** erkennbar, denn de facto halten sich solche Assoziationsketten wohl weniger genau an die Regeln. Eine 'radikalere' Technik, die auch das Unterbewußte mit einzuschließen versucht, ist der **stream of consciousness**. Hier der Anfang des berühmten letzten Romankapitels in *Ulysses* (1922) von James Joyce:

Ja weil er so was noch nie verlangt hatte ihm sein Frühstück ans Bett zu bringen mit ein paar Eiern seit dem City Arm Hotel wo er öfters liegen blieb und jammerte und den Vornehmen spielte um sich nur bei der alten Ziege der Frau Riordan interessant zu machen von der er was zu erben dachte und sie vererbte uns keinen Heller alles für Messen für sich selbst und ihre Seele war der größte Geizhals der je lebte hatte wirklich Angst 4d für ihren Brennspiritus auszugeben erzählte mir all ihre Krankheiten quatschte dauernd über Politik und Erdbeben und das Ende der Welt erstmal ein bißchen Spaß lieber Gott wenn alle Frauen so wären wie sie [...].[94]

Mit diesem Verfahren wird interpunktionslos und diskontuierlich der Ablauf von syntaktisch unvollständigen Assoziationsfetzen und Gedankensplittern, von Erinnerungen, Empfindungen und Wunschbildern wiedergegeben. Man kann diese Technik als zumindest *annähernd* wirklichkeitsgetreu bezeichnen.

Zur exemplarischen Erläuterung der wichtigsten Grundbegriffe und ihrer Funktion in Erzähltexten wurden hier Ausschnitte aus **Romanen, Erzählungen** und **Novellen** herangezogen, ohne daß damit eine genauere Charakterisierung der jeweiligen gattungsspezifischen Merkmale hätte geleistet werden können (zumal ja auch innerhalb dieser Genres noch mehrfach differenziert wird, z.B. **Schelmenroman, Robinsonade, Bildungsroman, Briefroman** usw.). Auch kann hier nur auf die Vielzahl der übrigen epischen Textarten hingewiesen werden, wie **Kurz-**

---

93 Schnitzler: Leutnant Gustl, S. 207

94 Joyce: Ulysses, S. 761

geschichte, Kalendergeschichte, Anekdote, Parabel, Fabel, Prosaschwank etc., desgleichen auf die *Einfachen Formen*, die André Jolles untersucht hat (**Märchen, Sage, Legende, Rätsel, Witz** u.a.).[95] Die Grundbegriffe lassen sich auch bei deren Analyse – wenigstens teilweise – anwenden. Darüber hinaus sind jedoch selbstverständlich jeweils besondere Methoden der Strukturanalyse erforderlich.

5.2.2 Lyrik

> *Schöne Wiege meiner Leiden,*
> *Schönes Grabmal meiner Ruh',*
> *Schöne Stadt, wir müssen scheiden, –*
> *Lebe wohl! ruf ich dir zu.*
> [...]
> *Und die Glieder matt und träge*
> *Schlepp ich fort am Wanderstab,*
> *Bis mein müdes Haupt ich lege*
> *Ferne in ein kühles Grab.*[96]

So beginnt und endet das V. *Lied* im Zyklus *Junge Leiden* (1817-21) in Heinrich Heines *Buch der Lieder*. Der Text ist schon äußerlich als der Gattung **Lyrik** zugehörig zu erkennen: Die Reime und ihre Anordnung, die Strophen, die Zeilenumbrüche und die Struktur der Verse signalisieren, daß es sich um ein Gedicht handelt. All diese Merkmale lassen sich genauer bestimmen. Die **Reime** sind **End**reime, sie schließen jeden Vers klanglich ab. Das **Reimschema** wiederholt sich: a b a b – das ist der sogen. **Kreuzreim.** Andere bekannte Reimschemata sind der **Paarreim** (aabb), der **umschlingende** bzw. der **umrahmende Reim** (abba) oder der **Schweifreim** (aabccb). Die Wirkung der Endreime beruht auf der Übereinstimmung der Vokale *und* der Konsonanten: *Leiden / scheiden*. Eingeführt wurde der Endreim in die deutsche Literatur im Ausgang des 9. Jh. durch Otfried von Weißenburg. Zuvor dominierte der **Stabreim** bzw. die **Alliteration**, charakterisiert durch den gleichen Anlaut mehrerer Wörter, wobei auch Konsonanten eingesetzt werden. Richard Wagner hat dieser altgermanischen Form wieder zu

---

95 Vgl. Jolles: Einfache Formen

96 Heine: Sämtliche Schriften. Bd. I, S. 39 f

Geltung verholfen (*Winterstürme wichen dem Wonnemond / In mildem Lichte leuchtet der Lenz*). Die Tatsache, daß sie bis heute noch effektvoll ist, haben sich beispielsweise geschickte Werbestrategen zunutze gemacht, etwa wenn eine Putzmittelreklame ihr Produkt anpreist mit dem Versprechen *wirkt wie ein weißer Wirbelwind*. Eine Zwischenstufe zwischen End- und Stabreim ist die **Assonanz** (von lat. *anklingen*), ein vokalischer Halbreim, bei dem lediglich die Vokale von der letzten Tonsilbe an in mehreren Wörtern gleich klingen: *Stab / Tat* oder *tragen / Schlager*. Die Assonanz ist vor allem im vokalreichen Spanischen sehr beliebt, im Deutschen fällt sie manchmal kaum auf, war allerdings bei den **Romantikern** recht beliebt. Im oben zitierten Heine-Gedicht findet sich übrigens auch ein kaum merklicher **unreiner Reim**: Bei *träge / lege* stimmen die Vokale nicht ganz exakt überein. Das stört jedoch nicht, es unterstützt vielleicht sogar die disharmonische Stimmung des lyrischen Ich.

Was die Struktur der Verse betrifft, so wird zunächst einmal ihre Abgegrenztheit markiert durch **End**reim und Zeilenumbruch. Aber ihre Einheit besteht vor allem auch in der bestimmten Abfolge betonter und unbetonter Silben (auch **Hebung** und **Senkung**). Auf eine betonte folgt regelmäßig eine unbetonte: - ˘ , insgesamt je viermal, wobei immer im zweiten und vierten Vers die letzte unbetonte Silbe entfällt. Früher nannte man dies *männliche* Endung im Gegensatz zur *weiblichen*, die unbetont endet (hier Zeilen 1 und 3). Es ist jedoch ratsam, auf diese nicht 'geschlechtsneutralen' Termini zu verzichten, zumal sie auch nicht einleuchtend sind. Die festgelegte Abfolge von betonten und unbetonten Silben heißt **Versfuß** oder **Takt**. Ihre Reihung ergibt das **Versmaß** bzw. **Metrum** (griech. *Maß*). In der griechischen Antike richtete man sich übrigens nicht nach der Silben*betonung*, sondern nach der Silben*länge*. Heine hat in *Schöne Wiege meiner Leiden* den **Trochäus**: verwandt: - ˘ . Andere bekannte Metren sind der **Jambus** (˘ -) sowie der **Daktylus** (- ˘ ˘), der **Anapäst** (˘ ˘ -) und der **Spondeus** (- -). Wenn man Heines Gedicht laut liest, fällt auf, daß sich seine Sprache sehr geschmeidig dem Metrum anpaßt. Es ist keine künstliche Betonung notwendig. Dieses Prinzip, daß der metrische Akzent und die sprachliche Betonung aufeinander fallen müssen, um *übelen klang* zu vermeiden, hat Martin Opitz in sei-

nem *Buch von der Deutschen Poeterey* (1624) proklamiert, um die bis dahin noch gängige regelgerechte, aber unnatürliche **Tonbeugung** abzuschaffen.[97]
Manche Versfüße können miteinander kombiniert werden. So ist seit Homers *Ilias* und *Odyssee* der **Hexameter** (griech. hexa = sechs; sechs Hebungen mit einer bestimmten Anzahl und Anordnung von Senkungen) das klassische Versmaß für **Epen**, beispielsweise hat Goethe *Hermann und Dorothea* und *Reinecke Fuchs* in Hexametern gedichtet. Der **Pentameter** (griech. pente = fünf) hat 5 Hebungen und eine bestimmte Anzahl und Anordnung von Senkungen. Hexameter und Pentameter zusammen in einem Verspaar bilden ein **Distichon** (griech. dis=doppelt, stichos=Vers). Zur Illustration von Schiller *Das Distichon: Im Hexameter steigt des Springquells flüssige Säule / Im Pentameter drauf fällt sie melodisch herab.*

In Heines *Buch der Lieder* steht auch das Gedicht *Sturm* (Nr. VIII des ersten Zyklus von *Die Nordsee*, 1825-26). Hier der Anfang:

> *Es wütet der Sturm,*
> *Und er peitscht die Wellen,*
> *Und die Welln, wutschäumend und bäumend,*
> *Türmen sich auf, und es wogen lebendig*
> *Die weißen Wasserberge,*
> *Und das Schifflein erklimmt sie,*
> *Hastig mühsam,*
> *Und plötzlich stürzt es hinab*
> *In schwarze, weitgähnende Flutabgründe* − [...][98]

Kein Zweifel, schon das Druckbild weist diesen Text als ein Gedicht aus, obwohl die Verse sehr ungleich lang sind und weder Endreim noch ein festes Metrum haben. Allerdings fallen Stabreime auf: *Welln, wutschäumend* und *weißen Wasserberge*. Auch das Stilmittel des **Binnenreims** hat Heine verwandt: *wutschäumend und bäumend*. Diese Wiederholung derselben Lautfolge ahmt gleichsam die Bewegung zweier großer Wellen nach. Überhaupt kann man beobachten, daß Heine versucht, auf kunstvolle Weise mit der Sprache die beschriebenen Vorgänge nachzubilden: die Zischlaute erinnern klanglich an die Gischt (**Lautmalerei**); der **Rhythmus** entspricht etwa in *das Schifflein erklimmt sie* mit den kurzen Sil-

---

97 Opitz: Buch von der Deutschen Poeterey, S. 38

98 Heine: Sämtliche Schriften. Bd. I, S. 190

ben und den hellen Vokalen dem raschen Ansteigen; der Vers *hastig mühsam* (im ersten Wort zwei kurze, im zweiten zwei gedehnte Vokale) drücken das vorübergehende, schwankende Verweilen auf einem Wellenkamm aus; dann folgt bei gesteigertem Tempo die schnelle Abwärtsbewegung, und in der letzten Zeile untermalen die dunklen und gedehnten Vokale das langsamere Auslaufen des Schiffs auf der Dünung: *In schwarze, weitgähnende Flutabgründe.*

Solche reimlosen, metrisch ganz ungebundenen, doch stark rhythmisch gegliederten Verse von beliebiger Länge nennt man **Freie Rhythmen**. Sie sind nicht aus der Antike überkommen, sondern *der einzige deutsche Beitrag zum internationalen metrischen Formenschatz.*[99] Eingeführt hat sie in der Epoche der **Empfindsamkeit** der Dichter Friedrich Gottlieb Klopstock, eindrucksvoll etwa in seinem Gedicht *Die Frühlingsfeier*. Er durchbrach damit die vorgegebenen Formschemata, weil es ihm um unmittelbaren, 'ungebändigten' Ausdruck seiner Empfindungen ging. Klopstocks Neuerung wurde im **Sturm und Drang** begeistert aufgegriffen, wofür etwa Goethes **Hymne** *An Schwager Kronos* ein herausragendes Beispiel ist. Heines *Nordsee*-Gedichte gehören ebenfalls zu den Höhepunkten in der Fortsetzung dieser Tradition, die besonders in den vokalärmeren germanischen Sprachen viele Anhänger fand (im 19. Jh. in den USA Walt Whitman; in Deutschland im 20. Jh. Rilke, Stadler und Werfel).

Den Verzicht auf Reim und festes Metrum hat Bertolt Brecht 1938 mit seiner politischen Wirkungsabsicht begründet. Er hatte vom Exil aus seine *Deutschen Satiren* für den deutschen Freiheitssender geschrieben:

> Es handelte sich darum, einzelne Sätze in die ferne, künstlich zerstreute Hörerschaft zu werfen. Sie mußten auf die knappste Form gebracht sein, und Unterbrechungen (durch Störsender) durften nicht allzuviel ausmachen. Der Reim schien mir nicht angebracht, da er dem Gedicht leicht etwas In-sich-Geschlossenes, am Ohr Vorübergehendes verleiht. Regelmäßige Rhythmen mit ihrem gleichmäßigen Fall haken sich ebenfalls nicht genügend ein und verlangen Umschreibungen, viele aktuelle Ausdrücke gehen nicht hinein: der Tonfall der direkten, momentanen Rede war nötig. Reimlose Lyrik mit unregelmäßigen Rhythmen schien mir geeignet.[100]

Etwa zur gleichen Zeit verfaßte Brecht in **freien Rhythmen** das Gedicht *Schlechte Zeit für Lyrik*, das sich gleichermaßen gegen den Hitler-Faschismus richtet. Am

---

99   Asmuth: Aspekte der Lyrik, S. 36

100   Brecht: Gesammelte Werke. Bd. 19, S. 403

Schluß heißt es:

> *In meinem Lied ein Reim*
> *käme mir fast vor wie Übermut.*
> *In mir streiten sich*
> *Die Begeisterung über den blühenden Apfelbaum*
> *und das Entsetzen über die Reden des Anstreichers.*
> *Aber nur das zweite*
> *Drängt mich zum Schreibtisch.*[101]

Brecht spricht hier eine grundlegende Änderung des traditionellen Lyrikverständnisses nicht nur in formaler, sondern auch in inhaltlicher Hinsicht an. Das Wort **Lyrik** ist abgeleitet vom griechischen *lyra* (= Leier) und weist darauf hin, daß Lyrik ursprünglich mit den Kriterien der Sangbarkeit und Tanzbarkeit eng verbunden war. Beim lauten Lesen von Heines *Schöne Wiege meiner Leiden* ist von solcher Sprachmelodie durchaus noch etwas zu spüren. Daß seine Gedichte unzählige Male vertont worden sind, sei nur am Rande erwähnt. Nicht zufällig hat Heine seinem Gedichtband den Titel *Buch der Lieder* gegeben. Seit dem **Sturm und Drang** und der **Empfindsamkeit** galt Lyrik als der unmittelbarste Ausdruck subjektiver Empfindungen und Stimmungen. Emil Staiger verstieg sich sogar zu folgenden Formulierungen: *Der lyrische Dichter dichtet nur, solang er eins ist mit dem Dasein. So lange blühen die Dinge in ihm und strömt er ihren Duft und ihre zarteste Atmosphäre aus. Dann endet das Gedicht, und er erwägt nicht, was das Ende besagt.*[102] Und an anderer Stelle schreibt er mit Blick auf die Lyrik: *Denken und Singen vertragen sich nicht.*[103] Staiger begreift die lyrische Dichtung *ganz als irrationale Stimmungskunst.*[104] Vorgeprägt war die Ansicht von der **Stimmung** als einem der zentralen Elemente der Lyrik in den Ästhetiken von Hegel und Friedrich Theodor Vischer im 19. Jh.. Auch die Naturgedichte der **Romantiker** sind davon geprägt. Bei ihnen befindet sich oft die Seele des Dich-

---

101 Brecht: Gesammelte Werke. Bd. 9, S. 744

102 Staiger: Das Bettelweib von Locarno, S. 116

103 Staiger: Grundbegriffe der Poetik, S. 37

104 Asmuth: Aspekte der Lyrik, S. 81

ters ganz in Überein*stimmung* mit der Natur.[105] Eichendorff hat dies in berühmten Versen thematisiert:

> *Schläft ein Lied in allen Dingen,*
> *Die da träumen fort und fort,*
> *Und die Welt fängt an zu singen,*
> *Triffst du nur das Zauberwort.*[106]

Brecht mag an Ähnliches gedacht haben, als er in dem oben zitierten Gedicht sagte, daß er lieber seine *Begeisterung über den blühenden Apfelbaum* dichterisch zum Ausdruck gebracht hätte, als den nationalsozialistischen Terror bekämpfen zu müssen.

Auch Goethe hat eine Reihe stimmungsvoller Gedichte geschrieben, darunter das bekannte *Über allen Gipfeln / Ist Ruh*, in dem er seine subjektive Befindlichkeit zur Natur in Beziehung setzt. Angefangen hat er als Lyriker freilich ganz anders. *Das Schreien. Nach dem Italienischen* mag stellvertretend für seine frühen Gedichte stehen:

> *Jüngst schlich ich meinem Mädchen nach,*
> *Und ohne Hindernis*
> *Umfaßt' ich sie im Hain; sie sprach:*
> *"Laß mich, ich schrei' gewiß!"*
> *Da droht' ich trotzig: "Ha, ich will*
> *Den töten, der uns stört!"*
> *"Still", winkt sie lispelnd, "Liebster, still,*
> *Damit dich niemand hört!"*[107]

Das Gedicht ist ganz im konventionellen Stil der **Anakreontik** gehalten. Das Haschen im Hain und der witzig-pointierte Dialog sind auf sinnlich-anmutige Heiterkeit aus. Der Verfasser stellt damit seine geistreiche Virtuosität unter Beweis. Von Individualität und Originalität ist hier keine Spur. Es ist ein Rollenspiel. Das *Ich* und die Situation sind beliebig austauschbare Bestandteile dieser unernsten Szenerie. Ganz anders dagegen Goethes wenige Jahre später aus der Liebe zu Friederike Brion entstandene *Sesenheimer Lieder* (die dem **Sturm und**

105   Vgl. dazu auch Killy: Elemente der Lyrik

106   Eichendorff: Neue Gesamtausgabe. Bd. 1, S. 80

107   Goethes Werke. Bd. 1, S. 18

Drang zuzuordnen sind), zum Beispiel *Willkommen und Abschied* (spätere Fassung):

> *Es schlug mein Herz, geschwind zu Pferde!*
> *Es war getan fast eh gedacht.*
> *Der Abend wiegte schon die Erde,*
> *Und an den Bergen hing die Nacht;*
> *[...]*
> *Dich sah ich und die milde Freude*
> *Floß von dem süßen Blick auf mich;*
> *Ganz war mein Herz an deiner Seite*
> *Und jeder Atemzug für dich.*[108]

Das Gedicht ist anläßlich einer bestimmten Gelegenheit geschrieben, es beruht auf einem persönlichen Erlebnis. Das *Ich* meint den jungen Goethe, die Angesprochene ist Friederike. Goethe schätzte die Gattung des **Gelegenheitsgedichts** wegen ihrer Ursprünglichkeit sehr. Zugleich brachte er mit seinen *Sesenheimer Liedern* den Durchbruch für die sogen. **Erlebnislyrik** (der Begriff ist nicht unumstritten[109]). Privates Erleben und Fühlen stehen im Mittelpunkt. Die Sprache wirkt 'unverbraucht', schöpft nicht aus einem konventionellen Floskelvorrat. Der unmittelbare Ton ist Ausdruck pathetischer Empfindsamkeit. Die unmanierierte Einfachheit des Duktus' ist mitbeeinflußt vom **Volkslied**, auf das Herder ihn in Straßburg aufmerksam gemacht hatte. Die Tradition des Volkslieds hat wegen seiner Schlichtheit auch den **Romantikern** als Vorbild gedient. Doch steht bei ihnen weniger das sich selbst ausdrückende Ich als die subjektiv wahrgenommene Natur im Vordergrund.

Obwohl das Lyrikverständnis Goethes und der Romantiker (das mit diesen wenigen skizzenhaften Bemerkungen selbstverständlich nur höchst unvollständig charakterisiert ist) bis weit in unser Jh. hineingewirkt hat, gab es seit der zweiten Hälfte des 19. Jh. in der deutschen Lyrik auch *Objektivierungsversuche*.[110] Stellvertretend sei in diesem Zusammenhang das **Dinggedicht** genannt. Die Subjektivität des sich aussprechenden Ich wird zurückgenommen zugunsten einer einfühlenden Betrachtung eines Gegenstandes, dessen 'inneres Gesetz' ergründet werden

---

108 Goethes Werke. Bd. 1, S. 28

109 Vgl Conrady: Moderne Lyrik und die Tradition, S. 425 ff

110 Asmuth: Aspekte der Lyrik, S. 93

soll. Vornehmlich werden von menschlicher Hand geschaffene, oft künstlerische 'Dinge' dargestellt, wie etwa *Der römische Brunnen* von Conrad Ferdinand Meyer oder die *Römische Fontäne* von Rainer Maria Rilke. Aber auch dessen Gedicht *Der Panther* zählt dazu. Viele Dinggedichte sind von hohem **symbolischen** Gehalt.[111]

Daneben gibt es eine bis heute andauernde Tradition der **politischen Lyrik**, die bereits bei Walther von der Vogelweide begann und spätestens während der Befreiungskriege gegen Napoleon und im **Vormärz** erste Höhepunkte erlebte. Politische Gedichte arbeiten gemäß ihrer Wirkungsabsicht mit spezifischen Stilmitteln der **Rhetorik** und mit ausgeprägter **Metaphorik**, die meist auf Bereiche wie Natur, Militärwesen oder Religion Bezug nimmt. Theodor Körner, Heine, Brecht, Hans Magnus Enzensberger und Erich Fried gehören in diese Tradition.

Die diversen Strömungen in der modernen Lyrik von den Formzertrümmerungstendenzen der **Expressionisten** über die sprach- und strukturskelettierenden Bestrebungen der **Konkreten Poesie** (Ernst Jandl, Eugen Gomringer, Gerhard Rühm) der 50er und 60er Jahre bis hin zur zeitgenössischen **Computerlyrik** können hier nur andeutungsweise erwähnt werden.

Auch kann von den zahlreichen lyrischen Gattungen wie **Ballade, Romanze, Ode, Hymne, Volkslied, Stanze, Madrigal, Ghasel** etc. nur *eine* exemplarisch etwas ausführicher angesprochen werden: das **Sonett**.[112] Es ist ein Gedichttyp mit strengen Formgesetzen und langer, internationaler Tradition. Die ersten Sonette sind bereits Anfang des 13. Jh. auf Sizilien entstanden, der Name kam erst eine Generation später in der Toscana auf und geht zurück auf das provenzalische Wort *sonet* (=Lied), abgeleitet vom lateinischen 'sonare' = tönen, klingen. Dante Alighieri Ende des 13. Jhs. und Francesco Petrarca im 14. Jh. waren die ersten berühmten Sonettdichter. Die Gattung breitete sich zunächst aus in den romanischen Ländern Portugal (Luiz de Camões), Spanien (Lope de Vega) und Frankreich (Kreis der Pléiade um Pierre de Ronsard) aus. In Deutschland etablierte sie sich unter französischem und niederländischem Einfluß zu Beginn des 17. Jhs.. Ein Sonett ist begrenzt auf insgesamt vierzehn metrisch gleichgeartete Verse und besteht aus einer Oktave, die sich aus zwei vierzeiligen Strophen, den Quartetten,

---

111 Vgl. dazu Link: Elemente der Lyrik, S. 98 ff

112 Vgl. dazu Schlütter: Sonett. Und Kircher: Nachwort zu: Deutsche Sonette, S. 413-450

zusammensetzt, und einem Sextett, das in zwei dreizeilige Strophen, die Terzette, untergliedert ist. Außerdem gelten bestimmte Reimordnungen. Für die Oktave gab es ursprünglich zwei Grundformen: die **alternierende** (abab / abab) und die **umschlingende** (abba / abba), wobei schon bald nach den Anfängen das Modell des umschlingenden Reims dominierte. Beim Sextett werden, um es nicht nur strophisch, sondern auch klanglich von der Oktave abzuheben, neue Reimsilben verwendet. Ihre Anordnung ist variabler, das umschlingende Prinzip ist aber auch hier eindeutig vorherrschend. Das zwei- und das dreireimige Schema behaupteten sich nebeneinander, also cdc / dcd und cde / cde. Dies ist der italienische Grundtyp, benannt nach Petrarca. Im davon abweichenden französischen **Ronsard-Typ** ist der alternierende Oktavreim nicht mehr zugelassen, nur noch der umschlingende, d.h. für beide Quartette ist jeweils die Reimfolge abba vorgeschrieben. Kombiniert wird dieses Schema mit im wesentlichen zwei Sextettordnungen, nämlich entweder ccd / eed oder ccd / ede. In mindestens einem, oft sogar in beiden Terzetten wird folglich **Paarreim** bevorzugt. Das bewirkt einen deutlichen Klangkontrast gegenüber dem **Petrarca-Sonett.** Während dort das Sonett kontrapunktisch zur Oktave steht, ist es beim französischen Sonett eher parallel dazu gesetzt.[113] Ferner ist hier, im Gegensatz zum italienischen Muster, der Wechsel von betontem und unbetontem Versende üblich. In England hat sich im 16. Jh. ein dritter Haupttyp herausgebildet, das **Shakespeare-Sonett.** Es hat sowohl einen abgewandelten Strophenbau als auch eine andere Reimfolge. Das engliche Sonett kennt nämlich keine Terzette mehr, sondern besteht aus drei alternierend reimenden Quartetten mit jeweils neuen Reimen und einem strophisch abgesetzten Verspaar **(Couplet)** mit wiederum neuem Reim: abab / cdcd / efef / gg.

Neben dem Gedichtumfang, dem Strophenbau und dem Reimschema ist der **Vers** ein wichtiges Charakteristikum der formalen Struktur des Sonetts. Das von den Italienern bevorzugte **Metrum** ist ein fünfhebiger **Jambus** mit unbetonter Endung, der sogen. **Endecasillabo,** in Frankreich der **Alexandriner,** ein sechshebiger Jambus mit einer Zäsur in der Mitte. In Deutschland hat Opitz in seinem *Buch von der Deutschen Poeterey* den französischen Sonett-Typ mit dem Alexandriner für verbindlich erklärt und damit das ganze 17. Jh. maßgeblich beein-

---

113   Vgl. Mönch: Das Sonett, S. 19

flußt. (Opitz hielt auch die Bezeichnung *klincgetichte*[114] für brauchbar.) Nach einer einige Jahrzehnte dauernden sonettarmen Phase im 18. Jh. setzte erst mit Gottfried August Bürger 1789 wieder eine vermehrte Sonettproduktion ein. Auch Goethe hat etliche bedeutende Sonette geschrieben. Klopstock, Hölderlin und Schiller lehnten den Formzwang der Gattung ab. Im Umkreis der **Romantik** kann man dann von einer regelrechten 'Sonettenflut' sprechen. Von August Wilhelm Schlegel ist das folgende mit dem Titel *Das Sonett*:

Zwei Reime heiß ich viermal kehren wieder,
Und stelle sie, geteilt, in gleiche Reihen,
Daß hier und dort zwei eingefaßt von zweien
Im Doppelchore schweben auf und nieder.

Dann schlingt des Gleichlauts Kette durch zwei Glieder
Sich freier wechselnd, jegliches von dreien.
In solcher Ordnung, solcher Zahl gedeihen
Die zartesten und stolzesten der Lieder.

Den werd ich nie mit meinen Zeilen kränzen,
Dem eitle Spielerei mein Wesen dünket,
Und Eigensinn die künstlichen Gesetze.

Doch, wem in mir geheimer Zauber winket,
Dem leih ich Hoheit, Füll in Grenzen,
Und reines Ebenmaß der Gegensätze.[115]

Dies ist ein **poetologisches Sonett**, ein Gedicht über das Sonett in Sonettform. Dabei fällt auf, daß Schlegel nicht nur den formalen Bau beschreibt, sondern er spricht auch vom *Wesen*, vom *geheimen Zauber*, und weist die Unterstellung zurück, die Formgesetze seien willkürlich. Gemeint ist damit, daß das Sonett auch eine **innere Struktur** haben muß. Denn mit der optischen Struktur korrespondiert eine klangliche, und diese wiederum ist, bei der reinen Gestalt des Sonetts, adäquater Ausdruck der gedanklichen Gliederung. Das bedeutet, daß die akustisch-strophischen Abschnitte zugleich inhaltliche Einschnitte markieren, daß die **Zäsur** zwischen Oktave und Sextett gewichtiger ist als die jeweiligen zwischen Quartetten und Terzetten, und ferner, daß die Terzette gegenüber den Quartetten eine gewisse Steigerung oder Zuspitzung darstellen. Vielfach ist im Sonett ein anti-thetisches Gefüge erkannt worden: Das erste Quartett wirft, vergleichbar der **Ex-**

---

114   Opitz: Buch von der Deutschen Poeterey, S. 41

115   A.W. Schlegel: Sämmtliche Werke, Bd. 1. S. 304

position im **Drama**, ein Problem von einer bestimmten Sicht her auf, der im zweiten Quartett eine andere Betrachtungsweise parallel- oder entgegengesetzt wird. Das folgende Sonett hebt dann zu einer Lösung an, die jedoch erst in der Schlußstrophe, möglicherweise nach einer erneuten überraschenden Wendung des Gedankens, ausformuliert wird. Bei zahlreichen Sonetten sind sogar die einzelnen Verse antithetisch gebaut. Mustergültig kann man dies in dem Sonett *Es ist alles eitell* von Andreas Gryphius beobachten. Dabei hat der Dichter seine Sprache sehr geschmeidig der antithetischen Struktur des **Alexandrinerverses** mit der **Zäsur** in der Mitte angepaßt: [...] *Was dieser heute bawt / reist jener morgen ein: // Wo itzund städte stehn / wird eine Wiesen sein // [...] Was itzund prächtig blüht sol bald zutreten werden.// Was itzt so pocht vndt trotzt ist morgen asch und bein* [...].[116] Für den Sonettdichter Johannes R. Becher liegt dem Sonett eine dialektische Struktur zugrunde: *das erste Quartett als These, das zweite als Antithese und die folgenden beiden Terzette als Synthese.*[117] Und Becher fügt hinzu: [...] *die Form ist die Form des Inhalts.*[118]

Die Interpretation eines Sonetts müßte all diese Faktoren berücksichtigen. Das Zusammenspiel von formalen und inhaltlichen Aspekten, bewußtes und vielleicht unbewußtes Abweichen von den vorgegebenen Mustern, das durchaus auch Aussagekraft haben kann, das Spannungsverhätnis zwischen Konstanten und Varianten, die thematischen Gründe für die Wahl (oder Abwandlung) der Gattung, den literaturgeschichtlichen, historischen und sozialen Ort des einzelnen Texts. In gattungssoziologischer Hinsicht ist beispielsweise interessant, daß das Sonett zur Zeit des Dritten Reichs oft in der Widerstandsdichtung verwendet wurde. Offiziell war es wegen seiner 'welschen' Herkunft eher verpönt. So schrieb Becher angesichts des nationalsozialistischen Terrors: [...] *Alsdann erscheint, in seiner schweren Strenge / Und wie das Sinnbild einer Ordnungsmacht, / Als Rettung vor dem Chaos – das Sonett.*[119] Für viele verfolgte und ins Exil gegangene Autoren war die Form ein Ausdruck des Protests, ein Versuch, inneren Halt zu finden und

---

116   Gryphius: Gesamtausgabe der deutschsprachigen Werke. Bd. 1. S. 33 f

117   Becher: Philosophie des Sonetts, S. 332

118   Ebd., S. 330

119   Becher: Gesammelte Werke. Bd. 5, S. 230

Distanz gegenüber dem Hitlerregime zu wahren.[120] Der Vollständigkeit halber sei angemerkt, daß es in der NS-Ära auch eine (freilich nicht sehr umfangreiche) systemkonforme, meist den Führer verherrlichende Sonettistik gegeben hat im Sinne der **Panegyrik**, des Herrscherlobs.

In der deutschen Sonettgeschichte sind zahlreiche Höhepunkte zu verzeichnen. Lediglich August von Platen im 19. und Rilke im 20. Jh. sollen hier noch besonders hervorgehoben werden. Und auch in unserer Gegenwart entstehen weiter Sonette. Wegen der 'Autorität' und Attraktivität der Gattung hat es selbstverständlich auch nicht an Verspottungen und Parodien gefehlt. Der Kuriosität halber sei zum Schluß ein Stück aus Gerhard Rühms *sonett* zitiert, das sein Baugesetz offen zur Schau trägt. Den Rest kann jeder selbst ergänzen:

erste strophe erste Zeile
erste strophe zweite zeile
erste strophe dritte zeile
erste strophe vierte zeile
zweite strophe erste zeile [...].[121]

5.2.3 Drama

Erzählende und lyrische Texte sind auf je spezifische Weise Formen der Kommunikation. Das gilt in vielleicht noch größerem Maße für das Drama. Sieht man einmal von Regie- bzw. Szenenanweisungen etc. ab, so wird hier die Kommunikation sogar direkt vorgeführt. *Das Drama ist primär. Es ist nicht die (sekundäre) Darstellung von etwas (Primärem), sondern stellt sich selber dar, ist es selbst.*[122] Die Handlung eines Dramas entwickelt sich hauptsächlich aus den Dialogen der Personen. Konkrete Aktionen haben eher einen geringeren Anteil. Die handelnden Figuren charakterisieren sich selbst oder gegenseitig in Gesprächen miteinander, seltener in Monologen. Aus der Artikulation identischer oder konträrer Positionen, aus offen oder intrigant verfolgten Absichten entfalten sich die Konflikte und ihre Lösungen, auch infolge von Verschweigen oder Mißver-

---

120   Vgl. Ziolkowski: Form als Protest

121   Rühm: Gesammelte Gedichte, S. 174

122   Szondi: Theorie des modernen Dramas, S. 16

stehen, d.h. nicht gelingender Kommunikation. Hinzu kommen nichtverbale Handlungen wie Gestik und Mimik. Durch die Bühnenrealisierung von Dramen (Tragödien, Komödien) entsteht darüber hinaus eine intensivere Kommunikationsbeziehung mit einer anwesenden und reaktionsfähigen Zuschauerschaft, als sie mit einem Lesepublikum möglich ist.

Aristoteles hat in seiner *Poetik* hervorgehoben, daß in der Tragödie gehandelt und nicht berichtet wird.[123] Allerdings gibt es zeitliche, technische und moralische Gründe dafür, daß manches im Drama bzw. auf der Bühne eben doch 'nur' berichtet werden kann. In zeitlicher Hinsicht müssen die vor dem Beginn der Dramenhandlung liegenden Geschehnisse von einer oder mehreren Personen nachgetragen werden. Das kann entweder als Block in der **Exposition** am Anfang des Dramas erfolgen oder – wie im **analytischen Drama** – nach und nach eingeschoben werden und sich bis zum Schluß hinziehen. Zum Einbringen gleichzeitig stattfindender Ereignisse (verdeckte Handlung) steht das schon von Homer angewandte Mittel der **Teichoskopie** (griech. = Mauerschau) zur Verfügung: Eine Handlungsperson blickt beispielsweise aus dem Fenster und schildert den Anwesenden, was draußen geschieht. Durch **Botenbericht** läßt sich mitteilen, was parallel an anderen Schauplätzen abgelaufen ist, nicht zuletzt dann, wenn die Regel von der **Einheit des Orts** für gültig erachtet wird. Technische Gegebenheiten machen es unter Umständen erforderlich, daß Ereignisse, die zu viel Raum beanspruchen würden (Schlachten), auf diese Weise eingebracht werden. Auch aus Gründen der 'Wohlanständigkeit' sind in früheren Epochen manche Vorgänge an Orte außerhalb der eigentlichen Handlungsstätte verlagert worden. In der französischen Klassik gab es das Gebot der *bienséance*. Analog zur Erzähltextanalyse kann man von *Spielzeit und gespielter Zeit*[124] sprechen. Insofern haben solche narrativen Passagen mitunter **raffende** Funktion, die auch dann notwendig sein kann, wenn die **Einheit der Zeit** (ca. vierundzwanzig Stunden, Aristoteles spricht von einem *Sonnenumlauf*[125]) streng eingehalten und die begrenzte Aufnahmefähigkeit der Zuschauer berücksichtigt wird. Die Binnenhandlung eines Stücks

---

123   Vgl. Aristoteles: Poetik, S. 19

124   Mahler: Aspekte des Dramas, S. 76

125   Aristoteles: Poetik, S. 17

vollzieht sich in den allermeisten Fällen linear, in chronologischer Reihenfolge. Auch im modernen Drama sind szenisch gestaltete Rückblicke eher selten. Bezüglich des Umgangs mit der Zeit lassen sich zwei Grundtypen unterscheiden. **1.** Im **Konflikt-** oder **Entscheidungsdrama** findet das zentrale Ereignis *im Verlauf* der Spielhandlung statt und wird von den Akteuren einem (tragischen oder versöhnlichen) Ausgang zugeführt. In diesem Sinne ist auch der Begriff **Zieldrama** gebräuchlich. Der Konflikt kann private oder gesellschaftliche Ursachen haben. **Äußere Konflikte** resultieren aus Klassengegensätzen (Bürger gegen den herrschenden Adel in *Emilia Galotti* von Lessing), aus politischem Machtstreben (Shakespeares *Macbeth*) oder aus dem Ringen zwischen zwei Kontrahenten um die Gunst einer dritten Person. **Innere Konflikte** werden in einer Handlungsfigur selbst ausgetragen, beispielsweise in der *Antigone* von Sophokles, wo sich die Protagonistin entscheiden muß, ob sie dem Verbot des Königs zuwiderhandelt und den toten Bruder bestattet. Der **2.** Grundtyp ist das **analytische** (oder **Entdeckungsdrama**), bei dem das entscheidende Ereignis bereits *vor* dem Handlungsbeginn liegt und im Verlauf des Stücks sukzessive aufgedeckt wird (Ibsen: *Gespenster*). *Der zerbrochene Krug* von Kleist zeigt, daß im analytischen Drama oft Verhörszenen oder Gerichtsverhandlungen dargestellt werden, eine Tendenz, die auch im **dokumentarischen Theater** des 20. Jhs. eine Rolle spielt (Peter Weiss: *Die Ermittlung*).

Äußere Gliederungseinheiten sind **Akte** (lat. actus = Handlung), die in sich geschlossene Handlungsabschnitte markieren. Von Akt zu Akt kann auch eine unwichtige Zeitspanne überbrückt werden. Seit dem 18. Jh. grenzte man Akte durch Öffnen und Schließen des Bühnenvorhangs voneinander ab, weshalb sich in Deutschland auch die Bezeichnung **Aufzug** für Akt einbürgerte. Innerhalb der Akte wird in **Szenen** unterteilt. Die Ableitung von griech. skene, lat. scaene = Bühnenhaus deutet darauf hin, daß ein Handlungsabschnitt mit gleichbleibendem Schauplatz gemeint ist. In diesem Sinne hat Shakespeare seine Einteilungen vorgenommen. Die französischen Klassiker ließen eine neue Szene mit dem Auf- bzw. Abtreten einer Person beginnen. Daraus ergab sich der deutsche Ausdruck **Auftritt**. Der Aufbau der dramatischen Handlung in **fünf Akte** geht auf die römische Tragödie zurück. Horaz forderte sie in seiner *Ars poetica*, Seneca hat sich in seinen Tragödien genau danach gerichtet. In der deutschen Barocktragödie und in der Klassik behielt diese Regel ihre Geltung. Noch Gustav Freytag hat in seiner Untersuchung *Die Technik des Dramas* (1863) das fünfteilige Prinzip als fundamental angesehen. Er sprach von steigender und fallender Handlung und erkannte im Drama einen *pyramidalen Bau. Es steigt von der Einleitung mit dem Zutritt des erregenden Moments bis zu dem Höhepunkt, und fällt von da bis zur Katastrophe. Zwischen diesen drei Theilen liegen die Theile der Steigerung und des Falles. Jeder dieser fünf Theile kann aus einer Scene oder aus einer gegliederten Folge von Scenen bestehen, nur der Höhepunkt ist gewöhnlich in einer Hauptscene zusammengefaßt.*[126] Den Höhepunkt in der Tragödie nennt Aristoteles **Peripetie**, den *Umschlag dessen, was erreicht werden soll, in das Gegenteil.* In *König Ödipus* von Sophokles fällt sie zusammen mit der **Anagnorisis** (=Wiedererkennen, Entdeckung), dem *Umschlag von Kenntnis in Unkenntnis.*[127] Neben dem **Fünfakter** haben sich aber auch **Dreiakter** und, seltener, **Zweiakter** und **Vierakter** herausgebildet, und in der Moderne auch **Einakter.**

Bei der Tektonik des Dramas unterscheidet man nach Volker Klotz zwei Haupttypen: die **geschlossene** und die **offene Form.**[128] Zur ersten Kategorie gehört das fünfaktige Drama in der antiken und klassischen Tradition. Es bildet eine in sich geschlossene Einheit mit *voraussetzungslosem Anfang und endgültigem Schluß*[129] und mit streng hierarchischer Struktur. Beim Idealtypus wiederholt sich auch in der Binnenstruktur der einzelnen Akte das Prinzip von Steigerung und Fall. Die Haupthandlung verläuft linear, kontinuierlich und zielstrebig, die Nebenhandlungen sind ihr funktional zu- und untergeordnet. Die (kausale) Handlungsverknüpfung erfolgt nach dem Prinzip der **Personenkette**, d.h. mindestens eine Figur bleibt bei Szenenwechsel innerhalb eines Aktes anwesend. Das hierarchische Organisationsprinzip spiegelt sich sogar in der überwiegend hypotaktischen Syntax.[130] Die Dialoge vollziehen sich oft in Form von Rededuellen, in denen die Gegensätze aufeinanderprallen. Ein häufig angewandtes Stilmittel ist die **Stichomythie** (griech. stichos = Zeile, mythos = Rede), in der von Zeile zu Zeile Sprecherwechsel stattfindet. In der **Antilabe** (griech. = Widerhalt, Einwendung) ist sogar auf einen einzigen Vers die Rede mehrerer Personen veteilt. Das

---

126   Freytag: Die Technik des Dramas, S. 100

127   Aristoteles: Poetik, S. 35

128   Vgl. Klotz: Geschlossene und offene Form

129   Pfister: Das Drama, S. 320

130   Vgl. ebd., S. 321

wirkt noch zugespitzter. Die ausgetragenen **Konflikte** machen oft, auch im Bewußtsein der Personen, übergeordnete allgemeine Idccn transparent. Das Gegenmodell ist die **offene Form** des Dramas. Sie ist nicht mehr durch Einheit und Kontinuität charakterisiert, sondern durch Vielheit und Diskontinuität. Die Handlung ist segmentiert, kann aus mehreren parallelen Einzelsträngen und vielen gleichrangigen, autonomen Einzelszenen bestehen (**Stationentechnik**). Sie erstreckt sich oft über größere Zeitabschnitte (Jahre), und entsprechend ist auch die räumliche Begrenztheit aufgegeben. Die Zahl der auftretenden Personen ist nicht mehr auf wenige beschränkt, Massenszenen sind keine Seltenheit. Eine *klare hierarchische Abstufung in Haupt- und Nebenfiguren*[131] fehlt. Selbstverständlich hat auch die **Ständeklausel**[132] ihre Gültigkeit verloren, häufig sind gerade Personen 'niederen' Standes oder gesellschaftliche Außenseiter die Protagonisten. In der Syntax dominiert die **Parataxe**. Das vorgeführte Geschehen ist nach vorn und hinten offen, es setzt unvermittelt ein und bricht ebenso unvermittelt ab, wobei sogen. *'Rißränder'* [...] *den Ausschnittcharakter des Dargestellten betonen.*[133]

Vielfach wird auch die **Akteinteilung** fallengelassen. Nach Volker Klotz sind es im wesentlichen drei Kompositionsmittel, die einen gewissen Zusammenhalt der Stücke bewirken: 1. Die übergreifende Thematik ist in einem *Kollektivstrang* enthalten, in den ein *Privatstrang* eingefügt ist, der als Einzelfall die Gesamtthematik aktualisiert und illustriert (etwa in den *Soldaten* von Jakob Michael Reinhold Lenz). 2. Eine *metaphorische Verklammerung* entsteht dadurch, daß einzelne **Metaphern** das ganze Drama durchziehen (Messer und Blut in Büchners *Woyzeck*) und so ein System von Beziehungen herstellen. 3. Anstelle der Einheit der Handlung steht die Einheit der Figur. Ein *zentrales Ich* koordiniert die dispergierende Handlung, beispielsweise in Brechts *Baal*).[134]

Die Abkehr von der strengen klassischen Form begann mit Lessings Dramentheorie und seiner Empfehlung Shakespeares als Vorbild. Der 'Öffnungsprozeß', der auch eine verstärkte Einbeziehung der sozialen Problematik impliziert, wurde dann im **Sturm und Drang** und in der **Romantik** weitergeführt. Herausragender

---

131 Pfister: Das Drama, S. 325

132 Vgl. Kap. 5.1.3

133 Geiger/Haarmann: Aspekte des Dramas, S. 95

134 Vgl. Klotz: Geschlossene und offene Form, S. 101 ff

Repräsentant der **offenen Form** im 19. Jh. ist der schon erwähnte Georg Büchner. August Strindbergs Technik des **Stationendramas** ist ebenso zu nennen wie **expressionistische** Stücke und etwa Frank Wedekinds *Frühlings Erwachen*. Nicht zuletzt Brecht mit seinen frühen Stücken und dem **Epischen Theater**. (Darauf wird weiter unten noch ausführlicher eingegangen.) Er hat damit die Dramatik des 20. Jhs. entscheidend beeinflußt. Begünstigt und vorangetrieben wurde diese Entwicklung durch die Errungenschaften der modernen Technik (Elektrizität, Drehbühne usw.). Festzuhalten ist allerdings, daß **offene** und **geschlossene Form** selten in idealtypischer Weise realisiert sind, sondern eher in Mischform vorkommen. Als Kategorien der Dramenanalyse sind sie jedoch von großem Wert.

Zum Aspekt der Kommunikation gehört unabdingbar die Wirkungsabsicht. In seinen Ausführungen über die Tragödie gibt Aristoteles *eine Bestimmung ihres Wesens: [...] Die Tragödie ist die Nachahmung einer guten und in sich geschlossenen Handlung von bestimmter Größe in anziehend geformter Sprache, wobei diese formenden Mittel in den einzelnen Abschnitten je verschieden angewandt werden - Nachahmung von Handelnden und nicht durch Bericht, die Jammer und Schaudern hervorruft und hierdurch eine Reinigung von derartigen Erregungszuständen bewirkt.*[135] Sowohl die Übersetzung als auch die Bedeutung dieser Begriffe waren lange umstritten. Das kann hier nur am Rande erwähnt werden. *Reinigung* steht für das griechische Wort **Katharsis**. Fraglich ist bis heute, ob Reinigung *der* Leidenschaften oder Reinigung *von den* Leidenschaften gemeint ist. **Schauder** (phobos) und **Jammer** (eleos) sind von Lessing mit **Furcht** und **Mitleid** übersetzt worden. Nicht eindeutig geklärt ist auch die Zielgruppe. Sind die Handlungsfiguren selbst oder die Zuschauer gemeint? Lessing jedenfalls hat nicht nur eine ethische Bedeutung herausgelesen, sondern auch einen politisch-sozialen Aspekt hinzugefügt. Ihm geht es um eine Stärkung des bürgerlichen Selbstbewußtseins und um Abgrenzung gegen den Adel. Bürgerliche Tugendhaftigkeit setzt er gegen höfische Lasterhaftigkeit. Dies ist ja auch die zentrale Thematik in *Emilia Galotti*. In seinem Verständnis des **bürgerlichen Trauerspiels** sollen die Agierenden auf der Bühne *von gleichem Schrot und Korn* sein wie die Zuschauer, damit diese sich mit den Handlungsfiguren identifizieren können. Die Akteure im Drama sollen weder *zu* gut noch *zu* schlecht sein, sondern *mittlere*

---

135   Aristoteles: Poetik, S. 19

Charaktere. Zugleich will Lessing die Leidenschaften in einem gewissen Maß gehalten wissen. Im 78. Stück seiner *Hamburgischen Dramaturgie* schreibt er mit Bezug auf Aristoteles:

> Da nämlich, es kurz zu sagen, diese Reinigung in nichts anders beruhet als in der Verwandlung der Leidenschaften in tugendhafte Fertigkeiten, bei jeder Tugend aber, nach unserem Philosophen, sich diesseits und jenseits ein Extremum findet, zwischen welchem sie inne stehet: so muß die Tragödie, wenn sie unser Mitleid in Tugend verwandeln soll, uns von beiden Extremis des Mitleids zu reinigen vermögend sein; welches auch von der Furcht zu verstehen. Das tragische Mitleid muß nicht allein, in Ansehung des Mitleids, die Seele desjenigen reinigen, welcher zu viel Mitleid fühlet, sondern auch desjenigen, welcher zu wenig empfindet. Die tragische Furcht muß nicht allein, in Ansehung der Furcht, die Seele desjenigen reinigen, welcher sich ganz und gar keines Unglücks befürchtet, sondern auch desjenigen, den ein jedes Unglück, auch das entfernteste, auch das unwahrscheinlichste, in Angst setzet. Gleichfalls muß das tragische Mitleid, in Ansehung der Furcht, dem, was zu viel, und dem, was zu wenig, steuern: so wie hinwiederum die tragische Furcht in Ansehung des Mitleids.[136]

Furcht und **Mitleid** sind für Lessing gleichermaßen Bestandteile der menschlichen Emotionen. Durch das Drama sollen sie *beide* der Verstärkung der Menschlichkeit dienen. Lessing erstrebt eine *Illusionierung des Publikums durch die unmittelbar sinnliche Präsentation des Theaters.*[137] Durch ein hohes Maß an Einfühlung sollen die Zuschauer sich mit den *mittleren Charakteren* identifizieren, deren Emotionen teilen können.

Schiller hatte die Hoffnung, daß von der dramatischen Kunst eine weit über den Moment und das Theater hinausgehende Wirkung möglich sei. In seiner Abhandlung *Die Bühne als eine moralische Anstalt betrachtet* (1784) heißt es: *Menschlichkeit und Duldung fangen an, der herrschende Geist unsrer Zeit zu werden; ihre Strahlen sind bis in die Gerichtssäle und noch weiter – in das Herz unsrer Fürsten gedrungen. Wie viel Anteil an diesem göttlichen Werk gehört unsern Bühnen? Sind sie es nicht, die den Menschen mit dem Menschen bekannt machten und das geheime Räderwerk aufdeckten, nach welchem er handelt?*[138] Ähnlich wie bei Lessing war für ihn die moralische Wirkung mit einer mäßigen-

---

136 Lessing: Werke. Bd. 4, S. 595 f

137 Pütz: Grundbegriffe der Interpretation von Dramen, S. 21

138 Schiller Sämtliche Werke. Bd 11, S. 96

den Funktion verbunden. In der Vorrede *Über den Gebrauch des Chors in der Tragödie* verteidigt er das Wiederaufgreifen dieses antiken Theaterelements gegen den Vorwurf der Illusionsbrechung:

> Denn das Gemüt des Zuschauers soll auch in der heftigsten Passion seine Freiheit behalten; es soll kein Raub der Eindrücke sein, sondern sich immer klar und heiter von den Rührungen scheiden, die es erleidet. Was das gemeine Urteil an dem Chor zu tadeln pflegt, daß er die Täuschung aufhebe, daß er die Gewalt der Affekte breche, das gereicht ihm zu seiner höchsten Empfehlung, denn eben diese blinde Gewalt der Affekte ist es, die der wahre Künstler meidet, diese Täuschung ist es, die er zu erregen verschmäht. Wenn die Schläge, womit die Tragödie unser Herz trifft, ohne Unterbrechung auf einander folgten, so würde das Leiden über die Tätigkeit siegen.[139]

Der bedeutendste Dramenautor des 20. Jhs., Bertolt Brecht, hat in wirkungsästhetischer Hinsicht eine konsequente Abkehr vom Einfühlungsprinzip vollzogen. Mit seinem **Epischen Theater** hat er umfassende Neuerungen eingeführt, die gleichermaßen inhaltliche und formale Aspekte sowie Bühnengestaltung, Schauspielkunst und Zuschauerverhalten betreffen. Unter den veränderten historischen Bedingungen geht es ihm nicht mehr um die Stärkung des bürgerlichen Selbstbewußtseins, sondern darum, bürgerliche Denk- und Verhaltensmuster zu destruieren. Bereits seine frühen Stücke sind provozierend antibürgerlich. Entsprechend der marxistischen Geschichtsauffassung von der Geschichte als einer Geschichte von Klassenkämpfen sind seit den 30er Jahren seine Protagonisten weniger als Einzelpersönlichkeiten mit individuellen Konflikten interessant, sondern in ihrem Eingebundensein in politisch-soziale Kollektivvorgänge in einer veränderbaren und veränderungsbedürftigen Gesellschaft. Seine erklärte didaktische Absicht ist es, in seinem Publikum ein sozialistisches Klassenbewußtsein hervorzurufen und zu konsolidieren. Diese Zielsetzung verlangt eine neue, *nichtaristotelische* Dramentechnik. Brecht hat sich, wie sehr viele andere Dramenautoren auch, intensiv mit gattungstheoretischen Fragen beschäftigt.In einem Schema verdeutlicht er *einige Gewichtsverschiebungen vom dramatischen zum epischen Theater**:

---

139   Schillers Sämtliche Werke. Bd. 16, S. 126 f

Dramatische Form des Theaters	*Epische Form des Theaters*
Die Bühne 'verkörpert' einen Vorgang	*sie erzählt ihn*
verwickelt den Zuschauer in eine Aktion und	*macht ihn zum Betrachter, aber*
verbraucht seine Aktivität	*weckt seine Aktivität*
ermöglicht ihm Gefühle	*erzwingt von ihm Entscheidungen*
vermittelt ihm Erlebnisse	*vermittelt ihm Kenntnisse*
der Zuschauer wird in eine Handlung hineinversetzt	*er wird ihr gegenübergesetzt*
es wird mit Suggestion gearbeitet	*es wird mit Argumenten gearbeitet*
die Empfindungen werden konserviert	*bis zu Erkenntnissen getrieben*
der Mensch wird als bekannt vorausgesetzt	*der Mensch ist Gegenstand der Untersuchung*
der unveränderliche Mensch	*der veränderliche und verändernde Mensch*
Spannung auf den Ausgang	*Spannung auf den Gang*
eine Szene für die andere	*jede Szene für sich*
die Geschehnisse verlaufen linear	*in Kurven*
natura non facit saltus	*facit saltus*
die Welt, wie sie ist	*die Welt, wie sie wird*
was der Mensch soll	*was der Mensch muß*
seine Triebe	*seine Beweggründe*
das Denken bestimmt das Sein	*das gesellschaftliche Sein bestimmt das Denken*

* *Dieses Schema zeigt nicht absolute Gegensätze, sondern lediglich Akzentverschiebungen. So kann innerhalb eines Mitteilungsvorgangs das gefühlsmäßig Suggestive oder das rein rationell Überredende bevorzugt werden.*[140]

An die Stelle der Einfühlung setzt Brecht die **Verfremdung**, den **V-Effekt.** Der Zuschauer soll nicht in emotionaler Beteiligung aufgehen, sondern das Geschehen mit reflektierender Distanz verfolgen. Er soll nicht mehr nur passiv miterleben, sondern zu einem Mitdenkenden und Mithandelnden werden. Zu den Verfrem-

---

140   Brecht: Gesammelte Werke. Bd. 17, S. 1009 f

dungseffekten gehört auch eine neue **Schauspielkunst**. Der Schauspieler soll seine Rolle nicht nur spielen, sondern *das, was er zu zeigen hat, mit dem deutlichen Gestus des Zeigens*[141] versehen. Weitere Verfremdungstechniken sind **Prologe** oder eingestreute **Songs**, die an den von Schiller verteidigten illusionsbrechenden **Chor** erinnern. Die musikalische Untermalung ist betont nichtharmonisierend. Oft läßt Brecht den Inhalt einer Szene vorab auf **Schrifttafeln** bekanntgeben, die durchgehend sichtbar bleiben. Damit wird die Zuschauerspannung nicht auf das gelenkt, *was* geschieht, vielmehr darauf, *wie* und *warum* es geschieht: *Die Projektionen sind keineswegs einfache mechanische Hilfsmittel im Sinne von Ergänzungen, keine Eselsbrücken; sie nehmen keine Hilfsstellung für den Zuschauer ein, sondern Gegenstellung: sie vereiteln seine totale Einfühlung, unterbrechen sein mechanisches Mitgehen. Sie machen die **Wirkung mittelbar**.*[142] Das Dargestellte erscheint so nicht als etwas, das so geschehen mußte, sondern als etwas, das bei anderem Bewußtsein und Verhalten der Akteure auch anders hätte verlaufen können.

Gemäß seiner sozial-revolutionären Intention hat Brecht eine detaillierte materialistisch-dialektische Dramenkonzeption entwickelt. Mit seinen formalen Neuerungen hat er einen großen Teil der Dramenproduktion seit der Mitte des 20. Jhs. nachhaltig beeinflußt. Auch wenn viele Dramatiker (wie etwa Max Frisch und Friedrich Dürrenmatt) seine Weltanschauung nicht übernommen haben, ist ihre Arbeit doch wesentlich von ihm geprägt worden. Politisch ausgerichtet und damit von den Wirkungsmöglichkeiten des Theaters überzeugt, sind freilich zahlreiche Autoren, wie etwa das Beispiel des **dokumentarischen Theaters** zeigt (Peter Weiss, Rolf Hochhuth, Heinar Kipphardt).[143] Daneben aber hat seit den 50er Jahren das **Absurde Theater** den Glauben an eine Sinndeutung des Daseins durch das Drama geleugnet und vorgeführt. Bei Samuel Beckett wird das Drama geradezu zu einer *Negation der Möglichkeit sinnhaften Handelns*.[144]

Hier sollte angedeutet werden, daß Bauelemente und Inhalte von Dramen, wie bei allen Gattungen, geschichtlich mitbedingt sind und dem historischen Wandel

---

141   Brecht: Gesammelte Werke. Bd. 15, S. 341

142   Ebd.. Bd. 17, S. 1037

143   Vgl. dazu Carl: Dokumentarisches Theater

144   Mahler: Aspekte des Dramas, S. 76

unterliegen. Jede Interpretation hat zu berücksichtigen, daß Techniken und formale Aspekte nicht losgelöst von inhaltlichen Fragen betrachtet werden können. *Was
als 'Äußeres' eines Dramas erscheinen mag, ist immer auch 'Äußerung', Funk-
tionselement eines intentionalen Ganzen, das aussagt, wie ein Dramatiker im
Bühnenspiel Wirklichkeit erfaßt und erschafft.*[145]

5.3 Literarische Wertung und Literaturkritik

Wertung von Literatur geschieht nicht nur in gesprochenen oder schriftlich fixierten Urteilen. Der Lektüre eines Buchs geht bereits eine ganze Reihe nichtverbaler
Wertungsakte voraus bzw. umrahmt sie. Kein einzelner vermag heute noch sämtliche Neuerscheinungen auch nur eines Jahres zu lesen. Selektion ist erforderlich.
Die Auswahl von Texten in den Lektoraten entscheidet schon, ob sie überhaupt
publiziert werden. Es folgt die Aufmachung, eventuell die Aufnahme in eine
'renommierte' Verlagsreihe. Die Plazierung in Buchhandlungsschaufenstern, die
Aufnahme in das Angebot von Leihbüchereien bzw. in den Lektürekanon von
Schulen und in die Lehrveranstaltungen von Universitäten, Besten- und Bestsellerlisten, Literaturpreise, Zensur, die Beachtung durch die öffentliche Literaturkritik,
Kauf oder Ausleihen eines Buchs − all das sind (immer auch wertende) Selek-
tionsentscheidungen. Dabei können höchst unterschiedliche Kriterien zugrundeliegen: qualitative Wertschätzung, moralisches oder ökonomisches Interesse, erhoff-
tes Sozialprestige, Zufall, um nur einige zu nennen. Nicht nur ausdrücklich erklärte, sondern auch unbewußte Vorgänge spielen dabei eine Rolle. Innerhalb der
Literaturwissenschaft ist literarische Wertung erst in den 20er Jahren unseres Jhs.
als besonderer Problembereich hervorgetreten,[146] der seitdem oft und kontrovers
diskutiert worden ist. Seit in neuerer Zeit **Literatur als Sozialsystem** angesehen
wird, gehören *keineswegs nur textbezogene Werte und Wertungen, gar nur 'literarische' als 'ästhetische' im engern Sinn, sondern alle Arten, die im Sozialsystem*

---

145   Keller: Vorwort zu: Beiträge zur Poetik, S. X

146   Vgl. Mecklenburg: Literarische Wertung. Einleitung, S. VII

Literatur handlungsleitend sein können,[147] zum Aufgabengebiet der Literarischen Wertung.

In den Regelpoetiken von der Antike bis zur Mitte des 18. Jhs. wurden Werte und Normen verbindlich deklariert und kaum in Frage gestellt. Sie waren verankert in übergreifenden weltanschaulichen und sozial-politischen Systemen. Seit der **Genieästketik** der **Sturm-und-Drang-Zeit** erhoben die Autoren den Anspruch, mit jedem Werk ihre eigenen neuen Normen zu setzen. Besonders für die **Romantik** galten **Innovation** und **Originalität** als oberster Maßstab. Daraus resultierte schließlich die erst im 20. Jh. festgeschriebene Unterscheidung zwischen 'hoher' Literatur, für die Normabweichung die Norm war, und 'niederer' oder **Trivialliteratur** (auch **Kitsch**), die sich in der Reproduktion vorhandener Gattungsmuster sowie Denk- und Gefühlsklischees erschöpft. Noch der von der **Rezeptionsästhetik** ins Gespräch gebrachte Begriff des **Erwartungshorizonts**, der zu unterbieten, zu erreichen oder zu überbieten ist, läßt sich darauf zurückführen.[148]

Werte wie *gut / böse, wahr / falsch* oder *schön / häßlich, gelungen / mißlungen, Freiheit / Unfreiheit, Spannung / Langeweile , Stimmigkeit / Brüchigkeit* und viele mehr sind von der gesellschaftlichen Schichtenzugehörigkeit, vom kulturellen Kontext und vom Wandel der geschichtlichen Entwicklung abhängig. Und jede Wertung basiert auf der Subjektivität des Wertenden. Gleichwohl strebt Wertung tendenziell nach intersubjektiver Anerkennung. Das schließt ein, daß sie ihre Maßstäbe einer ständigen kritischen Überprüfung unterziehen muß, auch und gerade in der wissenschaftlich vorgenommenen literarischen Wertung. Wertmaßstäbe aber sind zunächst zu finden und zu artikulieren. Seit Kant wird diskutiert, ob ethische oder ästhetische Maßstäbe höher rangieren. Die klassische Literaturauffassung erkannte *Wesen und Wert der Dichtung in ihrer Symbolisierungskraft*,[149] in der literarischen **Moderne** ist **Verfremdung** eines der Kriterien. Zur Zeit des Dritten Reichs wurde nach **völkisch-nationalen** Gesichtspunkten qualifiziert. Im **marxistischen** Konzept stehen klassenspezifische Aspekte im Vorder-

---

147 Heydebrand: Wertung, literarische, S. 830

148 Vgl. Kap. 5.4.8

149 Mecklenburg: Begriffe der literarischen Wertung, S. 541

grund. Die **Kritische Theorie** der Frankfurter Schule[150] wertet nach dem Kriterium der Ideologiefreiheit oder -befangenheit.[151] In jüngerer Zeit hat die **feministisch** orientierte Literaturwissenschaft die Emanzipation der Frau in der von Männern dominierten Gesellschaft zum zentralen Prüfstein gemacht. Zeitgenössische **sprach-** und **argumentationsanalytische Ansätze** beurteilen Texte vornehmlich unter kommunikationsspezifischem Blickwinkel. Weder innerhalb der unterschiedlichen Richtungen noch zwischen diesen wird es je zu einem allgemeinen Konsens kommen. Im übrigen müssen sich die diversen Kriterien nicht unbedingt gegenseitig ausschließen, sie sind unter Umständen durchaus kombinierbar. Das Spannungsverhältnis zwischen 'objektiver' und 'subjektiver' Begründung aber bleibt fortwährend in Bewegung.

Einen wichtigen Beitrag hat Norbert Mecklenburg 1972 mit seinem Buch *Kritisches Interpretieren* eingebracht:

> Kritik überzeugt weniger durch ihren theoretischen Überbau, der sich schnell ins Unüberprüfbare verliert, als vielmehr durch ihre Praxis, deren je besondere Prämissen man annehmen oder ablehnen kann, weil sie objektnaher Diskussion zugänglich sind. Gibt es einerseits keinen fixen Kanon allgemeingültiger Kriterien, so lassen sich andererseits auch dem Text nicht einfach Maßstäbe entnehmen. Kriterien werden der Interpretation weder von außen noch durch das Werk vorgegeben, sie sind vielmehr im Vollzuge der Kritik allererst zu konstituieren. Die Schwierigkeit des Verfahrens kritischer Interpretation liegt darin, daß sie zugleich mit der praktischen Durchführung der Kritik deren axiologische Basis plausibel machen muß. [Axiologie = Wertlehre] Die beste Kritik wäre diejenige, welche sich selbst begründete. Dieses Kunststück, sich gleichsam am eigenen Schopf herauszuziehen, kann als der 'axiologische Zirkel' bezeichnet werden. [...]
> Der axiologische Zirkel bedeutet zunächst analog zum hermeneutischen, daß man das Einzelne nur beurteilen kann, wenn schon irgendein Urteil vom Ganzen vorweggeht und umgekehrt. Sodann bedeutet er, daß der Interpret, bevor er noch zur Analyse seines Textes schreitet, immer schon eine Stellung zu ihm bezogen haben muß, die dann von Analyse, Interpretation und Kritik objektiviert werden kann.[152]

---

150 Vgl. Kap. 5.4.8

151 Vgl. Schulte-Sasse: Literarische Wertung, S. 171 ff

152 Mecklenburg: Kritisches Interpretieren, S. 170 f

In einer neueren Arbeit plädiert Mecklenburg dafür, *daß die Grenzen des eigenen professionellen und kulturellen Feldes immer wieder überschritten werden zugunsten interdisziplinärer und vor allem interkultureller Offenheit.*[153]

Literaturkritik ist nicht nur eine Tätigkeit, sondern auch eine Institution. Sie hat primär die Funktion, literarische Neuerscheinungen selektiv zu begutachten und einer breiten, interessierten Öffentlichkeit bekanntzumachen. Sie soll dies kritisch tun, dazu zwingt schon das Massenangebot. Die Urteilsspanne erstreckt sich vom grenzenlosen Lob bis zum totalen Verriß. Nichtbeachtung eines Werks durch die Kritik kann sein Verschwinden aus dem öffentlichen Bewußtsein und entsprechend seine Unverkäuflichkeit bedeuten. Andererseits hat überschwengliches Rühmen nicht zwangsläufig, aber doch oft hohe Verkaufszahlen zur Folge. Der Einfluß der Literaturkritik auf die Autoren ist empirisch nicht oder nur selten nachweisbar, ganz auszuschließen ist er wohl nicht. Der Einfluß auf Verlagsproduktionen ist vermutlich eher zu belegen.

Ihr Gegenstand ist zumeist die belletristische Gegenwartsliteratur. Die Literaturkritik leistet in gewissem Sinne so etwas wie die *literarische Selbstverständigung der Epoche.*[154] Um ihrer Vermittlerrolle zwischen Buch und Lesepublikum erfüllen zu können und um die beabsichtigten Wirkungen zu erzielen, bedarf die Literaturkritik geeigneter Foren: Fachzeitschriften, Feuilletons und Literaturbeilagen in Tages- und Wochenzeitungen, Rundfunksendungen und in letzter Zeit verstärkt auch Fernsehmagazine und Talk-Shows sind die wichtigsten. Diese Medien und besonders die Zeitungen kann man als *literarisches Gedächtnis des Alltags*[155] bezeichnen. Diese sozio-kulturelle Funktion wird angesichts der Randstellung der Literatur in der modernen elektronischen Mediengesellschaft immer notwendiger.

Walter Hinck hat zwei weitere Aspekte hervorgehoben, die die Präsentation und die literarische Qualität eines Texts betreffen: Er beklagt zum einen, in welch alarmierendem Maße *in provinziellen Rezensionen lediglich noch Klappentexte der Verlage nachgeschrieben oder paraphrasiert werden. Literaturkritik muß*

---

153   Mecklenburg: Begriffe der literarischen Wertung, S. 544

154   Schirrmacher: Literaturkritik, S. 416

155   Ebd., S. 410

immun bleiben gegen die Werbesprache der Lektorate und Vertriebsabteilungen.[156] Zum andern kann nach seiner Auffassung ein Kritiker auch *jene Möglichkeiten ausfindig machen, die der Autor vertan hat. Dies wird sogar der Normalfall sein – erst die Entdeckung der Potentialität eines literarischen Werks befähigt zur Kritik.*[157] In einer Wendung gegen marxistische Dogmatik plädiert Hinck zugleich dafür, daß ein Literaturkritiker liberal sein sollte, *nicht Vormund, sondern Partner des Autors.*[...] *So heben sich zwei Arten der Literaturkritik voneinander ab: eine, die den Literaturprozeß zu lenken und zu kanalisieren versucht, und eine andere, die ihn nur durchsichtig machen, ihm zur Selbstklärung verhelfen will – eine Normen setzende und eine Individualität achtende, liberale Literaturkritik.*[158]

Übrigens haben auch Autoren selbst sich als Kritiker betätigt. Hans Mayer hat einen Band *Große deutsche Verrisse* zusammengestellt. Eine lange Reihe führt von Schiller über Friedrich Schlegel, Brentano, Börne, Grabbe, Heine, Keller, Hebbel bis zu Fontane.[159] Sie ließe sich für das 20. Jh. leicht fortsetzen. An allererster Stelle rangiert unstrittig Lessing, der ein gefürchteter Polemiker und glänzender Stilist war. Eine in seinem Sinne betriebene Kritik muß Aufklärung bewirken wollen. Sie muß nicht 'objektiv', aber sachangemessen sein, bei aller Schärfe des Tons persönliche Verunglimpfung vermeiden. Auch Allgemeinverständlichkeit ist ein 'Gebot', da die Literaturkritik eine breite Öffentlichkeit erreichen soll. Ein neueres Beispiel für eine heftig geführte Kontroverse ist der sogen. *deutsch-deutsche Literaturstreit*, der sich 1990 an Christa Wolfs Erzählung *Was bleibt* entzündete und um das Verhältnis der DDR-Schriftsteller zu ihrem Staat kreiste.[160] Daß Literaturkritiken schließlich nicht nur etwas über die besprochenen Bücher bzw. Autoren aussagen, sondern, zumeist unbeabsichtigt, auch über die Kritiker selbst, hat gerade Tilman Moser analysiert an Hand einer Durchsicht von über hundert Rezensionen zu dem Roman *Engel sind schwarz und weiß* (1992) von Ulla Berkéwicz, in dem sie einen narrativen Beitrag zur Erklärung der nationalso-

---

156   Hinck: Literaturkritik - Werkinterpretation, S. 16

157   Ebd.: Der Literaturkritiker ein Sansculotte?, S. 11

158   Hinck: Der Literaturkritiker - nicht Vormund, S. 62

159   Vgl. Mayer (Hg.): Große deutsche Verrisse

160   Vgl. Der deutsch-deutsche Literaturstreit

zialistischen Vergangenheit versucht hat und damit auf vielschichtig-empfindlichen Widerstand gestoßen ist.[161]

5.4 Methoden und Theorien der Literaturinterpretation

5.4.1 Anfänge

Äußerungen *über* Literatur – seien es programmatische, deutende, kritische oder theoretische – gibt es fast schon so lange wie die Literatur selbst. In Deutschland sind früheste Zeugnisse bereits im Mittelalter zu registrieren.[162] Im 15. und 16. Jh. befaßten sich Humanisten mit wichtigen editorischen und poetologischen Aufgaben, und im 17. Jh. ist namentlich Martin Opitz hervorzuheben. Er attestierte der deutschen Sprache die Literaturfähigkeit[163] und schrieb 1624 das sehr einflußreiche *Buch von der Deutschen Poeterey*, eine **normative Poetik**, d.h. eine Dichtungslehre, in der er Anweisungen, Regeln und Empfehlungen für das Dichten in deutscher Sprache formulierte. Sie wurden lange als verbindlich erachtet. Für die erste Hälfte des 18. Jh. sind die poetologischen Schriften des Leipziger Professors Johann Christoph Gottsched (*Versuch einer Critischen Dichtkunst vor die Deutschen, 1730)* sowie die seiner Schweizer Kontrahenten Bodmer und Breitinger zu nennen. Noch bedeutsamer war dann in der zweiten Jahrhunderthälfte die Leistung Lessings, der sich in wissenschaftlichem Vorgehen ein ästhetisches Konzept erarbeitete und mit seinen *Briefen, die Neueste Litteratur betreffend* (1761-65) und mit den in der *Hamburgischen Dramaturgie* (1767-69) zusammengefaßten Theaterkritiken grundlegend und vorbildlich wirkte. In der Folge stellte Johann Gottfried Herder, der sein geschichtliches Denken durch Shakespeare-Lektüre schulte,[164] Sprache und Literatur als historische Phänomene dar,[165] regte mit seinen Erörterungen zur Volkspoesie beispielsweise Goethe an und ver-

---

161   Vgl. Moser: Literaturkritik als Hexenjagd

162   Vgl.Kap. 4.3.3

163   Vgl. Drux: Opitz, S. 17

164   Vgl. Irmscher (Hg.): Herder, Nachwort, S. 146

165   Vgl. Oellers: Nachbemerkung, S. 285

suchte ferner, *eine Lehre angemessenen Verstehens zu entwickeln, deren Impulse aus der Geschichte der Hermeneutik nicht wegzudenken sind.*[166]

Die Klassiker Goethe und Schiller schließlich haben in ihrem Briefwechsel und in zahlreichen theoretischen und kritischen Abhandlungen wesentliche Bausteine für die Herausbildung einer wissenschaftlichen Betrachtungsweise von Literatur geliefert. Desgleichen sind Jean Pauls *Vorschule der Ästhetik* (1804) und Georg Wilhelm Friedrich Hegels *Vorlesungen über die Ästhetik* (gehalten 1817) zu erwähnen. Auch die Romantiker August Wilhelm und Friedrich Schlegel haben mit ihren Aufsätzen in der Zeitschrift *Athenäum* und ihren Berliner bzw. Wiener Vorlesungen Maßgebliches dazu beigetragen. Ebenfalls verdienen Heinrich Heines (freilich recht subjektiv-feuilletonistische) Interpretationen in *Die romantische Schule* und in *Zur Geschichte der Religion und Philosophie in Deutschland,* hier aufgeführt zu werden. Richtungweisend waren auch die textkritischen Pionierarbeiten Karl Lachmanns, der – nach mittelalterlichen Texten (1826/27)[167] – eine Lessing-Ausgabe (1838/40) edierte. Und nicht zuletzt ist das von den Brüdern Jacob und Wilhelm Grimm 1838 begonnene *Deutsche Wörterbuch* ein großartiges philologisches Unternehmen.

5.4.2 Gervinus

Die Aufzählung der ersten Ansätze läßt bereits erkennen, daß es schwierig ist, ein fixes Datum für den Anfang der Germanistik zu benennen. Es gibt aber gute Gründe, mit Hans Mayer *in Deutschland die Fachwissenschaft der Literarhistorie*[168] mit Georg Gottfried Gervinus beginnen zu lassen. Seine 1835-42 erschienene fünfbändige *Geschichte der poetischen National-Literatur der Deutschen* ist der erste systematische Versuch, einen Gesamtüberblick über die deutsche Literatur von den Anfängen bis zu ihrem in Klassik und Romantik angenommenen Höhepunkt darzustellen. Mit dem Tod Hegels(1831) und Goethes(1832) nämlich sah Gervinus zugleich auch den Endpunkt einer geistig-literarischen Epoche ge-

---

166   Conrady: Konzepte, S. 200

167   Vgl. Kap. 4.4.1

168   Mayer: Literaturwissenschaft, S. 322

kommen. Der notwendige Neuanfang, so glaubte er, müsse nun von der Wissenschaft geleistet werden.

Gervinus war Historiker. Er gehörte (wie übrigens auch die Brüder Grimm) zu den **Göttinger Sieben**, jener Gruppe von Hochschullehrern, die 1837 dem König von Hannover öffentlich Verfassungsbruch vorwarfen und dafür ihrer akademischen Ämter enthoben wurden. Sein politischer Standort war der der bürgerlich-liberalen Opposition. Er wollte *auf dem Wege der Wissenschaft die Vorbereitung für das politische Leben fortsetzen*, die Schiller *auf dem Weg der Kunst erzielte*. Anliegen seiner Literaturgeschichte war es, *der Nation ihren gegenwärtigen Werth begreiflich zu machen, ihr das verkümmerte Vertrauen auf sich selbst zu erfrischen, ihr neben dem Stolz auf ihre ältesten Zeiten Freudigkeit an dem jetzigen Augenblick und den gewissesten Muth auf die Zukunft einzuflößen.*[169] Er hoffte und forderte, daß auf die literarische Blüte nun ein politischer Aufschwung folgen sollte.[170] Konkrete Ziele waren die Verwirklichung der sogen. bürgerlichen Freiheiten (Pressefreiheit, Versammlungsfreiheit, Petitionsrecht, verfassungsmäßig garantierte Mitbestimmung des Volkes in politischen Angelegenheiten u. a.) sowie die Realisierung der nationalen Einheit des im Restaurationszeitalter noch völlig zersplitterten Deutschland.

Für die Interpretation der formalen Besonderheit und Schönheit der Dichtung interessiert sich der Historiker Gervinus kaum. Entsprechend erklärt er in der Vorrede, *daß es nichts ist als Geschichte*. Er habe *mit der ästhetischen Beurteilung der Sachen nichts zu tun*. Aus heutiger Sicht ist dies sicherlich ein Nachteil. Dem steht aber auf der anderen Seite ein wichtiger Vorzug gegenüber, nämlich das Prinzip, Literatur und Literaturgeschichtsschreibung in enger Wechselbeziehung zur allgemeinen Geschichte zu sehen. Dieser heute noch bzw. wieder unumstrittene Grundsatz hat in der späteren Entwicklung der Germanistik keineswegs immer Gültigkeit besessen, wie sie sich denn auch über ein Jahrhundert lang nicht mehr oppositionell, sondern eher affirmativ zu den herrschenden politischen und gesellschaftlichen Kräften verhalten hat. Ein zweiter wichtiger Aspekt ist der, daß Gervinus nach der Funktion und Wirkung der Literatur fragt. (Auch dieser Gesichtspunkt ist nach ihm oft außer acht gelassen worden.) Der wissen-

---

169 Gervinus: Zit nach Carl: Prinzipien der Literaturbetrachtung, S. 34

170 Carl: ebd., S. 34

schaftliche Umgang mit Literatur sollte — sowenig wie die Literatur selbst — nicht im Elfenbeinturm angesiedelt, sondern in die politische und gesellschaftliche Praxis eingebunden sein. Es sei hier nur am Rande erwähnt, daß die zeitgenössischen Schriftsteller des **Jungen Deutschland** ähnlich argumentierten. Dafür hatte Gervinus jedoch keinen Blick.

Mit der Revolution von 1848, in der er als Abgeordneter im Frankfurter Paulskirchen-Parlament und als Herausgeber der national-liberalen *Deutschen Zeitung* tätig war, scheiterten die liberalen **Vormärz**-Hoffnungen, und demzufolge war auch den Intentionen Gervinus' kein Erfolg beschieden. Im **Nachmärz** verlagerte sich das Streben des liberalen Bürgertums einseitig auf den Aspekt der nationalen Einheit, und das zeitigte auch Auswirkungen auf das Selbstverständnis der deutschen Literaturwissenschaft.

5.4.3 Positivismus

Nicht zufällig dominierte im letzten Drittel des 19. Jh., also etwa seit der Reichsgründung von 1871, in Deutschland eine literaturwissenschaftliche Richtung, deren Hauptvertreter, Wilhelm Scherer, den Versuch unternahm, *ein* **System der nationalen Ethik** aufzustellen.[171] Der österreichische Wahl-Preuße und Bismarck-Verehrer Scherer machte von seinem Berliner Lehrstuhl aus Schule. Begründer des Positivismus war der Franzose Auguste Comte, für den ausschließlich die durch sinnliche Erfahrung wahrnehmbaren Fakten relevant waren. Eine Erklärung der Wirklichkeit außerhalb der beobachtbaren Tatsachen erschien ihm als unzulässig. Comtes Schüler Hippolyte Taine wandte diese Grundsätze auf die Literaturwissenschaft an und prägte hinsichtlich ihrer zu untersuchenden Gegenstände die Formel *race, milieu, moment.* In Anlehnung daran sprach Wilhelm Scherer in seinem Aufsatz *Goethe-Philologie* vom *Ererbten, Erlernten und Erlebten.*[172] Die fortschrittliche politische Perspektive der **Vormärz**-Zeit trat ganz zurück. Auch alles Spekulative wurde abgelehnt. Stattdessen orientierte man sich methodologisch an Verfahrensweisen der Naturwissenschaften, deren Triumph in

---

171   Scherer: Zur Geschichte der deutschen Sprache, S. VI

172   Vgl. Scherer: Goethe-Philologie, S. 15

Form von Erfindungen und Entdeckungen überall gegenwärtig war. Die in enormen Mengen angesammelten – wichtigen oder weniger wichtigen – Details wurden im Sinne des Kausalitätsprinzips gesichtet und nach den Gesetzmäßigkeiten von Ursache und Wirkung geordnet. Scherers Devise lautete: *Die elementaren philologischen Thätigkeiten sind Herausgeben und Erklären.*[173]

Es ist durchaus eindrucksvoll, was auf diese Weise an lebens-, quellen- und entstehungsgeschichtlichem Material über Autoren bzw. Werke angehäuft worden ist, auf das man auch heute noch mit Nutzen zurückgreifen kann. Aber vor allem bei vielen Scherer-Schülern artete diese Methode aus, beschränkte sich oft nur noch auf *ein fleißiges Zusammentragen kleiner und kleinster Bausteine zu einem imponierenden Turmbau der bloßen Faktizität.*[174] Wo ein deskriptives, lexikalisches Prinzip vorwaltete, fehlte meist ein durchgängiger Leitgedanke, ein übergeordnetes Verknüpfungsprinzip. *Perspektivlosigkeit herrscht, alles scheint gleichermaßen der Erkenntnis wert, wenn es nur in kausalen Ablaufketten erklärt werden kann, Philologie beginnt um sich selbst zu kreisen.*[175] Und bei aller Anerkennung der Leistungen der Positivisten auf den Gebieten der **Biographie**, der **Bibliographie**, der **Textkritik und -edition**, der **Motivforschung**, der Erkundung litarischer Vorbilder und Einflüsse etc. muß doch als ein essentieller Mangel (wie schon bei Gervinus) die Vernachlässigung der ästhetischen Aspekte der Literatur betont werden. Mitunter wurde bei der Betrachtung von Kunstwerken geradezu mechanistisch vorgegangen. Für den Darwin-Schüler E. Bölsche ist der Dichter *in seiner Weise ein Experimentator, wie der Chemiker, der allerlei Stoffe mischt, in gewisse Temperaturgrade bringt und den Erfolg beobachtet.*[176]

Die progressive, auf Veränderung der politischen und gesellschaftlichen Verhältnisse drängende Geschichtsauffassung eines Gervinus wurde ersetzt durch eine harmonisierende, auf Bestätigung des Bestehenden hinauslaufende Anschauung, was de facto eine Rechtfertigung der Wilhelminischen Ideologie bedeutete. Zwar war Scherers Konzept von einem *System der nationalen Ethik* frei von chauvinistischem Großtun, sein Schüler und Berliner Lehrstuhl-Nachfolger Erich Schmidt

---

173   Scherer: Goethe-Philologie, S. 10

174   Hermand: Synthetisches Interpretieren, S. 23

175   Conrady: Konzepte, S. 207

176   Bölsche: Die naturwissenschaftlichen Grundlagen der Poesie, S. 7

setzte in seiner Lessing-Biographie jedoch so einseitig nationalistische Akzente, daß er damit den Marxisten Franz Mehring zu einer polemischen Gegenschrift mit dem Titel *Die Lessing-Legende* (1893) provozierte. Darin kritisiert er nicht nur Schmidts (und Scherers) philologisches Verfahren, *daß sie zehnmal schon umgekehrte Stäubchen noch zum elften Male umzukehren verstehen,* sondern sehr viel schwerer wiegt sein Vorwurf, daß sie *die Gegenstände ihrer Darstellung* [...] *mit den politischen und sozialen Vorurteilen aufschminken, die ihnen selbst geläufig sind und die 'hohen Gönnern' angenehm in die Ohren klingen.*[177]

5.4.4 Die geistesgeschichtliche Methode

Eine grundsätzliche Abkehr vom naturwissenschaftlich orientierten Denken des Positivismus vollzog zu Beginn dieses Jahrhunderts Wilhelm Dilthey, indem er den prinzipiellen Unterschied zwischen Naturphänomenen und Manifestationen des menschlichen Geistes herausstellte. Nicht *Erklären,* so betonte er, sondern *Verstehen* sei der angemessene Zugang zu vom menschlichen Geist geschaffenen Werken. Er wurde damit zum Begründer der modernen **Geisteswissenschaften.** Eine zentrale Rolle in Diltheys Denken spielt die **Hermeneutik** (griech. hermeneuein = auslegen; geht zurück auf Hermes als Vermittler zwischen Göttern und Menschen). Hermeneutik als schon in der Antike praktizierte Kunst der Auslegung und Deutung von Schriftwerken ist ursprünglich ein Begriff der klassischen Philologie, der auch von der Theologie in der Bibelexegese übernommen wurde und dann zu einer Lehre des Verstehens und der Reflexion auf die technischen Möglichkeiten der Textauslegung entwickelt worden ist. (Daneben hat sich auch eine juristische Hermeneutik herausgebildet.) Dilthey beruft sich im wesentlichen auf Schleiermacher; im weiteren Verlauf des 20 Jhs. haben die Existenzphilosophen Heidegger und Gadamer die Hermeneutik weiter ausgeprägt. Grundmodell des Verstehens ist der sogen. **hermeneutische Zirkel,** den Ulfert Ricklefs präzise definiert hat:

> **Zirkelstruktur des Verstehens.** Natur- und Geisteswissenschaften sind grundlegend unterschieden durch die Art des **Zusammenhanges,** der in ihrem Gegenstandsbereich gilt. Auf der einen Seite Bestimmtheit des einzelnen Phänomens

---

177 Mehring: Lessing-Legende, S. 209

durch eine Vielzahl von Determinanten, die im isolierenden Verfahren des Experiments in ihrer gesetzmäßigen Wirksamkeit erkannt werden: kausaler Zusammenhang. Auf der anderen Seite der geschichtliche Zusammenhang individueller Sinngebilde, die in ihrer Besonderheit und Einmaligkeit begriffen werden. Hier kann das isolierende Verfahren keine Anwendung finden, denn nicht Erklären durch die Analyse einzelner Kausalverhältnisse, sondern Verstehen eines komplexen Ganzen ist als Aufgabe gestellt. Die Analyse des Naturforschers kann auf kleinste selbständige Einheiten zurückgehen, bei der Interpretation eines Sinnzusammenhanges setzt Analyse ein synthetisches Verstehen bereits voraus und bleibt als seine Differenzierung und Explikation darauf bezogen. Diesem Sachverhalt entspricht es, daß sich das Verstehen in einem logisch unerlaubten, aber unauflöslichen und fruchtbaren **hermeneutischen Zirkel** bewegt, der als das Grundgesetz geisteswissenschaftlichen Erkennens jede hermeneutische Reflexion zu leiten hat. Der wesentlich eine Zirkel ist in doppelter Hinsicht zu betrachten. Nach der Seite des Erkenntnisobjekts besagt der 'philologische Zirkel', daß das Einzelne jeweils nur aus dem zugehörigen Ganzen, das Ganze aber seinerseits erst aus dem Einzelnen zu verstehen sei; nach der Seite des Erkenntnissubjekts besagt der 'Zirkel der Geschichtlichkeit des Verstehens', daß das Verstehen in den geschichtlich gewordenen Erkenntniszusammenhang des auffassenden Subjekts hinein geschieht, der wiederum in den geschichtlichen Wirkungszusammenhang der geistigen Welt verflochten ist. Jede Sinnerfahrung ist durch diesen Verstehenshorizont subjektiv bestimmt, und erst im Zirkel von subjektivem Vorentwurf eines Sinnganzen und dem Sichdurchsetzen des vom Text gemeinten Ganzen vollendet sich das Verstehen. Der Verstehenszirkel in seinen beiden Hinsichten bleibt dabei unaufgelöst. Über Ansätze bei Schleiermacher und Dilthey hinausgehend, hat M. Heidegger die Zirkelstruktur des Verstehens in der Zeitlichkeit des Daseins onthologisch begründet. Gegenstand und Erkenntnisweise der Geisteswissenschaften sind also geschichtlicher Art, denn nicht nur der (subjektive) Verstehenszusammenhang ist geschichtlich geworden und in lebendiger Umbildung begriffen, sondern auch der (objektive) Sinnzusammenhang eines Textes oder historischen Ereignisses stellt nicht ein fixiertes und eindeutig determiniertes An-sich dar, sondern erscheint in einem bewegten Wirkungs- und Bedeutungsganzen.[178]

Auf Dilthey geht zugleich innerhalb der Literaturwissenschaft die bis heute nachwirkende **geistesgeschichtliche** Betrachtungsweise zurück. (Der Begriff **Geistesgeschichte** wurde 1812 von Friedrich Schlegel geprägt.) Sie geht von einer autonomen Geschichte des menschlichen Geistes mit allgemeinen, zeitlosen Gesetzen aus, die den wesentlichen Bezugsrahmen für das Verstehen dichterischer Werke und ihrer Schöpfer bilde. Diltheys Theorie ist eingebettet in die von der zeitge-

---

178   Ricklefs: Hermeneutik, S. 279 f

nössischen **Lebensphilosophie** formulierte Kritik an der modernen technisch-naturwissenschaftlichen Zivilisation. Sein bekanntestes Buch ist *Das Erlebnis und die Dichtung* (1906). Im **Erlebnis**, d.h. durch Einfühlung und intuitives Erschauen, soll die Beziehung zwischen Vergangenheit und Gegenwart hergestellt werden. Die Weiterentwicklung der geistesgeschichtlichen Betrachtungsweise hat freilich gezeigt, daß die solchermaßen angestrebte Überwindung der historischen Distanz auch die Gefahr in sich birgt, daß das Werk aus seinen konkreten geschichtlichen Bezügen, aus seinen sozialen und ökonomischen Bedingungen, herausgelöst wird. Dies steht durchaus im Widerspruch zum zweiten Teil des Methodennamens. Die Rekonstruktion eines Epochengeistes und sein Nachweis in den einzelnen Werken brachte zudem eine bevorzugte Berücksichtigung des Gehalts und oft eine Vernachlässigung der künstlerischen Erscheinungsformen mit sich. Außerdem setzt das intuitive Einfühlen, das adäquate Verstehen eines dichterischen Werks, gewissermaßen einen 'kongenialen' Interpreten voraus, woraus sich wiederum die später vielfach geltend gemachte Kritik an dem elitären Anspruch der Geistesgeschichtler herleitet. Problematisch ist ferner, daß primär sogen. 'hohe' Dichtung zum Untersuchungsgegenstand gewählt wird und folglich ein breites Spektrum an Texten aus dem Blickfeld gerät. Dichter und Dichtung wurden mystifiziert und zum Organ des Lebensverständnisses emporstilisiert. Die bekannteste Fachzeitschrift dieser Strömung erhielt den programmatischen Namen *Deutsche Vierteljahresschrift für Literaturwissenschaft und Geistesgeschichte* (gegründet 1923, hg. von Erich Rothacker und Paul Kluckhohn).

Im wesentlichen läßt sich diese Schule in drei Hauptrichtungen unterteilen: **1.** die **ideen-** bzw. **problemgeschichtliche**, die in der Dichtung Antworten auf die 'ewigen Daseinsfragen' der Menschheit zu finden versuchte. Hier wären neben Diltheys *Das Erlebnis und die Dichtung* so bezeichnende Titel wie Hermann August Korff *Der Geist der Goethezeit* (1923ff) oder Rudolf Unger *Hamann und die Aufklärung* (1911) zu nennen. **2.** Eine **stilgeschichtliche** bzw. **stiltypologische** Richtung, die in ihren intendierten Formanalysen literarischer Texte Begriffe aus der Kunstgeschichte übernahm, namentlich aus Heinrich Wölfflins *Kunstgeschichtliche Grundbegriffe* (1915). Die Beschäftigung mit dem Gehalt oder Geist der Werke hatte allerdings, wie gesagt, in der Praxis meistens den Vorrang vor der Untersuchung formaler Aspekte. Hierher gehören etwa Oskar Walzel *Die wechselseitige Erhellung der Künste* (1917) und Fritz Strich *Deutsche Klassik und Romantik – oder Vollendung und Unendlichkeit* (1922). Die **3.** Richtung repräsentierten Literaturwissenschaftler aus dem Kreis um den Dichter Stefan George. Sie befaßten sich vor allem mit den Großen der Geschichte und ihrer Wirkung (sogen. **'Kräftegeschichte'**). Charakteristische Bücher sind beispielsweise Friedrich Gundolf *Shakespeare und der deutsche Geist* (1911) sowie Ernst Bertram *Nietzsche. Versuch einer Mythologie* (1918).

Der Schweizer Max Wehrli hat auf *ein entscheidendes Defizit* bei den Geistesgeschichtlern hingewiesen: *die berühmte deutsche Apolitie.*[179] Mit ihren Vorbehalten gegen die Aufklärung und ihrer Kritik an 'intellektualistischen Auffassungen' waren die meisten Literaturwissenschaftler damals durchaus *nicht immun*[180] gegen den aufkommenden Nationalsozialismus. Dieser hatte es nicht schwer, ihre Argumentationsmuster ins Völkische umzufunktionieren. Wilhelm Voßkamp spricht von der *Selbstindienstnahme der Literaturgeschichte für das Dritte Reich.*[181] So schrieb Hermann August Korff 1933:

> Wie immer man die großen Ereignisse empfinden möge, von denen wir in der Gegenwart wie auf gewaltigen Wogen dahingetrieben werden – nach einer Zeit so qualvoller Ratlosigkeit sind sie von einer wahrhaft befreienden Wirkung gewesen. Die Entscheidung ist gefallen, unser Schicksal hat sich enthüllt, die Nacht ist von uns gewichen, und wie wir uns in der Helle umsehen, das wissen wir: Eine neue Epoche der deutschen Geschichte ist angebrochen – und uns ist die Gnade zuteil geworden, dabeizusein.[182]

5.4.5 Die völkisch-nationale Ausrichtung

Eines der Motive für die Entstehung der Germanistik war die fehlende Nationalstaatlichkeit in der Restaurationsepoche. Schon Herder und Fichte hatten in der Sprache das wichtigste einigende Band der Deutschen gesehen (und die Poesie als deren höchste Manifestation, als reinsten Ausdruck des deutschen Wesens). Der gewählte Vorsitzer der ersten Germanistenversammlung 1846 in Frankfurt am Main, Jacob Grimm, gab auf die selbstgestellte Frage: *was ist ein volk?* die Ant-

---

179   Wehrli: Was ist/war Geistesgeschichte, S. 30

180   Voßkamp: Kontinuität und Diskontinuität, S. 145

181   Ebd., S. 151

182   Korff: Zeitschrift für Deutschkunde 1933, S. 341

wort: *ein volk ist der inbegriff von menschen, welche dieselbe sprache reden.*[183] Die Einladung zu dieser Versammlung war ergangen an *Männer, die sich der Pflege des deutschen Rechts, deutscher Geschichte und Sprache ergeben.*[184] Der so verstandenen Germanistik ging es also um weit mehr als lediglich um die Interpretation sprachlicher und literarischer Zeugnisse der Vergangenheit und Gegenwart. Man setzte sich das Ziel, unter Heranziehung religions-, rechts- und sittengeschichtlicher Bereiche zu *einer Wesensbestimmung des von einem imaginären Ursprung her unveränderlichen deutschen Volksgeistes*[185] zu gelangen.

Diese Traditionslinie einer umfassenden **Deutschkunde** ist nie ganz abgerissen. Einen ersten Gipfel nationalistischer Übersteigerung erlebte sie gleich zu Beginn des 20. Jhs., verbunden vor allem mit dem Namen Adolf Bartels. Seine *Geschichte der deutschen Literatur* (1901-02) enthält im Kern bereits die wesentlichen Elemente und Argumentationsmuster der nationalsozialistischen Blut-und-Boden-Ideologie, das machte sie zu einer der meistgelesenen Literaturgeschichten. Sie erreichte 1943 ihre 16. Auflage. Uwe-K. Ketelsen hat aufgezeigt, in welchem Maße vom damaligen Regime *Literaturgeschichten als Instrumente der kulturellen Normbildung*[186] benutzt wurden. Heinrich Heine als Jude und Kritiker der deutschen Mißstände eignete sich wie kein zweiter als Zielscheibe der Völkisch-Nationalen. Anläßlich seines 50. Todestages 1906 verfaßte Adolf Bartels eine Streitschrift mit dem Titel *Heinrich Heine. Auch ein Denkmal,* aus der hier einige charakteristische Passagen zitiert seien. Bartels, für den *die Menschheit [...] natürlich ein arisches Gesicht hat, nennt Heine einen nationalen Schädling, einen Lumpen, eine Kanaille, zählt ihn zu den Decadence-Juden, die für den deutschen Staatsangehörigen anderen Blutes [...] gefährlich werden können. Heine ist Jude, als Talent wie als Persönlichkeit; der Einfluß des Deutschtums auf den Kern seines Wesens ist gleich null. Da aber die Juden ihrem Grundwesen, ihrer Rasse nach verschieden von uns sind, so können sie sich unsere Kultur weder voll an-*

---

183 J. Grimm: Über die wechselseitigen Beziehungen, S. 128f

184 Zit. nach Lämmert: Germanistik, S. 22

185 Ebd.

186 Ketelsen: Literatur und Drittes Reich, S. 74 ff

eignen, noch bleibt sie unter ihren Händen das, was sie ist.[187] 1925 wurde Bartels von Hitler mit einem Besuch 'beehrt'.

Ebenfalls lange vor der Machtergreifung erschien Josef Nadlers vierbändige *Literaturgeschichte der deutschen Stämme und Landschaften* (1912-28). Auch sie avancierte bald zu einem langlebigen Standardwerk. Die zunächst eher harmlos anmutende These Nadlers, daß weniger im Individuum als vielmehr im Stamm, in den es eingebunden ist, die schöpferischen Energien beheimatet seien, konnte durchaus dem Nationalsozialismus Vorschub leisten. Speziell der so erfolgreich wie fatal angewandten Praxis, dem Einzelnen seine Eigenverantwortlichkeit auszureden, ihn zu 'entlasten' zugunsten einer höheren, das kollektive Volkstum repräsentierenden Instanz, die nicht zu hinterfragen war. Der Germanist Hermann Pongs hat 1937 *das Einschwingen der Ich-Entscheidung in die Gesamtentscheidung als tiefstes Erlebnis gespürt.*[188] In demonstrativer Abwendung von der humanistischen Tradition erhielt die renommierte Fachzeitschrift *Euphorion* 1934 den bezeichnenden Namen *Dichtung und Volkstum* (hg. von Hermann Pongs und Julius Petersen).

Die nationalsozialistische Germanistik genoß den Schutz der herrschenden politischen Macht und diente ihr. Als rassistisch fundierte **Deutschwissenschaft** erhob sie das deutsche Volk und das deutsche Wesen zu den obersten Kategorien ihres allgemeinverbindlichen Wertsystems.[189] Gleichschaltung und Arisierungsprozeß konnten zügig durchgeführt werden. Dabei erwiesen sich, wie Karl Otto Conrady konstatiert, *die Grundlagen des faschistischen und nationalsozialistischen Ideologiekonglomerats als antiaufklärerische, prinzipiell inhumane, weil auf Herrschaft und Unterordnung, Zwang und Ausgrenzung nicht genehmer Menschen und Gruppen gerichtet.*[190] Bereits wenige Monate nach der Machtergreifung fand eine spektakuläre Aktion *Wider den undeutschen Geist* statt: die Bücherverbrennung am 10. Mai 1933 (nachdem eine Woche zuvor schon die Säuberung der preußischen Dichterakademie erfolgt war). Organisiert wurde die Bücherverbrennung von Studenten, aber auch Hochschulgermanisten waren maßgeblich beteiligt

---

187   Bartels: Heinrich Heine, S. 359f u. S. 362f

188   Pongs: Dichtung und Volkstum 38(1937), S. 314

189   Vgl. Conrady: Deutsche Literaturwissenschaft, S. 79f

190   Conrady: Völkisch-nationale Germanistik, S. 9

und hielten Ansprachen. Manche gewiß mehr aus nationaler als aus nationalsozia-
listischer Gesinnung, zumindest jedoch aus einem bedenklichen Mangel an politischer Einsicht.[191] In Berlin erklärte sich der Reichspropagandaminister, der pro-
movierte Germanist Joseph Goebbels, selbst bereit, eine Rede aus diesem Anlaß
auf dem Opernplatz, nahe der Universität, zu halten.

Als wahrhaft prophetisch erwies sich der mitgeschmähte Heinrich Heine, der
schon 1823(!) in seiner Tragödie *Almansor* geschrieben hatte:

> *Das war ein Vorspiel nur, dort wo man Bücher*
> *Verbrennt, verbrennt man auch am Ende Menschen.*[192]

5.4.6 Die werkimmanente Interpretation

1945 war zunächst keineswegs das Jahr eines völligen Neuanfangs. Viele Univer-
sitätsgermanisten nahmen ihre Lehrstühle wieder ein, nur wenige wurden aus
ihren Ämtern entlassen. Nur wenige auch hatten den Mut, ihre frühere Verstrik-
kung öffentlich einzugestehen. Die meisten versuchten, stillschweigend darüber
hinwegzugehen. (Erst auf dem Münchner Germanistentag 1966 begann eine
gründliche Aufarbeitung der Vergangenheit.) Der Literaturwissenschaft stellte sich
nach dem Zusammenbruch des Dritten Reichs das Problem, an welche Tradition
sie anknüpfen solle. Langsam wurde der verlorengegangene Kontakt zur außer-
deutschen Germanistik wieder aufgenommen, und erst allmählich begann man,
sich mit der während des Dritten Reichs im Exil entstandenen deutschsprachigen
Literatur zu befassen. Thomas Mann und Brecht, Musil und Döblin, um nur einige Namen zu nennen, mußten neu 'entdeckt' werden. Auch der von Goethe 1827
geprägte Begriff der **Weltliteratur** gewann wieder an Bedeutung.

Auf methodischem Gebiet gab es aber dann doch eine partielle Neubesinnung.
Um die spekulativen Höhenflüge der **geistesgeschichtlichen Betrachtungsweise**
einerseits und die ideologischen Fehlleistungen aus der Zeit des Nationalsozialis-

---

191 Vgl. Sauder: Akademischer »Frühlingssturm«, S. 140 ff. – Kommentare von Autoren, deren
     Werke den Flammen übergeben wurden, kann man nachlesen in: Dort wo man Bücher
     verbrennt. Stimmen der Betroffenen. Hg. v. Klaus Schöffling. Frankfurt/M. 1983 (=suhr-
     kamp taschenbuch 905)

192 Heine: Sämtliche Schriften, Bd. I, S. 248f

mus andererseits zu vermeiden, konzentrierte man sich zunehmend auf die Texte
selbst. Diese energische Hinwendung zum 'eigentlichen' Betätigungsfeld der
Literaturwissenschaft hatte auch einen gewissen Fluchtcharakter. Was vermeint-
lich apolitisch schien, war in einer Zeit, in der die vielzitierte *Vergangenheits-
bewältigung* angestanden hätte, eminent politisch. Die Germanistik verzichtete
einmal mehr darauf, eine aktive gesellschaftskritische Rolle zu spielen.diese
Orientierung auf das literarische Kunstwerk selbst und auf nichts anderes war
weder ganz neu noch auf die Bundesrepublik Deutschland beschränkt. Frühe
Ansätze zu diesem Trend finden sich bereits im **Russischen Formalismus** um
Boris Eichenbaum, Jurij Tynianow und Roman Jakobson (ca. 1915-25), als spätere Parallelen sind insbesondere die englische **Scrutiny-Schule** und die theoretischen Äußerungen T.S.Eliots, die **explication de texte** in Frankreich sowie der
New Criticism in den USA zu nennen.

Auch einer der deutschsprachigen Hauptvertreter der werkimmanenten Interpretation, der Schweizer Emil Staiger, der allerdings auch noch in der **geistesgeschichtlichen** Tradition stand, hatte schon 1939 in seinem Buch *Die Zeit als
Einbildungskraft des Dichters* eine Art Programm formuliert. Unter der Über-
schrift *Von der Aufgabe und den Gegenständen der Literaturwissenschaft* heißt es
dort in der Einleitung: *Denn was den Literaturhistoriker angeht, ist das Wort des
Dichters, das Wort um seiner selbst willen, nichts was irgendwo dahinter, darüber oder darunter liegt.* Alle Bemühungen, so fährt er fort, das Dichterische aus
der Gesellschaft, der politischen Lage oder den kulturellen Verhältnissen seiner
Zeit, *alle Versuche überhaupt, das Wesen des Kunstwerks als Ergebnis oder als
Funktion zu verstehn*, führten lediglich *bis zur Pforte des Dichterischen*.[193]

Ähnlich argumentierte Wolfgang Kayser, der neben Staiger wichtigste Repräsentant dieser Methode. Sein 1948 zuerst erschienenes Buch *Das sprachliche
Kunstwerk* gehörte für mehrere Generationen von Germanistik-Studenten zum
unabdingbaren Rüstzeug. Auch er erklärt, daß *das dichterische Werk als dichteri-
sches Werk der zentrale Gegenstand der Literaturwissenschaft ist*[194] und daß
alle anderen Fragen darum herum nur von peripherem Belang seien. In einem

---

193   Staiger: Von der Aufgabe, S. 11 f

194   Kayser: Kunstwerk, S. 17

zehn Jahre später veröffentlichten Aufsatz hat er noch einmal die Aufgabe des Literaturwissenschaftlers präzisiert:

> Im Fall der Werkinterpretation handelt es sich also darum, alle an der Gestaltung zur einheitlichen Gestalt beteiligten Formelemente in ihrer Wirksamkeit und in ihrem Zusammenwirken zu begreifen: von der äußeren Form, Klang, Rhythmus, Wort, Wortschatz, sprachlichen Figuren, Syntax, Geschehnissen, Motiven, Symbolen, Gestalten zu Ideen und Gehalt, Aufbau, Perspektive, Erzählweise, Atmosphäre [...] und was sich sonst an Gestaltungsmitteln erfassen läßt.[195]

Die strikte Textnähe, das *close reading*, ist zweifellos ein großer Vorzug des werkimmanenten Verfahrens. Sie ist unverzichtbar, aber eine Interpretation sollte nicht darauf beschränkt bleiben. Eine solchermaßen isolierende Betrachtung reduziert den Text *auf ein bloßes Wörterding.*[196] In Wolfgang Kaysers *Sprachlichem Kunstwerk* machen die Ausführungen über den Gehalt lediglich ein Zwanzigstel des Gesamtumfangs aus! In letzter Konsequenz ist dieses Vorgehen ahistorisch, d. h. das Kunstwerk wird aus seinem geschichtlichen Entstehungszusammenhang herausgelöst, und dabei wird verkannt, daß auch die ästhetische Form gesellschaftlich vermittelt ist. Fragwürdig ist hauptsächlich, daß der außerliterarische Kontext meistens einfach ausgeklammert wird, daß beispielsweise im Werk angelegte soziale Problematik nicht mitdiskutiert und auf die formalästhetische Gestalt rückbezogen, sondern allenfalls *in den geschichtslosen Bereich des Ewig-Menschlichen*[197] hinübergespielt wird.

Ein nicht minder bedenklicher Aspekt ist die Selektion der zu betrachtenden Texte. In seinem berühmten Essay *Die Kunst der Interpretation* legt Emil Staiger dar, daß für ihn *das allersubjektivste Gefühl* die *Basis der wissenschaftlichen Arbeit* sei, daß er nur interpretieren könne, wenn er für sein Sujet *Liebe und Verehrung*[198] empfinde. Was ihn nicht anspricht, wird beiseite gelassen. Wesentliche Bereiche des breiten literarischen Spektrums, wie zum Beispiel die **Trivialliteratur** oder solche Texte, deren Reiz gerade in ihrer Brüchigkeit liegt, geraten so allzu leicht aus dem Blickfeld. Es geht ja nur darum, *zu begreifen, was uns er-*

---

195   Kayser: Literarische Wertung, S. 46

196   Mecklenburg: Kritisches Interpretieren, S. 89

197   Brackert: Zur Geschichte, S. 560

198   Staiger: Kunst der Interpretation, S. 12f

greift.[199] Als oberstes Qualitätsmerkmal gilt die stilistische Stimmigkeit. Wenn die Form die inhaltliche Intention adäquat ausdrückt (das kann freilich bei Trivial-literatur durchaus auch der Fall sein), ist es nicht mehr so wichtig, ob die Inten-tion selber, mit Goethe zu sprechen, *vernünftig und verständig*[200] ist. Zu Recht hat Norbert Mecklenburg darauf hingewiesen, daß leichtfertig auf Kritik verzichtet wird, wenn Erkennen gleichbedeutend ist mit Anerkennen.[201] Die werkimma-nente Methode dominierte in der Bundesrepublik bis etwa Mitte der 60er Jahre. Sie prägte ganz entscheidend den unumgänglichen Neuanfang der Literaturwissen-schaft hierzulande. Der Korrektheit halber muß dazu gesagt werden, daß sich die interpretatorische Praxis zu ihrem eigenen Vorteil nicht immer streng an die theo-retischen Prämissen gehalten hat.

5.4.7 Marxistische Literaturwissenschaft

Die politischen Verhältnisse im geteilten Nachkriegsdeutschland brachten auch eine methodische Spaltung in der deutschen Literaturwissenschaft mit sich. Was in der antikommunistischen Bundesrepublik strikt abgelehnt bzw. totgeschwiegen wurde, erhielt in der DDR (wie in den übrigen Staaten des Ostblocks) den Rang der Alleingültigkeit: die marxistische Lehre. Deren theoretische Grundlegung reicht ins 19. Jh. zurück. Karl Marx und Friedrich Engels freilich haben selber keine geschlossene Literaturtheorie dargelegt, sondern lediglich in einer Vielzahl verstreuter Äußerungen die entscheidenden Bausteine dazu im Rahmen des **histo-rischen Materialismus** bereitgestellt. Der erste bedeutende marxistische Literarhi-storiker in Deutschland war seit den 80er Jahren des vorigen Jhs. Franz Mehring.
   Für den Marxismus ist der Mensch definiert durch seine Arbeit. Kunst wird dabei als eine besondere Form der Produktion betrachtet, als Kopfarbeit, die als notwendige Ergänzung neben der Handarbeit zu sehen ist. Beide sind eingebun-den in das erkenntnistheoretische Modell von **Basis** und **Überbau**:

---

199   Staiger: Kunst der Interpretation, S. 10f

200   Zit nach Mecklenburg: Kritisches Interpretieren, S. 94

201   Vgl. ebd., S. 95

> Die [...] **Basis** ist [...] die ökonomische Struktur der Gesellschaft, die Gesamtheit der materiellen ökonomischen Verhältnisse, das System der jeweiligen Produktions- und Klassenverhältnisse, die einer bestimmten Entwicklungsstufe der materiellen Produktivkräfte entsprechen. Der **Überbau** ist das System der dieser Basis entsprechenden politischen, juristischen, moralischen, weltanschaulichen Anschauungen sowie der dieser Basis entsprechenden politischen, juristischen und sonstigen Institutionen (Staat, politische Parteien, gesellschaftliche Organisationen, kulturelle Einrichtungen, Bildungswesen usw.). In jeder Gesellschaftsformation bringt eine gegebene Basis den ihr entsprechenden Überbau hervor, der seinerseits auf die Basis zurückwirkt.[202]

Zwischen Basis und Überbau besteht eine Wechselwirkung, wobei gemäß dem materialistischen Ansatz die Basis den ausschlaggebenden Vorrang hat. *Es ist nicht das Bewußtsein der Menschen, das ihr Sein, sondern umgekehrt ihr gesellschaftliches Sein, das ihr Bewußtsein bestimmt,*[203] formuliert Marx im *Vorwort* zu seiner *Kritik der Politischen Ökonomie* (1859). Die Basisverhältnisse spiegeln sich in der dem Überbau zugehörigen Kunst wider, allerdings selten direkt, sondern meist vermittelt und in zeitlicher Verschiebung. Für das Verhältnis der Kunst zur gesellschaftlichen Realität gilt der allgemeine Grundsatz: Wenn sich die Theorie zu weit von der Praxis entfernt, muß sie sich rückorientieren und sich selbst korrigieren. Ausgehend von dieser Prämisse kommt allerdings der Kunst in der sogen. **Widerspiegelungstheorie** auch die wichtige Funktion der **Antizipation** zu, d.h. sie kann und soll, in enger Bindung an die in der gesellschaftlichen Realität konkret angelegten Möglichkeiten, angestrebte Entwicklungsstufen vorausgreifend in plastisch-sinnlicher Anschaulichkeit darstellen. Dabei wird zugleich – durchaus in normativem Sinne – entschiedene **Parteilichkeit** im Hinblick auf eine Verwirklichung der Ziele des Sozialismus von ihr gefordert. Kunst bzw. Literatur gilt also als *ein* Instrument im Dienst der Durchsetzung des marxistischen Geschichtskonzepts, des Klassenkampfs. Laut Marx ist die Geschichte bekanntlich die Geschichte von Klassenkämpfen, die sich in einem dialektischen Prozeß vollzieht. Diese Geschichtsauffassung ist teleologisch, d.h. zielgerichtet, Endziel ist die klassenlose Gesellschaft.

Hier kann nur erwähnt werden, daß Theorie und Begrifflichkeit innerhalb des marxistischen Lagers immer wieder heftig umstritten waren. Als ein Beispiel

---

202   Marxistisch-Leninistisches Wörterbuch der Philosophie, Bd. 1, S. 170

203   Marx: Zur Kritik der politischen Ökonomie, S. 152

dafür sei an dieser Stelle die sogen. **Expressionismusdebatte** kurz skizziert. Sie wurde größtenteils ausgetragen 1937/38 in der im Moskauer Exil erschienenen deutschsprachigen Zeitschrift *Das Wort*. Der ungarische Philosoph Georg Lukács erhob den Vorwurf, die Expressionisten hätten das kulturelle Erbe geschändet, woraufhin Ernst Bloch ihn kritisierte, er vertrete einen klassizistischen Standpunkt, wie er auch Hitler zu eigen sei. Die Diskussion konzentrierte sich dann bald auf das Problem des **Realismus**. Zwei Lager standen sich z.T. sehr unversöhnlich gegenüber. Auf der einen Seite neben Lukács andere Autoren des Bunds Proletarisch-Revolutionärer Schriftsteller (BPRS) wie Johannes R. Becher, Alfred Kurella und Karl August Wittfogel, auf der anderen Seite neben Bloch vor allem Bertolt Brecht, Anna Seghers und Hanns Eisler. Lukács proklamierte ein am bürgerlichen französischen Realismus des 19. Jh., namentlich an Balzac ausgerichtetes, aber mit sozialistischen Vorzeichen zu versehendes Stilideal. Die Lektüre sollte für die breite Masse leicht verständlich sein, der Held einen **Typus** mit sozialistischer **Perspektive** verkörpern. Moderne Romantechniken wie **Innerer Monolog, Montage, Reportage** oder **Verfremdung** lehnte er ab. Romanciers wie James Joyce, John Dos Passos, Marcel Proust, Alfred Döblin oder Franz Kafka belegte er mit dem Verdikt der Dekadenz.

Brecht wandte dagegen ein, Lukács behandle Formprobleme zu formalistisch. Er bestritt die Gültigkeit eines ahistorisch festgeschriebenen Stilideals und forderte, die Realität und nicht die **Ästhetik** müsse die Schreibweise bestimmen. Neue Stoffe und Inhalte verlangten auch neue Formen. Er selbst praktizierte dies beispielsweise in seinem **Epischen Theater** mit dem **Verfremdungseffekt**.[204] Gegen dieses jedoch polemisierte Lukács heftig. Die Auseinandersetzung wurde so erbittert geführt, daß etwa der bürgerliche Schriftsteller Thomas Mann aufgrund seiner Schreibweise dem Marxisten Lukács näher stand als der Marxist Brecht. Aufgrund kulturpolitisch-dogmatischer Vorgaben setzte sich für Jahrzehnte Lukács' Konzept als Grundlage für den **Sozialistischen Realismus** offiziell durch. (Er selbst wurde nach seiner Teilnahme am Ungarn-Aufstand 1956 stark in den Hintergrund gedrängt.) Trotz der beachtlichen Interpretationsleistungen Lukács'

---

204   Vgl. Kap. 5.2.3

und seiner Parteigänger erwiesen sich letztlich die Auffassungen Brechts als die moderneren.[205] Zu den bedeutendsten marxistischen Denkern zählt Walter Benjamin, der sich, wie übrigens auch Lukács, erst im Laufe seiner geistigen Entwicklung dem Marxismus zugewandt hat. Zwei Werke aus seinem sehr umfangreichen Œuvre seien hier besonders hervorgehoben. In der Abhandlung *Das Kunstwerk im Zeitalter seiner technischen Reproduzierbarkeit* untersucht er am Beispiel der Photographie und des Films die Konsequenzen, die sich aus den durch die moderne Technik verfügbaren Vervielfältigungsmöglichkeiten ergeben. Das Kunstwerk verliere dadurch seine spezifische *Aura*, büße einen Teil seines *Traditionswertes*[206] ein. Der *Maßstab der Echtheit* versage *an der Kunstproduktion*, daraus ergebe sich ihre notwendige *Fundierung auf Politik*.[207] Das wiederum habe zur Folge, daß die Kunst auch den *Schein ihrer Autonomie*[208] verliere. Gleichermaßen ändere sich damit *das Verhältnis der Masse zur Kunst*.[209] Scharf kritisiert Benjamin die vom Faschismus daraus abgeleitete Massenmanipulation in Form einer *Ästhetisierung der Politik*[210], die in einer *Ästhetik des Krieges*[211] gipfele. Darauf antworte der *Kommunismus [...] mit der Politisierung der Kunst*.[212] Entsprechend richtet Benjamin in seinem Aufsatz *Der Autor als Produzent* an die Schriftsteller die Forderung, sich mit dem Proletariat zu solidarisieren, die *geistigen Produktionsmittel*[213] müßten vergesellschaftet werden. Die Autoren dürften sich nicht mit *der bloßen Belieferung eines Produktionsapparates*[214] begnügen, son-

---

205   Vgl. dazu Völker: Brecht und Lukács, S. 138 ff

206   Benjamin: Die Kunst, S. 16

207   Ebd., S.21

208   Ebd., S.25

209   Ebd., S.37

210   Ebd., S. 49

211   Ebd., S. 50

212   Ebd., S. 51

213   Benjamin: Der Autor, S. 115

214   Ebd., S. 105

dern müßten auf dessen Veränderung bestehen, ihn *den Zwecken der proletari-schen Revolution*[215] anpassen.

5.4.8 Literatursoziologie und Rezeptionsästhetik

Eine selbstkritische Neuorientierung des germanistischen Selbstverständnisses in Verbindung mit einer intensiven und breit gefächerten Methodenreflexion (zu der auch eine angemessene Auseinandersetzung mit der marxistischen Literatursozio-logie gehörte) beendete Mitte der 60er Jahre in der Bundesrepublik die fast mono-polartige Vorrangstellung der werkimmanenten Interpretation. Das den Text iso-lierende Verfahren wurde überwunden, und die gesellschaftliche Relevanz der Literatur rückte wieder ins Blickfeld. Mehrere soziologische Richtungen, die zum Teil heftig gegeneinander polemisierten, befaßten sich auf jeweils spezifische Weise mit dem Phänomen Literatur. Die **empirisch-positivistische Literaturso-ziologie** (gelegentlich *Kölner Schule* genannt) beschäftigte sich weniger mit den Texten als vielmehr mit dem literarischen Umfeld, d.h. mit empirisch ermittel-baren Fakten und deren theoretischer Aufbereitung mit dem Ziel, Erkenntnisse über bestimmte soziale Gruppen oder Einzelpersonen von gesellschaftlicher Be-deutung zu gewinnen, zu verallgemeinerbaren Schlüssen zu gelangen und gegebe-nenfalls *Gesetze der Vorhersage zu entwickeln, die es ermöglichen zu sagen, daß, wenn dieses oder jenes geschieht, wahrscheinlich dies oder das folgen wird.*[216] Sie verstand sich als ein Teilgebiet der Soziologie. Inhaltliche und formalästheti-sche Aspekte seien nicht ihr Sujet, sondern das der Literaturwissenschaft im enge-ren Sinne. *Daher bleiben Aussagen über das Kunstwerk selbst und seine Struktur außerhalb kunstsoziologischer Betrachtungen,*[217] formulierte einer der Hauptver-treter, der Kölner Soziologe Alphons Silbermann. Für ihn stehen zum einen das *Kunsterlebnis*, also die Rezeption eines Kunstwerks als eine besondere Form sozialen Handelns, im Vordergrund, und zum anderen die *soziale Interaktion*[218].

---

215   Benjamin: Der Autor, S. 115

216   Silbermann: Empirische Kunstsoziologie, S. 22

217   Silbermann, Kunst, S. 166

218   Ebd., S. 167

Silbermanns Schüler Hans Norbert Fügen hat diesen zweiten Faktor ausführlicher erörtert. Literatur sei für die empirisch-positivistische Variante der Literatursoziologie *nur insofern* [...] *bedeutsam, als sich mit ihr, an ihr und für sie spezielles zwischenmenschliches Handeln vollzieht* [...]; *ihr Gegenstand ist die Interaktion der an der Literatur beteiligten Personen.*[219] (Später erachtete Fügen den Inhalt eines Werks immerhin dann für relevant, wenn sich der Einfluß einer sozialen Gruppe darauf empirisch nachweisen lasse.[220]) Die literarische Interaktion umfaßt im wesentlichen drei Bereiche: 1. Produktion (die soziale Rolle des Autors, Bedingungen bei der Manuskripterstellung, Mäzenatentum etc), 2. Distribution, d.h. Vermittlung und Verbreitung von Literatur (Verlage, Buchhandel, Werbung, Schulen, Universitäten, Bibliotheken, Bestsellerlisten, Literaturpreise, Verfilmungen etc), 3. Konsumtion (Aufnahme beim Publikum, schichtenspezifisches Leserverhalten, Leihbüchereien etc). Faktoren wie Literaturkritik oder Medienverwertung gehören beispielsweise der 2. *und* der 3. Gruppe an. Selbstverständlich sind auch die Verflechtungen dieser drei Bereiche untereinander ein wichtiger Untersuchungsgegenstand.

Die empirisch-positivistische Literatursoziologie ist eine Mikrotheorie, da sie sich nur auf einen bestimmten Ausschnitt konzentriert. Ihre Ergebnisse können der Literaurwissenschaft wichtiges Material als Grundlage eingehender Textanalysen bereitstellen, nicht mehr, aber auch nicht weniger.[221] Einer Makrotheorie zugehörig versteht sich dagegen die **kritisch-dialektische Literatursoziologie**, weil sie einerseits integrierter Bestandteil einer gesamtgesellschaftlichen Theorie ist und andererseits auch inhaltliche und formalästhetische Komponenten in ihre Untersuchungen mit einbezieht. Diese vor allem von Theodor W. Adorno, dem Hauptvertreter der sogen. *Frankfurter Schule*, entwickelte Methode kritisiert an dem Verfahren Silbermanns und Fügens dessen Geschichtslosigkeit und den ungerechtfertigten Anspruch objektiv wissenschaftlicher Gültigkeit. Sie muß sich ihrerseits mit deren Vorwurf des philosophisch-spekulativen Vorgehens auseinandersetzen.[222]

---

219 Fügen: Hauptrichtungen, S. 14

220 Vgl. Fügen: Wege der Literatursoziologie. Einleitung

221 Vgl. Göbel: Methode, S. 212f

222 Vgl. Adorno u.a.: Positivismusstreit, S. 11

Die **kritische Theorie** der *Frankfurter Schule* basiert auf einer kritischen Adaption der Frühschriften von Karl Marx, deren philosophische Positionen ohne die dogmatischen Zwänge, wie sie in den kommunistischen Ländern vorgegeben waren, weiterentwickelt wurden. Dies kann hier nur ganz knapp skizziert werden. Wie Marx sieht sie den Menschen durch seine Arbeit definiert. Durch die zunehmende Arbeitsteilung im Verlauf der Industrialisierung habe der Einzelne immer mehr die Beziehung zu den Resultaten seiner Arbeit verloren, wozu nicht nur materielle Güter, sondern auch die gesellschaftlichen Institutionen gehören. Eine Folge sei die Entfremdung des Menschen von sich selbst. Dies wiederum führe zu einem falschen gesellschaftlichen Bewußtsein in dem Sinne, daß er die Herrschafts- und Ausbeutungsverhältnisse nicht mehr als von Menschen gemachte und also veränderbare erkenne. Dieses falsche gesellschaftliche Bewußtsein wird als **Ideologie** bezeichnet,[223] die transparent und bewußt gemacht werden muß. **Ideologiekritik** ist die Hauptaufgabe der *Frankfurter Schule* und entsprechend auch wichtigstes Anliegen der kritisch-dialektischen Literatursoziologie. Im gesamtgesellschaftlichen Kontext sollen Inhalt und ästhetische Form literarischer Texte daraufhin untersucht werden, ob sie ideologisch geprägt oder ideologiefrei sind oder sogar ihrerseits ideologiekritisch wirksam werden können. Im Gegensatz zur marxistischen Auffassung darf ein Kunstwerk sich also keinesfalls in den Dienst einer Ideologie stellen. Es soll vielmehr seine Autonomie bewahren und wird als der Ort betrachtet, in dem ein humanes Zusammenleben von Menschen modellhaft Gestalt annehmen kann. Dies gilt nach Adorno in besonderem Maße für das lyrische Gedicht:

> Sein Abstand vom bloßen Dasein wird zum Maß von dessen Falschem und Schlechtem. Im Protest dagegen spricht das Gedicht den Traum einer Welt aus, in der es anders wäre. Die Idiosynkrasie des lyrischen Geistes gegen die Übergewalt der Dinge ist eine Reaktionsform auf die Verdinglichung der Welt, der Herrschaft von Waren über Menschen, die seit Beginn der Neuzeit sich ausbreitet, seit der industriellen Revolution zur herrschenden Gewalt des Lebens sich entfaltet hat.[224]

Dieser allumfassende Anspruch hat zweifellos eine Reihe bedeutender interpretatorischer Leistungen hervorgebracht. Insgesamt aber hat er sich in der Praxis als nicht gerade leicht einlösbar erwiesen. Hinzu kommt, daß vor allem zahlreiche

---

223   Vgl. Adorno: Rede über Lyrik, S. 78
224   Ebd.

Adorno-Nachfolger sich in ihren literatursoziologischen Arbeiten einer allzu elitären, schwerverständlichen Schreibweise befleißigt haben.

Neue Beachtung fand auch ein Ansatz, den der Anglist Levin L. Schücking
mit seinen Untersuchungen zum literarischen **Geschmack** bereits vor gut fünfzig
Jahren entwickelt hatte. Sein Buch *Soziologie der literarischen Geschmacksbildung* (1923) erschien 1961 in dritter Auflage. Schücking kritisierte zunächst die
Annahme *eines* Zeitgeists und *eines* Volksganzen. Beide müßten soziologisch
differenziert werden. *Denn wer den Blick auf das Volksganze richtet, der sieht
doch bald, daß es sich in Hinsicht auf Weltbild, Weltwertung und Grundsätze der
Lebensführung sehr gründlich unterscheidet.*[225] Daraus folgert Schücking, daß
es *sozusagen eine ganze Reihe von Zeitgeistern* gibt: *Immer werden sich durchaus
verschiedene Gruppen mit anders gerichteten Lebens- und Gesellschaftsidealen
aussondern lassen. Zu welcher von diesen aber die jeweilig vorherrschende Kunst
die nächsten Beziehungen hat, hängt von mancherlei Umständen ab und nur jemand, der in einem Wolkenkuckucksheim wohnt, wird dafür rein ideelle Faktoren
verantwortlich machen.*[226] Schücking geht davon aus, daß der literarisch-ästheti-
sche Geschmack durch kulturelle und gesellschaftliche Bedingungen wesentlich
mitgeprägt wird.[227] Und der *soziologische Nährboden der Literatur* sei durchaus
auch von den *materiellen Zeitumständen* abhängig.[228] Schücking beschäftigt sich
eingehend mit der Funktion von bestimmten **Geschmacksträgertypen** und erläutert dies an einem nicht-literarischen Beispiel, indem er sich fragt, *ob nicht der
Kultus der Ornamentlosigkeit in der neueren Architektur, der in der Zweckmäßig-
keit schon höchste Schönheit erblickt, von einer im technischen Zeitalter nicht
verwunderlichen Ingenieur-Mentalität weiter Kreise bedingt ist.*[229] Auf literarischem Gebiet verdeutlicht Schücking seine Auffassung an Hand der Studien des
Geistesgeschichtlers Friedrich Gundolf über Annette von Droste-Hülshoff, aus
deren ganzem genialen Werk dieser nur die *Judenbuche* gelten lassen wolle: *Dieser der Ästhetenbewegung und dem Stefan-George-Kreis nahestehende Kritiker*

---

225   Schücking: Soziologie der literarischen Geschmacksbildung, S. 12

226   Ebd., S. 13 f

227   Vgl. Scharfschwerdt: Grundprobleme der Literatursoziologie, S. 50

228   Schücking: Soziologie der literarischen Geschmacksbildung, S. 15

229   Ebd., S. 90

gehörte einfach zu einem anderen Geschmacksträgertyp als die Drostevererehrer. Er maß die Dinge mit seinen Maßstäben. Für die grandiose Erfassung der niederdeutschen Landschaft bei der westfälischen Dichterin, für ihre Meisterschaft in der Darstellung des Schaurigen, vor allem aber für ihre ergreifende Verherrlichung menschlichen Alltagsheldentums und der natürlichsten Herzensbeziehungen fehlte ihm das Organ.[230] Trotz mancher Unzulänglichkeiten im einzelnen kann Schückings Ansatz *den Rang einer Pionierarbeit beanspruchen.*[231]

Eine einflußreiche Bereicherung und Erweiterung literatursoziologischer Bemühungen hat der Romanist Hans Robert Jauß um 1970 ins Gespräch gebracht, indem er den seit Gervinus lange vernachlässigten Faktor der Wirkung von Literatur auf das Lesepublikum ins Zentrum seiner Überlegungen gerückt hat. Nicht empirisch ermittelbare und statistisch aufweisbare Fakten der literarischen Interaktion, sondern der Kenntnisstand und der Grad der Gewöhnung an künstlerische Ausdrucksmittel und Problemgestaltungen spielen in seiner **Rezeptionsästhetik** die entscheidende Rolle. Jauß geht davon aus, daß jedes Publikum aufgrund der vorhandenen und rezipierten literarischen Produktion seiner jeweiligen Zeit einen bestimmten **Erwartungshorizont** hat, vor dem es einen dann neu auf den Markt kommenden Text aufnimmt und beurteilt. Diesen mißt es am Maßstab der bereits anerkannten ästhetischen und moralischen Normen, d. h. es qualifiziert ihn danach, ob er hinter dem vorhandenen Erwartungshorizont zurückbleibt, ihm entspricht oder ihn übersteigt. Im Sinne der **Hermeneutik** formuliert Jauß: *Das geschichtliche Leben des literarischen Werks ist ohne den aktiven Anteil seines Adressaten nicht denkbar. [...] Die Geschichtlichkeit der Literatur wie ihr kommunikativer Charakter setzen ein dialogisches und zugleich prozeßhaftes Verhältnis von Werk, Publikum und neuem Werk voraus.*[232] Je eher eine Neuerscheinung den vorgängigen Erfahrungen entgegenkommt oder gar auf eine Reproduktion und Bestätigung der herrschenden Geschmacksrichtung angelegt ist, desto mehr nähert es sich, so Jauß, *dem Bereich der 'kulinarischen' oder Unterhaltungskunst.*[233] Wenn es hingegen über den Erwartungshorizont hinausgeht und

---

230   Schücking: Soziologie der literarischen Geschmacksbildung, S. 90

231   Oellers: Literatursoziologie, S. 259

232   Jauß: Literaturgeschichte, S. 169

233   Ebd., S. 178

neue Erfahrungen ermöglicht, findet ein *Horizontwandel*[234] statt. Folglich müsse jeder literarische Kanon einer permanenten kritischen Revision unterzogen, müsse die Literaturgeschichte durch die Rezeptionsästhetik immer neu geschrieben werden. An anderer Stelle formuliert Jauß mit Blick auf den Leser: *Der besondere Status der ästhetischen Erfahrung im Kommunikationsprozeß der gesellschaftlichen Praxis läßt sich* [...] *in drei Leistungen aufgliedern: die präformative oder* **normgebende**, *die motivierende oder* **normbildende** und die **normbrechende** Funktion.[235] So aufschlußreich sicherlich die von Jauß gewählte Blickrichtung sein kann, so schwierig ist doch in vielen Fällen — schon angesichts der unermeßlichen Fülle des zu berücksichtigenden Materials — die jeweils notwendige *Rekonstruktion des Erwartungshorizonts*.[236] Ein weiteres Problem besteht darin, daß bei dieser Methode zu sehr auf innerliterarische Fragestellungen geachtet und der gesamtgesellschaftliche Kontext leicht übersehen wird.

Auch der Anglist Wolfgang Iser hat eine leserbezogene (aber nicht literatursoziologische) Theorie entwickelt. Er definiert **Fiktion** als *Form ohne Realität*.[237] Der literarische Text bilde nicht vorhandene Wirklichkeit ab, sondern halte *Einsichten in diese parat*[238] und mache dem Leser das Angebot, die Einsichten für sich selbst zu aktualisieren. Um dies zu initiieren, enthält nach Iser jeder Text **Leerstellen** bzw. einen **Unbestimmtheitsbetrag**, der *das wichtigste Umschaltelement zwischen Text und Leser darstellt. Als Umschaltstelle funktioniert Unbestimmtheit insofern, als sie die Vorstellungen des Lesers zum Mitvollzug der im Text angelegten Intention aktiviert.* Die Intention des Texts hat ihren Ort *in der Einbildungskraft des Lesers. Die Leerstellen im Text ermöglichen es dem Leser, die Fremderfahrung der Texte im Lesen zu einer privaten zu machen*.[239] Obwohl Iser den Leser in sein theoretisches Modell einbezieht, ist seine Methode keine literatursoziologische. Denn er faßt Literaturwissenschaft als eine *Wissen-*

---

234 Jauß: Literaturgeschichte, S. 178

235 Jauß: Racines und Goethes Iphigenie, S. 393 f

236 Jauß: Literaturgeschichte, S. 183

237 Iser: Die Appellstruktur der Texte, S. 10

238 Ebd., S. 11

239 Ebd., S. 33 f. Vgl. auch Iser: Der implizierte Leser

schaft von Texten[240] *auf.* Ein solchermaßen verengendes Verständnis muß *von vornherein eine sozialhistorische Orientierung konterkarieren.*[241]

5.4.9 Theorien- und Methodenpluralismus der Gegenwart (Auswahl)

Wenn es auch richtig ist, daß beispielsweise die **geistesgeschichtliche Schule** in einer Art Gegenbewegung des Pendels den **Positivismus** 'verdrängt' hat oder daß die nach 1945 dominierende **werkimmanente Interpretation** eine Reaktion auf die ideologische Verstrickung der deutschen Literaturwissenschaft im Dritten Reich gewesen ist, so wäre es doch ganz falsch anzunehmen, daß die einzelnen Methoden geradewegs auseinander hervorgegangen seien bzw. einander nahtlos abgelöst hätten. Der Rückgriff auf das positivistische Verfahren durch die **empirisch-positivistische Literatursoziologie** sowie der fortdauernde Einfluß der geistesgeschichtlichen Strömung bis heute, um nur diese beiden Beispiele zu nennen, zeigen deutlich, daß verschiedene Richtungen durchaus konkurrierend nebeneinander existieren, zumindest partiell und phasenweise, und daß Interdependenzen bestehen können. Das läßt schon der Begriff des in den 60er und 70er Jahren vielzitierten (und vielkritisierten) **Methodenpluralismus** erkennen. Gleichwohl hat sich in dieser Zeit im wesentlichen die Grundlegung für das weit auseinander gefächerte Spektrum an neuen Arbeitsschwerpunkten und Aufgabenbereichen sowie an neuen methodischen und theoretischen Ansätzen vollzogen, das die aktuelle Situation kennzeichnet.

Gleichzeitig ist zu registrieren, daß die Literatur von anderen Medien zunehmend in eine Randstellung gedrängt wird und daß das Fach Literaturwissenschaft in der literarisch interessierten Öffentlichkeit nur noch eine marginale Rolle spielt. Eine Neuorientierung ist erforderlich. Die Germanistik ist eine Disziplin im Umbruch.[242] *Die Ausweitung des literaturwissenschaftlichen Gegenstandsbereichs, der die Grenzen einzelphilologischer Fragestellungen sprengt, fächerübergreifende Austauschprozesse mit den Nachbardisziplinen und methodischer, zuweilen*

---

240   Iser: Überlegungen zu einem literaturwissenschaftlichen Studienmodell, S. 195

241   Schön: Sozialgeschichtliche Literaturwissenschaft, S. 611

242   Vgl. Schönert: Germanistik – eine Disziplin im Umbruch?

irritierender Pluralismus sind auch für die achtziger Jahre kennzeichnend.[243] Besonders für Studienanfänger ist es sicherlich nicht leicht, einen Überblick über die komplexe Vielfalt der gegenwärtigen Positionen zu gewinnen. Erschwerend kommt hinzu, daß oftmals einzelne Richtungen vor allem in polemischer Abgrenzung gegen andere präsentiert werden und daß nicht wenige ihrer Vertreter sich eines geradezu esoterischen Wissenschaftsjargons befleißigen, in den man sich erst einlesen muß. Auch läßt sich ein deutliches Übergewicht der Theorieformulierung gegenüber der interpretatorischen Praxis beobachten. In der folgenden Auswahl soll versucht werden, die wichtigsten Ansätze knapp zu skizzieren.[244] Auf die **Dekonstruktion** wurde bereits in Kapitel 5.1.5 *Autor - Text - Leser* eingegangen.[245]

5.4.9.1   Sozialgeschichtliche Literaturwissenschaft und Systemtheorie

Sozialgeschichte der Literatur kann nicht heißen, daß in einem Buch vorab die Sozialgeschichte einer Epoche (oder aller Epochen von den Anfängen bis zur Gegenwart) dargestellt wird und sich dann in einem getrennten zweiten Teil die Geschichte der Literatur desselben Zeitabschnitts anschließt. Das ist lediglich eine *Buchbindersynthese.*[246] Es kommt vielmehr darauf an, die Zusammenhänge und Vermittlungsprozesse zwischen sozialgeschichtlichem Kontext, dem Text in seiner ästhetischen Geformtheit und der funktionalisierenden Rezeption durch die Leser zu erfassen. Nicht einer dieser drei Aspekte, sondern alle drei in ihrem wechselseitigen Wirkungsverhältnis stehen im Mittelpunkt des Interesses. Eine so verstandene Literaturwissenschaft konzentriert sich also nicht in hermeneutischer Zielsetzung allein auf den Textsinn:

---

243   Voßkamp: Literaturwissenschaft als Geisteswissenschaft, S. 246

244   Zur genaueren Information sei empfohlen: Neue Literaturtheorien. Hg. v. Klaus Bogdal und ders. (Hg.): Neue Literaturtheorien in der Praxis sowie die einschlägigen Aufsätze in: Literaturwissenschaft. Ein Grundkurs. Hg. v. Helmut Brackert u. Jörn Stückrath, S. 579-689

245   Vgl. dazu ferner Culler: Dekonstruktion

246   Schön: Sozialgeschichtliche Literaturwissenschaft, S. 609

Die Beschreibung der 'Realität der Literatur', des Umgangs der Menschen mit ihr und der Rolle, die sie für sie spielt, kann sich nicht beschränken auf die kognitive Ebene. Wer 'Rezeption' intellektualistisch verkürzt auf richtiges oder falsches 'Sinnverstehen', dem ist offenbar die Erfahrung verloren gegangen, daß das Lesen eines literarischen Textes nicht nur darin besteht, eine 'Sinnkonstitution aus Geschriebenem' zum Ergebnis zu haben, sondern daß es seine Funktion darin hat, für den Leser ein bestimmtes Lektüreerlebnis zustande kommen zu lassen. Die kognitive Verkürzung auf die 'Bedeutungsproduktion aus dem Text' läßt eben das verschwinden, was die Besonderheit von Literatur ausmacht. Real, d.h. zum sozialen Faktum, wird Literatur gerade dadurch, daß sie ästhetisch erfahren wird; und dieser Begriff der ästhetischen Erfahrung betont die Einheit von Sinnverstehen und literarischem Erleben, in das Momente wie Lust, Sinnlichkeit, Vergnügen, Betroffenheit oder Beteiligung am Text eingehen.[247]

Innerhalb der sozialgeschichtlich orientierten Literaturwissenschaft gibt es verschiedene Ansätze, die sich auf Theorievorgaben unterschiedlicher soziologischer Richtungen stützen.[248] Von zunehmender Bedeutung ist die **Systemtheorie** des Bielefelder Soziologen Niklas Luhmann. Zwar konstatierte Harro Müller noch 1990, daß *die Rezeption der Luhmannschen Systemtheorie in der Literaturwissenschaft noch in den Kinderschuhen*[249] stecke - er selbst hat in seinem Aufsatz eine präzise Darstellung der Konzeption und ihrer Perspektiven gegeben −, doch schon drei Jahre später bemerkt Georg Stanitzek, daß inzwischen *eine ebenso neugierige wie rasche Rezeption jeglicher Art Theorie*,[250] auch der Systemtheorie, stattfindet. Stanitzek beantwortet die beiden Fragezeichen im Titel seines Beitrags *Systemtheorie? Anwenden?* mit einer Explikation des Verfahrens am Beispiel eines *Sudelbuch*-Eintrags von Lichtenberg. Die Fortführung der Diskussion in Theorie und Anwendung dokumentiert ebenfalls 1993 die von Siegfried J. Schmidt herausgegebene Aufsatzsammlung *Literaturwissenschaft und Systemtheorie*. Die erwähnten Arbeiten und die dort genannte Literatur ermöglichen eine weiterführende Beschäftigung mit diesem Gebiet. Hier soll lediglich noch auf zwei Ansätze kurz eingegangen werden.

---

247   Schön: Sozialgeschichtliche Literaturwissenschaft, S. 615

248   Eine Übersicht über die einzelnen Konzeptionen findet sich bei Jendricke: Sozialgeschichte der Literatur, S. 43-84

249   Müller: Systemtheorie und Literaturwissenschaft, S. 214

250   Stanitzek: Systemtheorie? Anwenden?, S. 660

Auf das **sozial- und funktionsgeschichtliche Konzept** Wilhelm Voßkamps, der sich an dem Bielefelder Soziologen Niklas Luhmann orientiert, wurde bereits im Kapitel über die **Gattungen** kurz eingegangen.[251] Ein Hauptschwerpunkt der Arbeiten Voßkamps ist seit den 70er Jahren u. a. die **Romansoziologie**. Im Roman sieht Voßkamp, sich auf Friedrich von Blankenburgs *Versuch über den Roman* (1774) und August Wilhelm Schlegels *Beyträge zur Kritik der neuesten Litteratur* (1798) berufend, die unmittelbarste Berührung zwischen Literatur und Gesellschaft gegeben. Daraus folgt, daß *Romantheorie [...] immer schon die Bestimmung der ästhetischen Struktur des Romans im Verhältnis zu der ihm korrespondierenden sozialen Realität*[252] impliziert. Den rezeptionsästhetischen Ansatz von Jauß weiterführend formuliert er: *Literarische Kommunikation ist konstitutiv bestimmt durch das Moment geschichtlich-konkreter Rezeption. Der historische oder zeitgenössische Leser macht den Romantext erst durch seine Vergegenwärtigung beim Lesen zum Gegenstand einer kommunikativen Situation. Der Romanautor befindet sich zudem immer schon im Dialog mit seinen potentiellen Lesern als Gesprächspartnern; die Reaktionen des Publikums wiederum können auf den literarischen Produktionsprozeß einwirken.*[253] Den Roman faßt Voßkamp auf als **literarisch-soziale Institution,**[254] die geschichtlich situierbar ist, und die, wie alle Institutionen, nicht statisch, sondern einem fortlaufenden Prozeß von Institutionalisierung und Entinstitutionalisierung unterworfen ist. Oftmals ist das eine mit dem anderen verbunden: *Die Ablösung der Dominanz des Epos durch die des Romans im 18. Jahrhundert wäre dafür ein signifikantes Beispiel.*[255] Angesichts der sich abzeichnenden *Annäherung historischer und soziologischer Methoden sowohl in der Geschichtswissenschaft als auch in den Sozialwissenschaften* erkennt er für die Weiterentwicklung der Romansoziologie eine Chance darin, daß die (von ihm skizzierten) Teiltheorien zu einer *umfassenden Systematik* gebündelt

---

251   Vgl. Kap. 5.1.3

252   Voßkamp: Methoden und Probleme der Romansoziologie, S. 1

253   Ebd., S. 24

254   Ebd., S. 31

255   Ebd., S. 32

werden und empfiehlt *eine Diskussionshaltung des Vergleichens und – wo möglich – des Kombinierens unterschiedlicher Ansätze.*[256]

Eine Münchener Forschergruppe "Sozialgeschichte der deutschen Literatur
1770-1900" beruft sich auf die späteren Arbeiten des Soziologen Talcott Parsons,
der mikrosoziologische *Handlungstheorie* und makrosoziologische *Systemtheorie*
miteinander verbindet. Das *Sozialsystem Literatur* wird verstanden als eines von
vielen im System Gesellschaft vorhandenen Subsystemen (Recht, Wirtschaft,
Wissenschaft etc.), das seinerseits *als soziales Handlungssystem intern in weitere
Subsysteme ausdifferenziert werden kann.*[257] Dabei wird literarisches Handeln
aufgefaßt *als eine Funktion von übergreifenden gesellschaftlichen Konstellationen
und Prozessen, und es hat eine Funktion für die Situierung und Veränderung von
gesellschaftlichen Vorgängen; es ist als gesellschaftlich bewirktes und zugleich als
gesellschaftlich wirkendes Handeln zu verstehen [...].*[258] Der Münchener Theo-
rieentwurf hat zum Ziel, *eine kontrollierte und reflektierte Verbindung zwischen
literaturwissenschaftlichen Konzeptionen und sozialwissenschaftlichen Kategorien
herzustellen.*[259] Die von der Systemtheorie Parsons' bereitgestellten *Kategorien
für die Beschreibung von Handlungszusammenhängen* bieten der *literarhistorio-
graphischen Rekonstruktion einen elaborierten und expliziten Theorierahmen, auf
dessen Basis sinnvolle Hypothesen formuliert werden können. [...] Gemäß den
Strukturierungsvorgaben dieser Hypothesen werden die empirischen Daten sele-
giert und organisiert. Die so erarbeiteten Befunde erlauben es, die Gültigkeit der
historisch-analytischen Hypothesen empirisch zu kontrollieren.*[260] Inzwischen ist
eine Reihe von Einzelstudien auf der Grundlage dieses Modells erschienen, hauptsächlich über den im Programmnamen genannten Zeitraum 1770-1900.

---

256   Voßkamp: Methoden und Probleme der Romansoziologie, S. 35 f

257   Pfau/Schönert: Probleme und Perspektiven, S. 10

258   Ebd., S. 11

259   Jendricke: Sozialgeschichte der Literatur, S. 42

260   Ebd.

5.4.9.2 Historische Diskursanalyse

Ein besonderes Gewicht in der gegenwärtigen Methoden- und Theoriediskussion hat auch die **Historische Diskursanalyse**, die im wesentlichen auf den französischen Philosophen und Historiker Michel Foucault zurückzuführen ist. Sein Verständnis von Autor-Text-Leser wurde oben bereits angesprochen.[261]

Foucault hat keineswegs den Anspruch erhoben, ein in sich geschlossenes Theoriegebäude zu erstellen. Auch spielt in seinen früheren Arbeiten in den 60er Jahren die Literatur nur am Rande eine Rolle. Erst im darauffolgenden Jahrzehnt hat er sie mehr mit einbezogen. Fasziniert und beschäftigt hat Foucault die Literaturwissenschaft gleichwohl in hohem Maße, und er tut es bis heute. Der *Facettenreichtum* seines Denkens bedingt auch dessen *Ausbeutbarkeit*, so daß es gar nicht illegitim ist, daß die Literaturwissenschaft ihn *in einer selektiven und eklektizistischen Weise rezipiert*.[262] Zunächst zum Begriff **Diskurs**. Die etymologische Bedeutung meint das Hin- und Herlaufen der Rede, etwa beim Argumentieren verschiedener Diskussionsteilnehmer. Foucault definiert ihn als *eine Menge von Aussagen, die einem gleichen Formationssystem zugehören*,[263] wobei es genau genommen um *diskursive Praxis* geht, d.h. Diskurse sind historisch wirksame Aussagesysteme, die nach bestimmten Regeln funktionieren und sich dadurch von anderen Diskursen abgrenzen. Sie sind Teile umfassender Diskursordnungen. *Diese Praxis ist weder die Tätigkeit eines Subjekts noch ein linguistischer Code, mit dessen Hilfe sich beliebig viel konkrete Aussagen erzeugen ließen, sondern ein Ensemble von 'Regeln'*, die einen Diskurs als endliche Menge tatsächlich formulierter sprachlicher Sequenzen ermöglichen. Solche Regeln zu eruieren, ist das Geschäft der *Diskursanalyse. Sie bestimmen die Formation (=Anordnung) der Gegenstände, auf die sich ein Diskurs beziehen kann, der Subjektpositionen, die in ihm eingenommen werden können, der Begriffe, die in ihm verwendet werden und der Theorie bzw. 'Strategien', die ihn prägen.*[264] Es gibt also viele und ganz unterschiedliche Diskurse: einen philosophischen Diskurs, einen politischen

---

261   Vgl.Kap. 5.1.5

262   Kammler: Historische Diskursanalyse (Michel Foucault), S. 31 und S. 44

263   Foucault: Archäologie des Wissens, S. 156

264   Kammler: Historische Diskursanalyse. Foucault und die Folgen, S.630 f

Diskurs, einen ökonomischen Diskurs, einen klinischen Diskurs, einen wissenschaftlichen Diskurs, einen literaturwissenschaftlichen Diskurs. Die Literatur, insbesondere die moderne, hat Foucault vor allem in seinen früheren Abhandlungen beschrieben als anarchischen, subversiven *'Gegendiskurs' zu den herrschenden wissenschaftlichen und philosophischen Rationalitätsformen der Moderne.*[265] Später ist Literatur für Foucault lediglich noch ein Name, *der in unterschiedlichen Diskursen unterschiedlichen Gegenstandsformationen zugeschrieben werden kann.*[266] Die gegenwärtige Forschungslage ist relativ unübersichtlich, da sich durchaus heterogene Konzepte (hermeneutische, semiotische, dekonstruktivistische) — mehr oder weniger berechtigt — auf Foucault berufen.[267] Besonders erwähnt seien hier zunächst die Arbeiten von Friedrich A. Kittler[268] und Jürgen Link, der den Begriff **Interdiskurs** ins Gespräch gebracht hat. J. Link und Ursula Link-Heer *schlagen vor, jede historisch-spezifische 'diskursive Formation' im Sinne Foucaults als 'Spezialdiskurs zu bezeichnen und dann alle interferierenden, koppelnden, integrierenden usw. Querverbindungen zwischen mehreren Spezialdiskursen 'interdiskursiv' zu nennen. 'Interdiskursiv' wären dann z.B. alle Elemente, Relationen, Verfahren, die gleichzeitig mehrere Spezialdiskurse charakterisieren.*[269] Ferner ist die vom Primat des Politischen ausgehende Diskurstheorie Terry Eagletons zu nennen.[270]

---

265 Kammler: Historische Diskursanalyse (Michel Foucault), S. 631

266 Ebd., S. 43

267 Vgl. dazu den von Harro Müller und Jürgen Fohrmann herausgegebenen Sammelband Diskurstheorien und Literaturwissenschaft

268 Vgl. etwa Kittler: Aufschreibesysteme. Auf knappem Raum auch Kittler: Ein Erdbeben in Chili und Preußen über Kleists *Das Erdbeben in Chili*

269 Link/Link-Heer: Diskurs/Interdiskurs, S. 19

270 Vgl. Eagleton: Einführung in die Literaturtheorie, S. 187-213

5.4.9.3   Literatursemiotik

Gegenstand der **Semiotik** sind *in der Regel die Strukturen sprachlicher, aber auch nicht-sprachlicher Zeichensysteme.*[271] Mit literarischen Texten als Zeichensystemen beschäftigt sich die Literatursemiotik. Daß es innerhalb dieser wiederum verschiedene Richtungen gibt, sei hier nur am Rande erwähnt. Grundlegend war das binäre Zeichenmodell des Linguisten Ferdinand de Saussure. Dieser unterschied zwei fundamentale Elemente an den Zeichen: *auf der einen Seite die auffallend materielle, äußerlich gegenständliche Seite [...], auf der anderen Seite das in der Vorstellung der Benutzer mental Gemeinte, die Bedeutung [...]. Den materiellen Zeichenträger nannte er* **Signifikant,** *die mentale (ideelle) Bedeutung* **Signifikat.**[272] Wenn ein Mann einer Frau eine rote Rose schenkt, so ist diese ein Zeichen (Signifikat) seiner Liebe, die er ihr gegenüber sozusagen durch die Blume (Signifikant) zum Ausdruck bringen will. Es sind natürlich auch Konstellationen denkbar, in denen das Überreichen einer roten Rose nicht diese Bedeutung hat, etwa wenn der Kandidat einer politischen Partei sich auf diese Weise im Wahlkampf um das Wohlwollen einer Passantin in der Fußgängerzone bemüht. Wichtig ist also auch der Kontext im engeren Sinne. Im übrigen gibt es wahrscheinlich Kulturen, in denen eine rote Rose überhaupt nicht die Bedeutung als Zeichen der Liebe hat (Kontext im weiteren Sinne). Das Beispiel zeigt, daß einem Signifikanten oft mehrere Signifikate entsprechen. Solche Mehrdeutigkeit (=**Polysemie**) läßt sich etwa an dem Wort *Rede* beobachten. Damit kann eine Ansprache gemeint sein oder aber auch die imperative Aufforderung zum Reden. In diesem Fall spricht man von **Homonymie.** Umgekehrt kann es mehrere Signifikante für das gleiche Signifikat geben: *Schuster* und *Schuhmacher.* Dies nennt man **Synonymie.** Ferner unterscheidet die Semiotik zwischen *Denotation ('direkte' Bedeutung) und* **Konnotation** *('indirekte Bedeutung) bzw. zwischen Denotaten ('direkten' Signifikanten) und Konnotaten ('indirekten' Signifikanten).*[273]

Diese Kategorien spielen besonders bei der Analyse literarischer Texte eine Rolle. Link stellt vier Hauptmerkmale für die **Literarizität** bzw. **Poetizität** von

---

271   Link/Parr: Semiotische Diskursanalyse, S. 107

272   Link: Literatursemiotik, S. 16

273   Ebd., S. 19

Texten heraus, wobei nicht unbedingt alle in allen Texten vorkommen müssen.[274] **1.** Die **Autofunktionalität** literarischer Zeichenkomplexe liegt darin, daß ein Text sprachlich so strukturiert ist, daß die Aufmerksamkeit auf die Form der Sprache selbst, auf die 'Botschaft' um ihrer selbst willen gelenkt wird, im Gegensatz zu wissenschaftlichen oder technischen Diskursen, wo die Aufmerksamkeit auf die Sache gelenkt wird. **2.** Charakteristisch ist die **Verfremdung** (in ähnlichem Sinne, wie schon die **Russischen Formalisten** und Brecht den Begriff gebraucht haben), die Abweichung von der Alltagssprache durch besondere formale Eigentümlichkeiten (wie Reim und Metrum). **3.** In literarischen Texten dominiert die **Konnotation**, durch sie werden mehrere übereinanderliegende Bedeutungsebenen geschaffen. (Ein Kriterium, das beispielsweise auch für den **Witz** oder das **Rätsel** konstitutiv ist.) **4.** Ein wesentliches Kennzeichen ist schließlich die **Symbolik**, die Verwendung von Bildern, mit denen durch etwas Konkretes ein Abstraktum, etwas Allgemeines repräsentiert wird. Der Schwan in Kleists Erzählung *Die Marquise von O...* ist ein Symbol für die Reinheit der Protagonistin,[275] die Rappen in *Michael Kohlhaas* sind das Symbol für die Gerechtigkeit, um die der Roßhändler kämpft. Das Gesagte macht deutlich, daß sich das semiotische Verfahren durchaus mit einer hermeneutischen Vorgehensweise verknüpfen läßt.

Vereinfachend kann man festhalten, daß eine literatursemiotische Untersuchung sich an diesen vier Aspekten orientiert. Sie intendiert, die *Mehrstimmigkeit*, die *polyisotope Rede* literarischer Texte herauszuarbeiten. *Das gilt für kleinste literarische Elemente wie für Makrostrukturen.* Die sich daraus ergebende Frage, *ob solche 'Mehrstimmigkeit' innerliterarischen Ursprungs ist oder woher sie ggf. stammt,*[276] versucht Link durch eine diskurstheoretische Erweiterung zu beantworten, indem er den literarischen Diskurs vergleichend zu anderen Diskursen in Beziehung setzt.

---

274   Vgl. Link: Literstursemiotik, S. 24 ff und ders.: Semiotische Diskursanalyse, S. 110 ff

275   Vgl. Kap. 5.2.1

276   Link: Semiotische Diskursanalyse, S. 121

5.4.9.4 Psychoanalytische Literaturwissenschaft

Auch die psychoanalytische Literaturbetrachtung ist ein Beispiel dafür, daß unterschiedliche Theorien und Interpretationsmethoden nebeneinander existierten und existieren. Sigmund Freud, der zu Beginn dieses Jahrhunderts die Psychoanalyse begründete, erkannte schon bald deren Relevanz für die Literatur und erprobte sie in mehreren Studien. In seiner Nachfolge gibt es diverse Ansätze, psychoanalytische Erkenntnisse in der Literaturinterpretation anzuwenden. Einen neuen Schub in dieser Entwicklung bewirkte der Franzose Jacques Lacan auf der Basis der strukturalen Linguistik.

Freud war als Arzt und Psychiater zu der Einsicht gekommen, daß psychische Störungen beim Menschen in der Regel nicht auf organische Ursachen zurückzuführen sind, sondern zumeist auf unbewußte seelische Konflikte. Diese aufzudecken war das Ziel seines Umgangs mit Patienten, die er veranlaßte, frei und spontan ihre Gedanken und Erinnerungen auszusprechen. Je weniger Selbstzensur die Sprecher übten, desto aufschlußreicher war der Blick in ihr unbewußtes Seelenleben. Diese Methode der *freien Assoziation* bewährte sich vor allem, wenn die Patienten ihre Träume erzählten. Freud beobachtete bestimmte Mechanismen der *Traumarbeit*, die er im VI. Kapitel seine Buchs *Die Traumdeutung* (1900) erläutert: *Verdichtung, Verschiebung, Überdeterminierung, Symbolisierung* und *sekundäre Bearbeitung.*[277] Aus den *latenten Traumgedanken*, die durch freie Assoziation entstehen, wird der *manifeste Trauminhalt*, wie man ihn am nächsten Tag aus der Erinnerung erzählt. Dabei zeigt sich, daß Träume (und ebenso **Witze**, denen Freud eine eigene Studie gewidmet hat[278] und die sogen. *Fehlleistungen*) Rückschlüsse auf das Unbewußte ermöglichen, da sich in ihnen verdrängte Wünsche offenbaren, die für das wache Bewußtsein nicht als solche erkennbar sind.

Parallel dazu entwickelte Freud seine Theorie der menschlichen Sexualität und Persönlichkeitsherausbildung. Diese ist verbunden mit der notwendigen *Verdrängung unerfüllbarer Kindheitswünsche ins Unbewußte [...] (z.B. die dauernde Nähe zur Mutter und die sofortige Befriedigung aller Bedürfnisse), ferner die Sublimierung der Wünsche, d.h. ihre Ausrichtung auf andere, von der Gesellschaft höher*

---

277   Vgl. Freud: Die Traumdeutung. Studienausgabe, Bd. II. S. 288 ff

278   Freud: Der Witz und seine Beziehung zum Unbewußten. Studienausgabe, Bd. IV

bewertete Ziele.[279] Diesen langwierigen und von Rückfällen (*Regressionen*) begleiteten Prozeß bezeichnet Freud als den Übergang vom *Lustprinzip* zum *Realitätsprinzip.* Eine entscheidende Rolle spielt dabei der *Ödipuskomplex*, der im Alter von drei bis fünf Jahren beginnt. Der gleichgeschlechtliche Elternteil wird vom Kind als Rivale empfunden, während es sich dem gegengeschlechtlichen Elternteil als Liebesobjekt zuwendet. Nach der Überwindung des Ödipuskomplexes (Freud sieht hier beim Jungen die *Kastrationsangst*, beim Mädchen den *Penisneid* wirksam) erfolgt die Identifizierung mit der Rolle des gleichgeschlechtlichen Elternteils als Voraussetzung für die Persönlichkeitsreifung. Den *psychischen Apparat* des erwachsenen Menschen unterteilt Freud in das *Es*, das *Ich* und das *Über-Ich.* Das *Es* meint den (bei der Geburt mitgebrachten) Triebbereich, das *Ich* steht für den bewußten, sich selbst besimmenden Teil der Persönlichkeit, das *Über-Ich* macht die von außen, etwa durch Erziehung und gesellschaftliche Normen, an das Ich herangetragenen Forderungen geltend. Es ist sozusagen die erweiterte Fortsetzung des elterlichen Einflusses. *Eine Handlung des Ichs ist dann korrekt, wenn sie gleichzeitig den Anforderungen des Es, des Über-Ichs und der Realität genügt, also deren Ansprüche miteinander zu versöhnen weiß.*[280]

Freud selbst hat eine Reihe von Schriften zur Literatur verfaßt und sehr oft auch in anderen Abhandlungen literarische Beispiele zur Erläuterung seiner Theorie herangezogen. So interpretiert er bereits in der *Traumdeutung* das Zögern Hamlets, den Mörder seines Vaters zu töten, mit dem früheren unbewußten Todeswunsch gegen den als Rivalen in der Gunst der Mutter empfundenen Vater:

> Hamlet kann alles, nur nicht die Rache an dem Mann vollziehen, der seinen Vater beseitigt hat und bei seiner Mutter dessen Stelle eingenommen hat, an dem Mann, der ihm die Realisierung seiner verdrängten Kinderwünsche zeigt. Der Abscheu, der ihn zur Rache drängen sollte, ersetzt sich so bei ihm durch Selbstvorwürfe, durch Gewissensskrupel, die ihm vorhalten, daß er, wörtlich verstanden, selbst nicht besser sei als der von ihm zu strafende Sünder. Ich habe dabei ins Bewußte übersetzt, was in der Seele des Helden unbewußt bleiben muß [...].[281]

Auf Freuds Hamlet-Deutung und seine übrigen Studien zur Kunst und Literatur (über Goethe, Dostojewski, Michelangelo u.a.) hat eine breit gefächerte psycho-

---

279   Gallas: Psychoanalytische Positionen, S. 594
280   Freud: Abriß der Psychoanalyse, S. 10
281   Freud: Die Traumdeutung. Studienausgabe, Bd. II. S. 269

analytische Literaturwissenschaft aufgebaut, die sich inzwischen mit zahlreichen Autoren und Werken beschäftigt. Helga Gallas faßt bündig zusammen:

> Der literarische Text wird als Ort angesehen, an dem regressive Wünsche zur Sprache kommen, ihre Artikulation stehe im Dienste des Lustprinzips oder auch der Abwehr unbewußter Wünsche: das Werk als Kompromißbildung zwischen Phantasie (als der vorgestellten Befriedigung unbewußter Wünsche) und Abwehr (der Verkleidung und Bestrafung dieser Wünsche). Die Traumdeutung gilt als Modell der Literaturdeutung, Ziel ist die Rekonstruktion eines latenten Textes. Die Traumarbeit wird als Analogon zur dichterischen Phantasie angesehen, die Mechanismen der Traumarbeit werden auch im literarischen Text wiedererkannt.[282]

Gemäß seiner struktural-linguistischen Basis hebt Jacques Lacan seit den späten 30er Jahren die Bedeutung der Sprache hervor und erklärt, das Unbewußte sei strukturiert wie eine Sprache. Er *liest Freuds Werk quasi als semiotisches System*.[283] Anstelle des Freudschen Begriffs Wunsch setzt er den Terminus *Begehren*. Erst mit dem Eintritt des Kindes in die sprachliche Ordnung, der zugleich sein Eintritt in die soziale Welt ist, kann es die Aggressivität der ödipalen Rivalitätsbeziehung zum gleichgeschlechtlichen Elternteil verbalisieren und damit überwinden. Das Kind muß im Verlauf seiner Entwicklung lernen, sich von dem Begehren nach ausschließlicher Zuwendung von seiten der Mutter zu lösen und sein eigenes Begehren zu finden. Dieses wird letzlich zum immerwährenden Bedürfnis nach allgemeiner Anerkennung durch andere. *Ein literarischer Text kann als artikuliertes Begehren verstanden werden – aber weder im Sinne von Regression noch im Sinne einer bewußten Aussage oder Absicht des Schreibenden. Der Schreibende ist auf der Suche nach Sinn, er legt den Sinn nicht fest; seinem eigenen Text kann er so fremd gegenüberstehen wie ein Träumer seinem eigenen Traum. Das Subjekt des Textprozesses ist nicht der Autor, auch nicht der Erzähler oder eine seiner Figuren, sondern der Text selbst mit seiner Verschlungenheit und Widersprüchlichkeit, mit seinen Verschiebungen und Verdichtungen.*[284] *Der Text erscheint als Zeichen-Botschaft mit Ausradierungen, Auslassungen, Metonymien und Metaphern.*[285]

---

282   Gallas: Psychoanalytische Positionen, S. 595

283   Hiebel: Strukturale Psychoanalyse, S. 57

284   Gallas: Psychoanalytische Positionen, S. 604

285   Hiebel: Strukturale Psychoanalyse, S. 63

Hans H. Hiebel nennt drei Hauptrichtungen der Lacan-Adaption in der Literaturwissenschaft: **1.** den Ansatz Horst Turks und Friedrich A. Kittlers, die versuchen, Lacans Theorie mit der **Diskurstheorie** Foucaults zu verbinden.[286] Insbesondere weist er auf Kittlers Studie *Das Phantom unseres Ichs* über E.T.A. Hoffmanns *Sandmann* und auf andere Arbeiten über Lessing, Goethe, Tieck und Novalis hin.[287] **2.** Als *eine rein an Lacan orientierte Textanalyse* hebt Hiebel die Untersuchung von Helga Gallas zu Kleists *Michael Kohlhaas* hervor.[288] **3.** Schließlich sind Hiebels eigene Veröffentlichungen über Kafka zu nennen, die ebenfalls zumindest teilweise auf Lacan zurückgehen.[289]

5.4.9.5 Feministische Literaturwissenschaft

Frauen wurden erst sehr spät und gegen zähe Widerstände zum Hochschulstudium zugelassen, in Preußen erst im Jahr 1908. Und es dauerte noch weitere achtzehn Jahre, bis eine Frau sich habilitieren konnte.[290] Darin spiegeln sich die *asymmetrischen Geschlechterverhältnisse in unserer Kulturgeschichte.*[291] Noch heute sind Frauen bei der Besetzung akademischer Lehrstellen deutlich unterrepräsentiert. Allerdings zeichnet sich seit Mitte der 70er Jahre eine von der feministischen Bewegung ausgehende Tendenzwende ab, wenn auch sehr langsam. Die sogen. Quotenregelung mag dabei eine gewisse Rolle spielen. Entscheidend aber ist das verstärkte Eintreten der Frauen selbst für ihre Belange in Forschung und Lehre.

Ein zentrales Anliegen ist dabei die Wiederentdeckung der Tradition weiblicher Literatur, die in einer von Männern dominierten Literaturgeschichtsschreibung bis auf einige Ausnahmen an den Rand gedrängt oder 'vergessen' wurde.

---

286 Vgl. das programmatische Vorwort zu Urszenen

287 Vgl. Kittler/Turk: Urszenen, S. 139-166

288 Vgl. Gallas: Das Textbegehren des 'Michael Kohlhaas'

289 Vgl. Hiebel: Franz Kafka — 'Ein Landarzt' und ders.: "Später!"

290 Vgl. Hahn: Feministische Literaturwissenschaft, S. 221

291 Weigel: Geschlechterfifferenz, S. 678

Dies *gleicht einem archäologischen Projekt.*[292] Inge Stephan und Sigrid Weigel haben 1983 ihr Programm folgendermaßen formuliert:

> Feministische Literaturwissenschaft [...] bezieht ihre Suche nach der verborgenen Frau auf literarisches Material von Männern und Frauen (auf Texte, den Schreibprozeß und die Lektüre). Ihre Untersuchungen gelten den Auswirkungen der Geschlechtsrolle auf die Bedeutung, Funktion und die Möglichkeit der Teilhabe an der kulturellen Produktion der patriarchalischen Gesellschaft. Dies bezieht sich letztlich auf alle literaturwissenschaftlichen Gegenstände und hat eine Durchforstung aller Methoden und Werturteile zur Folge. Zunächst aber und vor allem geht es um die Genese von Weiblichkeit im Zusammenhang literarischer Praxis, d.h. um den Entwurf und die Entwicklung von Weiblichkeitsmustern in der Literatur und den Beitrag, den Frauen selbst – schreibend und rezipierend – dazu leisten. **Frauenbilder und Frauenliteratur**, das ist Schwerpunkt und Ausgangspunkt feministischer Literaturwissenschaft.[293]

Barbara Hahn übt allerdings Kritik an dieser Zielsetzung, weil die feministische Literaturwissenschaft *damit in eine Ambivalenz von Marginalität und universellem Anspruch verfangen* sei. Da Texte, *die nicht an einen Autor gekoppelt werden können* oder die *nicht narrativ und ohne Figuration gearbeitet sind,* aus diesem Raster herausfallen. *Wie sucht man das Frauenbild in Goethes 'Farbenlehre', in Celans Gedichten oder in Texten der klassischen Avantgarde?* Das oben beschriebene Programm führe letztlich statt zu einer Erweiterung des Literaturbegriffs eher zu einer *Einengung.*[294] Bei allem 'Nachholbedarf' und der unbestrittenen Notwendigkeit, die Literaturgeschichte neu zu lesen, würde es doch zu einer erneuerten Separierung führen, wenn weibliche Literaturwissenschaftlerinnen nur noch über Frauen und frauenspezifische Themen forschen würden. Andererseits sind in der Tat wesentliche, die Frauen betreffende Gebiete noch nicht hinlänglich aufgearbeitet: die ihnen nachgesagte Affinität zu bestimmten Gattungen (Autobiographie, Briefliteratur, Lyrik), die Einseitigkeit des von Männern erstellten Literaturkanons, weibliche Ästhetik, weibliches Leseverhalten etc. Die ursprünglich nur auf Frauen bezogene Kategorie des *gender,* der Geschlechterrolle (im Unterschied zu *sex,* dem biologischen Geschlecht) wird inzwischen auch auf den Mann und die ihm anerzogene Geschlechterrolle ausgedehnt. Die Konstituierung des Frauen-

---

292   Weigel: Geschlechterdifferenz, S. 680

293   Stephan/Weigel: Die verborgene Frau, S. 6 f

294   Hahn: Feministische Literaturwissenschaft, S. 227

bilds in Literatur und Literaturwissenschaft steht ja in unmittelbarer Beziehung zum Männerbild. Ein **sozialgeschichtliches** Konzept hat beispielsweise als Untersuchungsterrain die Beziehung der literarischen Frauenbilder zu den tatsächlichen Lebensumständen von Frauen in der jeweiligen Enstehungszeit der Texte.

Die feministische Literaturwissenschaft ist genau genommen keine homogene theoretische Strömung, sondern erstreckt sich über verschiedene Theoriefelder und ist getragen von dem gesellschaftspolitischen Gleichberechtigungsanspruch.

In den letzten Jahren sind verstärkt die Sexualitätstheorie Michel Foucaults und die strukturale Psychoanalyse Jacques Lacans mit einbezogen worden. Vor allem Luce Irigary und Hélène Cixous sind hier zu nennen. Mit der **poststrukturalistischen Dekonstruktion** des Autors stellt sich auch die Frage nach der Autorin aus einer neuen Perspektive. Die mit dem Verschwinden des (ja meist männlich geprägten) Subjekts entstandene Leerstelle eröffnet auch die Möglichkeit einer Abkehr von dem traditionellen abendländischen *Phallogozentrismus* (Jacques Derrida). Besonders auf dem Sektor der Sprache, deren Eindeutigkeit in der poststrukturalistischen Theorie aufgehoben wird, hat Julia Kristeva neue Dimensionen subversiven weiblichen Schreibens aufgetan.

5.4.9.6   Kulturwissenschaftliche Perspektiven

Die aktuellen literaturwissenschaftlichen Positionen, die hier nur sehr knapp skizziert werden konnten, stellen, wie gesagt, nur einen kleinen Ausschnitt aus dem breiten Spektrum der gegenwärtigen Theorien und Methoden dar. Sie sind zum Teil sehr konträr, so daß eine Beschreibung des im Eingangskapitel erörterten Literaturbegriffs problematischer denn je erscheint. *Wer sich in der Literaturtheorie ein wenig umgesehen hat, weiß, daß Dichtung immer etwas anderes als das sein soll, was die anderen Literaturtheoretiker über sie sagen,*[295] hat Norbert Mecklenburg pointiert formuliert. So wie die Literaturwissenschaft in den letzten Jahrzehnten innerdisziplinär eine fundamentale Neuorientierung erlebt hat, so scheint ihr auch nach außen hin für die nahe Zukunft eine grundlegend neue Standortbestimmung vorgezeichnet. Dieser Prozeß gilt für die Geisteswissenschaf-

---

295   Mecklenburg: Über kulturelle und poetische Alterität, S. 572

ten insgesamt. In der Denkschrift *Geisteswissenschaften heute* definiert Jürgen Mittelstraß als Aufgabe der **Geisteswissenschaften** *der 'Ort'zu sein, an dem sich moderne Gesellschaften ein Wissen von sich selbst in Wissenschaftsform verschaffen, und es ist die Aufgabe, dies in der Weise zu tun, daß ihre Optik auf das kulturelle Ganze, auf Kultur als Inbegriff aller menschlichen Arbeit und Lebensformen, auf die kulturelle Form der Welt geht, sie selbst und die Naturwissenschaften eingeschlossen.*[296] Allerdings hat Peter J. Brenner auf den Überlebenskampf hingewiesen, *den die Geisteswissenschaften seit mindestens zwei Jahrzehnten gegen politische und administrative Überlegungen führen müssen, die ihnen allenfalls noch eine Randexistenz im Universitätsbetrieb zugestehen wollen.*[297] Die Geisteswissenschaften müssen aber, so führt Brenner weiter aus, *ihre Rolle des Interpretierens und Verstehens kultureller Probleme* übernehmen, und zwar *unabhängig.*[298]

Was die Literaturwissenschaft betrifft, so wurde bereits mehrfach die notwendig gewordene Ausweitung ihres Gegenstands- und Aufgabenbereichs angesichts der zunehmenden Dominanz nicht primär literarischer Medien angesprochen. Längst ist es eine Selbstverständlichkeit, daß Theoriemodelle und Verfahrensweisen aus Nachbardisziplinen wie der Linguistik, der Philosophie, der Psychoanalyse und den Sozialwissenschaften übernommen und weiterentwickelt werden. Wenn das Buch nur noch ein Medium neben anderen ist, und durchaus nicht mehr das wichtigste, und wenn unsere Kultur entscheidend durch die Medien mitgeprägt ist, dann wird die Neugermanistik sich wohl den veränderten Konstellationen entsprechend umorganisieren müssen. Zu Recht hat freilich Jörg Schönert darauf aufmerksam gemacht, daß das Fach bei zu großer Aufblähung seine disziplinäre Identität verlieren könnte. *Wo Germanistik bedingungs- und bedenkenlos zu einer kultur- und medienwissenschaftlichen Mega-Wissenschaft erhoben werden soll, wächst die Gefahr, daß Germanisten über Themen reden, von denen sie als Wissenschaftler zu wenig verstehen.*[299] Um solchen *'neuestphilologischen' Dilletan-*

---

296   Mittelstraß: Die Geisteswissenschaften, S. 43

297   Brenner: Potemkinsche Dörfer, S. 1080

298   Ebd. S. 1085

299   Schönert: Germanistik – eine Disziplin im Umbruch?, S. 23

tismus zu vermeiden, werden also Augenmaß und beständige kritische Selbstreflexion vonnöten sein.

Aus der Reihe vielversprechender kulturwissenschaftlich orientierter Konzeptionen[300] sei zum Schluß eine herausgehoben: die **interkulturelle** Germanistik.
Sie geht aus *von den spezifischen Erfahrungen des Faches Deutsch als Fremdsprache einerseits* und *von den modernen Erfordernissen und Problemen interkultureller Kommunikation andererseits* und hat es sich *zum Ziel gesetzt, die
Differenzen zwischen den Kulturen , die Spannung zwischen dem 'Eigenen' und
dem Fremden, wissenschaftlich produktiv zu machen.*[301] Verstehen und Eingehen auf die Besonderheit der anderen kann für beide Seiten nur sinnvoll und
hilfreich sein. In ihren Anfängen verstand sich die Germanistik einmal als eine
National-Philologie. Sie hat dann, zumindest phasenweise, das betont Nationale
weggestrichen, aber dennoch zu selten über dessen Grenzen hinausgeblickt. Dazu
eröffnet sich jetzt eine neue Chance.

---

300   Darüber informiert im einzelnen Mecklenburg: Neue kulturwissenschaftliche Ansätze

301   Ebd. S. 584

LITERATURVERZEICHNIS ZU KAP. 2
EINFÜHRUNG IN DIE GERMANISTISCHE LINGUISTIK

ABNEY, S., 1987. *The English Noun Phrase in Its Sentential Aspect.* Diss. M.I.T.

ANDERSON, St. R., 1982. Where's morphology? In: *Linguistic Inquiry* 13, 571-612.

ANDERSON, St. R., 1992. *A-Morphus Morphology.* Cambridge: Cambridge University Press.

ARONOFF, M., 1976. *Word Formation in Generative Grammar.* Cambridge/Mass.: MIT Press (= *Linguistic Inquiry Monographs* 1).

AUSTIN, J. L.. How to do things with words. Oxford: Oxford University Press 1962. Dt. Übersetzung: Zur Theorie der Sprechakte. Stuttgart: Reclam 1972.

BARTSCH, R. /LENERZ, J. /ULLMER-EHRICH, V., 1977. *Einführung in die Syntax.* Kronberg/Ts.: Scriptor.

BAUMGÄRTNER, K., 1967. Die Struktur des Bedeutungsfelds. In: MOSER, H. (ed.), 1967. *Satz und Wort im heutigen Deutsch.* Düsseldorf: Schwann (= *Sprache der Gegenwart* 1), 165-198.

BHATT, Ch., 1990. *Die syntaktische Struktur der Nominalphrase im Deutschen.* Tübingen: Narr (= *Studien zur deutschen Grammatik* 38).

BHATT, Ch., 1991² Einführung in die Morphologie. Hürth: Gabel (= *KLAGE* 23).

BIERWISCH, M., 1963. *Grammatik des deutschen Verbs.* Berlin: Akademie-Verlag (= *Studia Grammatica* 2).

BIERWISCH, M., 1970. Semantics. In: LYONS, J. (ed.), 1970. *New Horizons in Linguistics.* Hardmondsworth: Penguin, 166-184.

BLOOMFIELD, L., 1933. *Language.* New York: Holt.

BÜHLER, K., 1934. *Sprachtheorie.* Stuttgart: G. Fischer.

BUSSE, D. 1992. *Textinterpretation: sprachtheoretische Grundlagen einer explikativen Semantik.* Opladen: Westdeutscher Verlag.

BUSSMANN, H., 1983 (1990²). *Lexikon der Sprachwissenschaft.* Stuttgart: Kröner.

CHOMSKY, N., 1957. *Syntactic Structures.* The Hague: Mouton.

CHOMSKY, N., 1965. *Aspects of the Theory of Syntax.* Cambridge/Mass.: The MIT Press. Dt. Übersetzung: *Aspekte der Syntaxtheorie.* Frankfurt: Suhrkamp 1969.

CHOMSKY, N., 1970. Remarks on nominalization. In: JACOBS, R./ROSENBAUM, P. (eds.), 1970. *Readings in English transformational grammar.* Washington D.C.: Georgetown University Press, 184-221.

CHOMSKY, N., 1981. *Lectures on Government and Binding: The Pisa Lectures.* Dordrecht: Foris.

CHOMSKY, N., 1986a. *Knowledge of language. Its Nature, Origin and Use.* New York: Praeger.

CHOMSKY, N., 1986b. *Barriers.* Cambridge/Mass.: The MIT Press (= *Linguistic inquiry monographs*).

CHOMSKY, N., 1992. *A Minimalist Program for Linguistic Theory.* Cambridge/Mass.: MIT (= *MIT Occasional Papers in Linguistics* 1).

CHOMSKY, N./HALLE, M., 1986. *The Sound Pattern of English.* New York: Harper and Row.

CHUR, J./SCHWARZ, M., 1993. *Semantik. Ein Arbeitsbuch.* Tübingen: Narr (= *Narr Studienbücher*)

DI SCIULLO, A. M./WILLIAMS, E., 1987. *On the Definition of Word.* Cambridge, Mass.: MIT Press (= *Linguistic Inquiry Monographs* 14).

DRACH, E., 1937 (1963[4]). *Grundgedanken der deutschen Satzlehre.* Frankfurt a.M.: Diesterweg.

DUDEN, 1984[4]. *Grammatik der deutschen Gegenwartssprache.* Herausgegeben und bearbeitet von G. DROSDOWSKI et al. Mannheim/Wien/Zürich: Bibliographisches Institut Dudenverlag.

DUDEN, 1990[3]. *Aussprachewörterbuch.* 3., völlig neu bearbeitete und erweiterte Auflage. Bearbeitet von Max Mangold in Zusammenarbeit mit der Dudenredaktion. Mannheim/Wien/Zürich: Bibliographisches Institut Dudenverlag.

DÜRSCHEID, Ch., 1989. *Zur Vorfeldbesetzung in deutschen Verbzweit-Strukturen.* Trier: WVT (=*FOKUS* 1).

DÜRSCHEID, Ch., 1994. Zur Positionierung der adverbalen Kasus im Deutschen. In: HAFTKA, B. (ed.), 1994. *Was determiniert Wortstellungvariation? Studien zu einem Interaktionsfeld von Grammatik, Pragmatik und Sprachtypologie.* Opladen: Westdeutscher Verlag, 123-137.

EISENBERG, P./RAMERS, H./VATER, H. (eds.), 1992. *Silbenphonologie im Deutschen.* Tübingen: Narr (= *Studien zur deutschen Grammatik* 42).

FANSELOW, G., 1981. *Zur Syntax und Semantik der Nominalkomposition.* Tübingen: Niemeyer (= *Linguistische Arbeiten* 107)

FANSELOW, G./FELIX, S., 1987 (1990[2]). *Sprachtheorie. Grundlagen und Zielsetzungen.* Bd.1. Tübingen: Francke (= *UTB* 1441).

FANSELOW, G./FELIX, S., 1987 (1990[2]). *Sprachtheorie. Die Rektions- und Bindungstheorie.* Bd.2. Tübingen: Francke (= *UTB* 1442).

FILLMORE, Ch., 1968. The case for case. In: BACH, E./HARMS, R.T. (eds.), *Universals in Linguistic Theory.* New York: Holt, Rinehart and Winston, 1-88. Dt. Übersetzung in: ABRAHAM, W. (ed.), 1971. *Kasustheorie.* Frankfurt: Athenäum, 1-118.

FREGE, G., 1892. Über Sinn und Bedeutung. In: *Zeitschrift für Philosophie und philosophische Kritik.* NF 100, 25-50.

FUKUI, N., 1986. *A Theory of Category Protection and its Application.* Ph.D.Diss. MIT, Cambridge/Mass.

GIEGERICH, H., 1985. *Metrical Phonology and Phonological Structure. German and English.* Cambridge: Cambridge University Press.

GLINZ, H., 1952 (1961[2]). *Die innere Form des Deutschen.* Bern/München: Francke.

GOLDSMITH, J. A., 1976. *Autosegmental Phonology.* Bloomington: Indiana University Linguistics Club.

GOLDSMITH, J. A., 1990. *Autosegmental & Metrical Phonology.* Oxford: Basil Blackwell.

GREWENDORF, G., 1988 (1991[2]). *Aspekte der deutschen Syntax. Eine Rektions-Bindungsanalyse.* Tübingen: Narr (= *Studien zur deutschen Grammatik* 33).

GREWENDORF, G., 1992. Parametrisierung der Syntax. In: HOFFMANN, L. (ed.), 1992. *Ansichten und Aussichten. Jahrbuch des Instituts für Deutsche Sprache 1991.* Berlin: Walter de Gruyter, 11-73.

GREWENDORF, G./HAMM, F./STERNEFELD, W., 1987 (1989[3]). *Sprachliches Wissen. Eine Einführung in moderne Theorien der grammatischen Beschreibung.* Frankfurt a.M.: Suhrkamp.

GRICE, P., 1968. Logic and conversation. In: COLE, P. /MORGAN, J.L. (eds.), 1975. *Syntax and Semantics 3: Speech Acts.* New York: Acad. Press, 41-58. Dt. Übersetzung in: MEGGLE, G. (ed.), 1979. *Handlung, Kommunikation, Bedeutung.* Frankfurt a.M.: Suhrkamp, 243-265.

GRIMM, J./ GRIMM, W., 1854. *Deutsches Wörterbuch.* 16 Bde. Leipzig. Nachdruck in 33 Bdn. München.

GRIMSHAW, J., 1981. Form, Function and the Language Acquisition device. In: BAKER,C./-MCCARTHY, J. (eds.), 1981. *The Logical Problem of Language Acquisition.* Cambrige, Mass.: MIT, 165-182.

HAIDER, H., 1988. Die Struktur der deutschen NP. In: *Zeitschrift für Sprachwissenschaft* 7, 32-59.

HAIDER, H., 1993. *Deutsche Syntax - generativ.* Tübingen: Narr (= *Tübinger Beiträge zur Linguistik* 325).

HARRIS, Z. S., 1951. *Methods in Structural Linguisitics.* Chicago: University Press.

HELBIG, G., 1973[2]. *Geschichte der neueren Sprachwissenschaft.* München: Max Hueber.

HELBIG, G. /SCHENKEL, W., 1969 (1975[3]). *Wörterbuch zur Valenz und Distribution deutscher Verben.* Leipzig: VEB Bibliographisches Institut.

HERINGER, H.-J., 1984. Wortbildung: Sinn aus dem Chaos. In: *Deutsche Sprache*, 1-13.

HOLST, F., 1978. *Morphologie. Einführungspapier mit Arbeitsaufgaben.* Trier: L.A.U.T. (= *KLAGE* 2).

HYMAN, L., 1975. *Phonology: Theory and Analysis.* New York: Holt, Rinehart and Winston.

JACKENDOFF, R., 1977. *X'-Syntax: A Study of Phrase Structure.* Cambridge/Mass.: The MIT Press.

JAKOBSON, R./HALLE, M., 1956. *Fundamentals of Language.* The Hague: Mouton (= *Janua linguarum* 1).

JENSEN, J.T., 1990.. *Morphology. Word Structure in Generative Grammar.* Amsterdam, Philadelphia: Benjamins.

KATZ, J.J./FODOR, J.A., 1963. The Structure of a Semantic Theory. In: *Language* 39, 170-210.

KEMMERLING, A., 1991. Implikatur. In: STECHOW, A.v./WUNDERLICH, D., 1991. *Semantik. Ein internationales Handbuch der zeitgenössischen Forschung.* Berlin: de Gruyter, 319-332.

KIPARSKY, P., 1982. Word-Formation and the Lexicon. In: INGEMAN, F. (ed.), 1983. *1982 Mid-America Linguistic Conference Papers.* Lawrence: University of Kansas, 3-29.

KLEIBER, G., 1993. *Prototypensemantik. Eine Einführung.* Tübingen: Narr (= *Narr Studienbücher*).

KOHLER, K., 1977. *Einführung in die Phonetik des Deutschen.* Berlin: E. Schmidt.

KÜRSCHNER, W., 1974. *Zur syntaktischen Beschreibung deutscher Nominalkomposita.* Tübingen: Niemeyer (= *Linguistische Arbeiten* 18).

LABOV, W., 1973. The Boundaries of Words and their Meanings. In: BAILEY, C.J./SHUY, R.W. (eds.), 1973. *New Ways of Analyzing Variation in English.* Washington: Georgetown University Press, 340-373.

LADEFOGED, P., 1975. *A Course in Phonetics.* New York: Harcourt Brace.

LEES, R.B., 1960. *The Grammar of English Nominalizations*. Bloomington: Research Center in Anthropology, Folklore and Linguistics.

LEES, R.B., 1970. Problems in the grammatical analysis of English nominal compounds. In: BIERWISCH, M./HEIDOLPH, K.E., 1970. *Progress in linguistics*. The Hague, 174-186.

LENERZ, J., 1985. Über das Erkenntnisinteresse der Linguistik. In: *Beiträge zur Geschichte der deutschen Sprache und Literatur*, Bd. 107, H.3, 325-343.

LIBERMAN, M./PRINCE, A., 1977. On stress and linguistic rhythm. In: *Linguistic Inquiry* 8, 249-336.

LIEBER, R., 1992. *Deconstructing Morphology*. Chicago: Chicago: University Press.

LINKE, A. et al., 1991. *Studienbuch Linguistik*. Tübingen: Niemeyer (= *Reihe Germanistische Linguistik* 121).

MARCHAND, H., 1969². *The categories and types of present-day English word-formation*. München.

MC CARTHY, J., 1979. *Formal Problems in Semitic Phonology and Morphology*. MIT-Dissertation. Bloomington: Indiana University Linguistics Club.

MONTAGUE, R., 1973. English as a Formal Language. In: THOMASON, R.H. (ed.), 1974. *Formal Philosophy. Selected Papers of Richard Montague*. New Haven/London: Yale University Press.

MOTSCH, W., 1977. Ein Plädoyer für die Beschreibung von Wortbildung auf der Grundlage des Lexikons. In: BREKLE, H./KASTOVSKY, D. (eds.). *Perspektiven der Wortbildungsforschung*. Bonn: Bouvier-Grundmann, 180-202.

MOULTON, W. G., 1962. *The Sounds of English and German*. Chicago: University Press.

ODGEN, C.H./RICHARDS, I.A., 1923. *The Meaning of Meaning*. London: Routledge & Kegan Paul.

OLSEN, S., 1986. *Wortbildung im Deutschen*. Stuttgart: Kröner (= *Kröners Studienbibliothek Linguistik* 660).

OLSEN, S., 1990. Zur Suffigierung und Präfigierung im verbalen Bereich des Deutschen. In: *Papiere zur Linguistik* 43, 31-48.

OLSEN, S., 1991. Die deutsche Nominalphrase als 'Determinansphrase'. In: OLSEN, S./FANSELOW, G. (eds.), 1991. *Det, COMP und INFL. Zur Syntax funktionaler Kategorien und grammatischer Funktionen*. Tübingen: Niemeyer (= *Linguistische Arbeiten* 263), 35-56.

OUHALLA, J., 1991. *Functional Categories and Parametric Variation*. London.

PAUL, H., 1880. *Prinzipien der Sprachgeschichte*. 7. Auflage Darmstadt 1966: Wissenschaftliche Buchgesellschaft.

POLLOCK, J.Y., 1989. Verb Movement, Universal Grammar, and the Structure of IP. In: *Linguistic Inquiry* 20, 365-424.

PUTNAM, H., 1975. The Meaning of Meaning. In: GUNDERSON, K. (ed.), 1975. *Language, Mind and Knowledge. Studies in the Philosophy of Science*. Minneapolis: University of Minnesota Press,

RAMERS, K. H./VATER, H., 1991². *Einführung in die Phonologie*. Hürth: Gabel (= KLAGE 16).

RAUH, G., 1988. *Tiefenkasus, thematische Relationen und θ-Rollen*. Tübingen: Narr.

REIS, M., 1980. *Grundbegriffe der Semantik*. Arbeitspapier Universität Köln.

ROSCH, E. H., 1973. Natural Categories. In: *Cognitive Psychology* 4, 328-350.

SAUSSURE, F. de, 1916 (1969³). *Cours de Linguistique Générale*. Paris: Payot. Dt. Übersetzung: *Grundfragen der allgemeinen Sprachwissenschaft*. Berlin: de Gruyter.

SCHWARZ, M., 1992. *Einführung in die kognitive Linguistik*. Tübingen: Francke (= UTB 1636).

SEARLE, J.R., 1965. What is a speech act? In: BLACK, M. (ed.), 1965. *Philosophy in America*. Ithaca: Cornell Univ. Press, 221-239. Dt. Übersetzung in: HOLZER, H. /STEINBACHER, K. (eds.), 1972. *Sprache und Gesellschaft*. Hamburg: Hoffmann und Campe, 153-173.

SEARLE, J.R., 1969. *Speech Acts: An Essay in the Philosophy of Language*. Cambridge: Cambridge University Press. Dt. Übersetzung: *Sprechakte*. Frankfurt: Suhrkamp 1971.

SEARLE, J.R., 1975. Indirect Speech Acts. In: COLE, P. /MORGAN, J.L. (eds.), 1975. *Syntax and Semantics 3: Speech Acts*. New York: Acad. Press, 59-82. Dt. Übersetzung in: KUßMAUL, R. (ed.), 1980. *Sprechakttheorie. Ein Reader*. Wiesbaden: Athenaion, 127-150.

SEARLE, J.R., 1976. A Classification of Illocutionary Acts. In: *Language in Society* 5, 1-23. Dt. Übersetzung in KUßMAUL, R. (ed.), 1980. *Sprechakttheorie. Ein Reader*. Wiesbaden: Athenaion, 82-108.

SELKIRK, E., 1982. *The Syntax of Words*. Cambridge, Mass.: MIT Press (= *Linguistic Inquiry Monographs* 7).

SÖKELAND, W., 1980. *Indirektheit von Sprechhandlungen. Eine linguistische Untersuchung*. Tübingen: Niemeyer (= *Reihe Germanistische Linguistik* 26).

STECHOW, A. v., 1991. Syntax und Semantik. In: STECHOW, A. v./WUNDERLICH, D., 1991. *Semantik. Ein internationales Handbuch der zeitgenössischen Forschung*. Berlin: de Gruyter, 90-147.

STECHOW, A. v. /STERNEFELD, W., 1988. *Bausteine syntaktischen Wissens. Ein Lehrbuch der generativen Grammatik*. Opladen: Westdeutscher Verlag.

STOWELL, T., 1981. *Origins of Phrase Structure*. Diss. MIT, Cambridge/Mass.

TESNIÈRE, L., 1959. *Eléments de syntaxe structurale*. Paris: Klincksieck. Dt.: *Grundzüge der strukturalen Syntax*. Hrsg. und übersetzt von U. Engel. Stuttgart 1980.

TOMAN, J., 1983. *Wortsyntax. Eine Diskussion ausgewählter Probleme deutscher Wortbildung*. Tübingen: Niemeyer (= *Linguistische Arbeiten* 137).

TRIER, J., 1931. *Der deutsche Wortschatz im Sinnbezirk des Verstandes. Die Geschichte eines sprachlichen Feldes*. Heidelberg.

TRUBETZKOY, N. S., 1939 (1968⁴). *Grundzüge der Phonologie*. Göttingen: Vandenhoeck & Ruprecht.

VATER, H., 1978. *Probleme der Verbvalenz*. Trier: L.A.U.T. (=*Klage* 1).

VATER, H., 1986. *Einführung in die Referenzsemantik*. Köln: Universität (= KLAGE 11).

VATER, H., 1994. *Einführung in die Sprachwissenschaft*. Paderborn: Fink.

VENNEMANN, T. (ed.), 1982. *Silben, Segmente, Akzente*. Tübingen: Niemeyer (= *Linguistische Arbeiten* 126).

VENNEMANN, T., 1986. *Neuere Entwicklungen in der Phonologie*. Berlin u.a.: Mouton de Gruyter.

WEGENER, H., 1990. Der Dativ - ein struktureller Kasus? In: FANSELOW, G./FELIX, S., 1990. *Strukturen und Merkmale syntaktischer Kategorien*. Tübingen: Narr (= *Studien zur deutschen Grammatik* 39), 70-103.

WEISGERBER, L., 1962. *Grundzüge der inhaltbezogenen Grammatik.* 3., neu bearbeitete Auflage. Düsseldorf: Schwann.

WIESE, R., 1988. *Silbische und lexikalische Phonologie. Studien zum Chinesischen und Deutschen.* Tübingen: Max Niemeyer (= *Linguistische Arbeiten* 211).

WIESE, R., 1993. *The Phonology of German.* Cambridge: CUP (erscheint demnächst)

WITTGENSTEIN, L., 1921. *Tractatus logico-philosophicus.* Frankfurt a. M.: suhrkamp 1960.

WUNDERLICH, D., 1972. Sprechakte. In: MAAS, U /WUNDERLICH, D. (eds.), 1972 (1974³). *Pragmatik und sprachliches Handeln. Mit einer Kritik am Funkkolleg "Sprache".* Frankfurt: Athenaion, 116-161.

WUNDERLICH, D, 1976. *Studien zur Sprechakttheorie.* Frankfurt: Suhrkamp.

WUNDERLICH, D., 1991. *Arbeitsbuch Semantik.* 2., ergänzte Auflage. Frankfurt a.M.: Hain.

WURZEL, W. U., 1970. *Studien zur deutschen Lautstruktur.* Berlin: Akademie-Verlag (= *Studia grammatica* VIII).

LITERATURVERZEICHNIS ZU KAP. 3
EINFÜHRUNG IN DAS STUDIUM DER ÄLTEREN DEUTSCHEN SPRACHE

ARENS, H.: Sprachwissenschaft. Der Gang ihrer Entwicklung von der Antike bis zur Gegenwart. Freiburg 1969/Frankfurt/M.: Fischer Athenäum Tb. o.J. (FAT [20]77/[20]78).

BACH, A.: Deutsche Mundartforschung. Heidelberg: Winter [2]1950.

BACH, A.: Deutsche Namenkunde I - III, Heidelberg: Winter [2]1952 1956.

BALDINGER, K.: Die Semasiologie. Versuch eines Überblicks. Berlin 1957.

BORCHARDT - WUSTMANN -SCHOPPE - SCHIRMER: Die sprichwörtlichen Redensarten im deutschen Volksmund. Leipzig [7]1951.

BRAUNE, W./H. EGGERS: Althochdeutsche Grammatik. Tübingen: Niemeyer [13]1975.

BOOR, H. DE/R. WISNIEWSKI: Mittelhochdeutsche Grammatik. Berlin: de Gruyter [9]1984 (Slg. Göschen 2209).

DIALEKTOLOGIE. Ein Handbuch zur deutschen und allgemeinen Dialektforschung. 1. u. 2. Halbbd. Hg. von W. Besch u.a. Berlin/New York: de Gruyter 1983.

EGGERS, H.: Deutsche Sprachgeschichte I - III. Reinbek: Rowohlt 1963ff.

EHRISMANN, O./H. RAMGE: Mittelhochdeutsch. Eine Einführung in das Studium der deutschen Sprachgeschichte. Tübingen: Niemeyer 1976 (Germanist. Arbeitshefte 19).

FREY, E.: Einführung in die historische Sprachwissenschaft des Deutschen. Heidelberg: Groos 1994.

FRIEDRICH, W.: Deutsche Idiomatik. München 1966.

FRITZ, G.: Bedeutungswandel im Deutschen. Neuere Methoden der diachronen Semantik. Tübingen: Niemeyer 1974 (Germanist. Arbeitshefte 12).

GERDES, U./G. SPELLERBERG: Althochdeutsch/Mittelhochdeutsch. Frankfurt: Fischer-Athenäum Tb. 1972 (FAT 2008).

GRIMM, J. U. W.: Deutsches Wörterbuch. 16 Bände in 32 Teilen. 1854-1971

HENZEN, W.: Deutsche Wortbildung. Halle 1947.

HENZEN, W.: Schriftsprache und Mundarten. Bern [2]1954.

KLUGE, F./SEEBOLD, E.: Etymologisches Wörterbuch der deutschen Sprache. 22. Aufl. bearb. v. E. Seebold. Berlin: de Gruyter 1989.

KÖNIG, W.: dtv-Atlas der deutschen Sprache. München 1987 (dtv 3025).

KRAHE, H./W. MEID: Germanische Sprachwissenschaft I - III. Berlin: de Gruyter 1967 (Slg. Göschen 1218).

KRONASSER, H.: Handbuch der Semasiologie. Kurze Einführung in die Geschichte, Problematik, Terminologie der Bedeutungslehre. Heidelberg 1952.

LAUSBERG, H.: Elemente der literarischen Rhetorik. München: Huber [2]1963.

LEHMANN, W.: Einführung in die historische Linguistik. Heidelberg 1969.

LEXER, M.: Mittelhochdeutsches Taschenwörterbuch. Leipzig/Stuttgart: Hirzel [37]1986.

LÖFFLER, H.: Probleme der Dialektologie. Eine Einführung. Darmstadt: Wiss. Buchges. [3]1990.

METTKE, H.: Mittelhochdeutsche Grammatik. Leipzig: Bibl. Inst. [5]1983.

MAURER, F./H. RUPP: Deutsche Wortgeschichte 3 Bde. Berlin/New York: de Gruyter [3]1974.

MOSER, H.: Deutsche Sprachgeschichte. Tübingen: Niemeyer Tübingen [6]1969.

MÜFFELMANN, F.: Althochdeutsch. Bonn 1970.

PAUL, H./MOSER, H./SCHRÖBLER, I./GROSSE, S.: Mittelhochdeutsche Grammatik. Tübingen: Niemeyer [22]1982.

POLENZ, P. von: Geschichte der deutschen Sprache. Berlin: de Gruyter [9]1978 (Slg. Göschen 915/915a).

SARAN, F.: Das Übersetzen aus dem Mittelhochdeutschen. Tübingen [5]1975.

SEEBOLD, E.: Etymologie. München 1981.

SCHMIDT, W.: Deutsche Sprachkunde. Berlin 1959.

SCHÜTZEICHEL, R.: Althochdeutsches Wörterbuch. Tübingen: Niemeyer [4]1989.

SCHWARZ, A./LINKE, A./MICHEL, P./SCHOLZ- WILLIAMS, G.: Alte Texte lesen. Textlinguistische Zugänge zur älteren deutschen Literatur. Bern/Stuttgart: Haupt 1988.

SEILER, F.: Deutsche Sprichwörterkunde. München [2]1967.

SONDEREGGER, S.: Grundzüge deutscher Sprachgeschichte. Berlin 1979.

SOWINSKI, B.: Grundlagen des Studiums der Germanistik. T. I: Sprachwissenschaft. Köln: Böhlau [2]1974.

SOWINSKI, B.: Probleme des Übersetzens aus älteren deutschen Texten. Bern u.a.: Lang 1992 (Germanist. Lehrbuchslg. 23).

SOWINSKI, B.: Stilistik. Stiltheorien und Stilanalysen. Stuttgart: Metzler 1991 (Slg. Metzler SM 263).

SPRACHGESCHICHTE. Ein Handbuch zur Geschichte der deutschen Sprache und ihrer Erforschung. Hg. v. W. Besch u.a. 1. u. 2. Halbbd. Berlin/New York: de Gruyter 1983.

TRIER, J.: Der deutsche Wortschatz im Sinnbezirk des Verstandes. Heidelberg 1931.

TSCHIRCH, F./BESCH, W.: Geschichte der deutschen Sprache. Bd. 1 u. 2. Berlin: Schmidt [3]1989.

VENNEMANN, TH.: Hochgermanisch und Niedergermanisch. Die Verzweigungstheorie der germanisch-deutschen Lautverschiebungen. In: Beitr. z. Gesch. d. dt. Spr. u. Lit. (=PBB) 106/1984, S. 1-45.

WEINHOLD, K./EHRISMANN, G./MOSER, H.: Kleine mittelhochdeutsche Grammatik. Wien [16]1972.

ZUPITZA, J./TSCHIRCH, F.: Einführung in das Studium des Mittelhochdeutschen. Jena [3]1963.

LITERATURVERZEICHNIS ZU KAP. 4.
EINFÜHRUNG IN DAS STUDIUM DER ÄLTEREN DEUTSCHEN LITERATUR

BERGMANN, R.: Mittelalterliche geistliche Spiele. In: Reallexikon der deutschen Literaturgeschichte (=RL). Bd. 4 Berlin/New York: de Gruyter ²1984, S. 64-100.

BERTAU, K.: Deutsche Literatur im europäischen Mittelalter. 2 Bde. München 1972/73.

DE BOOR, H. /NEWALD, R. (Hg.): Geschichte der deutschen Literatur von den Anfängen bis zur Gegenwart. München.

Bd. 1: DE BOOR, H.: Die deutsche Literatur von Karl dem Großen bis zum Beginn der höfischen Dichtung. München: Beck ⁶1964.

Bd. 2: DE BOOR, H.: Die höfische Literatur. Vorbereitung, Blüte, Ausklang. 1170-1250. 10. Aufl. bearb. v. U. Hennig. München 1979.

Bd. 3/1: DE BOOR, H.: Die deutsche Literatur im Spätmittelalter. Zerfall und Neubeginn. 1. Teil: 1250-1350. München: Beck ⁴1973.

Bd. 3/2: GLIER, I. (Hg.): Die deutsche Literatur im späten Mittelalter. 2. Teil: Reimpaargedichte, Drama, Prosa. München 1987.

Bd. 4/1: RUPPRICH, H.: Die deutsche Literatur vom späten Mittelalter bis zum Barock. 1. Teil: Das ausgehende Mittelalter, Humanismus und Renaissance. 1370-1520. München: Beck 1970.

Bd. 4/2: RUPPRICH, H.: Die deutsche Literatur vom späten Mittelalter bis zum Barock. 2. Teil: Das Zeitalter der Reformation. 1520-1570. München: Beck 1973.

BUMKE, J.: Höfische Kultur. Literatur und Gesellschaft im hohen Mittelalter. Bd. 1/2 München 1986 (dtv 4442/4443).

BUMKE, J.: Mäzene im Mittelalter. Die Gönner und Auftraggeber der höfischen Literatur in Deutschland 1150-1300. München 1979.

BUMKE, J.: Ministerialität und Ritterdichtung. Umrisse der Forschung. München 1976.

BUMKE, J.: Geschichte der deutschen Literatur im hohen Mittelalter. München 1990 (dtv 4552).

CRAMER, TH.: Geschichte der deutschen Literatur im späten Mittelalter. München 1990(dtv 4553).

CURTIUS, E. R.: Europäische Literatur und lateinisches Mittelalter. Bern ⁹1978.

EHRISMANN, G.: Geschichte der deutschen Literatur bis zum Ausgang des Mittelalters. 4 Bde. München: Beck 1927ff. (Neudr. 1959ff.).

FISCHER, H.: Studien zur deutschen Märendichtung. Tübingen: Niemeyer 1968.

FREY, W. u. a.: Einführung in die deutsche Literatur des 12. bis 16. Jhs. 3 Bde. Opladen 1979-1982.

GOTTZMANN, C.: Artusdichtung. Stuttgart: Metzler 1989 (Slg. Metzler SM 249).

HAUG, W.: Literaturtheorie im deutschen Mittelalter. Von den Anfängen bis zum Ende des 13. Jhs. Eine Einführung. Darmstadt: Wiss. Buchges. 1985.

HEINZLE, J. (Hg.): Geschichte der deutschen Literatur von den Anfängen bis zum Beginn der Neuzeit.

Bd. 1,1: HAUBRICHS, W.: Die Anfänge. Versuche volkssprachlicher Schriftlichkeit im frühen Mittelalter. Frankfurt/M. 1988.

Bd. 1,2: VOLLMANN-PROFE, G.: Wiederbeginn volkssprachlicher Schriftlichkeit im frühen Mittelalter. Königstein 1986.

Bd. 2,2: HEINZLE, J.: Wandlungen und Neuansätze im 13. Jh. Königstein 1984.

HEUSLER, A.: Deutsche Versgeschichte Bd. 1-3 1925-1929.

HOFFMANN, W.: Altdeutsche Metrik. Stuttgart: Metzler 1967 (Slg. Metzler M 64).

HOFFMANN, W.: Mittelhochdeutsche Heldenepik. Berlin: Schmidt 1974.

KARTSCHOKE, D.: Geschichte der deutschen Literatur im frühen Mittelalter. München 1990 (dtv 4551).

KRAUSS, H. (Hg.): Europäisches Hochmittelalter. Wiesbaden 1981 (Neues Handbuch der Literaturwissenschaft 7).

LEXIKON DES MITTELALTERS. Bd. 1ff. München/Zürich 1980ff.

MERTENS, V. /U. MÜLLER (Hg.): Epische Stoffe des Mittelalters. Stuttgart: Kröner 1984.

DES MINNESANGS FRÜHLING (=MF). Hg. v. H. Moser u. H. Tervooren. Bd. 1/2 Leipzig/Stuttgart: Hirzel [36]1977.

PETERS, U.: Literatur in der Stadt. Studien zu den sozialen Voraussetzungen und kulturellen Organisationsformen städtischer Literatur im 13. und 14. Jh. Tübingen 1983.

RÄKEL, H. -H. S.: Der deutsche Minnesang. Eine Einführung mit Texten und Materialien. München 1986.

RUH, K. (Hg.): Die deutsche Literatur des Mittelalters. Verfasserlexikon. Berlin/New York: de Gruyter [2]1978ff. (wichtig f. alle mal. Autoren!).

RUH, K.: Höfische Epik des deutschen Mittelalters. Bd. 1/2 Berlin: Schmidt 1977/80.

RUPP, H.: Deutsche religiöse Dichtungen des 11. und 12. Jhs. Untersuchungen und Interpretationen. Bern/München: Franke [2]1971.

SCHWEIKLE, G.: Minnesang. Stuttgart: Metzler 1989 (Slg. Metzler SM 244).

SOWINSKI, B.: Lehrhafte Dichtung des Mittelalters. Stuttgart: Metzler 1971 (Slg. Metzler M 103).

WAPNEWSKI, P.: Waz ist minne. Studien zur Mittelhochdeutschen Lyrik. München [2]1979.

WEHRLI, M.: Geschichte der deutschen Literatur vom frühen Mittelalter bis zum Ende des 16. Jhs. Stuttgart: Reclam 1980.

WEHRLI, M.: Literatur im deutschen Mittelalter. Eine poetologische Einführung. Stuttgart: Reclam 1984 (RUB 8038)

LITERATURVERZEICHNIS ZU KAP. 5

EINFÜHRUNG IN DIE NEUERE DEUTSCHE LITERATURWISSENSCHAFT

ADORNO, Theodor W.: Rede über Lyrik und Gesellschaft. In: Th.W.A.: Noten zur Literatur I. Frankfurt/M. 10.-13. Tsd. 1963. (=Bibliothek Suhrkamp 47). S. 73-104.

ADORNO, Theodor W. u.a.: Der Positivismusstreit in der deutschen Soziologie. Darmstadt/Neuwied ²1972 (=Sammlung Luchterhand 72).

ALT, Peter-André: Tragödie der Aufklärung. Tübingen/Basel: Francke 1994 (=UTB 1781).

ARISTOTELES: Poetik. Übers. u. hg. v. Manfred Fuhrmann. Stuttgart: Reclam 1994 (=RUB 7828).

ASMUTH, Bernhard: Aspekte der Lyrik. Mit einer Einführung in die Verslehre. Düsseldorf: Bertelsmann Universitätsverlag 1972.

BARTELS, Adolf: Heinrich Heine. Auch ein Denkmal. Dresden/Leipzig: C.A.Koch 1906.

BECHER, Johannes R.: Gesammelte Werke. 18 Bde. Hg. v. Johannes-R.-Becher-Archiv der deutschen Akademie der Künste zu Berlin. Berlin/Weimar: Aufbau 1966 ff.

BECHER, Johannes R.: Philosophie des Sonetts oder kleine Sonettlehre. Ein Versuch. In: Sinn und Form 8 (1956). S. 329-351.

BEITRÄGE ZUR POETIK DES DRAMAS. Hg. v. Werner Keller. Darmstadt: Wissenschaftliche Buchgesellschaft 1976.

BENJAMIN, Walter: Der Autor als Produzent. In: W.B.: Versuche über Brecht. Hg. u. mit einem Nachwort versehen v. Rolf Tiedemann.Frankfurt/M. 1966 (=edition suhrkamp 172). S. 95-116.

BENJAMIN, Walter:Das Kunstwerk im Zeitalter seiner technischen Reproduzierbarkeit. In: W.B.: Das Kunstwerk im Zeitalter seiner technischen Reproduzierbarkeit. Drei Studien zur Kunstsoziologie. Frankfurt/M. ³1969 (=edition suhrkamp 28). S. 7-6.

BÖLSCHE, Wilhelm: Die naturwissenschaftlichen Grundlagen der Poesie. Prolegomena einer realistischen Ästhetik. Mit zeitgenössischen Rezensionen und einer Bibliographie der Schriften Wilhelm Bölsches neu hg. v. Johannes J. Braakenburg. Tübingen: Niemeyer 1976 (=dtv WR Deutsche Texte 40).

BRACKERT, Helmut: Zur Geschichte der Germanistik bis 1945. In: Literaturwissenschaft. Ein Grundkurs. Hg. v. Helmut Brackert u. Jörn Stückrath. Reinbek b. Hamburg 1992 (=rowohlts enzyklopädie 523). S.549-564.

BRECHT, Bertolt: Gesammelte Werke. Hg. v. Suhrkamp Verlag in Zusammenarb. m. Elisabeth Hauptmann. 20 Bde. Frankfurt/M. 1967 (=werkausgabe edition suhrkamp).

BRENNER, Peter: Potemkinsche Dörfer. Gegenwart und Zukunft der Geisteswissenschaften. In: Universitas Jg. 47 (1992). H. 11. S. 1079-1086.

CARL, Rolf Peter: Prinzipien der Literaturbetrachtung bei Georg Gottfried Gervinus. Bonn: Bouvier 1969 (=Literatur und Wirklichkeit 4).

CARL, Rolf-Peter: Dokumentarisches Theater der sechziger Jahre. In: Beiträge zur Poetik des Dramas. Hg. v. Werner Keller. Darmstadt: Wissenschaftliche Buchgesellschaft 1976. S. 462-483.

CONRADY, Karl Otto: Deutsche Literaturwissenschaft und Drittes Reich. In: Germanistik – eine deutsche Wissenschaft. Beiträge von Eberhard Lämmert, Walther Killy, Karl Otto Conrady und Peter v. Polenz. Frankfurt/M. 1967 (= edition suhrkamp 204). S. 71-109.

CONRADY, Karl Otto: Einführung in die Neuere deutsche Literaturwissenschaft. Mit Beiträgen von Horst Rüdiger und Peter Szondi und Textbeispielen zur Geschichte der deutschen Philologie. Reinbek b. Hamburg 1966 (=rowohlts deutsche enzyklopädie 252/253).

CONRADY, Karl Otto: Gegen die Mystifikation der Dichtung und des Dichters. In: K.O.C.: Literatur und Germanistik als Herausforderung. Skizzen und Stellungnahmen. Frankfurt/M. 1974 (=suhrkamp taschenbuch 214). S. 97-124.

CONRADY, Karl Otto: Goethe. Leben und Werk. 2 Bde. Bd. I: Hälfte des Lebens. Königstein/Ts.: Athenäum 1982. Bd.II: Summe des Lebens. Königstein/Ts.: Athenäum 1985.

CONRADY, Karl Otto: Konzepte und Darstellungsformen der Literaturgeschichtsschreibung. In: Funk-Kolleg Literatur. In Verb. mit Jörn Stückrath hg. v. Helmut Brackert u. Eberhard Lämmert. 2 Bde. FrankfurtM. 1977 (Fischer Taschenbücher 6326/6327). Bd. 2., S. 193-218.

CONRADY, Karl Otto: Moderne Lyrik und die Tradition. In: Zur Lyrik-Diskussion. Hg. v.Reinhold Grimm. Darmstadt: Wissenschaftliche Buchgesellschaft 1966 (=Wege der Forschung CXI). S. 411-435.

CONRADY, Karl Otto: Völkisch-nationale Germanistik in Köln. Eine unfestliche Erinnerung. Schernfeld: SH-Verlag 1990.

CULLER, Jonathan: Dekonstruktion. Derrida und die poststrukturalistische Literaturtheorie. Reinbek b. Hamburg 1988 (=rowohlts enzyklopädie 474).

DER DEUTSCH-DEUTSCHE LITERATURSTREIT oder "Freunde, es spricht sich schlecht mit gebundener Zunge". Analysen und Materialien. Hg. v. Karl Deiritz u. Hannes Krauss. Hamburg/Zürich: Luchterhand Literaturverlag 1991 (=SL 1002).

DEUTSCHE SONETTE. Hg. v. Hartmut Kircher. Stuttgart: Reclam 1979 (=RUB 9934).

DRUX, Rudolf: Martin Opitz und sein poetisches Regelsystem. Bonn: Bouvier 1976 (=Literatur und Wirklichkeit 18).

EAGLETON, Terry: Einführung in die Literaturtheorie. Stuttgart ²1992 (=Sammlung Metzler 246).

EICHENDORFF, Joseph von: Neue Gesamtausgabe der Werke und Schriften. Hg. v. Gerhart Baumann in Verb. m. Siegfried Grosse. 4 Bde. Stuttgart: Cotta 1957.

ESSLIN, Martin: Das Theater des Absurden. Reinbek b. Hamburg 21.-25. Tausend 1968 (=rowohlts deutsche enzyklopädie 234/235/236).

FOHRMANN, Jürgen: Über Autor, Werk und Leser aus poststrukturalistischer Sicht. In: Diskussion Deutsch Heft 116 (1990/91). S. 577-588.

FOUCAULT, Michel: Archäologie des Wissens. Frankfurt/M. 1986 (=suhrkamp taschenbuch wissenschaft 356).

FOUCAULT, Michel: Was ist ein Autor? In: M.F.: Schriften zur Literatur. Frankfurt/M. 1988 (=Fischer Wissenschaft 7409).

FRENZEL, Elisabeth: Motive der Weltliteratur. Ein Lexikon dichtungsgeschichtlicher Längsschnitte. 3., überarb. u. erw. Auflage Stuttgart 1988 (=Kröners Taschenausgabe 301).

FRENZEL, Elisabeth: Stoffe der Weltliteratur. Ein Lexikon dichtungsgeschichtlicher Längsschnitte. 2., überarb. Aufl. Stuttgart 1963 (=Kröners Taschenausgabe 300).

FREUD, Sigmund: Abriß der Psychoanalyse. Das Unbehagen in der Kultur. Mit einer Rede von Thomas Mann als Nachwort. Frankfurt/M. 1953 (=Fischer Bücherei. Bücher des Wissens 47).

FREUD, Sigmund: Studienausgabe. 10 Bde. Hg. v. Alexander Mitscherlich, Angela Richards u. James Strachey. Frankfurt/M.: Fischer 1969-1981.

FREYTAG, Gustav: Die Technik des Dramas. Leipzig: 3., verb. Aufl. Hirzel 1876.

FÜGEN, Hans Norbert: Die Hauptrichtungen der Literatursoziologie und ihre Methoden. Ein Beitrag zur literatursoziologischen Theorie. Bonn: Bouvier [5]1971 (Abhandlungen zur Kunst-, Musik- und Literaturwissenschaft 21).

GALLAS, Helga: Das Textbegehren des 'Michael Kohlhaas'. Die Sprache des Unbewußten und der Sinn der Literatur. Reinbek b. Hamburg: Rowohlt 1986.

GALLAS, Helga: Psychoanalytische Positionen. In: Literaturwissenschaft. Ein Grundkurs. Hg. v. Helmut Brackert u. Jörn Stückrath. Reinbek b. Hamburg 1992 (=rowohlts enzyklopädie 523). S. 493-606.

GEIGER, Heinz / Haarmann, Hermann: Aspekte des Dramas. Opladen: Westdeutscher Verlag 1978.

GEIGER, Heinz / Klein, Albert / Vogt / Jochen: Hilfsmittel und Arbeitstechniken der Literaturwissenschaft. Düsseldorf: Bertelsmann 2.,neubearb. Aufl. 1972.

GÖBEL, Hans-Dieter: Methoden und Ziele der Liteatursoziologie. In: Diskussion Deutsch. Heft 9 (1972). S. 210-224.

GRIMM, Jacob: Über die wechselseitigen Beziehungen und die Verbindung der drei in der Versammlung vertretenen Wissenschaften (1846). In: Jacob u. Wilhelm Grimm: Über das Deutsche. Schriften zur Zeit-, Rechts-, Sprach- und Literaturgeschichte. Leipzig: Reclam 1986 (=RUB 1108). S. 128-136.

GROßE DEUTSCHE VERRISSE von Schiller bis Fontane. Hg. v. Hans Mayer. Frankfurt/M. 1967 (=sammlung insel 25).

HAHN, Barbara: Feministische Literaturwissenschaft. Vom Mittelweg der Frauen in der Theorie. In: Neue Literaturtheorien. Eine Einführung. Opladen: Westdeutscher Verlag 1990 (=WV studium 156).

HEINE, Heinrich: Sämtliche Schriften. Bd. I-VI.1/2. Darmstadt: Wissenschaftliche Buchgesellschaft 1968-76.

HERMAND, Jost: Synthetisches Interpretieren. Zur Methodik der Literaturwissenschaft. München: Nymphenburger Verlagshandlung [2]1969 (=sammlung dialog 27).

HEYDEBRAND, Renate von: Wertung, literarische. In: Reallexikon der deutschen Literaturgeschichte. Bd. 4. Berlin/New York: De Gruyter [2]1984. S. 828-871.

HIEBEL, Hans H.: "Später!" – Poststrukturalistische Lektüre der "Legende" *Vor dem Gesetz*. In: Neue Literaturtheorien in der Praxis. Textanalysen von Kafkas 'Vor dem Gesetz'. Hg. v. Klaus-Michael Bogdal. Opladen: Westdeutscher Verlag 1993 (=WV studium 169). S. 18-42.

HIEBEL, Hans H.: Franz Kafka – 'Ein Landarzt'. München 1984 (=UTB 1289).

HIEBEL, Hans H.: Strukturale Psychoanalyse und Literatur (Jacques Lacan). In: Neue Literaturtheorien. Eine Einführung. Hg. v. Klaus-Michael Bogdal. Opladen: Westdeutscher Verlag 1990 (=WV studium 156).

HINCK, Walter: Der Literaturkritiker ein Sansculotte? In: W.H.: Germanistik als Literaturkritik. Zur Gegenwartsliteratur. Frankfurt/M. 1983 (=suhrkamp taschenbuch 885). S. 11-14.

HINCK, Walter: Der Literaturkritiker – nicht Vormund, sondern Partner des Autors. In: Gründlich verstehen. Literaturkritik heute. Hg. v. Franz Josef Görtz und Gert Ueding. Frankfurt/M. 1985 (=suhrkamp taschenbuch 1152). S. 62-72.

HINCK, Walter: Literaturkritik – Werkinterpretation. In: W.H.: Germanistik als Literaturkritik. Zur Gegenwartsliteratur. Frankfurt/M. 1983 (=suhrkamp taschenbuch 885). S. 15-33.

INGOLF, Felix Philipp / Wunderlich, Werner: Nach dem Autor fragen. In:Fragen nach dem Autor. Positionen und Perspektiven. Konstanz: Universitätsverlag 1992. S. 9-18.

IRMSCHER, Hans Dietrich: Nachwort. In: Johann Gottfried Herder: Auch eine Philosophie der Geschichte zur Bildung der Menschheit. Hg. v. H.D.Irmscher. Stuttgart: Reclam 1990 (=RUB 4460). S. 140-159.

ISER, Wolfgang: Der implizite Leser. Kommunikationsformen des Romans von Bunyan bis Bekett. München: Fink 1972 (=UTB 163).

ISER, Wolfgang: Die Appellstruktur der Texte. Unbestimmtheit als Wirkungsbedingung literarischer Prosa. Konstanz: Universitätsverlag 1971 (=Konstanzer Universitätsreden 28).

ISER, Wolfgang: Überlegungen zu einem literaturwissenschaftlichen Studienmodell. In: Ansichten einer künftigen Germanistik. Hg. v. Jürgen Kolbe. München [4]1970 (=Reihe Hanser 29). S. 193-207.

JAPP, Uwe: Der Ort des Autors in der Ordnung des Diskurses. In: Diskurstheorien und Literaturwissenschaft. Hg. v. Jürgen Fohrmann u. Harro Müller. Frankfurt/M. 1988 (=suhrkamp taschenbuch materialien 2091). S. 223-243.

JAUß, Hans Robert: Literaturgeschichte als Provokation der Literaturwissenschaft. In: H.R.J.: Literaturgeschichte als Provokation. Frankfurt/M. 1970 (=edition suhrkamp 418). S. 144-207.

JAUß, Hans Robert: Racines und Goethes Iphigenie. Mit einem Nachwort über die Partialität der rezeptionsästhetischen Methode. In: Rezeptionsästhetik. Theorie und Praxis. Hg. v. Rainer Warning. München: Fink 1975 (=UTB 303). S. 353-400.

JENDRICKE, Bernhard: Sozialgeschichte der Literatur. Neuere Konzepte der Literaturgeschichte und Literaturtheorie. Zur Standortbestimmung des Untersuchungsmodells der Münchener Forschergruppe. In: Zur theoretischen Grundlegung einer Sozialgeschichte der Literatur. Ein strukturalfunktionaler Entwurf. Hg. im Auftrag der Münchener Forschergruppe "Sozialgeschichte der deutschen Literatur 1770-1900" v. Renate von Heydebrand, Dieter Pfau u. Jörg Schönert. Tübingen: Niemeyer 1988 (=Studien und Texte zur Sozialgeschichte der Literatur 21). S. 27-84.

JOLLES, André: Einfache Formen. Legende/Sage/Mythe/Rätsel/Spruch/Kasus/Memorabile/Märchen/Witz. Halle/S.: Niemeyer 1930.

JOYCE, James: Ulysses. Mit einer Einführung von C. Giedion-Welcker. 2 Bde.München 1966 (=dtv sr 49/50).

KAMMLER, Clemens: Historische Diskursanalyse (Michel Foucault). In: Neue Literaturtheorien. Eine Einführung. Hg. v. Klaus-Michael Bogdal. Opladen: Westdeutscher Verlag 1990 (=WV studium 156). S. 31 55.

KAMMLER, Clemens: Historische Diskursanalyse. Foucault und die Folgen. In: Literaturwissenschaft. Ein Grundkurs. Hg. v. Helmut Brackert u. Jörn Stückrath. Reinbek b. Hamburg 1992 (=rowohlts enzyklopädie 523). S.630-639.

KANZOG, Klaus: Einführung in die Editionsphilologie der neueren deutschen Literatur. Berlin: Erich Schmidt 1991 (=Grundlagen der Germanistik 31).

KAYSER, Wolfgang: Das sprachliche Kunstwerk. Eine Einführung in die Literaturwissenschaft. Bern/München: Francke [7]1961.

KAYSER, Wolfgang: Kleine deutsche Versschule. Bern/München: Francke [7]1960 (=Dalp-Taschenbücher 306).

KAYSER, Wolfgang: Literarische Wertung und Interpretation. In: W.K.: Die Vortragsreise. Studien zur Literatur. Bern: Francke 1958. S. 39-57.

KELLER, Werner: Vorwort. In: Beiträge zur Poetik des Dramas. Hg. v. Werner Keller. Darmstadt: Wissenschaftliche Buchgesellschaft 1976. S. IX-XIV.

KETELSEN, Uwe-K.:Literatur und Drittes Reich. Schernfeld: SH-Verlag 1992.

KILLY, Walther: Elemente der Lyrik. München 1983 (=dtv wissenschaft 4417).

KIRCHER, Hartmut: Heinrich von Kleist. Das Erdbeben in Chili / Die Marquise von O.... München 1992 (=Oldenbourg Interpretationen 50).

KITTLER, Friedrich A.: Diskursanalyse. Ein Erdbeben in Chili und Preußen. In: Positionen der Literaturwissenschaft. Acht Modellanalysen am Beispiel von Kleists Das Erdbeben in Chili. Hg. v. David E. Wellbery. München: Beck 2., durchges. Aufl. 1987.

KITTLER, Friedrich A.: Aufschreibesysteme 1800/1900. München: Fink [2]1987.

KLEIST, Heinrich von: Sämtliche Erzählungen und Anekdoten. Hg. v. Helmut Sembdner. München 1978 (=dtv 2033).

KLOTZ, Volker: Geschlossene und offene Form des Dramas. München: Hanser 13. neu durchges. Aufl. 1992.

KNOBLOCH, Clemens: Zum Status und zur Geschichte des Textbegriffs. Eine Skizze. In: LiLi. Zeitschrift für Literaturwissenschaft und Linguistik. Heft 77 (1990): Philologische Grundbegriffe. Hg. v. Helmut Kreuzer. S. 66-87.

KRAFT, Herbert: Editionsphilologie. Mit Beiträgen von Jürgen Gregolin, Wilhelm Ott u. Gert Vonhoff. Unter Mitarbeit v. Michael Billmann. Darmstadt: Wissenschaftliche Buchgesellschaft 1990.

KRAUSS, Werner: Grundprobleme der Literaturwissenschaft. Zur Interpretation literarischer Werke. Mit einem Textanhang. Reinbek b. Hamburg 1968 (=rowohlts deutsche enzyklopädie 291/292).

LÄMMERT, Eberhard: Germanistik – eine deutsche Wissenschaft. In: Germanistik – eine deutsche Wissenschaft. Beiträge von Eberhard Lämmert, Walther Killy, Karl Otto Conrady und Peter v. Polenz. Frankfurt/M. 1967 (= edition suhrkamp 204). S. 7-41.

LANDWEHR, Jürgen: Fiktion und Nichtfiktion. Zum zweifelhaften Ort der Literatur zwischen Lüge, Schein und Wahrheit. In: Literaturwissenschaft. Ein Grundkurs. Hg. v. Helmut Brackert u. Jörn Stückrath. Reinbek b. Hamburg 1992 (=rowohlts enzyklopädie 523). S. 491-504.

LESSING, Gotthold Ephraim: Werke. 8 Bde. Hg. v. Herbert G. Göpfert. Darmstadt: Wissenschaftliche Buchgesellschaft 1970-79.

LINK, Jürgen / LINK-HEER, Ursula: Diskurs/Interdiskurs und Literaturanalyse. In: LiLi. Zeitschrift für Literaturwissenschaft und Linguistik. Heft 77 (1990): Philologische Grundbegriffe. Hg. v. Helmut Kreuzer. S. 88-99.

LINK, Jürgen: Elemente der Lyrik. In: Literaturwissenschaft. Ein Grundkurs. Hg. v. Helmut Brackert u. Jörn Stückrath. Reinbek b. Hamburg 1992 (=rowohlts enzyklopädie 523). S. 86-101.

LITERARISCHE WERTUNG. Texte zur Entwicklung der Wertungsdiskussion in der Literaturwissenschaft. Ausgew., eingel. u. Hg. v. Norbert Mecklenburg. Tübingen: Niemeyer 1977 (=Deutsche Texte 43).

LITERATURWISSENSCHAFT. Ein Grundkurs. Hg. v. Helmut Brackert u. Jörn Stückrath. Reinbek b. Hamburg 1992 (=rowohlts enzyklopädie 523).

LITERATURWISSENSCHAFT UND SYSTEMTHEORIE. Positionen, Kontroversen, Perspektiven. Hg. v. Siegfried J. Schmidt. Opladen: Westdeutscher Verlag 1993.

LUHMANN, Niklas: Das Problem der Epochenbildung und die Evolutionstheorie. In: Epochenschwellen und Epochenstrukturen im Diskurs der Literatur- und Sprachhistorie. Hg. v. Hans Ulrich Gumbrecht u. Ursula Link-Heer. Frankfurt/M. 1985 (=suhrkamp taschenbuch wissenschaft 486). S. 11-33.

MAHLER, Andreas: Aspekte des Dramas. In: Literaturwissenschaft. Ein Grundkurs. Hg. v. Helmut Brackert u. Jörn Stückrath. Reinbek b. Hamburg 1992 (=rowohlts enzyklopädie 523). S. 71-85.

MANN, Thomas: Die Erzählungen. Bd. 1. Frankfurt/M. 1975 (=Fischer Taschenbuch 1591).

MARX, Karl: Zur Kritik der politischen Ökonomie. Vorwort. In: Marxismus und Literatur. Eine Dokumentation in drei Bänden. Hg. v. Fritz J. Raddatz. Reinbek b. Hamburg 1969. S. 151-154.

MARXISTISCH-LENINISTISCHES WÖRTERBUCH DER PHILOSOPHIE. Hg. v. Georg Klaus u. Manfred Buhr. 3 Bde. Reinbek b. Hamburg 1972 (=rororo handbuch 6155-58).

MAYER, Hans: Literaturwissenschaft in Deutschland. In: Literatur II., T. 1. Hg. v. Wolf-Hartmut Friedrich u. Walther Killy. Frankfurt/M. 1965 (=Fischer Lexikon 35/I). S. 317-333.

MECKLENBURG, Norbert: Begriffe der literarischen Wertung. In: Literaturwissenschaft. Ein Grunkurs. Hg. v. Helmut Brackert u. Jörn Stückrath. Reinbek b. Hamburg 1992 (= rowohlts deutsche enzyklopädie 523). S. 532-546.

MECKLENBURG, Norbert: Kritisches Interpretieren. Untersuchungen zur Theorie der Literaturkritik. München: Nymphenburger Verlagsbuchhandlung 1972 (=sammlung dialog 63).

MECKLENBURG, Norbert: Neue kulturwissenschaftliche Ansätze in der westdeutschen Germanistik. In: DAAD. Dokumentationen und Materialien 12. Deutsch-französisches Germnaistentreffen. Berlin, 30.9.-4.10.1987. Bonn 1988. S. 576-589.

MECKLENBURG, Norbert: Über kulturelle und poetische Alterität. Kultur- und literaturtheoretische Grundprobleme einer interkulturellen Germanistik. In: Perspektiven und Verfahren interkultureller Germanistik. Akten des I. Kongresses der Gesellschaft für Interkulturelle Germanistik. Hg. v. Alois Wierlacher. München: iudicium 1987.

MEHRING, Franz: Die Lessing-Legende. Mit einer Einleitung v. Rainer Gruenter. Frankfurt/M./- Berlin/Wien 1972 (=Ullstein Buch 2854).

MEYER-KRENTLER, Eckhardt: Arbeitstechniken Literaturwissenschaft. München: Fink ³1993 (=UTB 1582).

MITTELSTRAß, Jürgen: Die Geisteswissenschaften im System der Wissenschaft. In: Geisteswissenschaften heute. Eine Denkschrift. V. Wolfgang Frühwald, Hans Robert Jauß, Reinhart Kosellek, Jürgen Mittelstraß, Burkhart Steinwachs. Frankfurt/M. 1991 (=suhrkamp taschenbuch wissenschaft 973).

MÖNCH, Walter: Das Sonett. Gestalt und Geschichte. Heidelberg 1955.

MOSER, Tilmann: Literaturkritik als Hexenjagd. Ulla Berkéwicz und ihr Roman "Engel sind schwarz und weiß". Eine Streitschrift. München/Zürich 1994 (=Serie Piper 1918).

MÜLLER, Harro: Systemtheorie und Literaturwissenschaft. In: Neue Literaturtheorien. Eine Einführung. Opladen: Westdeutscher Verlag 1990 (=WV studium 156). S. 201-217.

NEUE LITERATURTHEORIEN. Eine Einführung. Hg. v. Klaus Michael Bogdal. Opladen: Westdeutscher Verlag 1990 (=WV studium 156).

NEUE LITERATURTHEORIEN IN DER PRAXIS. Textanalysen von Kafkas 'Vor dem Gesetz'. Hg. v. Klaus-Michael Bogdal. Opladen: Westdeutscher Verlag 1993 (=WV studium 169).

OELLERS, Norbert: Edition. In: Gutzen, Dieter / Oellers, Norbert / Petersen, Jürgen H.: Einführung in die neuere deutsche Literaturwissenschaft. Ein Arbeitsbuch. Berlin: Erich Schmidt 3., erw. Aufl. 1979. S. 124-136.

OELLERS, Norbert: Literatursoziologie. In: Gutzen, Dieter / Oellers, Norbert / Petersen, Jürgen H.: Einführung in die neuere deutsche Literaturwissenschaft. Ein Arbeitsbuch. Berlin: Erich Schmidt 3., erw. Aufl. 1979. S. 251-276.

OELLERS, Norbert: Nachbemerkung: Über literaturwissenschaftliche Ansätze vor Begründung der Germanistik. In: Gutzen, Dieter / Oellers, Norbert / Petersen, Jürgen H.: Einführung in die neuere deutsche Literaturwissenschaft. Ein Arbeitsbuch. Berlin: Erich Schmidt 3., erw. Aufl. 1979. S. 277-290.

OPITZ, Martin: Buch von der Deutschen Poeterey (1624). Nach der Edition von Wilhelm Braune neu hg. v. Richard Alewyn. Tübingen: Niemeyer 1963 (=Neudrucke deutscher Literaturwerke N.F. 8).

PFAU, Dieter / SCHÖNERT, Jörg: Probleme und Perspektiven einer theoretisch-systematischen Grundlegung für eine 'Sozialgeschichte der Literatur'. In: Zur theoretischen Grundlegung einer Sozialgeschichte der Literatur. Ein struktural-funktionaler Entwurf. Hg. im Auftrag der Münchener Forschergruppe "Sozialgeschichte der deutschen Literatur 1770-1900" v. Renate Heydebrand, Dieter Pfau u. Jörg Schönert. Tübingen: Niemeyer 1988 (=Studien und Texte zur Sozialgeschichte der Literatur 21). S. 1-26.

PFISTER, Manfred: Das Drama. Theorie und Analyse. München: Fink ³1982 (=UTB 580).

PLUMPE, Gerhard: Autor und Publikum. In: Literaturwissenschaft. Ein Grundkurs. Hg. v. Helmut Brackert u. Jörn Stückrath. Reinbek b. Hamburg 1992 (=rowohlts enzyklopädie 523). S. 377-391).

PLUMPE, Gerhard: Systemtheorie und Literaturgeschichte. Mit Anmerkungen zum deutschen Realismus im 19. Jahrhundert. In: Epochenschwellen und Epochenstrukturen im Diskurs der Literar- und Sprachhistorie. Hg. v. Hans Ulrich Gumbrecht u. Ursula Link-Heer. Frankfurt/M. 1985 (=suhrkamp taschenbuch wissenschaft 486).

PÜTZ, Peter: Grundbegriffe der Interpretation von Dramen. In: Handbuch des deutschen Dramas. Hg. v. Walter Hinck. Düsseldorf: Bagel 1980. S. 11-25.

RICKLEFS, Ulfert: Hermeneutik. In: Literatur II., T.1. Hg. v. Wolf-Hartmut Friedrich u. Walther Killy. Frankfurt/M. 1965 (=Fischer Lexikon 35/I). S. 277-293.

ROSENBERG, Rainer: Eine verworrene Geschichte. Vorüberlegungen zu einer Biographie des Literaturbegriffs. In: Ästhetische Grundbegriffe. Studien zu einem historischen Wörterbuch. Hg. v. Karlheinz Barck, Martin Fontius u. Wolfgang Thierse. Berlin: Akademie 1990. S. 93-133.

ROSENBERG, Rainer: Epochen. In: Literaturwissenschaft. Ein Grundkurs. Hg. v. Helmut Brackert u. Jörn Stückrath. Reinbek b. Hamburg 1992 (=rowohlts enzyklopädie 523). S. 269-280.

RÜHM, Gerhard: Gesammelte Gedichte und visuelle Texte. Reinbek b. Hamburg: Rowohlt 1970.

SAUDER, Gerhard: Akademischer »Frühlingssturm«. Germanisten als Redner bei der Bücherverbrennung. In: 10. Mai 1933. Bücherverbrennung in Deutschland und die Folgen. Hg. v. Ulrich Waberer. Frankfurt/M. 1983 (=Fischer Taschenbuch 4245). S. 140-159.

SCHARFSCHWERDT, Jürgen: Grundprobleme der Literatursoziologie. Ein wissenschaftsgeschichtlicher Überblick. Stuttgart: Kohlhammer 1977 (=Urban Taschenbuch 217).

SCHERER, Wilhelm: Goethe-Philologie. In: W.Sch.: Aufsätze über Goethe. Berlin: Weidmann ²1900. S. 1-27.

SCHERER, Wilhelm: Zur Geschichte der deutschen Sprache. Berlin: Duncker 1868.

SCHILLERS sämtliche Werke. Säkularausgabe in 16 Bdn. Hg. v. Eduard von der Hellen. Stuttgart/- Berlin: J.G. Cottasche Buchhandlung Nachfolger 1904 ff.

SCHIRRMACHER, Frank: Literaturkritik. In: Literaturwissenschaft. Ein Grundkurs. Hg. v. Helmut Brackert u. Jörn Stückrath. Reinbek b. Hamburg 1992 (=rowohlts deutsche enzyklopädie 523). S.407-417.

SCHLEGEL, August Wilhelm: Sämmtliche Werke. Hg. v. Eduard Böcking. Leipzig: Weidmann 1846.

SCHLÜTTER, Hans Jürgen: Sonett. Mit Beiträgen von Raimund Borgmeier und Heinz Willi Wittschier. Stuttgart 1979 (=Sammlung Metzler 177).

SCHNITZLER, Arthur: Leutnant Gustl und andere Erzählungen. Das erzählerische Werk Bd. 2. Frankfurt/M. 1977 (=Fischer Taschenbuch 1961).

SCHÖN, Erich: Sozialgeschichtliche Literaturwissenschaft. In: Literaturwissenschaft. Ein Grundkurs. Hg. v. Helmut Brackert u. Jörn Stückrath. Reinbek b. Hamburg 1992 (=rowohlts enzyklopädie 523). S. 606-619.

SCHÖNERT, Jörg: Germanistik – eine Disziplin im Umbruch? Zur disziplinären Entwicklung der Germanistik in den neunziger Jahren (am Beispiel der gemanistischen Literaturwissenschaft). In: Mitteilungen des Deutschen Germanistenverbandes. Jg. 40 (1993). H. 3. S. 15-24.

SCHÜCKING, Levin L.: Soziologie der literarischen Geschmacksbildung. Bern/München: Francke dritte, neu bearb. Aufl. 1961 (=Dalp-Taschenbuch 354).

SCHULTE-SASSE, Jochen: Literarische Wertung. Stuttgart 2., völlig neu bearb. Aufl. 1976 (=Sammlung Metzler 98).

SILBERMANN, Alphons: Empirische Kunstsoziologie. In: A.S.: Literaturphilosophie, soziologische Literaturästhetik oder Literatursoziologie. In: Kölner Zeitschrift für Soziologie und Sozialpsychologie 18 (1966). S. 139-148.

SILBERMANN, Alphons: Kunst. In: Soziologie. Neuausg. Frankfurt/M. 1967 (=Fischer Lexikon 10). S.164-174.

STAIGER, Emil: Die Kunst der Interpretation. In: E.St.: Die Kunst der Interpretation. Studien zur deutschen Literaturgeschichte. München 1971 (=dtv WR 4078). S. 7-28.

STAIGER, Emil: Grundbegriffe der Poetik. Zürich: Atlantis ⁵1961.

STAIGER, Emil: Kleist: Das Bettelweib von Locarno. In: E.St.: Meisterwerke deutscher Sprache aus dem neunzehnten Jahrhundert. Zürich: Atlantis ⁴1961. S. 100-117.

STAIGER, Emil: Von der Aufgabe und den Gegenständen der Literaturwissenschaft. In: E.St.: Die Zeit als Einbildungskraft des Dichters. Untersuchungen zu Gedichten von Brentano, Goethe und Keller. München 1976 (=dtv WR 4186). S. 9-18.

STANITZEK, Georg: Systemtheorie? Anwenden? In: Literaturwissenschaft. Ein Grundkurs. Hg. v. Helmut Brackert u. Jörn Stückrath. Reinbek b. Hamburg 1992 (=rowohlts enzyklopädie 523). S. 650-663.

STEPHAN, Inge / WEIGEL, Sigrid (Hg.): Die verborgene Frau. Sechs Beiträge zu einer feministischen Literaturwissenschaft. Hamburg ²1985 (=Argument Sonderband AS 96).

URSZENEN. Literaturwissenschaft als Diskursanalyse und Diskurskritik. Hg. v. Friedrich A. Kittler u. Horst Turk. Frankfurt/M.: Suhrkamp 1977.

VOGT, Jochen: Aspekte erzählender Prosa. Eine Einführung in Erzähltechnik und Romantheorie. 7., neubearb. u. erw. Auflage Opladen: Westdeutscher Verlag 1990 (=WV studium 145).

VÖLKER, Klaus: Brecht und Lukács. Analyse einer Meinungsverschiedenheit. In: Alternative. Zeitschrift für Literatur und Diskussion. Jg. 12 (1969). Heft 67/68). S. 134-147.

VOßKAMP, Wilhelm: Gattungen als literarisch-soziale Institutionen. In: Textsortenlehre – Gattungsgeschichte. Hg. v. Walter Hinck. Heidelberg: Quelle & Meyer 1977. S.27-44.

VOßKAMP, Wilhelm: Gattungen. In: Literaturwissenschaft. Ein Grundkurs. Hg. v. Helmut Brackert u. Jörn Stückrath. Reinbek b. Hamburg 1992 (=rowohlts enzyklopädie 523). S. 253-269.

VOßKAMP, Wilhelm: Kontinuität und Diskontinuität. Zur deutschen Literaturwissenschaft im Dritten Reich. In: Wissenschaft im Dritten Reich. Hg. v. Peter Lundgreen. Franfurt/M. 1985 (=edition suhrkamp 1306. N.F. 306). S. 140-162.

VOßKAMP, Wilhelm: Literaturwissenschaft als Geisteswissenschaft. Thesen zur Geschichte der deutschen Literaturwissenschaft nach dem Zweiten Weltkrieg. In: Die sog. Geisteswissenschaften: Innenansichten. Hg. v. Wolfgang Prinz und Peter Weingart. Frankfurt/M. 1990 (=suhrkamp taschenbuch wissenschaft 854). S. 241-247.

VOBKAMP, Wilhelm: Methoden und Probleme der Romansoziologie. Über Möglichkeiten einer Romansoziologie als Gattungssoziologie. In: Internationales Archiv für Sozialgeschichte der deutschen Literatur. Hg. v. Georg Jäger, Alberto Martino, Friedrich Sengle. Bd. 3 (1978). S. 1-37.

WEGE DER LITERATURSOZIOLOGIE. Hg. u. eingel. v. Hans Norbert Fügen. Neuwied/Berlin: Luchterhand 1968 (=Soziologische Texte 46).

WEGMANN, Nikolaus: Zurück zur Philologie? Diskurstheorie am Beispiel einer Geschichte der Empfindsamkeit. In: Diskurstheorien und Literaturwissenschaft. Hg. v. Jürgen Fohrmann u. Harro Müller. Frankfurt/M. 1988 (=suhrkamp taschenbuch materialien 2091). S. 349-364.

WEHRLI, Max: Was ist/war Geistesgeschichte? In: Literaturwissenschaft und Geistesgeschichte 1910-1925. Hg. v. Christoph König u. Eberhard Lämmert. Frankfurt/M. 1993 (=Fischer Taschenbuch 11471). S. 23-37.

WEIGEL, Sigrid: Geschlechterdifferenz und Literaturwissenschaft. In: Literaturwissenschaft. Ein Grundkurs. Hg. v. Helmut Brackert u. Jörn Stückrath. Reinbek b. Hamburg 1992 (=rowohlts enzyklopädie 523). S. 677-689.

WILPERT, Gero von: Sachwörterbuch der Literatur. Stuttgart ³1961 (=Kröners Taschenausgabe 231).

ZIOLKOWSKI, Theodore: Form als Protest. Das Sonett in der Literatur des Exils und der Inneren Emigration. In: Exil und Innere Emigration. Third Wisconsin Workshop. Hg. v. Reinhold Grimm u. Jost Hermand. Frankfurt/M. 1972. S. 153-172.

ABKÜRZUNGSVERZEICHNIS ZU KAP. 3 UND 4

Adj.	Adjektiv	Jh.	Jahrhundert	sth.	stimmhaft
ags.	angelsächsisch	Jtsd.	Jahrtausend	stl.	stimmlos
ahd.	althochdeutsch	Kl.	Klasse	sw.	schwach
aind.	altindisch	langobard.	langobardisch	thür.	thüringisch
Akk.	Akkusativ	lat.	lateinisch	tochar.	tocharisch
alem.	alemannisch	lit.	litauisch	u.	und
alliter.	alliterierend	LV	Lautverschiebung	u.a.	unter anderem
anfrk.	altniederfränkisch	MA	Mittelalter	u.ä.	und ähnlich(e)
anord.	altnordisch	mal.	mittelaterlich	u.a.m.	und andere mehr
arab.	arabisch	mask.	maskulin	u.dgl.	und dergleichen
as.	altsächsisch	md.	mitteldeutsch	urspr.	ursprünglich
bair.	bairisch	mfrk.	mittelfränkisch	v.	von
bzw.	beziehungsweise	mhd.	mittelhochdeutsch	V.	Vokal
D.	Dativ	mlat.	mittellateinisch	V.	Verb
d.h.	das heißt	mnd.	mittelniederdeutsch	v.Chr.	vor Christus
dt.	deutsch	moselfrk.	Norden	vgl.	vergleiche
engl.	englisch	nd.	niederdeutsch	vorgriech.	vordergriechisch
entspr.	entsprechend	neutr.	neutral, Neutrum	z.B.	zum Beispiel
evtl.	eventuell	nfrk.	niederfränkisch	z.T.	zum Teil
fem.	feminin	nhd.	neuhochdeutsch		
fr.	früher	nichtallit.	Nordwesten		
frk.	fränkisch	obd.	oberdeutsch		
frühahd.	frühalthochdeutsch	obs.	obersächsisch		
frühmhd.	frühmittelhoch-	ofrk.	Ortsname(n)		
	deutsch	ostfäl.	ostfälisch		
frühnhd.	frühneuhochdeutsch	Part.	Partizip		
frz.	französisch	Pers.	Person		
germ.	germanisch	Pl.	Plural		
geschr.	geschrieben	Prät.	Präteritum		
gespr.	gesprochen	prot.	protestantisch		
got.	gotisch	provencal.	provencalisch		
gr.W.	grammatischer	redupliz.	redupliziert		
	Wechsel	reform.	reformiert		
griech.	griechisch	rhfrk.	rheinfränkisch		
hd.	hochdeutsch	ripuar.	ripuarisch		
hebr.	hebräisch	russ.	russisch		
hethit.	hethitisch	s.o.	siehe oben		
Hs./Hss.	Handschrift/en	s.u.	siehe unten		
ide.	indoeuropäisch	sanskrit.	sanskritisch		
idg.	indogermanisch	Sg.	Singular		
Indik.	Indikativ	sog.	sogenannte(r)		
Infin.	Infinitiv	sp.	später		
ital.	italienisch	st.	statt / stark		

REGISTER

LITERATUR-KULTUR-GESCHLECHT
Kleine Reihe

Sigrid Weigel (Hg.)

Leib- und Bildraum

Lektüren nach Benjamin

Bd.1, 1992. 167 S. 44 Abb. Br. ISBN 3-412-06891-8

„Die Erkenntnis, daß die erste Materie, an der sich das mimetische Vermögen versucht, der menschliche Körper ist, wäre mit größerem Nachdruck, als es bisher geschehen ist, für die Urgeschichte der Künste fruchtbar zu machen." (Benjamin) Die Studien orientieren sich an der Kategorie des ‚Leib- und Bildraums', der am Ende von Benjamins „Surrealismus"-Aufsatz steht. Neben einer Untersuchung zur Genese dieses Begriffs in seinen Schriften und einer erneuten Lektüre vielzitierter Texte Benjamins, des Trauerspielbuchs und des Kunstwerk-Aufsatzes, enthält der Band durch Benjamin inspirierte Studien zu Leib-Bild-Raum-Konstellationen in verschiedenen Künsten: in der Malerei, der Literatur und im Theater.

Annegret Pelz

Reisen durch die eigene Fremde

Reiseliteratur von Frauen
als autogeographische Schriften

Bd.2, 1993. VIII, 274 S. zahlr. Abb. Br. ISBN 3-412-06991-4

Mit der Reiseliteratur von Frauen kommt die Kehrseite des Reisens und damit eine auf das Ich gerichtete - autogeographische - Schreibweise zum Vorschein. Reiseliteratur von Frauen läßt sich nicht mehr lesen als einfache Bewegung durch den äußeren Raum. Sie eröffnet ein doppelbödiges Terrain für Reisen durch die eigene Fremde: Durch den Blick der Reisenden werden die verschiedenen Schichten der Fremdwahrnehmung vor uns aufgeblättert. Die Analyse der Texte des 18.-20. Jahrhunderts folgt der imaginären Geographie einer Allegorie der Europa aus dem 16. Jahrhundert.

Klaus R. Scherpe

Die rekonstruierte Moderne

Studien zur deutschen Literatur nach 1945

Bd.3, 1992. 279 S. Br. ISBN 3-412-11291-7

Welche Ereignisse im erzählten Alltag einer zerstörten deutschen Großstadt verraten die Untiefen eines „kollektiven Gedächtnisses" der Deutschen? Welche Schreibweise ersetzt den gelernten Humanismus, der keinen Schutz bot vor der Barbarei? Wie konnte der bildungsbeflissene Einzelgänger in der Lüneburger Heide sich die Literatur der Moderne erschreiben? Kann eine nicht gelebte Geschichte, eine verhinderte Kulturrevolution in der Fiktion eines Romans nachgebildet und nachgeholt werden? Die Literatur von Wolfgang Koeppen, Alfred Andersch, Arno Schmidt und Peter Weiss rekonstruiert nach 1945 die Moderne von vor 1933.

BÖHLAU

Peter Uwe Hohendahl

Geschichte - Opposition - Subversion
Studien zur Literatur des 19. Jahrhunderts

Bd.4, 1993. 280 S. Br. ISBN 3-412-02493-7

Das Buch behandelt ausgewählte Aspekte der deutschen Literatur des 19. Jahrhunderts, freilich nicht im Sinne einer linearen Entwicklung, sondern im Sinne einer Konfiguration von Themen und Problemen, durch die das 19. Jahrhundert strukturiert wurde. Statt nach der abbildenden Funktion der Literatur zu fragen, geht die Untersuchung dem Verhältnis des literarischen und des politischen Diskurses nach und löst den klassischen Gegensatz von affirmativen und oppositionellen Kunstwerken auf. In den Vordergrund tritt auf diese Weise die resistente und subversive Kraft literarischer Texte gegen den dominanten literarischen wie politischen Diskurs.

Sigrid Weigel (Hg.)

Flaschenpost und Postkarte
Korrespondenzen zwischen "Kritischer Theorie" und "Poststrukturalismus"

Bd.5, 1994. ca. 200 S.Br. ISBN 3-412-07593-0

Hinsichtlich der sogenannten Französischen Theorie haben sich im Feuilleton und im deutschsprachigen Wissenschaftsbetrieb die Lager von pro und contra relativ starr formiert. Während die Gegner von Poststrukturalismus, Dekonstruktion etc. sich gerne auf Traditionen kritischer Gesellschaftstheorie in Deutschland berufen und derart einen unversöhnbaren Gegensatz zwischen Paris und Frankfurt konstruieren, geht es in diesem Band gerade darum, Verbindungswege sichtbar zu machen. Jenseits der lähmenden Lagerbildung werden Korrespondenzen zwischen Vertretern der frühen 'Kritischen Theorie' - besonders Benjamin und Adorno - und der 'Französischen Theorie' untersucht.

Jost Hermand (Hg.)

Mit den Bäumen sterben die Menschen
Zur Kulturgeschichte der Ökologie

Bd.6, 1993. X, 244 S. 9 Abb. Br. ISBN 3-412-02593-3

Seit dem 1971 vom „Club of Rome" publizierten Bericht *Grenzen des Wachstums* ist auch in den Geistes- und Sozialwissenschaften die Debatte um die ökologischen Voraussetzungen des Lebens zu einer Debatte über Tod und Leben geworden. Dieser Band geht auf eine Reihe von Naturschutzkonzepten ein, die zwischen 1770 und 1910 in Deutschland entwickelt wurden. Er liefert Bausteine zu einer immer noch ungeschriebenen Geschichte des ökologischen Bewußtseins in Deutschland und versteht sich zugleich als Kritik an jener anthropozentrischen Sicht unserer „Umwelt", die schon in wenigen Jahrzehnten katastrophale Folgen haben könnte.

BÖHLAU

Detlef K. Müller (Hg.)

Pädagogik Erziehungswissenschaft Bildung

Eine Einführung in das Studium

1994. XVI, 472 Seiten. Broschur. ISBN 3-412-09490-0

Das Profil des Faches *Erziehungswissenschaft* ist in den letzten Jahrzehnten durch zunehmende Theorievielfalt und Fachdifferenzierung geprägt worden. Dieser Entwicklung trägt das hier vorgelegte Studienbuch Rechnung. Grundfragen, Relevanz und Leistungsfähigkeit der Erziehungswissenschaft werden ebenso dargelegt wie Theorien und Forschungsmethoden. Dabei finden die unterschiedlichen Entwicklungsprozesse des Faches in den beiden Teilen Deutschlands vor und nach der Vereinigung sowie die jeweiligen Rahmenbedingungen, Problemlagen und Institutionen besondere Berücksichtigung.

Aus dem Inhalt:

Das Studium der Erziehungswissenschaft

Dieter Lenzen: Allgemeine Erziehungswissenschaft für Anfänger.

Peter Martin Roeder: Pädagogik, Erziehungswissenschaft, Bildung. Fragestellungen und Strukturen.

Achim Leschinsky: Erziehung in der Schule?

Wissenschaftliche Positionen

Klaus Schaller: Allgemeine oder systematische Pädagogik.

Dieter Kirchhöfer: Das Paradigma der materialistischen Dialektik in den Erziehungswissenschaften.

Gero Lenhard: Bildungsökonomische Theorie und gesellschaftlicher Fortschritt.

Dieter Geulen: Theorie der Sozialisation.

Hans Oswald: Sozialisation in der Schule.

Pädagogik und Bildung als Felder interdizsiplinärer Forschung

Artur Meier: Erziehungswissenschaft und Sozialwissenschaften.

Detlef K. Müller: Erziehungswissenschaft und Bildungs- und Kulturgeschichte.

Das Bildungswesen in Deutschland

Peter Drewek: „Bildungswesen" und Schulsystem in Deutschland.

BÖHLAU VERLAG KÖLN WEIMAR WIEN
Theodor-Heuss-Str. 76, D - 51149 Köln

BÖHLAU

Egon Boshof / Kurt Düwell / Hans Kloft

GRUNDLAGEN DES STUDIUMS DER GESCHICHTE

Eine Einführung

4., überarbeitete Auflage 1994. X, 337 S. Br. DM 32,-
ISBN 3-412-10593-7

Die „ Grundlagen des Studiums der Geschichte" aus dem Böhlau Verlag haben sich in einem Zeitraum von zwanzig Jahren einen festen Platz im akademischen Unterricht der deutschen Universitäten gesichert. Bewährt hat sich die Zusammenfassung der drei großen Bereiche Altertum, Mittelalter und Neuzeit. Darüber hinaus geben die eindringliche Behandlung der Quellen und ihre Erschließung durch die jeweiligen Grundwissenschaften, die Auswahl von wichtigen Problemen und Forschungstendenzen dieser Einführung zusammen mit den einschlägigen Literaturhinweisen ihr unverwechselbares Gesicht.

Für die Neuauflage des Studienbuchs haben die Verfasser die Quellenkunde sorgfältig überarbeitet und die Literatur auf den neusten Stand gebracht. Die Problemkreise und Teildisziplinen sind unter Berücksichtigung der neueren Tendenzen in der Geschichtswissenschaft zum großen Teil neu gefaßt worden.

Die bewährte Einführung in das Geschichtsstudium, die in gelungener Weise Theorie und Praxis miteinander verbindet, liegt damit in einer aktuellen Ausgabe vor.

BÖHLAU VERLAG KÖLN WEIMAR WIEN

Theodor-Heuss-Str. 76, 51149 Köln

BÖHLAU